AF859541

Der Staatshaushalt

des

Königreichs Sachsen

in seinen

verfassungsrechtlichen Beziehungen

und

finanziellen Leistungen.

Von

Dr. Ernst Löbe,

Königl. Sächsischem Geheimen Oberrechnungs-Rathe.

Mit einer graphischen Darstellung.

Leipzig,

Verlag von Veit & Comp.

1889.

Vorwort.

Der Staatshaushalt des Königreichs Sachsen bietet in seinen verfassungsrechtlichen Beziehungen so viel Eigenartiges und zum Theil noch wenig allgemein Gewürdigtes und ist in seinen finanziellen Leistungen verhältnißmäßig so hervorragend, daß es kaum einer besonderen Rechtfertigung bedürfen wird, wenn ich auf Grund mehrjähriger Vorarbeiten versucht habe, in den nachfolgenden Blättern diese Verhältnisse eingehender darzustellen und damit zugleich eine Lücke in unserer vaterländischen Literatur auszufüllen.

Insofern ich aber meine Arbeit als eine Denkschrift zur Feier eines der bedeutungsvollsten Ereignisse unserer vaterländischen Geschichte, nämlich des achthundertjährigen Regierungsjubiläums des erlauchten Fürstenhauses Wettin, bezeichnet habe, ist dies nicht aus dem äußerlichen Grunde geschehen, weil ihr Erscheinen mit dieser Feier zusammenfällt, sondern die Erklärung dafür liegt darin, daß sie, überall gestützt auf die geschichtliche Entwickelung, welche die von ihr geschilderten Verhältnisse genommen haben, nach den verschiedensten Richtungen erkennen läßt, in wie hervorragender Weise unsere Landesherren an der verfassungsrechtlichen und finanziellen, damit aber zugleich an der kulturellen Entwickelung des Landes betheiligt gewesen sind. Die so viele Lichtblicke in sich schließenden Zahlen, welche der zweite Theil meiner Arbeit vorführt, werden auch in dieser Beziehung eine beredte Sprache sprechen, — eine Sprache, von welcher mit mir gewiß alle Vaterlandsfreunde hoffen und wünschen werden, daß sie auch in allen kommenden Jahrhunderten, welche unserem Vaterlande unter der Herrschaft seines angestammten Fürstenhauses noch beschieden sein mögen, immer von neuem erklingen möge.

Dresden, im Juni 1889.

Dr. Löbe.

Inhalt.

Erster Theil.

Erklärung der hauptsächlichsten Abkürzungen.

AV	bedeutet	Allgemeine Vorschriften für das Staatsrechnungswesen des Königreichs Sachsen.
BGB	„	in Verbindung mit Jahreszahlen: Bundesgesetzblatt des Norddeutschen Bundes, in Verbindung mit Paragraphenzahlen: Bürgerliches Gesetzbuch für das Königreich Sachsen.
GS	„	Gesetzsammlung für das Königreich Sachsen.
GVB	„	Gesetz- und Verordnungsblatt für das Königreichs Sachsen.
HG	„	Königliches Hausgesetz v. 30. Dezbr. 1837.
RGB	„	Reichsgesetzblatt.
StHE	„	Staatshaushalts-Etat.
VU	„	Verfassungs-Urkunde des Königreichs Sachsen v. 4. Septbr. 1831.

Erster Theil.

Der Staatshaushalt des Königreichs Sachsen in seinen verfassungsrechtlichen Beziehungen.

Erster Abschnitt.

Der Staatshaushalt und das Bewilligungsrecht der Landesvertretung.

1. Das dermalige Recht der Landesvertretung, bei der Bestimmung darüber, was an Geld und Geldeswerth zu Erreichung der Staatszwecke aufzubringen und aufzuwenden ist, entscheidend mitzuwirken, steht sowohl seinem Wesen als seinem Umfange nach in innigem Zusammenhange mit der Entwickelung der landesherrlichen Einnahmequellen in den ältesten Zeiten unserer vaterländischen Geschichte.

Geht man bis auf die um das Jahr 968 erfolgte Entstehung der das Stammland bildenden Mark Meißen oder speziell auf die Zeit zurück, zu welcher dieselbe in den Besitz des noch heute im Königreich Sachsen blühenden Herrschergeschlechts der Wettiner gelangte, was durch die i. J. 1089 vom Kaiser Heinrich IV. als deutschem Könige erfolgte Belehnung des Grafen Heinrich von Eilenburg aus dem Hause Wettin geschah[1], so ergiebt sich, daß für die Landesherren der damaligen Zeit ihr Besitz an Grund und Boden die Hauptquelle der Einkünfte bildete.

Dieser Besitz war theils erblich (Allodialgut, Kammergut), theils umfaßte er diejenigen Ländereien, welche den Markgrafen vom Kaiser als Besoldung für Verwaltung des Markgrafenamtes zu Lehen gegeben waren (Besoldungsland, Benefizialland). Mit der Ausbildung der Landeshoheit und nachdem die Markgrafenwürde im Hause ihrer Träger erblich geworden war, wuchs indessen das Besoldungsland dem landesherrlichen Erbgute zu.

Der den Landesherren zugehörige Grundbesitz wurde theils von ihnen selbst bewirthschaftet und gewährte Nutzungen durch seinen Waldbestand,

---

[1] Posse, Die Markgrafen von Meißen und das Haus Wettin bis zu Konrad dem Großen. S. 11, 205, 244.

durch den Betrieb von Viehzucht, Ackerbau, stellenweise auch bereits Weinbau, verbunden mit Weinkelterei, ferner von Jagd, Fischerei, Mühlen ꝛc., theils war er gegen Zins und Dienste an Dritte dergestalt ausgethan, daß letztere dadurch zu den Landesherren in das Verhältniß der Hörigkeit traten, theils war er Dritten gegen die Verpflichtung zur Ableistung des Kriegsdienstes zu Lehen gegeben.

Eine zweite Einnahmequelle der Landesherren waren die Regalien, worunter Hoheitsrechte verstanden wurden, welche ursprünglich, wie auch schon der Name erkennen läßt, dem Könige vorbehalten und von diesem auf die Markgrafen übergegangen waren. Die finanziell wichtigsten waren die Gerichtshoheit, die Schutzhoheit, die Hoheit über die Forsten, die Landstraßen, die öffentlichen Flüsse und sonstigen Gewässer einschließlich der Fischereinutzung und der Anlage von Mühlen, der Bergbau, der Hüttenbetrieb, das Münzen, die Zölle. Denn an sie knüpften sich neben sonstigen Einnahmen mannichfache Gebühren und Abentrichtungen, wie beispielsweise Gerichtsgebühren, Strafen, Bußen, Verwaltungsgebühren, Geleits-, Wege-, Brücken-, Fährgelder, Wasserzölle, Fischzinsen, Mühlenzinsen, Stättegelder, Marktzölle und sonstige Zölle von dem auf dem Transporte sich bewegenden Waarenverkehre, Bergzehnten, Hüttenzinsen, Schlagschatz (Münzgewinn) u. dergl. m.

Mit den Einkünften, welche den Landesherren aus diesen Quellen zuflossen, konnten sie schalten und walten, wie sie wollten, und ohne daß sie dem Lande darüber Rechenschaft abzulegen hatten. Nur mußten sie selbstverständlich damit nicht blos die Kosten ihrer Haus- und Hofhaltung bestreiten, wozu in erster Linie die Einkünfte aus dem Grundbesitze dienten, sondern sie hatten daraus auch den Aufwand für die Ausübung der Regierungsgewalt zu decken, wozu hauptsächlich die Einkünfte aus den Regalien Verwendung fanden.

War das Ausgabedürfniß zeitweise größer als die vorhandenen Deckungsmittel, so erübrigte den Landesherren zunächst nur, ihren Kredit zu Hilfe zu nehmen. Allein zu diesem Auskunftsmittel konnte der Natur der Sache nach nur ausnahmsweise gegriffen werden. Man kam deshalb schon in früher Zeit darauf zu, die Gesammtheit der Staatsangehörigen durch Steuern, d. h. durch Leistungen, welche im Gegensatze zu den Abentrichtungen aus Regalien die Landesherren zu unmittelbaren Gegenleistungen nicht verpflichteten, zu den Regierungslasten heranzuziehen. Ein Recht, Steuern auszuschreiben, stand indessen den Landesherren nicht zu. Sie konnten in den Besitz von Steuern nur gelangen, wenn und insoweit ihnen solche auf ihr Ansuchen von den Steuerzahlern bewilligt wurden. So lange Städte noch nicht bestanden, wurden als die zur Vertretung des Landes im Verhältnisse zum Landesherrn berufenen Stände die Geistlichkeit und der Adel angesehen. Nach der Begründung von Städten traten diese als dritter vertretungsberechtigter Stand hinzu. Mit diesen drei Ständen mußten daher die Landesherren verhandeln, wenn sie die Ausschreibung von Steuern für nothwendig hielten. Diesem Verhältnisse entspricht es, daß die auf solche Weise den Landesherren gewährte Leistung anfänglich als Bete oder Bede oder Bitte oder auch als Heischung (precaria, petitio) bezeichnet wurde.

Um der Unsicherheit in der Erhebung der Beten zu entgehen, welche darin begründet war, daß letztere anfänglich weder regelmäßig sich wiederholten, noch an bestimmte Termine und an feste Sätze gebunden waren, hatten bereits seit Ausgang des 13. Jahrhunderts einzelne Städte zu bestimmten Jahresleistungen, welche deshalb Jahresrenten genannt wurden, sich bereit finden lassen, und bis etwa um die Mitte des 14. Jahrhunderts waren nicht nur alle Städte, sondern auch ein Theil der Geistlichkeit und des Adels diesem Beispiele gefolgt. Von da ab gestaltete sich daher die Erhebung einer regelmäßig wiederkehrenden, an bestimmte Termine und Sätze gebundenen Steuer — welche deshalb nunmehr allgemeine Bete oder Landbete genannt wurde — mehr und mehr zu einer Einrichtung, welcher gegenüber von einer grundsätzlichen Verweigerung der Bewilligung füglich nicht mehr die Rede sein konnte.[1] Formell blieb jedoch auch der nunmehr stehend gewordenen Steuerleistung die Eigenschaft einer freiwilligen insofern gewahrt, als die damaligen Stände einerseits die von ihnen verlangten Bewilligungen immer nur auf eine bestimmte Zeit aussprachen, nach deren Ablauf von neuem mit ihnen verhandelt werden mußte, andererseits die Ausstellung von Reversen des Inhalts seiten der Landesherren beanspruchten, daß letzteren nach Ablauf der Bewilligungsfrist kein Recht mehr zur Forterhebung zustehe.

Da die ordentlichen, d. h. regelmäßig wiederkehrenden Beten nicht immer ausreichten, die mit der Zeit nothwendiger Weise sich steigernden Bedürfnisse des Hof- und Staatshaushalts zu befriedigen, mußten daneben nicht selten noch außerordentliche Beten bewilligt werden.

Von diesen außerordentlichen Beten ist von Ausschlag gebender Bedeutung eine indirekte Steuer geworden, welche unter dem Namen Zise (Zcyse) i. J. 1438 gefordert und bewilligt wurde. Denn einerseits geschah es, daß, um diese Steuer bewilligt zu erhalten, die gesammten

[1] Falke, Bete, Zise und Ungeld im Kurfürstenthum Sachsen bis zur Theilung 1485 in den Mittheilungen des Kgl. Sächs. Vereins für Erforschung und Erhaltung der vaterländischen Geschichts- und Kunstdenkmale. Heft 19 S. 32 flg.

Stände aller Lande versammelt wurden, woraus der Ursprung der Landtage und die Umwandlung der bis dahin nur gesondert aufgetretenen Stände in eine einheitliche Körperschaft unter dem Namen Landstände oder Landschaft sich ableitet. Andererseits gestanden die damaligen Landesherren, Kurfürst Friedrich der Sanftmüthige und sein Bruder Wilhelm III., den Landständen das Recht zu, an der Erhebung und Verwendung dieser Steuer durch Vertreter ihres Mittels sich zu betheiligen. Ein gleichartiges Zugeständniß wiederholte sich bei den Steuerbewilligungen, welche in den Jahren 1454, 1458, 1481, 1523 und 1541 erfolgten. Ein weiteres Zugeständniß knüpfte sich an eine zur Bezahlung landesherrlicher Schulden i. J. 1552 geschehene Steuerbewilligung insofern, als den Ständen vom damaligen Landesherrn, dem Kurfürsten Moritz, zugleich das Recht zugesprochen wurde, die Verzinsung und Tilgung der Schulden selbst in die Hand zu nehmen. Aus Anlaß einer neuen Bewilligung i. J. 1570 endlich legte der damalige Landesherr, Kurfürst August, allgemein den Landständen das Recht bei, die Erhebung und Verwendung der von ihnen bewilligten Steuern in eigene Verwaltung zu nehmen, wodurch zugleich alle Ausgaben, welche auf das Steuereinkommen gewiesen werden mußten, von der landständischen Bewilligung abhängig wurden. Ebenso überwies dieser Fürst den Landständen endgiltig die Verzinsung und Tilgung der landesherrlichen Schulden, indem er zugleich die Verpflichtung einging, ohne Genehmigung der Landstände kein Anlehen mehr aufzunehmen.[1]

Erst im 17. Jahrhundert kam es mehr und mehr vor, daß die Landesherren Steuern auch ohne ständische Zustimmung über die Bewilligungszeit hinaus forterhoben, wodurch eine Art von Steuern sich herausbildete, die man im Gegensatze zu den auf landständischer Bewilligung beruhenden fiskalische nannte.

An diese Verhältnisse, welche bis zur Begründung des konstitutionellen Staatssystems im Wesentlichen unverändert fortgedauert haben, knüpft das Grundgesetz dieses Systems, die Verfassungsurkunde vom 4. September 1831, an, wenn sie einerseits in den §§ 96 und 104 ausspricht, daß bis auf gewisse Ausnahmen, von welchen weiter unten die Rede sein wird, ohne Zustimmung der in zwei Kammern abgetheilten Stände, welche die Verfassungsurkunde als das gesetzmäßige Organ der Gesammtheit der Staatsbürger und Unterthanen in ihrem Verhältnisse zur Staats-

---

[1] Löbe, Die oberste Finanzkontrole des Königreichs Sachsen in ihrer organischen Entwickelung von den ältesten Zeiten bis auf die Gegenwart in Schanz, Finanzarchiv, Jahrg. II S. 589 flg.

regierung einsetzt (§ 78), die bestehenden direkten und indirekten Landesabgaben weder verändert, noch ausgeschrieben oder erhoben werden dürfen, und daß ohne diese Zustimmung weder die Einnehmer zur Einforderung berechtigt, noch die Unterthanen zur Entrichtung verbunden seien, andererseits in den §§ 105 und 107 die Bestimmung trifft, daß ohne Zustimmung der Stände kein Anlehen giltig gemacht werden könne und die zur Verzinsung und Tilgung der Staatsschulden bestehende Staatsschuldenkasse unter die Verwaltung der Stände gestellt sei.

Auch die Vorschriften in § 97 der Verfassungsurkunde, wonach den Ständen einerseits die Verpflichtung obliegt, für Aufbringung des ordentlichen und außerordentlichen Staatsbedarfs durch Aussetzung der hierzu erforderlichen Deckungsmittel zu sorgen, andererseits die Befugniß zusteht, hierbei die Nothwendigkeit, Zweckmäßigkeit und Höhe der Ansätze zu prüfen und deshalb Erinnerungen zu machen, auch sich sowohl wegen Annahme der angesetzten Summen als über die Art der Deckung, die Grundsätze und Verhältnisse, nach welchen die Abgaben und Leistungen auf Personen und Gegenstände zu legen und zu vertheilen sind, sowie über die Dauer und Erhebungsweise zu entschließen, halten, soweit es sich dabei um das Einnahmebewilligungsrecht der Stände handelt, den Rechtszustand aufrecht, wie er sich bis zur Begründung des konstitutionellen Staatssystems herausgebildet hatte. Denn sie schließen mittelbar das Anerkenntniß in sich, daß diejenigen staatlichen Einnahmen, welche aus anderen Quellen als direkten oder indirekten Landesabgaben sich ableiten, von einer vorgängigen Bewilligung der Stände in der Weise, daß nur erst durch diese Bewilligung die Regierung das Recht zur Erhebung erhielte, nicht abhängig sind, ihre Erhebung vielmehr nach Maßgabe der sie begründenden Rechtstitel sich vollzieht, ohne daß darin die Regierung im Wege der ständischen Feststellung des Voranschlags des Staatsbedarfs gehindert oder auch nur beschränkt werden kann.

Nur das Ausgabebewilligungsrecht der jetzigen Stände hat die Verfassungsurkunde wesentlich erweitert, indem dieselben hiernach im Allgemeinen befugt sind, alle Ansätze für Ausgaben daraufhin zu prüfen, ob sie der Art nach nothwendig oder doch zweckmäßig und der Höhe nach gerechtfertigt sind, ohne daß dabei darauf etwas ankommt, ob es sich um Ausgaben handelt, welche in Landesabgaben oder in anderen Einnahmequellen Deckung finden.

In dem Voranschlage des Staatsbedarfs, wie er verfassungsmäßig den Ständen vorzulegen ist, finden sich zwar neben den Landesabgaben, deren Erhebung beabsichtigt ist, auch alle Einnahmen aus sonstigen Quellen eingestellt, deren Eingang erwartet wird, und die Stände kommen somit in die Lage, auch diese Einstellungen ihrer Berathung und Beschlußfassung zu unterziehen. Allein diesem Verfahren liegt nicht etwa die Absicht zu Grunde, daß die Stände auch ihrerseits über die Nothwendigkeit oder auch nur über die Zweckmäßigkeit der Erhebung befinden, sondern sie verfolgt nur den Zweck, daß die Stände auch ihrerseits die Höhe der Ansätze prüfen, welche einerseits zumeist auf bloßen Schätzungen beruht, andererseits die Größe dessen wesentlich beeinflußt, was neben den Ueberschüssen aus den von der Bewilligung der Stände unabhängigen Einnahmequellen an sonstigen Deckungsmitteln noch aufzubringen ist.

2. Welche Leistungen unter den Begriff von Landesabgaben im Sinne des ständischen Bewilligungsrechtes überhaupt fallen, und welche von ihnen die Eigenschaft direkter oder indirekter insbesondere haben, darüber trifft die Verfassungsurkunde keine Bestimmung. In dieser Beziehung sind daher theils die bestehenden Spezialgesetze, theils die herrschende wissenschaftliche Auffassung maßgebend.

Nach der Umgestaltung der indirekten Abgaben, wie sie durch den am 1. Januar 1834 erfolgten Eintritt Sachsens in den Deutschen Zollverein bedingt wurde, galten der damaligen Gesetzgebung als indirekte Abgaben die Grenzzölle einschließlich des Elbzolls, die Biersteuer, die Branntweinsteuer, die Weinsteuer, die Tabacksteuer, die Schlachtsteuer, die Stempelsteuer einschließlich der damals darin inbegriffenen Erbschaftssteuer sowie die Chaussee- und Brückengelder.[1]

Die Grenzzölle einschließlich des Elbzolls sowie die Chaussee- und Brückengelder waren daher aus der Reihe der Regalien, zu denen sie früher gerechnet wurden, ausgeschieden worden.

Neben diesen indirekten Abgaben wurden noch Grundsteuern verschiedener Art sowie Gewerbe- und Personalsteuern erhoben, welchen sonach die Bedeutung direkter Abgaben zukam.

Von den indirekten Abgaben jener Zeit gründeten sich die Grenzzölle, die Branntweinsteuer, die Biersteuer, die Weinsteuer und die Tabacksteuer nebst den zum Ausgleiche derselben dienenden Uebergangsabgaben sowie die i. J. 1841 hinzugetretene Rübenzuckersteuer auf Verträge mit anderen Deutschen Bundesstaaten. Keine dieser Abgaben konnte daher von den betheiligten Staaten einseitig abgeändert werden, ebenso wenig war es möglich, dieselben unerhoben zu lassen. Mit Hinsicht darauf wurde durch

---

[1] Gesetz, die indirekten Abgaben betr., v. 4. Dezbr. 1833 (GS 1833 S. 213 flg.), Allgemeines Strafgesetz, die Vergehen gegen Gesetze und Verordnungen über indirekte Staatsabgaben betr., v. 21. Dezbr. 1833 (GS 1833 S. 465 flg.), Gesetz über Entrichtung der Schlachtsteuer v. 4. Oktbr. 1834 (GS 1834 S. 213 flg.), Steuerstrafgesetz v. 4. April 1838 (GVB 1838 S. 348 flg.).

§ 2 des Verfassungsgesetzes vom 5. Mai 1851 (GVB 1851 S. 123) die Bestimmung getroffen, daß diejenigen Abgaben, welche zu Folge der unter Zustimmung der Kammern mit anderen Staaten abgeschlossenen Zoll-, Steuer- und Handelsverträge zu erheben sind, sowie die in Gemäßheit dieser Verträge zu bewirkende Erhöhung oder Herabsetzung derselben keiner besonderen Bewilligung der Kammern bedürfen.

Nach Errichtung des Norddeutschen Bundes, beziehungsweise des Deutschen Reichs, deren Verfassung die Zölle und die gemeinschaftlichen Verbrauchssteuern dem Bunde, beziehungsweise dem Reiche überwies, wennschon sie nach wie vor von den Behörden und Kassen der Einzelstaaten erhoben werden mußten, haben als Landesabgaben im Sinne des bestehenden Verfassungsrechts nur noch solche zu gelten, welche für ausschließliche Rechnung Sachsens erhoben werden, wie dies zur Zeit bei der Grundsteuer, der Steuer vom Gewerbebetriebe im Umherziehen, der Einkommensteuer, dem Urkundenstempel, der Erbschaftssteuer und der Schlachtsteuer nebst der Uebergangsabgabe vom zollvereinsländischen Fleischwerke der Fall ist.

Die dem Erzbergbaue oder Regalbergbaue, d. h. dem Bergbaue auf metallische Mineralien, welche von dem Verfügungsrechte des Grundeigenthümers gesetzlich ausgeschlossen sind, deren Aufsuchung und Gewinnung auf Grund staatlicher Verleihung vielmehr Jedermann freisteht,[1] unter der Bezeichnung Grubenfeldsteuer, beziehungsweise Schurfsteuer auferlegten Abentrichtungen[2] gehören trotz der Benennung als Steuern ihrem inneren Wesen nach weder zu den direkten noch zu den indirekten Landesabgaben im verfassungsrechtlichen Sinne. Denn sie sind nicht Leistungen an den Staat, für welche dieser unmittelbare Gegenleistungen nicht gewährt, sondern sie bilden Leistungen für staatliche Gegenleistungen, welche letzteren der Grubenfeldsteuer gegenüber in der Verleihung des Bergwerkseigenthums, der Schurfsteuer gegenüber in der Verleihung des Rechts zum Schürfen bestehen. Sie haben somit die Eigenschaft fortlaufender Gebühren.[3]

Eben so wenig zählen die noch aus der vorkonstitutionellen Zeit her-

---

[1] Allgemeines Berggesetz v. 16. Juli 1868, §§ 1 und 2, GVB 1868 S. 353.

[2] Gesetz, die von dem Regalbergbaue zu erhebenden Steuern betr., v. 10. Oktober 1864 §§ 6 flg., GVB 1864 S. 334, Gesetz, die direkten Steuern betr., v. 3. Juli 1878 Art. 6 Abs. 2, GVB 1878 S. 156.

[3] Diesem Sachverhältnisse entspricht es auch, daß die Grubenfeldsteuer und die Schurfsteuer im Voranschlage des Staatsbedarfs nicht unter den Abgaben, sondern unter den Einnahmen aus der staatlichen Beaufsichtigung des Bergbaues (jetzt Kap. 77 a Tit. 1 u. 2) aufgeführt sind.

rührenden landes- und gutsherrlichen Gefälle, welche, wie z. B. Kanons für Flußüberfahrten, Fähren, Schleußen, Jagd- und Fischereiberechtigungen, Abhaltung von Jahr-, Vieh- und Wochenmärkten u. dergl. m., unter dem Begriffe von Intraden zusammengefaßt werden, zu der Klasse der direkten oder der indirekten Landesabgaben, da auch insoweit nur Leistungen für Gegenleistungen in Frage kommen, welche letzteren in Verleihungen auf Grund früherer landesherrlicher Gerechtsame oder in der Uebertragung früherer landesherrlicher Nutzungsrechte beruhen.[1] Der nämlichen Beurtheilung unterliegen Gebühren öffentlich-rechtlicher Natur, wie sie der Staat für einzelne Leistungen erhebt, welchen er im Interesse Dritter auf deren Verlangen sich unterzieht.

Insofern die Verfassungsurkunde in § 96 bestimmt, daß ohne Zustimmung der Kammern auch nicht einmal die bestehenden direkten und indirekten Landesabgaben ausgeschrieben oder erhoben werden dürfen, macht sie die Ausschreibung und Erhebung selbst dieser Abgaben von einer von Finanzperiode zu Finanzperiode sich wiederholenden Neubewilligung der Stände abhängig. Hieran wird auch dadurch nichts geändert, daß alle bestehenden Landesabgaben auf Spezialgesetzen beruhen, da einerseits der Vorschrift in § 37 der Verfassungsurkunde gegenüber, wonach kein Unterthan mit Abgaben oder anderen Leistungen beschwert werden darf, wozu er nicht vermöge der Gesetze oder kraft besonderer Rechtstitel verbunden ist, Landesabgaben auf anderem Wege als dem der Gesetzgebung der Regel nach überhaupt nicht eingeführt werden können, andererseits bei der jetzigen Lage des Verfassungsrechts der Erlaß von Gesetzen, durch welche die bestehenden Landesabgaben verändert oder neue Landesabgaben eingeführt werden, überhaupt nur unter dem ausdrücklichen oder stillschweigenden Vorbehalte erfolgen kann, daß die dabei in Frage kommenden Abgaben auch in jeder Finanzperiode die erforderliche ständische Bewilligung erfahren werden.

Nur in Bezug auf die direkten Landesabgaben trifft ein neueres Spezialgesetz, nämlich das Gesetz, die direkten Steuern betreffend, vom 3. Juli 1878, welchem freilich die Bedeutung eines Verfassungsgesetzes im Sinne von § 152 der Verfassungsurkunde mindestens formell nicht beigemessen werden kann, Bestimmungen, welche ihrer Wirkung nach zugleich auf eine Beschränkung des ständischen Steuerbewilligungsrechts hinauslaufen, wie es aus § 96 der Verfassungsurkunde sich ableitet.

---

[1] In der vorkonstitutionellen Zeit wurden deshalb die Intraden den landesherrlichen Domanialeinkünften beigezählt. Vgl. den Normalfinanzetat v. J. 1831 Abschn. I A. Nr. 3, Landtagsakten 1830 Bd. 3 S. 1424.

Nach Artikel 5 dieses Gesetzes (GVB 1878 S. 156) soll nämlich dann, wenn der Ertrag der Grundsteuer, der Steuer vom Gewerbebetriebe im Umherziehen und der Einkommensteuer zur Deckung des durch direkte Steuern aufzubringenden Theiles des Staatsbedarfs nicht ausreicht, der Fehlbedarf lediglich durch Zuschläge zur Einkommensteuer aufgebracht werden, in dem Falle aber, wenn die Finanzlage des Staates eine Ermäßigung der direkten Steuern gestattet, diese Ermäßigung nur bei der Grundsteuer und bei der Einkommensteuer, und zwar bei beiden Steuern nach gleichem Prozentverhältnisse der Normalsteuer, eintreten.

3. Ob und inwieweit die Heranziehung von Theilen der Substanz des Staatsvermögens zur Deckung des Staatsbedarfs von der ständischen Zustimmung abhängt, darüber spricht sich die Verfassungsurkunde nicht aus. Wollte man sich blos auf den Wortlaut der Bestimmung in § 97 der Verfassungsurkunde stützen, wonach die Stände für Aufbringung der zur Deckung des Staatsbedarfs erforderlichen Mittel zu sorgen haben, so würde die Ansicht entstehen können, daß die Regierung in dieser Beziehung freie Hand habe, da es sich bei Theilen der Substanz des Staatsvermögens um Deckungsmittel handelt, die nicht sowohl erst aufzubringen, als vielmehr bereits vorhanden sind. Daß eine solche Ansicht indessen nicht begründet sein kann, den Ständen vielmehr auch insoweit ein Bewilligungsrecht zustehen muß, ergiebt sich schon aus der Erwägung, daß durch Schmälerungen der Substanz des Staatsvermögens Ausfälle in den Nutzungen entstehen, für welche nach Befinden Ersatz in Deckungsmitteln gesucht werden muß, die sich die Regierung einseitig nicht verschaffen kann. Im Uebrigen können auch unter Zustimmung der Stände nur solche Theile der Substanz des Staatsvermögens zur Deckung von Staatsbedürfnissen Verwendung finden, welchen die Eigenschaft von Staatsgut im verfassungsrechtlichen Sinne (VU § 16) nicht beiwohnt. Denn letzteres ist grundsätzlich unveräußerlich; soweit aber ausnahmsweise einzelne Theile desselben veräußert werden dürfen, muß der Erlös hieraus zur substanziellen Ergänzung des Staatsgutes verwendet und darf daher den laufenden Staatseinnahmen nicht zugeführt werden. (Vgl. Abschn. 3.)

4. Nach § 105 Abs. 3 der Verfassungsurkunde darf zwar dann, wenn in außerordentlichen, dringenden und unvorhergesehenen Fällen schleunige finanzielle Maßregeln, zu welchen an sich die Zustimmung der Stände nothwendig ist, erfordert werden, jedoch die rechtzeitige Einberufung einer außerordentlichen Ständeversammlung oder auch der Zusammentritt der Kammern durch die Verhältnisse durchaus unmöglich gemacht wird, der König unter Verantwortlichkeit der ihn hierbei be-

rathenden Vorstände der Ministerialdepartements das zur Deckung des außerordentlichen Bedürfnisses unumgänglich Nothwendige verfügen, daher nach Befinden auch die bestehenden Abgaben erhöhen oder neue dergleichen auferlegen, eine Anleihe aufnehmen oder zur Veräußerung von Theilen der Substanz des nicht mit der Eigenschaft von Staatsgut ausgestatteten Staatsvermögens verschreiten. Allein derartige Maßnahmen bedingen weder eine Aufhebung noch eine Beschränkung, sondern nur ein zeitweiliges Ruhen des ständischen Bewilligungsrechts. Denn die Verfassungsurkunde legt solchenfalls der Regierung die Verpflichtung auf, so bald als möglich und spätestens bei dem nächsten ordentlichen Landtage die nachträgliche ständische Genehmigung einzuholen.

Nur in den Fällen, wenn die Stände Abstriche an den Ansätzen des Staatshaushalts-Etats beschließen sollten, welche die Regierung mit dem Staatswohle nicht vereinbar erachtet, oder wenn der Landtag noch vor erfolgter endgiltiger Erklärung über die Bewilligung aufgelöst wird, steht der Regierung die Berechtigung zu, die zur Deckung des Staatsbedarfs erforderlichen Abgaben ohne vorgängige ständische Zustimmung, und ohne daß sie hierbei auf die bereits bestehenden Abgaben beschränkt wäre, auf ein Jahr ausschreiben und erheben zu lassen. Ferner würde sie in den Fällen, wenn der Landtag mindestens sieben Wochen vor Ablauf der Bewilligungsfrist einberufen und ihm alsbald nach seiner Eröffnung ein Gesetz über provisorische Forterhebung der Steuern vorgelegt, die Genehmigung dieses Gesetzes aber bis 14 Tage vor Ablauf der Bewilligungsfrist entweder verweigert worden oder doch nicht erfolgt wäre, oder wenn die Verhältnisse eine rechtzeitige Einberufung oder den Zusammentritt der ordentlichen Ständeversammlung durchaus unmöglich machen sollten, das Recht haben, wenigstens die bestehenden Abgaben auch ohne ständische Bewilligung auf die Dauer noch eines Jahres ausschreiben und erheben zu lassen. (Vgl. Abschn. 2 Pkt. IV Nr. 6.)

5. So weittragend im Allgemeinen das ständische Bewilligungsrecht aber auch ist, so wenig ist dasselbe doch, sofern es in einem ganzen oder theilweisen Versagen sich äußern kann, ein schrankenloses. Denn indem die Verfassungsurkunde in § 96 die Stände zwar für berechtigt erklärt, die Nothwendigkeit, Zweckmäßigkeit und Höhe der Ansätze zu prüfen, gleichzeitig aber ihnen die Verpflichtung auferlegt, für Aufbringung des ordentlichen und außerordentlichen Staatsbedarfs durch Aussetzung der hierzu erforderlichen Deckungsmittel zu sorgen, stellt sie dem ständischen Bewilligungsrechte eine Bewilligungspflicht dergestalt gegenüber, daß jedesmal dann, wenn diese Pflicht und jenes Recht zusammenfallen, die Möglichkeit der Versagung aufhört.

Der Fall der Bewilligungspflicht aber ist überall gegeben, wenn und wo die Nothwendigkeit der Erhebung bestimmter Einnahmen oder der Leistung bestimmter Ausgaben bedingungslos feststeht, sei es beispielsweise, daß hierbei Einnahmen in Frage kommen, ohne deren Erhebung und Verwendung eine ordnungsgemäße Fortführung der Staatsverwaltung überhaupt nicht ausführbar sein würde, oder daß es sich um Ausgaben handelt, welche, wie z. B. die Zivilliste des Königs sowie die Gebührnisse der Glieder des Königlichen Hauses, in dem bestehenden Verfassungsrechte oder, wie beispielsweise der Aufwand für die Versicherung der staatlichen Gebäude gegen Feuersgefahr, in der bestehenden Spezialgesetzgebung oder, wie z. B. die Ausgaben für Verzinsung und Tilgung der Staatsschulden, die Gehalte der dauernd angestellten Beamten sowie die Pensionen der verabschiedeten Beamten und der Hinterlassenen von Beamten, in vertragsrechtlichen Beziehungen des Staates zu Dritten den Rechtsgrund ihrer Entstehung finden[1] oder, ohne daß ihnen gegenüber eine dieser Voraussetzungen zutrifft, bereits in früheren Finanzperioden nicht für blos vorübergehende, sondern für dauernde Zwecke und Einrichtungen bewilligt worden sind.

Hieraus und wenn man überdies das in § 102 der Verfassungsurkunde ausgesprochene Verbot berücksichtigt, wonach die ständische Bewilligung nicht an Bedingungen geknüpft werden darf, welche nicht das Wesen oder die Verwendung der Bewilligung unmittelbar betreffen, beispielsweise also die Bewilligung der Mittel für eine neu zu errichtende Stelle im Staatsdienste nicht etwa von der Voraussetzung abhängig gemacht werden kann, daß dieselbe einer Persönlichkeit von bestimmter politischer Richtung übertragen werde, ergiebt sich zugleich, daß die Möglichkeit einer vollständigen Budgetverweigerung seiten der Stände verfassungsrechtlich ausgeschlossen ist. Im Gegentheile können die letzteren nur solche im Voranschlage des Staatsbedarfs enthaltene Einzelforderungen ganz oder theilweise ablehnen, in Bezug auf welche ihnen nicht sowohl eine Bewilligungspflicht obliegt, als vielmehr ein ein Versagen zulassendes Bewilligungsrecht zusteht, wie letzteres insbesondere solchen Ansätzen gegenüber der Fall ist, welche sowohl der Art als der Größe nach in bloßen Rücksichten der Zweckmäßigkeit ihre Begründung finden

[1] Diese Auffassung befindet sich, was die Verzinsung und Tilgung der Staatsschulden anlangt, auch in Uebereinstimmung mit der Bestimmung in § 5 des Gesetzes, die Einrichtung der Staatsschuldenkasse betr., v. 29. Septbr. 1834 (GVB 1834 S. 210), wonach die bereitesten und sichersten Staatseinkünfte zu der geordneten Tilgung und Verzinsung der Staatsschulden unwiderruflich bestimmt sind.

oder, wennschon der Art nach nothwendig, doch der Größe nach verschiedener Beurtheilung fähig sind.

6. Die Frage, ob die Stände berechtigt sind, die Ausgabeforderungen, wie sie von der Regierung gestellt sind, unter Umständen auch zu erhöhen oder Ausgabebewilligungen auszusprechen, welche von der Regierung überhaupt nicht gefordert worden sind, ist eine bestrittene. Berücksichtigt man indessen, einerseits daß die Veranschlagung der Ausgaben zunächst Sache der Regierung ist, andererseits daß die Verfassungsurkunde nur Bestimmungen darüber trifft, wie zu verfahren ist, wenn die Stände auf Verminderung der Voranschlagssätze antragen (vgl. S. 40), so erscheint die Annahme gerechtfertigt, daß die Stände aus der Nichtannahme derartiger Bewilligungen seiten der Regierung wenigstens keinen Grund würden ableiten können, deshalb den Staatsvoranschlag insoweit abzulehnen.

7. Nicht unwesentlichen Beschränkungen unterliegt das ständische Bewilligungsrecht auch aus den Beziehungen Sachsens zum Deutschen Reiche und besonders aus den Bestimmungen in den Artikeln 2 und 70 der Reichsverfassung.[1]

Nach Artikel 2 dieser Verfassung übt innerhalb des Bundesgebietes das Reich das Recht der Gesetzgebung nach Maßgabe des Inhalts der Reichsverfassung und mit der Wirkung aus, daß die Reichsgesetze den Landesgesetzen vorgehen. Insoweit daher aus Reichsgesetzen Einnahmen oder Ausgaben für den Sächsischen Staat begründet werden, bedürfen dieselben einer besonderen Bewilligung seiten der Sächsischen Stände nicht, und zwar ihrer Art nach bedingungslos nicht, ihrer Größe nach mindestens insoweit nicht, als dieselbe nicht auf bloßen Schätzungen beruht. Unter diesen Gesichtspunkt fallen von Einnahmen beispielsweise die auf § 8 des Gesetzes, betr. den Zolltarif des Deutschen Zollgebiets und den Ertrag der Zölle und der Tabacksteuer, vom 15. Juli 1879 (RGB 1879 S. 211), § 32 des Gesetzes, betr. die Erhebung von Reichsstempelabgaben, vom 1. Juli 1881 (RGB 1881 S. 192) und § 39 des Gesetzes, betr. die Besteuerung des Branntweins, vom 24. Juni 1887 (RGB 1887 S. 265) sich gründenden Ueberweisungen des Reichs aus dem Ertrage der Zölle, der Tabacksteuer, der Reichsstempelabgaben und der Branntweinverbrauchsabgaben, von Ausgaben beispielsweise die aus dem Gesetze über den Unterstützungswohnsitz vom 6. Juni 1870 (RGB

[1] Vgl. auch Pkt. IV des Verfassungsgesetzes v. 3. Dezbr. 1868, GVB 1868 S. 1368.

1870 S. 360 flg.) sich ableitenden Leistungen des Staates für das Landarmenwesen.

Zufolge Artikels 70 der Reichsverfassung sind die gemeinschaftlichen Ausgaben des Reichs, soweit nicht zu ihrer Bestreitung die zunächst dazu bestimmten Ueberschüsse der Vorjahre sowie die aus den Zöllen, den gemeinschaftlichen Verbrauchssteuern und den aus dem Post- und Telegraphenwesen fließenden gemeinschaftlichen Einnahmen und die neu eingeführten Reichssteuern ausreichen, durch Beiträge der einzelnen Bundesstaaten nach Maßgabe ihrer Bevölkerung aufzubringen, welche bis zur Höhe des budgetmäßigen Betrags durch den Reichskanzler ausgeschrieben werden. Die in Folge dessen fällig werdenden Leistungen Sachsens an das Reich (die sogenannten Matrikularbeiträge) sind daher ihrer Art nach überhaupt nicht, ihrer Größe nach nur insoweit, als deren Veranschlagung auf bloßer Schätzung beruht, an die Bewilligung der Sächsischen Stände gebunden.

Zweiter Abschnitt.

Staatshaushalt und Staatshaushalts-Etat.

I.

Entstehung des Staatshaushalts-Etats.

Jeder wirthschaftliche Betrieb erfordert zu seinem Gedeihen, daß er nach Möglichkeit in planvoller Weise sich vollzieht. Schon aus diesem Grunde kann daher mit Sicherheit angenommen werden, daß auch bereits in den ältesten Zeiten unserer staatlichen Entwickelung die Ausnutzung der landesherrlichen Einnahmequellen und der Erträgnisse derselben nicht der bloßen Willkür derjenigen überlassen gewesen ist, welchen die Verwaltung anvertraut war, sondern daß auch die Landesherren selbst einen entscheidenden Einfluß darauf ausübten.

So lange freilich die Kunst des Schreibens und des Lesens nur Weniger erst erschlossen war, konnte davon, daß den Verwaltern der landesherrlichen Einnahmequellen schriftliche Wirthschaftspläne in die Hände gegeben wurden, selbstverständlich nicht die Rede sein, vielmehr nur das gesprochene Wort zur Geltung kommen. In Folge dessen lassen auch die spärlichen urkundlichen Ueberlieferungen, welche aus jener Zeit auf uns gekommen sind, erkennen, daß es theils die Landesherren selbst, theils die Personen ihrer nächsten Umgebung waren, welche die in dieser Beziehung erforderlichen Anordnungen mündlich an Ort und Stelle trafen.

Ein Bedürfniß zur Aufstellung förmlicher Wirthschaftspläne, welche der Verwaltung der landesherrlichen Einkünfte zu Grunde zu legen gewesen wären, konnte auch schon deshalb kaum sich geltend machen, weil in jener Zeit die landesherrlichen Einkünfte — und in dieser Beziehung machten selbst Gebühren und ähnliche Abentrichtungen keine bedingungslose Ausnahme — überwiegend in Naturalien bestanden, wodurch ihre Verwendbarkeit und damit auch ihr Werth wesentlich geschmälert wurden.

In dieser Beziehung trat ein entscheidender Wendepunkt erst mit der in die Zeit zwischen 1162—1170 fallenden Erschließung der Freiberger Erzgänge[1] ein, wodurch das Uebergewicht der Geldwirthschaft über die Naturalwirthschaft begründet wurde. Denn die reichen Silberschätze, welche durch den Erzbergbau zu Tage gefördert und nach erfolgter Verhüttung zu Münzen ausgeprägt wurden, führten den Landesherren nicht nur unmittelbar große Baarsummen zu, sondern vermehrten auch den Geldumlauf dergestalt, daß in den vermögensrechtlichen Beziehungen der Landesherren zu Dritten an Stelle von Naturalleistungen mehr und mehr Geldleistungen traten.

Von dieser Zeit an gewannen die landesherrlichen Einnahmequellen eine erhöhte Bedeutung, und es wuchs das Bestreben, ihre Ergiebigkeit nach Möglichkeit zu steigern. Dies hatte im Laufe der Zeit die Einführung mannichfacher Kontrolmaßregeln zur Folge, deren eine darin bestand, daß für die wichtigeren Verwaltungszweige Anschläge der innerhalb einer bestimmten Zeitperiode voraussichtlich zu erwartenden Einnahmen und des davon zu bestreitenden Betriebs- und Verwaltungsaufwandes aufgestellt wurden, um auf diese Weise wenigstens einigermaßen übersehen zu können, ob und in welchem Umfange die landesherrliche Zentralkasse — die Rentkammer — auf Ueberschußeinlieferungen zu rechnen hatte oder auf Zuschußleistungen gefaßt sein mußte. Diese mehr oder weniger summarisch gehaltenen Anschläge lassen sich also mit dem vergleichen, was man heutzutage einen Kassenetat nennt. Aus den Einzelanschlägen wurden von Zeit zu Zeit für den Gebrauch des Landesherrn und der obersten landesherrlichen Finanzbehörden Gesammtanschläge zusammengestellt, welche bis zu einem gewissen Grade die Stelle der Einrichtung vertraten, welche man gegenwärtig unter dem Namen Staatsbudget oder Staatshaushalts-Etat begreift.

---

[1] Ermisch, Codex diplomaticus Saxoniae regiae II, 12 S. XVII, 13 S. XI.

Eine Mittheilung dieser Aufstellungen an die damalige Landesvertretung (vgl. S. 5 flg.) war der Natur der Sache nach ausgeschlossen. Die Landesvertretung erhielt nur bei Berathung neuer Steuerforderungen Einblicke in die finanzielle Lage der Landesherren und damit zugleich des Staates, — Einblicke, die nur erst von dem Zeitpunkte an wesentlich sich erweiterten, seit welchem der Landesvertretung die Verwaltung der Steuern und des landesherrlichen Schuldenwesens übertragen worden war (vgl. S. 6), ohne indessen jemals das gesammte Gebiet des Finanzwesens zu umfassen.

In letzter Beziehung trat erst mit der Einführung des konstitutionellen Staatssystems, wie es in der Verfassungsurkunde vom 4. September 1831 seine Verkörperung gefunden hat, Wandel ein. Denn wenn die Verfassungsurkunde in § 97 den Ständen die Verpflichtung auferlegte und fortgesetzt noch auferlegt, für Aufbringung des ordentlichen und außerordentlichen Staatsbedarfs durch Aussetzung der hierzu erforderlichen Deckungsmittel zu sorgen, ergab sich daraus von selbst die Nothwendigkeit, den Ständen jeweilig einen vollständigen Ueberblick über Art und Umfang der Einnahmen und der Ausgaben zu gewähren, auf welche der Staat innerhalb eines bestimmten, der Dauer nach begrenzten Zeitraums, welchen man Finanzperiode zu nennen pflegt, voraussetzlich zu rechnen hat. Die Verfassungsurkunde schreibt deshalb in § 98 auch vor, daß bei jedem ordentlichen Landtage den Ständen ein Voranschlag des Staatsbedarfs nebst den Vorschlägen zu dessen Deckung möglichst bald nach Eröffnung des Landtags mitzutheilen ist.

Ordentliche Landtage waren anfänglich längstens alle drei Jahre einzuberufen (VU § 115), weshalb auch die Voranschläge des Staatsbedarfs einen Zeitraum von je drei Jahren umfaßten und die Finanzperioden sonach dreijährige waren.

Seitdem jedoch zufolge des Verfassungsgesetzes vom 3. Dezember 1868 (vgl. Abschn. III desselben, GVB 1868 S. 1367) alle zwei Jahre vor Beginn eines ordentlichen Landtags der dritte Theil der Abgeordneten zur II. Kammer auszutreten hat, während dies bis dahin nur alle drei Jahre zu geschehen hatte, an Stelle neunjähriger Wahlperioden sonach sechsjährige getreten sind, muß auch längstens alle zwei Jahre ein ordentlicher Landtag einberufen werden. In Folge dessen erstreckt sich seitdem auch der Voranschlag des Staatsbedarfs nur noch auf einen zweijährigen Zeitraum, und an Stelle dreijähriger Finanzperioden sind zweijährige getreten.

Eine einheitliche Benennung des Voranschlags des Staatsbedarfs dergestalt, daß davon nicht abgewichen werden dürfte, ist in der Verfassungsurkunde nicht vorgesehen. Vielmehr kommt derselbe darin auch noch unter anderen Bezeichnungen vor, und zwar unter der Bezeichnung „Staatsbudget“ in § 22 Abs. 5, unter der Bezeichnung schlechthin „Budget“ in § 22 Abs. 4, § 23 Abs. 1, § 106, endlich unter der Bezeichnung „Staatshaushaltsplan“ in der auf § 3 des Verfassungsgesetzes vom 5. Mai 1851 (GVB 1851 S. 123) sich gründenden Ueberschrift zu § 98.

In der Praxis hatte man sich bis zum Ablaufe der Finanzperiode 1878/79 für die Bezeichnung „Staatsbudget“ oder schlechthin „Budget“ entschieden. Seit der Finanzperiode 1880/81 ist indessen dafür die Bezeichnung „Staatshaushalts-Etat“ gewählt worden, wobei man dem Vorgange namentlich Preußens und des Deutschen Reichs gefolgt ist.

II.
Aufstellung des Staatshaushalts-Etats.

1. Die Aufstellung des Staatshaushalts-Etats in seinen einzelnen Theilen erfolgt, soweit nöthig unter Mitwirkung der nachgeordneten Verwaltungsbehörden, bei denjenigen Departementsministerien (Ressortministerien), welchen diese Theile den diesfalls bestehenden organisatorischen Einrichtungen zufolge zur verfassungsmäßigen Vertretung überwiesen sind.

Unter Departementsministerien verzeichnet zwar die Verfassungsurkunde nur die Ministerien der Justiz, der Finanzen, des Innern, des Kriegs, des Kultus und der auswärtigen Angelegenheiten, deren Vorstände zugleich die oberste kollegiale Staatsbehörde unter der Bezeichnung Gesammtministerium bilden (§ 41 Abs. 1 und 2). Von dem Gesichtspunkte der Aufstellung des Staatshaushalts-Etats aus vertritt indessen auch letzteres Ministerium die Stelle eines Departementsministeriums, indem es in einem gewissen Umfange auch seinerseits theils unmittelbar, theils mittelbar an der Verwaltung staatlicher Einnahmen und Ausgaben sowie staatlichen Eigenthums und daher insoweit auch an der Aufstellung des Staatshaushalts-Etats betheiligt ist.

Das Kriegsministerium als solches kommt, seitdem die Kosten der Unterhaltung des Sächsischen Armeekorps auf den Norddeutschen Bund, beziehungsweise auf das Reich übergangen sind und daher zur Zeit im Reichshaushalts-Etat Einstellung finden, bei der Aufstellung des Staatshaushalts-Etats nur noch ausnahmsweise und vorübergehend insofern in Betracht, als letzterer Mittel zur Verfügung stellt, um gewisse Militärpersonen der Königlich Sächsischen Armee aus der Zeit vor dem Kriege 1870/71, beziehungsweise deren Angehörige hinsichtlich der Gewährung von Pensionen, Pensionserhöhungen, Pensions- und Verstümmelungszulagen, besonderen Beihilfen 2c. denjenigen Militärpersonen und deren Angehörigen gleichzustellen, welche Pensionen und Unterstützungen auf Grund reichsgesetzlicher Bestimmungen beziehen.[1]

In den Etatangelegenheiten der zum Königlichen Hausfideikommisse (vgl. Abschn. 6 Nr. 1) gehörigen Sammlungen für Kunst und Wissenschaft, welche, soweit ihre eigenen Einnahmen nicht zureichen, aus Staatsmitteln unterhalten werden und daher Einstellungen auch im Staatshaushalts-Etat bedingen, vertritt die seit dem Jahre 1869 bestehende, unter die Leitung eines verantwortlichen Staatsministers gestellte Generaldirektion der Königlichen Sammlungen für Kunst und Wissenschaft, da sie gemäß ihrer Organisation mit dem Könige und den Ständen in unmittelbarem amtlichen Verkehre steht, die Stelle eines Departementsministeriums.

2. Die Zusammenstellung der Einzelabschnitte des Staatshaushalts-Etats zu einem Ganzen behufs der Vorlegung an die Stände liegt dem Finanzministerium ob, während die Berathung über dieses Ganze, d. h. die Beschlußfassung in der Richtung, ob und inwieweit die Einzelaufstellungen vom Standpunkte der Einheitlichkeit der Staatsverwaltung aus oder im Hinblick auf die allgemeine Finanzlage des Staates aufrecht erhalten bleiben können, dem Gesammtministerium zukommt.[2]

3. Eine gleichartige Bestimmung, wie sie beispielsweise die Verfassung des Deutschen Reichs in Art. 69 dahin trifft, daß alle Einnahmen und Ausgaben des Reichs auf den Reichshaushalts-Etat gebracht werden müssen, enthält die Sächsische Verfassungsurkunde zwar nicht.

Gleichwohl gilt auch in Sachsen im Allgemeinen als Regel, daß alle Einnahmen, welche von Staatswegen zu erheben, und alle Ausgaben, welche von Staatswegen zu leisten sind, soweit sie der Art und Größe nach zur Zeit der Aufstellung des Staatshaushalts-Etats überhaupt vorausgesehen werden können, in letzterem auch zum Ansatze zu kommen haben.

Von dieser Regel werden grundsätzliche Ausnahmen nur nach zwei Richtungen gemacht. Einerseits werden nämlich die Zölle und Verbrauchssteuern, welche zwar von Staatswegen, aber für Rechnung nicht der

[1] Gesetz, die Gewährung von Pensionserhöhungen, Pensions- und Verstümmelungszulagen, beziehentlich besonderen Beihilfen und Bewilligungen an vormalige Militärpersonen der Königlich Sächsischen Armee, beziehentlich deren Hinterlassene betr., v. 24. Januar 1874, GVB 1874 S. 6.

[2] Vgl. Allerhöchste Verordnung über die Einrichtung der Ministerialdepartements vom 7. Novbr. 1831 Pkt. 4 G. Nr. 4, GS 1831 S. 329.

Sächsischen Staatskasse, sondern der Reichskasse erhoben werden, auch nicht einmal durchlaufsweise auf den Staatshaushalts-Etat gebracht, sondern es werden nur diejenigen Antheile davon, welche der Sächsischen Staatskasse theils als Vergütung für die Erhebung und Verwaltung, theils im Wege der Ueberweisung vom Reiche gewährt werden, im Staatshaushalts-Etat eingestellt. Andererseits werden die Einnahmen und Ausgaben gewisser staatlicher Fonds für bestimmte Zwecke, deren Existenz theils auf Spezialgesetzen, theils auf besonderen Vereinbarungen mit den Ständen beruht, von der Aufnahme in den Staatshaushalts-Etat ausgeschlossen, weil man diese Fonds als in sich abgeschlossene Vermögensmassen ansieht, welche außerhalb des Rahmens des laufenden Staatshaushalts stehen.

Bezüglich solcher Zwecke, für welche Aufwendungen nicht durch die Verfassung, sei es Sachsens oder des Deutschen Reichs, oder durch Spezialgesetze oder durch vertragsmäßige Verpflichtungen bedingt werden oder sonst im Interesse des Staates unabweisbar geboten sind, hängt die Bestimmung darüber, ob und in welchem Umfange für dieselben Ausgabesummen auf den Staatshaushalts-Etat zu bringen sind, im Allgemeinen von dem pflichtmäßigen Ermessen der Regierung ab.

Eine Beschränkung nach dieser Richtung besteht für die letztere nur insofern, als die Verfassungsurkunde in § 106 vorschreibt, daß, um die Regierung für unvorhergesehene Ereignisse mit den erforderlichen außerordentlichen Hilfsmitteln zu versehen, ein Reservefonds zu bilden sei, welcher in das Budget aufgenommen und jedesmal bewilligt werde, ohne daß sie indessen Bestimmung darüber trifft, in welcher Höhe dieser Fonds zu bemessen ist.[1]

Das Vorkommen geheimer, darum aber ihrem Gegenstande nach auch nicht einmal annähernd zu bezeichnender Ausgaben im Staatshaushalts-Etat ist verfassungsrechtlich zwar nicht ausgeschlossen, aber an die formelle Voraussetzung geknüpft, daß eine schriftliche, von mindestens drei verantwortlichen Staatsministern gegengezeichnete Versicherung des Königs bezeugt, daß die Verwendung zum wahren Besten des Landes stattfinden werde (VU § 99 Abs. 2).

---

[1] Nach dem Entwurfe der Verfassungsurkunde (§ 121) sollte der Reservefonds stehend sein und fünf vom Hundert der gesammten jährlichen Staatseinnahme betragen. (Vgl. Landtagsakten 1830 Bd. 3 S. 1400.) Die ehemaligen Landstände hielten aber nicht allein die geforderte Summe für zu hoch, sondern waren überhaupt der Ansicht, daß die Höhe dieses Fonds der jedesmaligen Bewilligung der Stände überlassen zu bleiben habe, da sich die Gestaltung der finanziellen Verhältnisse im voraus mit Bestimmtheit nicht übersehen lasse. (Vgl. Landtagsakten 1831 Bd. 4 S. 1800.)

4. Die Veranschlagung der Einnahmen und der Ausgaben im Staatshaushalts-Etat hat der Regel nach nur baares Geld zur Voraussetzung, da der Staat seine hauptsächlichsten Bedürfnisse nur durch Aufwendung von Baarmitteln zu befriedigen vermag. Ausnahmsweise darf jedoch die Veranschlagung auf die Geldwerthe der bei den Vorräthen an Naturalien, Materialien und Fabrikaten in Folge von Vermehrungen und Verminderungen erfahrungsmäßig eintretenden Veränderungen mit erstreckt werden, was gegebenen Falles im Staatshaushalts-Etat besonders zu vermerken ist.

5. Möge aber auch die Veranschlagung nur auf Baarsummen sich beziehen oder ausnahmsweise zugleich Geldwerthe von Vermehrungen oder Verminderungen an Vorräthen von Naturalien, Materialien und Fabrikaten mit umfassen, in dem einen wie in dem anderen Falle ist sie der Regel nach auf die Ermittelung der rohen Einnahmen und der rohen Ausgaben gerichtet und daher eine Bruttoveranschlagung. Veranschlagungen von Einnahmen unter Kürzung von Ausgaben und von Ausgaben unter Kürzung von Einnahmen und somit Nettoveranschlagungen finden nur vereinzelt, namentlich in solchen Fällen statt, in welchen die selbstständige Veranschlagung der zur Kürzung gezogenen Ausgaben oder Einnahmen aus dem Grunde, weil sie ihrer Art und Größe nach beständigen Schwankungen unterworfen sind, nicht ohne gewisse Schwierigkeiten ausführbar sein würde. Insoweit einzelnen Ansätzen des Staatshaushalts-Etats derartige Nettoveranschlagungen zu Grunde liegen, findet sich dies in demselben ausdrücklich verlautbart.

6. Die Ermittelung der Etatansätze erfolgt in der Weise, daß die auf festen Satzungen beruhenden und daher ihrer Größe nach genau zu beziffernden Einnahmen und Ausgaben entweder nach dem Stande, den sie zur Zeit der Aufstellung des Staatshaushalts-Etats haben, oder wenn das Bevorstehen von Aenderungen in der neuen Voranschlagsperiode zu dieser Zeit bereits bekannt ist, nach dem unter Berücksichtigung dieser Aenderungen sich ergebenden Stande in Ansatz kommen. Einnahmen und Ausgaben, welche zwar regelmäßig wiederkehren, aber ihrem Betrage nach schwanken, werden in der Regel nach Durchschnittssätzen veranschlagt, die sich auf die rechnungsmäßigen Ergebnisse der Vorjahre, und zwar meist der drei letzten Jahre stützen, wobei indessen die muthmaßlichen Aussichten für die kommenden Jahre nicht außer Berücksichtigung bleiben. Einmalige Ausgaben für bestimmt bezeichnete Zwecke endlich finden entweder auf Grund spezieller Kostenanschläge oder doch sonst thunlichst so Bezifferung, daß sich wenigstens annähernd beurtheilen läßt, wie die geforderten Bewilligungssummen gefunden worden sind.

Dabei ist, abgesehen von dem außerordentlichen Staatshaushalts-Etat, in welchem ungetrennte Summen für beide Jahre der Finanzperiode eingestellt werden, die Veranschlagung eine gemeinjährige, d. h. bei jedem Etatansatze, möge er auf die volle zweijährige Finanzperiode oder nur auf einen Theil, nach Befinden sogar nur auf das zweite Jahr derselben sich erstrecken, wird die Hälfte der Gesammtforderung als Jahressumme eingestellt, so daß also für jedes der beiden Finanzjahre eine gleich hohe Forderungssumme erscheint.[1]

Im Uebrigen wird bei Veranschlagung der ordentlichen Einnahmen und Ausgaben regelmäßig so verfahren, daß der hierauf bezügliche Theil des Staatshaushalts-Etats, als Ganzes betrachtet, ohne Ueberschuß oder Fehlbedarf abschließt, vielmehr sich ausgleicht (balancirt). Das Mittel zum Abschlusse ohne Fehlbedarf bieten die Einkommensteuer, die indirekten Landesabgaben und einzelne Arten von Gebühren, deren Normalsätze, so weit nöthig, durch Zuschläge bis zum Betrage des Fehlbedarfs erhöht werden. Das Mittel zum Abschlusse ohne Ueberschuß ist in dem S. 20 erwähnten Reservefonds gegeben, der in einer Höhe unter den Ausgaben eingestellt wird, welche der anschlagsmäßigen Summe des Mehrbetrags der gesammten Einnahmen gegen die anschlagsmäßige Summe der gesammten Ausgaben der Finanzperiode gleichkommt.

7. Insoweit nach bereits erfolgter Aufstellung des Staatshaushalts-Etats und nach Vorlage desselben an die Stände weitere unabweisbare Bedürfnisse sich geltend machen oder wesentliche Aenderungen in den Veranschlagungen nothwendig werden, pflegen Nachtrags-Etats aufgestellt und an die Stände gebracht zu werden.

III.

Innere Einrichtung des Staatshaushalts-Etats.

Die innere Einrichtung des Staatshaushalts-Etats ist durch das bestehende Verfassungsrecht nur in folgenden drei Richtungen beeinflußt worden.

1. Der Umstand, daß die Verfassungsurkunde in § 97 zwischen ordentlichem und außerordentlichem Staatsbedarfe unterscheidet, hat bereits seit der Finanzperiode 1849/51 dazu geführt, auch das Staatsbudget in zwei selbstständige Theile, den einen für den ordentlichen Staats-

[1] Diesem Verfahren, welches bereits seit der Finanzperiode 1840/42 eingehalten wird, liegt die Absicht zu Grunde, damit die Aufstellung und den Druck des Budgets, sowie dessen Bearbeitung durch die ständischen Deputationen und die Berathung und Beschlußnahme der Stände darüber wesentlich zu erleichtern.

bedarf und deshalb ordentliches Staatsbudget genannt, den anderen für den außerordentlichen Staatsbedarf und deshalb außerordentliches Staatsbudget genannt, zu zerlegen.

Dem außerordentlichen Staatsbudget wurden im Anfange grundsätzlich diejenigen als nicht wiederkehrender Aufwand anzusehenden größeren Ausgaben zugewiesen, welche nicht aus den laufenden und nachhaltigen Staatseinnahmen bestritten werden konnten, sondern zu deren Deckung entweder die verfügbaren Verwaltungsüberschüsse verwendet oder Anleihen aufgenommen werden mußten. Als Ausgaben dieser Art wurden nach der damaligen Auffassung der Regierung und der Stände in erster Linie solche angesehen, welche die Eigenschaft werbender Kapitalanlagen hatten; außerdem aber wurden dazu auch diejenigen Aufwendungen gerechnet, welche auf ganz unvorhergesehenen und unabwendbaren äußeren Veranlassungen beruhten und daher gewissermaßen unter dem Gesichtspunkte einer blos vorübergehenden außergewöhnlichen Landeslast, analog den Kriegskosten, sich auffassen ließen. Durch dieses Verfahren der Budgetirung sollte ermöglicht werden, gewisse Lasten antheilig auf die Zukunft abzuwälzen und vor dem Budget der Gegenwart den Vorwurf der Ueberlastung oder wohl gar der Unerschwinglichkeit abzuwenden.[1]

In der Finanzperiode 1876/77 wurden neue Grundsätze für die Aufnahme von Ausgaben in das außerordentliche Budget von der Regierung aufgestellt, ohne daß dagegen von den Ständen Widerspruch erhoben wurde. Hiernach sollten dem außerordentlichen Budget zugewiesen werden:

a) Ausgaben, welche als werbende Kapitalanlagen erscheinen und daher eine direkte Vermehrung der Staatseinkünfte in Aussicht stellen, z. B. für die Erwerbung und den Bau von Eisenbahnen und die Ausrüstung derselben.

b) Ausgaben, welche zu Beseitigung fortdauernder pekuniärer Staatslasten dienen und daher eine direkte Verminderung des laufenden Staatsaufwandes herbeiführen, z. B. zu Ablösung von Jahresrenten oder anderen dauernden Geldleistungen.

c) Ausgaben, welche zur Vermehrung und Sicherstellung des Volkswohlstandes beitragen, indem sie natürliche Gefahren von demselben abwenden oder Einrichtungen und Privilegien, die seiner Entwickelung hinderlich sind, beseitigen oder den Verkehr erleichtern und damit auch späteren Generationen Nutzen bereiten, z. B. für Elbstromkorrektionen, für Elbkaianlagen im Interesse der Schiffahrt und des Handels, für Ablösung nachtheiliger Verbietungsrechte.

---

[1] Landtagsakten 1849/50 Abth. I Bd. 2 S. 152, 153.

d) Ausgaben, welche durch große, das Land treffende Unglücksfälle, z. B. Kriege, oder durch andere außerordentliche Ereignisse und Umstände, welche zu den voraussetzlich auch in Zukunft wiederkehrenden nicht gerechnet werden können, verursacht werden und zugleich von solcher Bedeutung sind, daß sie von einer Generation allein ohne sehr große Ueberlastung nicht getragen werden können.

Dagegen sollten Ausgaben, welche zum Behufe einer besseren und leichteren Erfüllung der Zwecke der Staatsverwaltung und wegen der vermehrten Bedürfnisse derselben sich erforderlich machen, in das ordentliche Budget eingestellt werden, weil angenommen werden müsse, daß derartige Ausgaben bei den stetig wachsenden Bedürfnissen nie ganz aufhören und daher die künftigen Generationen auch gezwungen sein werden, den zu ihrer Zeit auftauchenden Bedürfnissen zu genügen.

Die Regierung machte jedoch hierbei den Vorbehalt, daß bei der Erwägung, ob eine Ausgabe dem ordentlichen oder dem außerordentlichen Budget zuzuweisen sei, unter Umständen auch die Rücksicht auf die im Interesse der Steuerpflichtigen liegende möglichste Stetigkeit in der Höhe der Steuerzahlung den Ausschlag geben und es daher auch fernerhin vorkommen könne, daß aus letzterer Rücksicht eine gewöhnlich in das ordentliche Budget aufgenommene außerordentliche Ausgabe einmal ausnahmsweise in das außerordentliche Budget eingestellt oder umgekehrt eine Ausgabe, welche grundsätzlich in das außerordentliche Budget aufgenommen werden könnte, einmal dem ordentlichen Budget zugewiesen werde.[1]

Diese Grundsätze sind aber inzwischen wieder verlassen worden, nachdem die Auffassung sich geltend gemacht hat, daß es der Aufgabe einer gesunden Finanzpolitik entspreche, in günstigen Zeitläuften den außerordentlichen Staatshaushalts-Etat nur mit solchen Ausgaben zu belasten, welche eine direkte Vermehrung der Staatseinnahmen in Aussicht stellen.[2]

2. Da unter Staatsbedarf, dessen Ermittelung Gegenstand des Voranschlags ist, zunächst nur die Summe des Mehrbedarfs an Ausgaben gegen die Summe der Ueberschüsse aus den eigenen selbstständigen Einnahmen des Staates zu verstehen ist, wurde bei Aufstellung des Staatsbudgets nach der übereinstimmenden Auffassung der Regierung wie der Stände anfänglich so verfahren, daß in dem Einnahmeabschnitte (Budget der Staatseinkünfte genannt) nur der Reinertrag zur Darstellung gebracht wurde, den jeder Zweig der Staatseinkünfte nach Abzug der

[1] Landtagsakten 1875/76, Königliche Dekrete Bd. 2 S. 335 flg., Ständische Schriften Nr. 54 S. 133.

[2] Vgl. die allgemeinen Erläuterungen zum Staatshaushalts-Etat 1884/85, Landtagsakten 1883/84, Kgl. Dekrete Bd. 1 Dekret Nr. 2.

erforderlichen Betriebs- und Verwaltungskosten, jedoch ausschließlich der dem Ausgabeabschnitte (Budget des Staatsaufwandes genannt) zugewiesenen Kosten der Zentralverwaltung abwarf, um so die Summe dessen zur Erscheinung zu bringen, was zu Deckung von Staatsbedürfnissen zur Verfügung blieb.[1]

Der Ausgabeabschnitt dagegen umfaßte überall rohe Ausgaben.

Das Staatsbudget war daher in seinem Einnahmeabschnitte der Hauptsache nach ein sogenanntes Nettobudget, in seinem Ausgabeabschnitte dagegen ein sogenanntes Bruttobudget.

Diesem Mangel an Uebereinstimmung in der Anlage des Staatsbudgets wurde von der Finanzperiode 1837/39 an dadurch begegnet, daß auch bei denjenigen Verwaltungszweigen des Ausgabebudgets, bei welchen, wie z. B. bei den Gerichtsbehörden, neben den Ausgaben regelmäßig zugleich Einnahmen vorzukommen pflegen, diese Einnahmen von den Ausgaben vorweg abgezogen wurden, um so die Summe des wirklichen Bedarfs darzulegen.

Das Staatsbudget war daher nunmehr der Hauptsache nach ein reines Nettobudget.

Von der Finanzperiode 1880/81 an wurde zwar der Grundsatz der Nettoveranschlagung insofern wieder verlassen, als seitdem bei jedem Betriebs- und Verwaltungszweige, bei welchem sowohl Einnahmen als Ausgaben vorkommen, beide speziell veranschlagt werden. Allein indem diese Einnahmen und Ausgaben überall unmittelbar einander gegenübergestellt werden und demzufolge im Wege des rechnungsmäßigen Abschlusses entweder der Ueberschuß oder der Zuschuß, welchen jeder einzelne Betriebs- und Verwaltungszweig abwirft oder erfordert, zur Ziffer gebracht wird, kommt der Grundsatz der Nettoveranschlagung auch gegenwärtig noch zu einer gewissen formellen Geltung. (Vgl. auch das nachstehend unter 1. Bemerkte.)

3. Da rücksichtlich der regelmäßig sich wiederholenden Einnahmen den Ständen, wie schon S. 7 dargelegt worden ist, ein eigentliches Bewilligungsrecht der Hauptsache nach nur insoweit zusteht, als es sich um direkte und indirekte Landesabgaben handelt, werden diese Abgaben bereits seit der erstmaligen Aufstellung des Staatsbudgets (1834/36) in letzterem gesondert von den übrigen Einnahmequellen zur Darstellung gebracht.[2]

---

[1] Landtagsakten 1833 Abth. I Bd. 1 S. 115, 1834 Abth. I Bd. 4 S. 365, 452, 1836/37, Abth. I Bd. 1 S. 216.

[2] Landtagsakten 1833 Abth. I Bd. 1 S. 115, § 3 der allgemeinen Vorbemerkungen zum Staatsbudget auf 1834/36.

In allen übrigen Beziehungen hat bei der Gestaltung der inneren Einrichtung des Staatshaushalts-Etats neben hierauf bezüglichen Wünschen und Anträgen der Stände lediglich das durch Zweckmäßigkeitsrücksichten bedingte Ermessen der Regierung gewaltet.

Je nach den wechselnden Anschauungen und Bedürfnissen ist derselbe daher im Laufe der Zeit auch mannichfachen Aenderungen in dieser Beziehung unterworfen gewesen.

Bis zur Finanzperiode 1878/79 bestand das eigentliche Budget aus einer Reihe von Abschnitten, welche Positionen genannt wurden, und unter welchen für jeden Einnahme- oder Ausgabezweig die Gesammtsumme dessen, was er einbrachte oder erforderte, zur Darstellung gebracht wurde. Da das Budget der Staatseinkünfte, wie bereits oben ausgeführt worden ist, in der Hauptsache ein Nettobudget war, wurde demselben zugleich, aber nur erläuterungsweise, eine summarische Uebersicht des Bruttoeinkommens aller Einkünfte sowie der davon zu bestreitenden Ausgaben beigefügt.

Um den Ständen davon Kenntniß zu verschaffen, wie die im Staatsbudget für jeden Einnahme- oder Ausgabezweig bezifferte Gesammtsumme des Einkommens oder des Aufwandes im Einzelnen ermittelt worden war, wurden ihnen noch besondere Aufstellungen unter der Bezeichnung als Spezialetats, aber ebenfalls nur erläuterungsweise, mitgetheilt.

In diesen Spezialetats waren die ihrer Art nach zusammengehörigen oder doch verwandten Einnahmen und Ausgaben in einzelne Gruppen zusammengefaßt.

Bis zur Finanzperiode 1861/63 einschließlich erfolgte die Mittheilung dieser Spezialetats lediglich an die mit der Berathung des Budgets betrauten ständischen Deputationen (vgl. S. 38).

Seit der Finanzperiode 1864/66 wurden sofort dem Budget selbst für diejenigen Positionen, bei welchen entweder der Aufwand von der Einnahme oder die Einnahme von dem Aufwande vorweg abgezogen war, Spezialetats beigegeben und mit dem Budget durch den Druck vervielfältigt, um auf diese Weise der Gesammtheit der Stände ein vollständiges und übersichtliches Bild der dabei in Frage kommenden Verwaltungszweige zu gewähren.[1]

An der Bedeutung dieser Spezialetats als blos erläuternder Unterlagen zum Budget wurde dadurch aber nichts geändert. Eine Verpflichtung für die Regierung, die in diesen Spezialetats enthaltenen Einzel-

[1] Vgl. die Erläuterungen zu dem Staatsbudget auf 1864/66, Landtagsakten 1863/64 Abth. I Bd. 1 S. 395.

ansätze einzuhalten, bestand daher von jetzt an ebenso wenig wie früher. Der Thatbestand einer eine Verantwortlichkeit auf Seite der Regierung begründenden Budgetüberschreitung war deshalb nach wie vor nur gegeben, wenn und insoweit die im Budget für jede einzelne Position eingestellte Gesammtsumme überschritten war.

Seit der Finanzperiode 1880/81 hat das Staatsbudget, welches von nun an, wie bereits S. 18 hervorgehoben worden ist, die Bezeichnung „Staatshaushalts-Etat" erhielt, in Verbindung mit der vom gleichen Zeitpunkte ab eingetretenen Umgestaltung des Staatsrechnungswesens eine völlige Neugestaltung erfahren, vermöge deren seine innere Einrichtung gegenwärtig die folgende ist.

a) Der Staatshaushalts-Etat zerfällt in einen „ordentlichen Staatshaushalts-Etat" und in einen „außerordentlichen Staatshaushalts-Etat", welche beide räumlich zwar mit einander verbunden, inhaltlich aber von einander getrennt sind.

Der ordentliche Staatshaushalts-Etat umfaßt die regelmäßig wiederkehrenden Einnahmen und die davon zu bestreitenden Ausgaben.

Der außerordentliche Staatshaushalts-Etat umfaßt solche einmalige Ausgaben, welche in den regelmäßigen Einnahmen des Staates nicht Deckung finden können.

b) Der ordentliche Staatshaushalts-Etat unterscheidet zwischen fortdauernden (normalmäßigen) und einmaligen oder doch sonst vorübergehenden (transitorischen) Einnahmen und Ausgaben, je nachdem dieselben mehr oder weniger regelmäßig wiederkehren oder nur unter bestimmten, der Dauer nach begrenzten Voraussetzungen vorkommen, und bringt beide Gattungen von Einnahmen und Ausgaben sowohl der Art als der Größe nach auch äußerlich erkennbar zur Darstellung (vgl. S. 34).

c) Der ordentliche Staatshaushalts-Etat gliedert sich in:

I. einen „Etat der Ueberschüsse",

II. einen „Etat der Zuschüsse".

Der Etat der Ueberschüsse umfaßt diejenigen Betriebs- und Verwaltungszweige, deren ganze Bestimmung es ist, Einnahmequellen für den Staat zu bilden, und welche deshalb auch entweder nur Einnahmen haben, oder deren Einnahmen — wenigstens der Regel nach — größer sind als die Ausgaben.

Der Etat der Zuschüsse schließt diejenigen Betriebs- und Verwaltungszweige in sich, von denen Einnahmen entweder überhaupt nicht oder doch nur nebenbei erwartet werden können, und bei welchen deshalb — mindestens der Regel nach — die Ausgaben größer sind als die Einnahmen.

d) Sowohl der Etat der Ueberschüsse als der Etat der Zuschüsse sind in eine Reihe von Abschnitten eingetheilt, welche die einzelnen Betriebs- und Verwaltungszweige nach bestimmten einheitlichen Gesichtspunkten in Gruppen, die im Etat der Zuschüsse soweit möglich nach den verschiedenen Ministerialdepartements geordnet sind, zusammenfassen dergestalt, daß

der Etat der Ueberschüsse deren 2, nämlich:

A. Nutzungen des Staatsvermögens und der Staatsanstalten,

B. Steuern und Abgaben,

der Etat der Zuschüsse deren 10 enthält, nämlich:

C. Allgemeine Staatsbedürfnisse,

D. Gesammtministerium nebst Dependenzen,

E. Departement der Justiz,

F. Departement des Innern,

G. Departement der Finanzen,

H. Departement des Kultus und öffentlichen Unterrichts,

I. Departement des Auswärtigen,

K. Ausgaben zu Reichszwecken,

L. Pensionatsetat,

M. Dotationen und Reservefonds.

e) Jeder dieser Abschnitte ist in eine Reihe von Kapiteln aufgelöst, welche für jeden einzelnen selbstständigen Betriebs- und Verwaltungszweig den Antheil der Art und Größe nach zusammenfassen, der ihnen an den Einnahmen und Ausgaben des Staatshaushalts zukommt.

Diese Kapitel führen Nummern, welche durch den ganzen ordentlichen Staatshaushalts-Etat fortlaufen.

Insoweit die Nothwendigkeit hervortritt, neue Kapitel zu bilden, werden dieselben der Regel nach in die bestehende Nummernfolge dergestalt eingereiht, daß ihrer Ordnungsnummer zum Unterschiede von der gleichen Nummer desjenigen Kapitels, hinter welchem sie eingeschoben werden, ein kleiner lateinischer Buchstabe beigefügt wird (z. B. 71 a, 77 a).

Die Zahl der Kapitel, welche der ordentliche Staatshaushalts-Etat zur Zeit enthält, beträgt einschließlich zweier Kapitel, welche im Staatshaushalts-Etat auf 1888/89 in der vorbemerkten Weise neu eingeschoben worden sind (Kap. 71 a, 77 a), 113, wovon 21 dem Etat der Ueberschüsse, 92 dem Etat der Zuschüsse angehören, und die sich folgendermaßen unter die verschiedenen Gruppenabschnitte beider Etats vertheilen:

I. Etat der Ueberschüsse.

A. Nutzungen des Staatsvermögens und der Staatsanstalten.

Kap.
1. Forsten und Jagd.
2. Domänen und Intraden.
3. Kalkwerke.
4. Weinberge und Kellerei.
5. Hofapotheke.
6. Elsterbad.
7. Leipziger Zeitung.
8. Porzellan-Manufaktur.
9. Steinkohlenwerk zu Zauckerode.
10. Braunkohlenwerk zu Kaditzsch.
11. Fiskalische Hüttenwerke bei Freiberg.

Kap.
12. Fiskalische Erzbergwerke bei Freiberg.
13. Blaufarbenwerk Oberschlema.
14. Fiskalische Kuxantheile am Privatblaufarbenwerke.
15. Münze.
16. Staatseisenbahnen.
17. Landeslotterie.
18. Lotterie-Darlehnskasse.
19. Einnahmen der allgemeinen Kassenverwaltung.

B. Steuern und Abgaben.

20. Direkte Steuern.
21. Zölle und Verbrauchssteuern.

II. Etat der Zuschüsse.

C. Allgemeine Staatsbedürfnisse.

Kap.
22. Zivilliste; Schatullenbedürfnisse, ingleichen Garderoben- und Hofstaatsgelder für Ihre Majestät die Königin.
23. Apanagen 2c.
24. Zum Königlichen Hausfideikommiß gehörige Sammlungen für Kunst und Wissenschaft.
25. Verzinsung der Staats- und Finanzhauptkassenschulden.
26. Tilgung der Staatsschulden.
27. Auf den Staatskassen ruhende Jahresrenten.
28. Ablösung der dem Domänenetat nicht angehörigen Lasten sowie Abfindungszahlungen bei Rechtsstreitigkeiten.
29. Landtagskosten.
30. Stenographisches Institut.
31. Allgemeine Regierungs- und Verwaltungsangelegenheiten.

D. Gesammtministerium nebst Dependenzen.

32. Gesammtministerium und Staatsrath nebst Kanzlei.
33. Kabinetskanzlei.
34. Ordenskanzlei.
35. Hauptstaatsarchiv.

Kap.
36. Oberrechnungskammer.
37. Gesetz- und Verordnungsblatt.

E. Departement der Justiz.

38. Justizministerium nebst Kanzlei und Sportelfiskalat.
39. Oberlandesgericht und Staatsanwaltschaft bei dem Oberlandesgerichte nebst Kanzleien.
40. Land- und Amtsgerichte sowie Staatsanwälte.
41. Allgemeine Ausgaben bei dem Justizdepartement.

F. Departement des Innern.

42. Ministerium des Innern nebst Kanzlei.
43. Kreishauptmannschaften.
44. Amtshauptmannschaften.
45. Gewerbliche Zwecke und Anstalten.
46. Landstallamt zu Moritzburg.
47. Naturwissenschaftliche Zwecke und Anstalten.
48. Technische Aufsicht über Fabriken, Dampfkesselanlagen und Steinbrüche.
49. Berichtigung von Wasserläufen.
50. Ober-Aichungs-Kommission u. Staatsaichamt.
51. Technische Deputation.

Kap.
52. Wege-, Wasser- und Uferbau-Unterstützungen an Kommunen und private Grundbesitzer.
53. Gendarmerie-Anstalt.
54. Polizei-Direktion zu Dresden.
55. Antheilige Kosten des Leipziger Polizeiamtes.
56. Lebensrettungen und Auffindung von Leichnamen.
57. Sicherheits- und Preßpolizei-Angelegenheiten.
58. Schubtransportkosten.
59. Medizinal-Einrichtungen, einschließlich der Frauenklinik und einiger anderen Anstalten.
60. Kommission für das Veterinärwesen, Thierarzneischule und chemisch-physiologische Versuchsstation.
61. Bezirks-Medizinal- und Veterinärbeamte sowie Beihilfen an Aerzte in ärmeren Gegenden des Landes.
62. Allgemeine medizinal- und veterinärpolizeiliche Zwecke und Veranstaltungen.
63. Beiträge für einige in anderen Kapiteln nicht aufgeführte Anstalten, welche allgemeinen Landeszwecken dienen, und einige andere Unterstützungen im öffentlichen Interesse.
64. Beitrag an den Feuerwehrfonds.
65. Landarmenwesen.
66. Grenzregulirungen.
67. Beurkundung des Personenstandes und der Eheschließung.
68. Militär-Ersatz- und sonstige Militär-Angelegenheiten, in welchen die erwachsenden Kosten aus Militärkassen nicht übertragbar sind.
69. Kunstanstalten und Kunstzwecke im Allgemeinen.
70. Landes-Pflege-, Straf- und Besserungsanstalten.
71. Statistisches Büreau.
71a. Dresdner Journal.
72. Allgemeine Ausgaben bei dem Departement des Innern.

G. Departement der Finanzen.

73. Finanzministerium nebst unmittelbaren Dependenzen.

Kap.
74. Verwaltung der Staatsschulden.
75. Großer Garten.
76. Forstakademie zu Tharandt.
77. Bergakademie zu Freiberg.
77a. Allgemeine Ausgaben für den Bergbau.
78. Land-, Landeskultur- und Alters-Rentenbank.
79. Straßen- und Wasserbauverwaltung.
80. Hochbauverwaltung.
81. Bauverwaltereien.
82. Albrechtsburg in Meißen.
83. Verschiedene bauliche Zwecke.
84. Allgemeine technische Zwecke.
85. Rechtliche Vertheidigung der fiskalischen Gerechtsame, soweit nicht dafür Ausgaben bei anderen Kapiteln vorgesehen sind.
86. Allgemeine Ausgaben bei dem Departement der Finanzen.
87. Immobiliar-Brandversicherungs-Beiträge.

H. Departement des Kultus und öffentlichen Unterrichts.

88. Ministerium des Kultus und öffentlichen Unterrichts und unmittelbare Dependenzen.
89. Evangelisch-lutherisches Landeskonsistorium.
90. Katholisch-geistliche Behörden.
91. Universität Leipzig.
92. Polytechnikum zu Dresden.
93. Evangelische Kirchen.
94. Gymnasien, Realgymnasien und Realschulen.
95. Lehrerseminarien.
96. Volksschulen.
97. Katholische Kirchen und wohlthätige Anstalten.
98. Sonstige Kultuszwecke.
99. Taubstummen-Anstalten.
100. Stiftungsmäßige und beziehentlich privatrechtliche Leistungen der Staatskasse für Kirchen- und Schulzwecke.
101. Allgemeine Ausgaben bei dem Departement des Kultus und öffentlichen Unterrichts.

I. Departement des Auswärtigen.

Kap.
102. Ministerium des Auswärtigen nebst Kanzlei.
103. Gesandtschaften.

K. Ausgaben zu Reichszwecken.

104. Matrikularbeitrag.
105. Reichstagswahlen.
106. Vertretung Sachsens im Bundesrathe.

L. Pensions-Etat.

Kap.
107. Wartegelder.
108. Pensionen und außerordentliche Unterstützungen.
109. Erhöhung der Bewilligungen an Militärinvalide und Angehörige derselben aus der Zeit vor dem Kriege 1870/71.

M. Dotationen und Reservefonds.

110. Dotationen.
111. Reservefonds.

f) Innerhalb der verschiedenen Kapitel sind die Einnahmen und Ausgaben in Einzelgruppen abgetheilt, welche Titel genannt werden und dazu dienen, gleichartige und zusammengehörige Einnahmen und Ausgaben der Größe nach je für sich zur Darstellung zu bringen.

Auch diese Titel sind nummerirt, aber nur innerhalb je eines und desselben Kapitels. Eine Unterbrechung dieser Nummernfolge tritt selbst dann nicht ein, wenn den Einnahmetiteln, welche, soweit solche überhaupt vorkommen, bei jedem Kapitel des Etats sowohl der Ueberschüsse als der Zuschüsse den Anfang machen, Ausgabetitel sich anreihen. Nicht minder bleibt die Nummernfolge der Titel so, wie sie im Etatentwurfe vorgesehen ist, auch dann aufrecht erhalten, wenn in Folge der ständischen Prüfung und Feststellung des Staatshaushalts-Etats einzelne Titel im Wegfall gelangen sollten, indem solchenfalls, um keine Störung im Rechnungswerke herbeizuführen, bei den bezüglichen Nummern deren Ausfall vermerkt wird.

Einzelne Titel sind noch in weitere Unterabtheilungen zergliedert, die man Untertitel (in dem die Staatseisenbahnen umfassenden Kapitel Positionen und Unterpositionen) zu nennen pflegt.

Die Ausgabetitel zerfallen der Regel nach in zwei große Gruppen, je nachdem es sich dabei um persönliche oder um sächliche Ausgaben handelt.

Unter persönlichen Ausgaben werden der Regel nach die nicht blos zum Ersatze von Auslagen für Dienstaufwand bestimmten, in der Natur des Dienstverhältnisses Begründung findenden Leistungen an Beamte verstanden, und zwar an Beamte im weiteren Sinne des Wortes, also ohne Rücksicht darauf, ob dieselben mit Staatsdienereigenschaft im Sinne des Gesetzes vom 7. März 1835 (GVB 1835 S. 169 flg.) bekleidet sind oder nicht.

Alle anderen Ausgaben fallen der Regel nach unter den Begriff von sächlichen Ausgaben.

Einer abweichenden Behandlung unterliegen grundsätzlich die Leistungen an die im unmittelbaren technischen und kaufmännischen Betriebe einzelner Betriebsanstalten thätigen Beamten, indem Aufwendungen dieser Art den Gewinnungs-, beziehungsweise Handelskosten beigezählt und daher unter den sächlichen Ausgaben aufgeführt werden.

Sowohl bei den persönlichen als bei den sächlichen Ausgaben tritt unter Umständen noch eine weitere Gliederung insofern ein, als bei den persönlichen Ausgaben zwischen Besoldungen und anderen persönlichen Ausgaben, bei den sächlichen Ausgaben zwischen allgemeinen Verwaltungsausgaben und Betriebsausgaben unterschieden wird. Dabei erscheinen Besoldungen und andere persönliche Ausgaben auch äußerlich von einander getrennt, während bei den allgemeinen Verwaltungsausgaben und den Betriebsausgaben eine derartige äußerliche Trennung zwar nicht stattfindet, wohl aber in der Gruppe selbst erstere den letzteren vorangestellt sind.

Die Ausgaben treten demzufolge im Staatshaushalts-Etat in der Regel in nachstehender Reihenfolge auf:

1. Besoldungen,
2. andere persönliche Ausgaben,
3. sächliche Ausgaben.

Unter Besoldungen (auch Gehalte genannt) werden die baaren Dienstbezüge der in ständigen Stellen angestellten Beamten verstanden, soweit diese Bezüge nicht blos zur Vergütung von Dienstaufwand bestimmt sind. Diese Leistungen werden im Staatshaushalts-Etat dergestalt aufgeführt, daß bei jedem Titel die Stellenzahl und die Besoldungssätze genau angegeben sind, und zwar die Besoldungssätze da, wo eine Mehrzahl gleichartiger Stellen mit verschiedenen Besoldungsabstufungen vorkommt, in der Regel nach Mindest-, Höchst- und Durchschnittssätzen. Dies gilt auch von denjenigen Besoldungen, welche nach dem oben Bemerkten als sächliche Ausgaben behandelt werden.

Zu den anderen persönlichen Ausgaben im Gegensatze zu den Besoldungen gehören namentlich die nicht näher begrenzten Ausgabesummen zur Annahme von Hilfsarbeitern, die nach der Arbeitszeit oder nach der Arbeitsleistung bemessenen Vergütungen für Arbeiten an Personen, welche der Beamtenkategorie angehören (beispielsweise Schreibelöhne an Diätare und Lohnkopisten u. dergl.), die an Beamte als Theil des Dienstgenusses zu gewährenden Heizungsvergütungen und Wohnungsgeldzuschüsse, die ihnen für zeitweilige Nebengeschäfte auszusetzenden Remunerationen, und zwar ohne Rücksicht darauf, ob die letzteren ihrer Höhe nach im voraus bestimmt sind oder nicht, beziehungsweise ob sie fortlaufende oder einmalige sind, endlich die an Beamte zur Verabreichung kommenden Gratifikationen und Unterstützungen, und zwar die Unterstützungen mit Einschluß derjenigen, welche an Hinterlassene von Beamten gewährt werden.

Unter die sächlichen Ausgaben fallen der Regel nach insbesondere auch die Tagegelder-, Reise- und Umzugskosten der Beamten — und zwar diese speziell in der Eigenschaft allgemeiner Verwaltungsausgaben —, ingleichen die Arbeiterlöhne — und zwar diese speziell in der Eigenschaft von Betriebskosten —. Eine Ausnahme von dieser Regel macht namentlich das die Staatseisenbahnen betreffende Etatkapitel, in welchem Reise- und Umzugskosten der Beamten, ingleichen die Tage- und Akkordlöhne der Arbeiter mit Ausschluß der Strecken- und Werkstättenarbeiter als persönliche Ausgaben behandelt werden, was seine Erklärung darin findet, daß dieses Etatkapitel zur Vermeidung einer getrennten Buchführung allenthalben in Uebereinstimmung mit dem für die sämmtlichen Deutschen Eisenbahnverwaltungen vereinbarten Normal-Buchungsformulare aufgestellt ist, welches insoweit von den Grundsätzen des Sächsischen Staatshaushalts-Etats abweicht.

Innerhalb der einzelnen Ausgabegruppen gehen die Titel für fortdauernde Ausgaben den Titeln für einmalige Ausgaben voran.

g) Bei einigen Kapiteln, an welchen eine Mehrzahl gleichartiger selbstständiger Behörden, Anstalten oder sonstiger Unternehmungen betheiligt ist, besteht die Einrichtung, daß in einer Hauptzusammenstellung, welche Hauptetat genannt wird, zunächst die Einnahmen oder die Ausgaben, beziehungsweise die Ueberschüsse oder die Zuschüsse aller dabei in Frage kommenden Behörden rc. titelmäßig zusammengefaßt sind, sodann aber in Einzelaufstellungen, welche Unteretats genannt werden und in ihrer inneren Einrichtung derjenigen des Hauptetats gleichen, die Antheile jeder einzelnen Behörde rc. titelmäßig nachgewiesen werden.

Bei einigen anderen Kapiteln, welche eine Mehrzahl verschiedenartiger Ausgabezweige umfassen, sind die letzteren in eine Reihe selbstständiger Unterabtheilungen zerlegt, deren Nachweise, soweit nöthig, ebenfalls titelmäßig erfolgen.

h) Jedes Kapitel ist mit einem Abschlusse versehen, welcher den Gesammtbetrag des dabei in Frage kommenden Ueberschusses oder Zuschusses zur Ziffer bringt. Bei denjenigen Kapiteln, welche, wie dies bei der Mehrzahl aller Kapitel der Fall ist, sowohl Einnahmen als Ausgaben umfassen, besteht dieser Abschluß in der vergleichenden Gegenüberstellung der Summe der Einnahmen und der Summe der Ausgaben oder umgekehrt, bei solchen Kapiteln, welche nur Einnahmen oder nur Ausgaben in sich schließen, da, wo eine Mehrzahl von Titeln in Frage kommt, in der einfachen Zusammenrechnung der verschiedenen Titelsummen, da, wo nur ein einziger Titel gegeben ist, in der einfachen Wiederholung der Summe desselben. Insoweit einzelne Kapitel in eine Reihe selbstständiger Unterabtheilungen zerfallen, sind letztere der Regel nach ebenfalls mit einem Abschlusse versehen, dessen auch die sogenannten Unteretats nicht entbehren.

Dagegen ist dem Etat der Ueberschüsse ebenso wie dem Etat der Zuschüsse weder in Bezug auf die einzelnen Gruppenabschnitte, noch je in Bezug auf das Ganze ein Abschluß beigefügt, und ebenso wenig folgt beiden ein Hauptabschluß, welcher das aus der gegenseitigen Vergleichung der Ergebnisse beider Etats sich herausstellende Gesammtergebniß ausweist. Dies hat aber seinen Grund lediglich darin, daß diese Abschlüsse in einer dem ordentlichen Staatshaushalts-Etat vorangehenden Hauptübersicht enthalten sind, welche dazu bestimmt ist, einen allgemeinen Ueberblick über die bei den einzelnen Kapiteln zu gewärtigenden Ueberschüsse oder Zuschüsse unter gleichzeitiger Berücksichtigung der etatisirten Bruttoeinnahme und Bruttoausgabe zu gewähren, ohne daß ihr im Uebrigen den einzelnen Kapiteln gegenüber eine selbstständige Bedeutung in der Art beiwohnt, daß letztere etwa nur als Spezialetats aufzufassen wären.

i) Der außerordentliche Staatshaushalts-Etat enthält lediglich einen Ausgabeabschnitt, der in so viele Titel zerfällt, als selbstständige Ausgabebewilligungen dabei in Frage kommen, und unter dessen Abschlusse nachrichtlich vermerkt wird, in welcher Weise die ausgeworfene Gesammtsumme Deckung finden soll.

k) Seiner formellen Erscheinung nach tritt der Staatshaushalts-Etat in Gestalt eines in eine Reihe verschiedener Spalten gegliederten Tabellenwerkes auf. Dem ordentlichen Staatshaushalts-Etat liegt dabei folgendes Muster zu Grunde, dessen fünfte Spalte den jeweilig in Frage kommenden Voretat zur Voraussetzung hat:

Kap. . . .

Tit.	Gegenstand	Jahresbetrag	Darunter transitorisch	Im Etat für . . . sind angesetzt	Mithin für . . . mehr	Mithin für . . . weniger	Erläuterungen
		ℳ	ℳ	ℳ	ℳ	ℳ	

Hiervon weicht nur das die Staatseisenbahnen betreffende Kapitel ab, indem dasselbe im Hinblick theils auf die formelle Einrichtung des den Betriebsrechnungen zu Grunde zu legenden Normalbuchungsformulars (vgl. S. 33), theils auf besondere Eigenthümlichkeiten in den Besoldungsverhältnissen der etatmäßigen Beamten einige Spalten mehr enthält.

Für den außerordentlichen Staatshaushalts-Etat ist folgendes Muster gewählt:

Tit.	Gegenstand	Betrag ℳ	Erläuterungen

In der die Gegenstandsbezeichnung (die Zweckbestimmung) der Einnahmen und Ausgaben umfassenden Spalte finden sich überdies die etwaigen Beschränkungen, an welche das Verfügungsrecht der Regierung gebunden sein soll, sowie diejenigen außerordentlichen Ermächtigungen verlautbart, welche der Regierung in Bezug auf die Etatgebahrung zustehen sollen.

Nur der Inhalt der die Titelnummern, die Gegenstandsbezeichnungen und die Anschlagssätze für die neue Finanzperiode in sich schließenden Spalten, mithin der Spalten 1—4 des ordentlichen und der Spalten 1—3 des außerordentlichen Staatshaushalts-Etats bindet die Regierung in ihrem Verhältnisse zu den Ständen. Deshalb pflegt man diese Spalten als den dispositiven Theil oder das Dispositiv des Staathaushalts-Etats zu bezeichnen. Lediglich auf dieses Dispositiv beziehen sich deshalb auch die ständischen Abstimmungen; der Inhalt der übrigen Spalten des Staatshaushalts-Etats, welche theils der Vergleichung mit dem Voretat gewidmet sind, theils Erläuterungen enthalten, bleibt hiervon, wenigstens der Regel nach, ausgeschlossen.

Insoweit sich neben den Erläuterungen, wie sie in dem Tabellenwerke des Staatshaushalts-Etats zu den einzelnen Kapiteln und Titeln gegeben werden, noch Erläuterungen erforderlich machen, welche den Staatshaushalts-Etat als Ganzes betreffen, werden dieselben als „allgemeine Erläuterungen" in einem Schlußabschnitte des Staatshaushalts-Etats gegeben.

1) Die Eintheilung des ordentlichen Staatshaushalts-Etats in einen Etat der Ueberschüsse und in einen Etat der Zuschüsse bringt es mit sich, daß in jeder dieser beiden Abtheilungen rücksichtlich derjenigen Betriebs- und Verwaltungszweige, bei welchen sowohl Einnahmen als Ausgaben vorkommen, der Regel nach auch die Veranschlagung aller dabei in Betracht kommenden Einnahmen und Ausgaben je innerhalb eines und des-

selben Kapitels geschieht, und daß daher alle diejenigen Kapitel, welche sowohl Einnahmen als Ausgaben umfassen, mit Beträgen abschließen, welche den Unterschied zwischen der Summe der Einnahmen und der Summe der Ausgaben darstellen, sonach aber die Bedeutung von Nettosummen haben.

Insoweit läßt sich daher zwar sagen, dem ordentlichen Staatshaushalts-Etat wohne die Eigenschaft eines Nettobudgets im Gegensatze zu den Bruttobudgets anderer Länder bei, in welchen alle Einnahmen in einem ein in sich geschlossenes Ganzes bildenden Einnahmeabschnitte und alle Ausgaben in einem ein in sich geschlossenes Ganzes bildenden Ausgabeabschnitte vereinigt sind.

Berücksichtigt man indessen einerseits, daß bei jedem einzelnen Kapitel, möge dasselbe nur Einnahmen oder nur Ausgaben oder beide zugleich in sich schließen, die Veranschlagung bei den einzelnen Einnahme- und Ausgabetiteln der Regel nach unter Zugrundelegung des zu erwartenden Bruttoerträgnisses oder Bruttoaufwandes erfolgt (vgl. S. 21, 25), andererseits, daß die dem ordentlichen Staatshaushalts-Etat vorangehende Hauptübersicht (vgl. S. 34) sofort einen vollständigen Ueberblick über die in ersterem vorkommenden Bruttoeinnahmen und Bruttoausgaben gewährt, so gelangt man zu der das obwaltende Sachverhältniß jedenfalls richtiger kennzeichnenden Auffassung, daß der ordentliche Staatshaushalts-Etat Sachsens bei dieser Einrichtung in Wirklichkeit das Wesen eines Bruttobudgets mit demjenigen eines Nettobudgets in sich vereinigt.

Für die Wahl eines derart gemischten Systems bei Anlage des ordentlichen Staatshaushalts-Etats ist, abgesehen von verfassungsrechtlichen Rücksichten (vgl. S. 24 Nr. 2), die Erwägung maßgebend gewesen, einerseits, daß es sachlich richtiger erscheint, die Bewegung des Geldverkehrs, wie sie bei den einzelnen Betriebs- und Verwaltungszweigen thatsächlich sich vollzieht, auch in der Art und Weise der Etataufstellung zum Ausdrucke zu bringen, andererseits, daß man ein zutreffenderes Bild von der Lage und der Bedeutung der einzelnen Betriebs- und Verwaltungszweige gewinnt, wenn man sofort an einer Stelle des Staatshaushalts-Etats ersehen kann, wie viel jeder derselben nach Abzug des Betriebs- und Verwaltungsaufwandes, beziehungsweise nach Abzug der eigenen Einkünfte dem Staate einbringt oder kostet, als wenn der Staatshaushalts-Etat zunächst nur ersichtlich macht, wie viel auf der einen Seite an rohen Einnahmen, auf der anderen Seite an rohen Ausgaben im Staatshaushalte überhaupt vorkommen.

Eine wesentliche Ausnahme von der Regel, daß die Einnahmen und Ausgaben jedes einzelnen Betriebs- und Verwaltungszweiges innerhalb eines und desselben Etatkapitels voll veranschlagt sind, besteht nur rücksichtlich der Beiträge, welche für die gesetzlich gebotene Versicherung der staatlichen Gebäude gegen Feuersgefahr[1] zu leisten sind (Immobiliar-Brandversicherungsbeiträge). Mit Rücksicht darauf nämlich, daß nach der Einrichtung der Brandversicherungs-Kataster der Landes-Brandversicherungsanstalt die Beschaffung der Unterlagen für die genaue rechnungsmäßige Vertheilung der terminlichen Gesammtbeiträge auf die einzelnen Ressorts mit sehr erheblichen Weiterungen verknüpft sein würde, sind diese Leistungen ihrer Gesammtsumme nach bei einem dafür besonders gebildeten Kapitel eingestellt, während bei denjenigen Kapiteln, bei welchen an sich derartige Versicherungsbeiträge in Ansatz zu kommen haben würden, nur nachrichtlich hinter dem Abschlusse vermerkt ist, daß und in welcher Höhe überdies noch Immobiliar-Brandversicherungsbeiträge zur Entrichtung zu kommen haben. Bei solchen Kapiteln hat man daher, um den gesammten Ueberschuß oder den gesammten Zuschuß zu ermitteln, jene Beiträge den Abschlußsummen noch zu-, beziehungsweise von denselben abzusetzen.

m) Nachtrags-Etats (vgl. S. 22) schließen sich in ihrer inneren Einrichtung allenthalben derjenigen der Hauptvorlage des Staatshaushalts-Etats an.

IV.

Ständische Berathung und Feststellung des Staatshaushalts-Etats.

1. In der Gestalt, in welcher der Staatshaushalts-Etat aus der Berathung des Gesammtministeriums hervorgeht (vgl. S. 19), hat er die Bedeutung eines Regierungsentwurfs, welcher als solcher mittelst Allerhöchsten Dekrets an die Stände, und zwar zufolge der Bestimmung in § 122 der Verfassungsurkunde, wonach von den Königlichen Mittheilungen an die Kammern diejenigen, welche auf Abgaben- und Bewilligungsgegenstände Bezug haben, zuerst an die zweite Kammer ergehen, an die II. Kammer zuerst, gebracht wird, um von ihnen der verfassungsmäßigen Berathung und auf Grund derselben der ziffermäßigen Feststellung unterworfen zu werden.

Um den Ständen eine genaue Prüfung der einzelnen Ansätze des Staatshaushalts-Etats zu ermöglichen, wie sie ihnen in § 100 der Verfassungsurkunde zur Pflicht gemacht ist, werden ihnen einerseits gleichzeitig mit letzterem die Rechnungsabschlüsse auf die vorletzte Finanzperiode mit-

[1] Vgl. das Gesetz, die Landes-Brandversicherungsanstalt betr., in der Redaktion vom 15. Oktober 1886, GVB 1886 S. 240 flg.

getheilt (VU § 98); andererseits ist ihnen das Recht eingeräumt, sowohl von dem Gesammtministerium, als der zur Vernehmung zwischen der Staatsregierung und den Ständen berufenen obersten Staatsbehörde (VU § 133), wie von den einzelnen Ministerialvorständen die nöthigen Erläuterungen, ja selbst die Mittheilung von Rechnungen und Belegen zu erfordern (VU § 99 Abs. 1).

2. Im Hinblick darauf, daß der Staatshaushalts-Etat der II. Kammer zuerst mitgetheilt werden muß, ist es auch diese Kammer, welche zuerst in die Berathung und Beschlußfassung über denselben, beziehungsweise über seine einzelnen Theile eintritt, während die I. Kammer sich dieser Berathung und Beschlußfassung erst unterzieht, nachdem die Ergebnisse der Berathung und Beschlußfassung der II. Kammer vorliegen und ihr mitgetheilt sind.

Der formelle Gang, in welchem sich die Berathung vollzieht, ist nicht in beiden Kammern der gleiche. In der II. Kammer findet zunächst eine allgemeine oder erste Vorberathung im Plenum statt, an deren Schlusse lediglich über die geschäftliche Behandlung der Vorlage Beschluß gefaßt wird. Nach Maßgabe der bestehenden Geschäftsordnung[1] kann nämlich der Staatshaushalts-Etat entweder zur Vorberathung an die diesfalls bestellten Deputationen verwiesen werden, welche Finanzdeputationen heißen, und deren zwei bestehen, von welchen der einen — Finanzdeputation A genannt — der ordentliche Staatshaushalts-Etat und die damit zusammenhängenden Theile des außerordentlichen Staatshaushalts-Etats, der anderen — Finanzdeputation B genannt — die mit dem ordentlichen Staatshaushalts-Etat nicht im Zusammenhange stehenden Theile des außerordentlichen Staatshaushalts-Etats zugewiesen sind, oder er kann, ohne daß Deputationsvorberathung eintritt, einer zweiten Vorberathung — der Hauptvorberathung — und hierauf der Schlußberathung unterworfen oder auch bereits bei der ersten Vorberathung zur sofortigen Schlußberathung verwiesen werden. In der Regel findet nur Verweisung entweder an die Deputationen oder zur sofortigen Schlußberathung statt.

In der I. Kammer erfolgt nur eine einzige allgemeine Vorberathung ohne besondere Beschlußfassung. Im Uebrigen wird die Etatvorlage in allen ihren Theilen an die zu ihrer Vorberathung bestellte Deputation verwiesen.[2]

---

[1] Geschäftsordnung für die II. Kammer der Ständeversammlung des Königreichs Sachsen vom 13. Oktbr. 1874 §§ 11 flg.

[2] Geschäftsordnung für die I. Kammer der Ständeversammlung des Königreichs Sachsen vom 16. Oktbr. 1875 §§ 9, 17.

Insoweit der Staatshaushalts-Etat von der II. Kammer zur sofortigen Schlußberathung verwiesen wird, und ebenso in dem Falle, wenn Verweisung zur Hauptvorberathung mit darauf folgender Schlußberathung erfolgen sollte, ernennt der Präsident je einen Referenten und einen Korreferenten, welche sich mit einander in Berathung zu setzen haben.

Sowohl die in dieser Weise bestellten Referenten und Korreferenten, als auch die mit der Vorberathung betrauten Deputationen können zum Zwecke ihrer Berathung bei dem betreffenden Departementsministerium die Bestellung von Regierungskommissaren sowie die Mittheilung von Akten und andere Auskunftsertheilung beantragen. In dem Falle, wenn sie einen von der Regierungsvorlage abweichenden Beschluß den Kammern zu empfehlen beabsichtigen, sind sie sogar verpflichtet, vorher deshalb mit einem Regierungskommissar sich zu vernehmen. Ueber das Ergebniß ihrer Berathung haben sie den Kammern Bericht, und zwar in der Regel schriftlich, zu erstatten. Die Berichte, mindestens aber die Anträge, sind zum Drucke zu bringen, um an die Staatsregierung wie an die Kammermitglieder vertheilt werden zu können.

Insoweit der Staatshaushalts-Etat zur Deputationsvorberathung verwiesen worden ist, unterliegt er nur noch der Schlußberathung in den Kammern auf Grund der von den Deputationen erstatteten Berichte und gestellten Anträge.

Bei der Schlußberathung findet eine allgemeine Diskussion nicht statt, sondern nur eine besondere über die einzelnen Theile, worauf die Endabstimmung erfolgt, dafern nicht etwa die Kammern vorerst noch eine Verweisung oder Rückverweisung an die bestehenden Deputationen beschließen, was sie, wie bei Gelegenheit der Vorberathungen, so auch während der Schlußberathung bis zur Endabstimmung thun können.

3. Die Abstimmung wird bei den einzelnen Titeln der Regel nach nur auf den sogenannten dispositiven Theil (vgl. S. 35) gerichtet.

Bei der Abstimmung entscheidet die absolute Stimmenmehrheit, d. h. eine Mehrheit, welche eines über die Hälfte aller abstimmenden Kammermitglieder in sich schließt, wobei vorausgesetzt wird, daß mindestens die Hälfte der verfassungsmäßigen Zahl der Mitglieder in der Sitzung anwesend ist (VU § 128, Verfassungsgesetz vom 3. Dezember 1868 Pkt. III). Bei Gleichheit der Stimmen ist anderweiter Vortrag in einer folgenden Sitzung erforderlich, und wenn auch hierbei absolute Stimmenmehrheit nicht erzielt wird, giebt die Stimme des Präsidenten den Ausschlag.

4. Beschlüsse auf Abminderung der Etatansätze (Abstriche) müssen, um der Regierung gegenüber wirksam werden zu können, der Regel nach von beiden Kammern übereinstimmend gefaßt worden sein. Sind die

Kammern bei der Abstimmung getheilter Ansicht, stimmt also die eine Kammer dafür, die andere dagegen, so tritt deshalb zunächst das sogenannte Vereinigungsverfahren ein, welches darin besteht, daß eine aus der Mitte beider Kammern ernannte gemeinschaftliche Deputation unter den beiden Vorständen der Kammern über die Vereinigung der getheilten Meinungen berathschlagt, auf Grund des Ergebnisses dieser Berathschlagung aber eine anderweite Berathung und Abstimmung in beiden Kammern erfolgt. Gelangen letztere auch hierbei zu einer übereinstimmenden Beschlußfassung nicht, so ist, wenn der Thatbestand einer Verwerfung der Bewilligung gegeben sein soll, erforderlich, daß in einer der beiden Kammern wenigstens zwei Drittheile der Anwesenden für die Verwerfung gestimmt haben (VU §§ 101 und 131 in Verbindung mit § 92); entgegengesetzten Falles gilt also die Bewilligung für genehmigt.

5. Nach Durchberathung aller einzelnen Theile des Staatshaushalts-Etats erfolgt noch eine Abstimmung über denselben als Ganzes und demgemäß seine ziffermäßige Feststellung, worauf die Stände die verfassungsrechtlich vorgeschriebene Erklärung darüber (VU. § 100) an den König gelangen lassen. Nachtrags-Etats (vgl. S. 37) erfahren keine selbstständige Feststellung, sondern werden mit ihren Ansätzen in die Hauptvorlage des Etats übernommen.

6. Die verfassungsmäßige Erklärung der Stände über den Staatshaushalts-Etat an den König und über den danach aufzubringenden Staatsbedarf vollzieht sich in Form einer gemeinschaftlichen ständischen Schrift, welcher eine Zusammenstellung der Abschlußsummen jedes einzelnen Kapitels des ordentlichen Staatshaushalts-Etats sowie jedes einzelnen Titels des außerordentlichen Staatshaushalts-Etats nebst einem hierauf sich gründenden Gesammtabschlusse für beide Etats beigefügt wird.

Insoweit die Stände in ihrer Erklärung an den König auf Verminderung der verlangten Summen antragen, muß dies nach der Ausdrucksweise der Verfassungsurkunde (§ 100) unter bestimmter und ausführlicher Nachweisung der Gründe dazu sowie der Gegenstände, bei welchen, und der Art und Weise, wie ohne Hintansetzung des Staatszwecks Ersparnisse gemacht werden können, geschehen. Trifft diese Voraussetzung zu, und sind die dafür maßgebenden Beschlüsse von beiden Kammern übereinstimmend gefaßt, so ist die Regierung gehalten, derartigen Anträgen stattzugeben, soweit es nur mit dem Staatswohle vereinbar ist.[1]

Gelangt die Regierung dagegen bei der Erwägung solcher ständischer

[1] Verfassungsgesetz v. 5. Mai 1851 § 5, GVB 1851 S. 124.

Anträge zu der Ueberzeugung, daß sie mit dem Staatswohle nicht vereinbar und deshalb unannehmbar sind, so ist sie zunächst berechtigt, anderweite Berathung der Stände über die Bewilligung zu verlangen. Fassen die letzteren aber auch bei dieser Gelegenheit wieder einen ablehnenden Beschluß, der indessen nur dann als gegeben erachtet wird, wenn in einer der beiden Kammern mindestens zwei Drittel der Anwesenden für die Ablehnung gestimmt haben, und tritt in Folge dessen der Fall ein, daß es zu einer Verabschiedung des Staatshaushalts-Etats überhaupt nicht kommt — denn da jede einzelne der in dem letzteren geforderten Bewilligungen nothwendiger Weise auf den Abschluß des Ganzen zurückwirkt, hindert schon jede der Zustimmung der Regierung entbehrende Versagung einer Einzelbewilligung das Zustandekommen des ganzen Etats —, so steht dem Könige nach § 103 Abs. 2 flg. der Verfassungsurkunde in der Fassung des Nachtragsgesetzes vom 5. Mai 1851 § 5 das Recht zu, die Auflagen für den nothwendigen Staatsbedarf, insofern sie nicht ausdrücklich nur für einen vorübergehenden, bereits erreichten Zweck bestimmt sind, nach Ablauf der Bewilligungszeit noch auf ein Jahr ausschreiben und erheben zu lassen, und zwar hat solchenfalls das Ausschreiben durch das Gesammtministerium mittelst einer in das Gesetz- und Verordnungsblatt aufzunehmenden Verordnung zu erfolgen, in welcher der besonderen Natur dieser Verordnung, d. h. der Thatsache, daß es mit den Ständen zu einer Vereinbarung über den Staatshaushalts-Etat nicht gekommen, zu gedenken und auf die diesfalls maßgebende Bestimmung der Verfassungsurkunde (§ 103) Bezug zu nehmen ist. Es muß jedoch solchenfalls längstens 6 Monate vor Ablauf dieser Frist ein anderweiter Landtag einberufen werden, damit Vereinbarung wegen der weiteren Führung des Staatshaushalts mit ihm getroffen werden kann.[1]

---

[1] Nach § 114—116 des Entwurfs der Verfassungsurkunde sollte in dem Falle, wenn die Regierung die ständischerseits erfolgten Abstriche an den Etatansätzen unannehmbar befinden würde, die Stände aber auf ihnen deshalb geschehene Eröffnung und anderweite Berathung gleichwohl bei der Ablehnung beharren wollten, den letzteren zunächst eine abermalige, nach Umständen modifizirte Berechnung vorgelegt werden, in welcher diejenigen Summen, welche zu Erfüllung der von der Regierung oder den Ständen in verfassungsmäßiger Weise eingegangenen Verbindlichkeiten, namentlich der Verpflichtungen gegen den Deutschen Bund, zur Verzinsung und Abtragung der Staatsschulden, zur Entrichtung der Gebührnisse des Königlichen Hauses sowie zur Aufrechthaltung ordnungsmäßiger Justizpflege und Verwaltung des Staatswesens, überhaupt unbedingt nothwendig seien, von denjenigen geschieden werden sollten, welche zwar nützlich, doch aber möglicherweise einstweilen oder gänzlich zu entbehren seien. Nur wenn hierauf auch diejenigen Summen, welche als unbedingt erforderlich verlangt worden wären, von den Ständen nicht zugestanden werden würden, sollte der König der Verweigerung ungeachtet berechtigt sein, diesen unumgänglich nöthigen Bedarf,

Zu dem gleichen Vorgehen, welches die Regierung der Natur der Sache nach in den Stand setzt, den von ihr den Ständen vorgelegten Entwurf des Staatshaushalts-Etats, beziehungsweise unter Berücksichtigung derjenigen von den letzteren dazu beschlossenen Abänderungen, die von ihr nicht beanstandet worden sind, bei der Führung des Staatshaushalts zur Richtschnur zu nehmen, ist der König auch in dem Falle berechtigt, wenn der Staatshaushalts-Etat deshalb nicht zu Stande kommt, weil vor endgiltiger Erklärung der Stände darüber eine Auflösung des Landtags erfolgt. (VU § 103 Abs. 2.)

Eine Beschränkung des Königs in der Richtung, daß er nur solche Abgaben ausschreiben lassen dürfte, welche sowohl der Art als der Größe nach bereits in der Vorperiode bewilligt worden sind, findet hierbei weder in dem einen, noch in dem anderen Falle statt; vielmehr gewährt die allgemeine Ermächtigung, die für den nothwendigen Staatsbedarf erforderlichen Auflagen ausschreiben und erheben lassen zu dürfen, dem Könige zugleich die Berechtigung, im Falle des Bedürfnisses auch neue Abgaben aufzulegen oder die Sätze der bereits bestehenden Abgaben zu erhöhen.[1]

Auch in dem Falle einer von der Regierung nicht zu vertretenden Verspätung oder Verzögerung der Bewilligung, welche eintreten kann entweder, weil der Voranschlag des Staatsbedarfs von den Ständen trotz ihrer rechtzeitig, d. h. mindestens 7 Wochen vor Ablauf der alten Bewilligungsfrist erfolgten Einberufung nicht, wie es an sich dem Wesen eines Voranschlags entspricht, vor Beginn der neuen Finanzperiode genehmigt wird, oder weil die Verhältnisse eine rechtzeitige Einberufung oder den

---

soweit er nicht durch die Domänen und Regalien gedeckt würde, ausschreiben und erheben zu lassen, und zwar, soweit thunlich, nach der in der letztvorhergegangenen Finanzperiode bestandenen Aufbringungsweise, im Uebrigen bis zum nächsten Landtage. Dafür, daß die als unbedingt nothwendig geforderten und in der vorbezeichneten Weise aufgebrachten Summen dem angegebenen Betrage nach in Richtigkeit seien, sollten die betreffenden Departementschefs verantwortlich sein, und es sollte den Ständen vorbehalten bleiben, sie wegen der ohne ihre Zustimmung verfügten Ausschreibung und Erhebung dessen, was den wahren Bedarf übersteige, bei dem Staatsgerichtshofe anzuklagen. (Vgl. Landtagsakten 1830 Bd. 3 S. 1399.)

Die ehemaligen Landstände lehnten diese Bestimmungen als dem ständischen Bewilligungsrechte nicht angemessen ab, faßten vielmehr einen Beschluß, welcher in dem oben wiedergegebenen Inhalte des gegenwärtigen § 103 der Verfassungsurkunde seine Verkörperung gefunden hat, und die damaligen Regenten erklärten sich hiermit einverstanden. (Vgl. Landtagsakten 1831 Bd. 4 S. 1799, 2255.)

Immerhin dürfte es von Interesse sein, an einen Vorgang erinnert zu werden, welcher deutlich erkennen läßt, wie die damaligen Regenten das Wesen der ständischen Bewilligungspflicht aufgefaßt haben. (Vgl. auch S. 12.)

[1] Vgl. auch Landtagsakten 1850/51, Beilagen zu den Protokollen der I. Kammer Bd. 1 S. 320, 321.

Zusammentritt der Kammern und damit auch die rechtzeitige Vorlage eines Voranschlags durchaus unmöglich machen, darf unerwartet der Verabschiedung des Staatshaushalts-Etats zu einem Steuerausschreiben, und zwar ebenfalls auf die Dauer eines Jahres, verschritten werden. Allein in dem einen wie in dem anderen Falle dürfen einerseits nur die bereits bestehenden Steuern und Abgaben, insofern sie nicht ausdrücklich nur für einen vorübergehenden, bereits erreichten Zweck bestimmt sind, in der bisherigen Weise forterhoben, mithin weder neue Abgaben aufgelegt, noch die bereits bestehenden Abgaben erhöht werden; andererseits erfolgt ein derartiges Steuerausschreiben nur vorbehältlich der Bewilligung des Ausgabebudgets. Bis zu dieser Bewilligung, welche der Natur der Sache nach nur dann erst als gegeben erachtet werden kann, wenn die gesammte Etatvorlage einerseits die Genehmigung der Stände (vgl. S. 40), andererseits die Sanktion des Königs gefunden hat und demgemäß verabschiedet worden ist (vgl. S. 44), wirkt mithin der auf Verausgabungen bezügliche Theil des Voretats, soweit es dabei nicht um Ansätze für blos vorübergehende, bereits erreichte Zwecke sich handelt, gewissermaßen als Normalbudget noch fort. Darum aber darf in der Zwischenzeit von Erhöhungen der Ausgabeansätze, welche die neue Etatvorlage enthält, wenigstens ohne zwingende Nothwendigkeit seiten der Regierung nicht Gebrauch gemacht, insbesondere beispielsweise zur Besetzung neuer Beamtenstellen, welche die Etatvorlage in Aussicht nimmt, nicht verschritten werden.[1]

Im Uebrigen muß zu einer derartigen Maßregel in dem Falle, wenn die Stände auf Grund rechtzeitiger Einberufung versammelt sind, deren Zustimmung nachgesucht werden, was in der Weise geschieht, daß dem Landtage alsbald nach seiner Eröffnung ein Gesetz über provisorische Forterhebung der Steuern vorgelegt wird.

Nur erst wenn die Genehmigung dieses Gesetzes bis 14 Tage vor Ablauf der alten Finanzperiode seiten der Stände entweder verweigert worden oder doch nicht erfolgt wäre, würde die Regierung auch ohne besondere ständische Ermächtigung zur Ausschreibung und Forterhebung der

[1] Diese Auffassung befindet sich in Uebereinstimmung mit der Thatsache, daß die Regierung, als sie i. J. 1836 den Ständen den Entwurf einerseits des Budgets auf die Jahre 1837/39, andererseits eines provisorischen Steuergesetzes auf das Jahr 1837 vorlegte, die ausdrückliche Erklärung abgab, „Se. Majestät der König habe dahin Verfügung getroffen, daß den Ansätzen im Budget für die neue Finanzperiode nur insoweit Anwendung gegeben werde, als der ungestörte Fortgang der Verwaltung und sonstige überwiegende Rücksichten dies erheischen.“ Vgl. Allerhöchstes Dekret vom 14. Novbr. 1836, Landtagsakten 1836/37 Abth. I Bd. 1 S. 210.

bestehenden Abgaben noch auf ein Jahr, aber auch solchenfalls nur vorbehältlich der Bewilligung des Ausgabebudgets, berechtigt sein.[1]

V.

Königliche Sanktionirung und Verabschiedung des Staatshaushalts-Etats.

Auch wenn der Staatshaushalts-Etat in Uebereinstimmung mit der Regierung die ständische Genehmigung gefunden hat, erlangt derselbe doch damit noch nicht ohne Weiteres Geltung. Hierzu bedarf er vielmehr zunächst noch der Sanktion des Königs, wie sie die Verfassungsurkunde in § 112 für den Eintritt der Wirksamkeit aller ständischen Beschlüsse voraussetzt, welche auf eine Angelegenheit des Landes Bezug haben.

Diese Sanktion pflegt mittelst besonderen Allerhöchsten Dekrets ausgesprochen zu werden, welches im Hinblick darauf, daß darin das Einverständniß mit den ständischen Beschlüssen erklärt wird, Acceptationsdekret genannt zu werden pflegt.

Auf dieses Dekret wird in dem durch das Gesetz- und Verordnungsblatt zu veröffentlichenden Landtagsabschiede, in welchen verfassungsmäßig die endgiltigen Ergebnisse des Landtags zusammengefaßt werden, und welcher die Königliche Erklärung über die Verhandlungen mit den Ständen enthält (VU § 119), Bezug genommen, so daß ersteres dadurch gewissermaßen zu einem integrirenden Theile des letzteren wird.

Der auf diese Weise verabschiedete Staatshaushalts-Etat wird ausschließlich im Verwaltungswege, soweit nöthig, zur Kenntniß der betheiligten Behörden und Staatsanstalten gebracht. Zum Theil geschieht dies durch Zufertigung sogenannter Kassenetats, in welche unter genauem Anschlusse an die innere Einrichtung des Staatshaushalts-Etats und auf Grund der darin enthaltenen Einstellungen die auf bestimmte Behörden und Staatsanstalten voraussetzlich entfallenden Antheile an den Einnahme- und Ausgabebewilligungen der Art und Größe nach zusammengefaßt sind.

Eine Verkündung des verabschiedeten Staatshaushalts-Etats in gleicher Weise, wie dies rücksichtlich der mit den Ständen vereinbarten Gesetze geschieht, kommt weder verfassungsrechtlich in Frage, noch findet sie thatsächlich statt. Denn der Staatshaushalts-Etat ist weder materiell ein Gesetz, da er ebenso wenig Rechtssätze aufstellt, als rechtliche Ver-

---

[1] Vgl. Verfassungsgesetz vom 27. November 1860, §§ 1 und 2, GVB 1860 S. 177.

pflichtungen auf Seite der Staatsbürger begründet, noch kommt ihm der bestehenden Verfassung zufolge formell die Bedeutung eines Gesetzes zu, da er auch nicht, wie beispielsweise der Reichshaushalts-Etat (vgl. Art. 69 der Reichsverfassung), durch Gesetz festgestellt wird.[1]

VI.

Staatshaushalts-Etat und Finanzgesetz.

Mit dem Entwurfe des Staatshaushalts-Etats wird den Ständen jedesmal zugleich der Entwurf eines Gesetzes vorgelegt, dessen Bestimmung in erster Linie darin besteht, nach erfolgter Verabschiedung des Staatshaushalts-Etats die durch letzteren zunächst nur der Regierung bewilligten Landesabgaben nunmehr auch den Pflichtigen gegenüber auszuschreiben und dadurch Hebungen nach Maßgabe der diese Abgaben betreffenden Spezialgesetze zu ermöglichen.

Den Erlaß eines hierauf gerichteten Gesetzes setzt die Verfassungsurkunde voraus, indem sie in § 104, verbunden mit § 7 des Verfassungsgesetzes vom 5. Mai 1851, vorschreibt, daß in den Ausschreiben, welche Landesabgaben betreffen, die Bewilligung der Kammern besonders erwähnt werden müsse.

Das erste Gesetz dieser Art, nämlich dasjenige vom 14. November 1834 (GS. 1834 S. 345), wurde unter der Aufschrift erlassen: „Gesetz, die für die Staatsverwaltung auf die Finanzperiode 1834 bis mit 1836 ausgesetzten Summen und die zu deren Deckung für die Jahre 1835 und 1836[2] zu entrichtenden Steuern und Abgaben betreffend".

Seinem Inhalte nach gestaltete sich dasselbe so, daß zunächst „im Einverständniß mit den Ständen und in Gemäßheit der über das denselben vorgelegte und berathene Staatsbudget abgegebenen Erklärung" die Bewilligung des einerseits für die ganze Finanzperiode, andererseits für jedes einzelne Jahr derselben bezifferten Bedarfs ausgesprochen,[3] sodann aber darüber Bestimmung getroffen wurde, was an Landesabgaben neben den eigenen selbstständigen Einnahmen des Staates noch aufzubringen war.[4] Außerdem wurde der Vorsicht halber der unveränderte Fortbestand

---

[1] Vgl. übrigens Pkt. VI.

[2] Für das Jahr 1834 war ein provisorisches Steuerausschreiben erlassen worden.

[3] Vgl. die Eingangsworte von § 1 des Gesetzes vom 14. Novbr. 1834: „Für die gesammte Staatsverwaltung auf die Jahre der laufenden Finanzperiode wird die Summe von 15 476 883 Thaler 14 gr. 5 Pf., und zwar 5 152 996 Thlr. 19 gr. 8 Pf. für das Jahr 1834, 5 160 940 Thlr. 2 gr. 1 Pf. für das Jahr 1835, 5 162 946 Thlr. 16 gr. 8 Pf. für das Jahr 1836 bewilligt 2c." GS 1834 S. 345.

[4] Vgl. die Eingangsworte von § 2 des Gesetzes v. 14. Novbr. 1834: „Zu Deckung

gewisser dem Staate gebührender Leistungen ausgesprochen, welche zwar ihrem Wesen nach zu den direkten oder indirekten Landesabgaben im Sinne der Verfassungsurkunde (vgl. S. 8) nicht gehörten, von der öffentlichen Meinung aber vielfach dazu gerechnet werden und deshalb für aufgehoben hätten angesehen werden können, wenn ein derartiger Vorbehalt nicht erfolgt wäre.[1]

Seit der Finanzperiode 1837/39 erhielt das Gesetz mit Rücksicht darauf, daß es seinem Inhalte nach nicht auf das bloße Ausschreiben der zu erhebenden direkten und indirekten Landesabgaben sich beschränkte, sondern auch sonst noch Bestimmungen über die finanzielle Verwaltung des Staates traf, die Bezeichnung „Finanzgesetz",[2] ohne daß es im Uebrigen in seiner Fassung wesentlichen Aenderungen unterworfen wurde.[3]

Mit der seit der Finanzperiode 1849/51 eingetretenen Zerfällung des Staatsbudgets in einen ordentlichen und in einen außerordentlichen Theil (vgl. S. 22) erfuhr auch der regelmäßige Inhalt des Finanzgesetzes eine Erweiterung, indem in dasselbe nunmehr zugleich Bestimmungen darüber aufgenommen wurden, ob und inwieweit der außerordentliche Staatsbedarf aus der Substanz des verfügbaren Staatsvermögens oder durch Aufnahme von Anleihen zu decken sei.[4]

Seit der Finanzperiode 1870/71 ist es Brauch geworden, in dem Finanzgesetze als solchem nicht mehr eine förmliche Bewilligung des

der nach § 1 erforderlichen Summen und der auf die Spezialkassen gewiesenen Verwaltungs- und sonstigen Ausgaben sind neben denjenigen Bezügen, welche die Staatskassen aus den denselben zugewiesenen Einnahmequellen in Gemäßheit der bei Feststellung des Einnahmebudgets mit Unseren getreuen Ständen getroffenen Vereinigung zu erwarten haben, annoch folgende Steuern und Abgaben zu erheben, und zwar 2c." Unter den auf die Spezialkassen gewiesenen Verwaltungs- und sonstigen Ausgaben war der Unterschied zwischen dem Brutto- und Nettoertrage der Staatseinnahmen zu verstehen.

[1] Vgl. § 3 des Gesetzes v. 14. Novbr. 1834: „Die ordnungs- und verfassungsmäßigen Servisleistungen bleiben unverändert und sind ebenso wie alle Abgaben, Natural- und Geldleistungen, auch sonstige Erhebungen, welche nicht ausdrücklich aufgehoben worden sind, fortzugewähren."

[2] Vgl. Finanzgesetz auf die Jahre 1837, 1838 und 1839 vom 28. Novbr. 1837, GVB 1837 S. 111.

[3] Nur an Stelle des Wortes „bewilligt" in § 1 des Gesetzes vom 14. Novbr. 1834 trat in § 1 des Finanzgesetzes vom 28. Novbr. 1837 das Wort: „ausgesetzt". Vgl. GVB 1837 S. 111.

[4] Zu vgl. § 4 des Finanzgesetzes auf die Jahre 1849, 1850, 1851 v. 13. Novbr. 1850: „Die zu Verwendung für außerordentliche Staatszwecke ausgesetzte Verwilligung ist aus den verfügbaren Verwaltungsüberschüssen und den der diesfallsigen Verabschiedung mit den Kammern Unsers Königreichs entsprechend, so weit nöthig, durch besondere Kreditmaßregeln zu verstärkenden Kassenbeständen zu übertragen." GVB 1850 S. 273.

Staatsbedarfs auszusprechen, sondern auf eine ziffermäßige Feststellung der staatlichen Einnahmen und Ausgaben auf Grund des verabschiedeten Staatsbudgets sich zu beschränken.[1]

Dieses Verfahren, bei welchem es seither verblieben ist,[2] trägt der Thatsache Rechnung, daß die Festsetzungen des Staatshaushalts-Etats, sobald derselbe einerseits von den Ständen festgestellt (vgl. S. 40), andererseits vom Könige sanktionirt ist (vgl. S. 44), im Verhältnisse der Regierung zu den Ständen und umgekehrt allenthalben zu Recht bestehen, ohne daß es deshalb verfassungsrechtlich erst noch eines besonderen Gesetzgebungsaktes bedarf.

Die Feststellung der staatlichen Einnahmen und Ausgaben, wie sie im Finanzgesetze ausgesprochen wird, verfolgt deshalb auch nicht etwa den Zweck, damit den Staatshaushalts-Etat zu einem integrirenden Theile des Finanzgesetzes zu machen. Sie ist vielmehr dem Staatshaushalts-Etat gegenüber ohne jede selbstständige sachliche Bedeutung und ihrem Wesen nach etwas Anderes nicht als ein Motiv für die Mittelbeschaffung, wie solche vom Finanzgesetze theils in Folge verfassungsrechtlicher Nothwendigkeit (in Ansehung der direkten und indirekten Landesabgaben), theils herkömmlich (in Ansehung aller sonst noch in demselben Erwähnung findenden Einnahmequellen) geregelt wird.

VII.

Rechtliche Wirkungen des verabschiedeten Staatshaushalts-Etats.

An den verabschiedeten Staatshaushalts-Etat knüpft sich eine Reihe rechtlicher Wirkungen, welche theils aus positiven Bestimmungen des bestehenden Verfassungsrechts sich ableiten, theils aus der Art und Weise

---

[1] Vgl. § 1 des Finanzgesetzes auf die Jahre 1870 und 1871 v. 7. März 1870: „Auf Grund des verabschiedeten Staatsbudgets wird die laufende Einnahme und Ausgabe des ordentlichen Staatshaushalts für jedes der Jahre 1870 und 1871 auf die Summe von 12 648 594 Thalern festgestellt, zu außerordentlichen Staatszwecken aber für diese beiden Jahre überdies noch ein Gesammtbetrag von 7 960 000 Thalern hiermit ausgesetzt." GVB 1870 S. 52.

[2] Vgl. § 1 des Finanzgesetzes auf die Jahre 1888 und 1889 vom 27. März 1888 (GVB 1888 S. 89): „Auf Grund des verabschiedeten Staatshaushalts-Etats werden die Ueberschüsse und Zuschüsse des ordentlichen Staatshaushalts für jedes der Jahre 1888 und 1889 auf die Summe von 83 358 314 ℳ festgestellt und wird zu außerordentlichen Staatszwecken für diese beiden Jahre überdies noch ein Gesammtbetrag von 28 744 500 ℳ hiermit ausgesetzt." Die an erster Stelle aufgeführte Summe von 83 358 314 ℳ ist, wie hier noch besonders hervorgehoben sein möge, eine Nettosumme. Der Bruttobetrag der ordentlichen Einnahmen und Ausgaben ist für jedes der beiden Jahre 1888/89 auf je 158 223 803 ℳ veranschlagt.

seines Zustandekommens sich ergeben, theils auf eine Art von Gewohnheitsrecht zurückzuführen sind, wie es in Bezug auf die Verwaltung der staatlichen Einnahmen und Ausgaben sowie des staatlichen Eigenthums nach und nach sich herausgebildet hat.

Die Summe dieser Wirkungen, welche ihren Einfluß auch auf die rechnungsmäßige Behandlung der Einnahmen und Ausgaben äußern, läßt sich im Wesentlichen in folgende Sätze auflösen.

1. Der Staatshaushalts-Etat als solcher bestimmt zunächst nur das Maß der Rechte und Pflichten, welche der Regierung im Verhältnisse zu den Ständen bei Führung des Staatshaushalts zustehen, beziehungsweise obliegen, und schafft damit Recht zwischen der Regierung und den Ständen.

Im Verhältnisse der Regierung zu Dritten und umgekehrt werden durch den Staatshaushalts-Etat für sich allein Rechte nicht begründet.

Nur insoweit ausnahmsweise Spezialgesetze oder Verträge Leistungen bestimmter Art von entsprechenden Festsetzungen des Staatshaushalts-Etats abhängig machen, ist letzterer geeignet, in Verbindung mit den diesfalls maßgebenden Gesetzen oder Verträgen Recht auch zwischen der Regierung und Dritten zu schaffen.

Derartige Ausnahmen bestehen beispielsweise in Bezug auf die Besoldungsverhältnisse der wirklichen Mitglieder der nichtrichterlichen Kollegialbehörden sowie einzelner Klassen von richterlichen Beamten.

Die wirklichen Mitglieder der nichtrichterlichen Kollegialbehörden rücken nämlich von selbst nach der Reihenfolge ihrer Anstellung in die mit höherer Besoldung verbundenen Rathsstellen auf, insofern zu diesen Stellen keine besondere Befähigung, beispielsweise die Befähigung zur Vertretung des Vorstandes des Kollegiums, erforderlich ist.[1]

Unter den Mitgliedern des Oberlandesgerichts mit Ausschluß der Senatspräsidenten aber findet, soweit für dieselben verschiedene Gehaltsklassen bestehen, ein bedingungsloses Aufrücken in die höheren Gehalte in der durch das Dienstalter bestimmten Reihenfolge statt, während die Mitglieder der Landgerichte mit Ausschluß der Landgerichtsdirektoren, soweit für dieselben verschiedene Gehaltsklassen bestehen, in die höheren Gehaltsklassen nach dem Dienstalter wenigstens so lange aufrücken, als durch das Aufrücken nicht eine Gehaltsklasse von 6000 Mark erreicht wird.[2]

---

[1] Vgl. Gesetz, die Verhältnisse der Zivilstaatsdiener betr., v. 7. März 1835, § 8, GVB 1835 S. 173.

[2] Vgl. Gesetz zur Ausführung des Gerichtsverfassungsgesetzes vom 1. März 1879 § 16, GVB 1879 S. 61.

Sofern also der Staatshaushalts-Etat für Stellen der bezeichneten Art, wie dies zur Zeit thatsächlich der Fall ist, verschiedene Gehaltsklassen festsetzt, gewährt diese Festsetzung denjenigen Beamten, welche in die in Frage kommenden Stellen aufrücken, das Recht, die für letztere ausgesetzten Gehalte thatsächlich auch in Anspruch zu nehmen, soweit nicht ausnahmsweise dieses Recht auf Grund persönlicher Verhältnisse (beispielsweise wegen disziplineller Bestrafung) einzelner Stelleninhaber zeitweise oder für immer ruht.

Ebenso würde beispielsweise für denjenigen, mit welchem die Regierung einen Kaufvertrag unter der Bedingung abgeschlossen hätte, daß letzterer Geltung erlangen solle, wenn und insoweit die zu dessen Erfüllung erforderlichen Mittel durch den Staatshaushalts-Etat zur Verfügung der Regierung gestellt werden, in der die Bewilligung dieser Mittel in sich schließenden Festsetzung des Staatshaushalts-Etats ein Rechtstitel gegeben sein, die Vertragserfüllung von der Regierung zu verlangen.

In allen denjenigen Fällen dagegen, in welchen im Staatshaushalts-Etat Leistungen der Art und Größe nach festgesetzt sind, ohne daß für dieselben ein Rechtsgrund in Spezialgesetzen oder Verträgen gegeben ist, begründet die Thatsache dieser Festsetzung auf Seite der Regierung zwar die Ermächtigung, diese Leistungen zu bewirken, nicht aber auch auf Seite Dritter die Berechtigung, diese Leistungen, beziehungsweise in der Höhe der Etatansätze, zu fordern. Ein solches Forderungsrecht kann vielmehr nur erst entstehen, wenn und insoweit seiten der Regierung eine Bewilligung Dritten gegenüber ausgesprochen wird. Darum bildet beispielsweise für den Bezug von Gehalten und sonstigen festen Dienstbezügen nach den Sätzen, wie sie im Staatshaushalts-Etat ausgeworfen sind, allen denjenigen Beamten gegenüber, auf welche die oben erwähnten gesetzlichen Ausnahmebestimmungen nicht Anwendung leiden, die Bewilligung seiten der Regierung den alleinigen Rechtsgrund. Ebenso ist ein Rechtsgrund für den Erwerb beispielsweise von im Staatshaushalts-Etat vorgesehenen Ehren- und Gnadenzuwendungen an Dritte selbst dann, wenn die damit zu bedenkenden Personen oder Anstalten im Staatshaushalts-Etat namentlich bezeichnet sind, nur erst dann gegeben, wenn und soweit die Regierung den Bedachten gegenüber die Bewilligung ausdrücklich ausgesprochen hat. Denn in Fällen letzter Art kommt noch besonders in Betracht, daß von dem Zeitpunkte der Verabschiedung des Staatshaushalts-Etats bis zu dem Zeitpunkte, mit welchem an dessen Ausführung herangetreten werden kann, die thatsächlichen und sonstigen Voraussetzungen, welche zur Einstellung derartiger Zuwendungen in den Staatshaushalts-Etat geführt haben, sich so wesentlich verändert haben können, daß die Nichtleistung geradezu zu einem Gebote der Nothwendigkeit wird.

Aus dem Umstande, daß der Staatshaushalts-Etat als solcher zunächst nur Beziehungen zwischen der Regierung und den Ständen begründet, erstere aber den letzteren gegenüber durch die verantwortlichen Staatsminister vertreten wird (vgl. Abschn. 8 und 9), ergiebt sich übrigens zugleich, daß die bloße Thatsache der Einstellung bestimmter Ausgabesummen im Staatshaushalts-Etat auch den verwaltenden Behörden, soweit dieselben nicht die Eigenschaft von Departementsministerien haben, noch keineswegs ein Verfügungsrecht gewährt, hierzu vielmehr eine ausdrückliche Ermächtigung der Departementsministerien erforderlich ist,[1] möge dieselbe in vorbehaltloser Zufertigung des Staatshaushalts-Etats, beziehungsweise eines damit in Uebereinstimmung stehenden Kassenetats oder in einer sonstigen entsprechenden Anordnung bestehen, welche letztere ebensowohl von Fall zu Fall als eine im voraus ein für alle Mal ertheilte sein kann.

2. Wennschon die Veranschlagungen im ordentlichen Staatshaushalts-Etat nach Jahresbeträgen erfolgen, bildet doch mit Rücksicht darauf, daß für die aus 2 Jahren sich zusammensetzende Finanzperiode verfassungsrechtlich nur ein Voranschlag aufzustellen ist, das Rechnungsergebniß beider Jahre der Finanzperiode ein Ganzes dergestalt, daß Mehrverwendungen des einen Jahres durch Minderverwendungen des anderen Jahres ausgeglichen werden, insoweit durch derartige Mehrverwendungen für keines der beiden Jahre die Voraussetzungen sich ändern, auf welchen die Bewilligungen beruhen, beispielsweise bei Besoldungstiteln weder die Stellenzahl noch die Mindest-, Höchst- und Durchschnittssätze der Gehalte überschritten werden (vgl. Pkt. 9).

3. Die Giltigkeitsdauer der Bewilligungen des ordentlichen Staatshaushalts-Etats findet der Regel nach in der zeitlichen Dauer der Finanzperiode ihre natürliche Begrenzung dergestalt, daß Bewilligungen, über welche bis zum Schlusse der Finanzperiode noch nicht verfügt worden ist, weil Zahlungen, welche darauf hätten angewiesen werden können, nicht fällig geworden sind, von selbst erlöschen, die Regierung mithin das Verfügungsrecht über die nicht zur Verwendung gekommenen Summen ver-

[1] In gleichem Sinne sprach sich bereits das Allerhöchste Dekret, das Budget auf die Jahre 1834—1836 betr., aus, in welchem es als selbstverständlich bezeichnet wurde, „daß keinem Diener oder keiner Anstalt auf die im Budget und dessen Unterlagen ausgeworfenen Gehalte und Zuschüsse durch das Budget allein irgend ein begründeter Anspruch eingeräumt werden möge.“ Vgl. Landtagsakten 1831 I. Abth. Bd. 1 S. 113.

liert und gehalten ist, die letzteren den Ständen gegenüber als Ersparniß nachzuweisen.

Eine Ausnahme von dieser Regel machen diejenigen Bewilligungen, welche die Eigenschaft der Uebertragbarkeit besitzen, deren Wirkung darin besteht, daß die bis zum Schlusse der Finanzperiode noch nicht zur Verwendung gekommenen Summen auch weiter noch für die nämlichen Zwecke zur Verfügung der Regierung bleiben.

Diese Eigenschaft besitzen einmalige Bewilligungen für Bauten aller Art sowie für sonstige bestimmt bezeichnete und ihrem Abschlusse nach begrenzte Herstellungen, Anschaffungen und Unternehmungen grundsätzlich und ein für alle Mal in der Weise, daß sie bis zur Erreichung des Zweckes der Bewilligung zur Verfügung der Regierung bleiben.

Regelmäßig wiederkehrende Bewilligungen sind dagegen nur übertragbar, wenn und insoweit ihnen durch einen ausdrücklichen Vorbehalt im dispositiven Theile des Staatshaushalts-Etats die Uebertragbarkeit beigelegt ist. Letzteren Falles erstreckt sich aber das Recht der Uebertragung, soweit in dieser Beziehung im Staatshaushalts-Etat nicht eine weiter gehende Bestimmung getroffen ist, nur auf die nächstfolgende Finanzperiode. Auch schließt das Zugeständniß der Uebertragbarkeit einer derartigen Bewilligung nicht ohne Weiteres das Recht ein, Restbestände, welche aus der vorausgegangenen Finanzperiode davon etwa vorhanden sind, ohne daß bereits in letzterer die Uebertragbarkeit gefordert und bewilligt war, als übertragbar zu behandeln; hierzu gehört vielmehr, daß auch die Uebertragbarkeit von solchen Beständen gefordert und bewilligt ist.

Unbegrenzte Uebertragbarkeit ist ohne ständische Genehmigung eben so wenig statthaft, wie eine Uebertragung von Ueberschreitungen.

Die Ausgabebewilligungen des außerordentlichen Staatshaushalts-Etats bleiben so lange von Finanzperiode bis zu Finanzperiode übertragbar, bis der Zweck der Bewilligung erreicht ist.

Ausgabebewilligungen, welche nach Maßgabe dieser Grundsätze aus einer Finanzperiode in die andere übertragen werden, heißen Ausgabereservate. Insoweit dieselben thatsächlich nicht zur Verwendung kommen, entweder weil sie für die Zwecke der Bewilligung überhaupt nicht oder nicht mehr im vollen Umfange gebraucht werden, oder weil die Dauer der Uebertragbarkeit vor der Verwendung abläuft, sind als Ersparniß zu behandeln.[1]

[1] Vgl. auch ständische Schrift Nr. 30 vom 8. März 1880 S. 32 und Allerhöchstes Dekret Nr. 44 vom nämlichen Tage und Jahre S. 248.

4. Das Soll an Einnahmen und Ausgaben, wie es in den Veranschlagungen des ordentlichen Staatshaushalts-Etats gegeben ist (Etatsoll), hat der Natur der Sache nach zunächst nur solche Einnahmen und Ausgaben zur Voraussetzung, deren Fälligwerden in derjenigen Finanzperiode erwartet wird, auf welche der Staatshaushalts-Etat sich bezieht.

Auf bereits früher fällig gewordene, aber unter Umständen, welche außer der Macht der verwaltenden Behörden liegen, in Rest verbliebene Verbindlichkeiten Dritter gegen den Staat (Einnahmereste) oder des Staates gegen Dritte (Ausgabereste), soweit solche ihrer Größe nach bekannt und deshalb auch bereits in den Rechnungen als Reste ausgewiesen sind, ingleichen auf vorhandene Ausgabereservate (vgl. Pkt. 3) erstreckt sich die Veranschlagung nicht mit. Das Soll an derartigen Resten (Restsoll) und Reservaten tritt vielmehr ohne Weiteres dem Etatsoll hinzu und bildet vereint mit diesem das Gesammtsoll der Finanzperiode.

Für die Zahlungen auf Ausgabereste — Restausgaben — bilden zunächst die Eingänge auf Einnahmereste — Resteinnahmen — die verfügbaren Deckungsmittel, und nur insoweit die letzteren dazu nicht ausreichen, ist auf die Mittel der laufenden Verwaltung zurückzugreifen, welchen andererseits aber auch die Resteinnahmen insoweit zuwachsen, als sie nicht in Gestalt von Restausgaben zur Verwendung zu kommen haben.

Aus diesen Darlegungen ergiebt sich, daß zu Gunsten, beziehungsweise zu Lasten der jeweilig laufenden Finanzperiode nur solche Einnahmen und Ausgaben verrechnet werden dürfen, welche entweder bereits in früheren Finanzperioden fällig geworden sind oder in der laufenden Finanzperiode fällig werden, und daß es unstatthaft ist, Einnahmen und Ausgaben, welche erst in einer späteren Finanzperiode fällig werden, bereits in einer früheren Finanzperiode zu verrechnen (Vorgriffe).

Ebenso unstatthaft ist es aber auch, Einnahmen und Ausgaben, welche bereits in einer früheren oder in der laufenden Finanzperiode fällig geworden sind, Ausgaben jedoch nur insoweit, als die dafür vorgesehenen Deckungsmittel nicht mit dem Rechte der Uebertragbarkeit (vgl. S. 51) ausgestattet und übertragene Restbestände vorhanden sind, willkürlich von der Erhebung oder Leistung in der laufenden Finanzperiode auszuschließen, um sie erst in einer späteren Finanzperiode zu verrechnen und damit die eine Finanzperiode gegen die andere zu entlasten oder zu belasten.

Bei der Ausführung des außerordentlichen Staatshaushalts-Etats ist das Vorkommen von Ausgaberesten, für welche erst durch eine besondere Art der Rechnungsgebahrung (Inreststellung) die erforderlichen Deckungsmittel gesichert werden müßten, der Natur der Sache nach ausgeschlossen.

Indessen gilt auch ihm gegenüber der allgemeine Grundsatz, daß die Ausgaben, soweit dies in der Macht der verwaltenden Behörden liegt, in derjenigen Finanzperiode zu leisten und zu verrechnen sind, welcher sie ihrer Fälligkeit nach angehören.

5. Die Ausgabebewilligungen des Staatshaushalts-Etats dürfen nur für diejenigen Zwecke Verwendung finden, welche bei den verschiedenen Kapiteln und Titeln desselben dafür ausdrücklich vorgesehen sind.

Ausgabebewilligungen, welche bis zum Schlusse der jeweiligen Finanzperiode in dieser Weise nicht Verwendung gefunden haben, sind als Ersparnisse zu behandeln. Ausnahmen von dieser Regel sind, abgesehen von dem Falle, daß der Minderverbrauch auf Grund einer von Seite der Regierung mit den Ständen getroffenen Vereinbarung an einen für gewisse Zwecke bestimmten Fonds abzugeben ist (AV § 24 Abs. 1), insofern zulässig, als

a) Ausgabebewilligungen gegenüber, welchen die Eigenschaft der Deckungsfähigkeit mit anderen Ausgabebewilligungen im dispositiven Theile des Staatshaushalts-Etats beigelegt ist, der Minderbedarf bei der einen Ausgabebewilligung zur ausgleichsweisen Deckung des Mehrbedarfs bei der anderen Ausgabebewilligung dient,[1]

b) Ersparnisse, welche an den mit den Ständen vereinbarten Besoldungsetats dadurch entstehen, daß Stellen zeitweise unbesetzt sind oder von ihren Inhabern nicht versehen werden, soweit nöthig zur Deckung der Kosten der zur einstweiligen Verwaltung solcher Stellen einberufenen Stellvertreter oder zur Gewährung von Remunerationen oder Gratifikationen an Beamte verwendet werden dürfen, durch welche die Uebertragung der Geschäfte solcher Stellen stattgefunden hat (vgl. AV § 24 Abs. 2).

6. Vorschüsse, d. h. Zahlungen, welche von den Empfängern oder denjenigen, für deren Rechnung sie geleistet werden, wiedererstattet werden müssen, dürfen aus Etatfonds endgiltig nur bestritten und demgemäß verrechnet werden, wenn und insoweit der Staatshaushalts-Etat hierfür Mittel ausdrücklich zur Verfügung stellt. Entgegengesetzten Falles ist eine Gewährung von Vorschüssen aus Etatfonds nur unter der Voraussetzung zulässig, daß sie bis zum Schlusse des Rechnungsjahres zum Ausgleiche kommen. Insoweit letzteres nicht der Fall ist, müssen Außenstände auf solche Vorschüsse auf das bewegliche Staatsvermögen oder auf sonst dazu geeignete Fonds übernommen werden, so daß auf diese Weise die betheiligten Etatfonds ausgeglichen werden.

---

[1] Vgl. AV § 2 Abs. 4, ständische Schrift Nr. 30 v. 8. März 1880 S. 32, Allerhöchstes Dekret Nr. 44 vom nämlichen Tage und Jahre S. 248.

Ebenso wenig ist es statthaft, Zahlungen, welche von Zentralkassen an Spezialkassen zu dem Zwecke geleistet werden, um dadurch die Betriebsmittel der letzteren vorübergehend zu verstärken (Betriebsvorschüsse) oder dauernd zu erhöhen (eiserne Bestände, stehende Berechnungsgelder, stehende Betriebskapitale), sowie Zahlungen, welche von Spezialkassen an besondere Rechnungsführer zur auftragsweisen Bestreitung und Verrechnung gewisser Ausgaben geleistet werden (Berechnungsgelder an besondere Rechnungsführer), als solche auf Etatfonds zu übernehmen. Es kann dies vielmehr nur für Rechnung des beweglichen Staatsvermögens geschehen. (Vgl. auch AB §§ 19 bis 21.)

7. Da die Ansätze des Staatshaushalts-Etats der Regel nach die Eigenschaft von Bruttoanschlägen haben (vgl. S. 21), dürfen an sich auch Ausgaben von Einnahmen und Einnahmen von Ausgaben nur insoweit vorweg in Abzug kommen (abgesetzt werden), als der Staatshaushalts-Etat dies zuläßt (vgl. AB § 4 Abs. 1).

Grundsätzlich werden indessen Ausgaben in Gestalt der Rückgewährung von Einnahmen und Einnahmen in Gestalt des Rückempfanges von Ausgaben, da es sich hierbei um selbstständige Ausgaben oder Einnahmen überhaupt nicht, sondern um die bloße Rückgängigmachung von Buchungen handelt, überall da im Wege der Absetzung bei den bezüglichen Einnahme- oder Ausgabetiteln verrechnet, wo nicht der Staatshaushalts-Etat eine gegentheilige Bestimmung trifft (AB §§ 4 Abs. 4, 46 Abs. 3, 48, 49 Abs. 2, 50).

Weitere grundsätzliche Ausnahmen von der obigen Regel bestehen insofern, als

a) bei der Vereinnahmung von Erlösen aus der Veräußerung staatlichen Eigenthums, soweit dasselbe nicht zum Staatsgute im Sinne von § 16 flg. der Verfassungsurkunde gehört (vgl. Abschn. 3), die durch die Veräußerung nothwendig gewordenen Kosten sowie der Aufwand für den mit der Veräußerung eines Grundstücks im unmittelbaren Zusammenhange stehenden Ankauf eines anderen Grundstücks,

b) bei der Verausgabung von Baukosten die darauf zu verwendenden Entschädigungen oder Zuschüsse aus der Brandversicherungskasse sowie die Erlöse aus dem in Folge von Baulichkeiten nothwendig gewordenen Abbruche bereits vorhandener Gebäude oder Gebäudetheile und aus der Verwerthung der dadurch entbehrlich gewordenen baulichen Inventarienstücke und Materialien, ingleichen

c) bei Verausgabung des durch den Ankauf eines Grundstücks entstandenen Aufwands der Erlös aus der mit diesem Ankaufe in unmittelbarem Zusammenhange stehenden Veräußerung eines anderen Grundstücks vorweg gekürzt werden dürfen (AB § 4 Abs. 2).

8. Veränderungen von Vorräthen an Naturalien, Materialien und Fabrikaten dürfen dem Geldwerthe nach als Einnahmen oder Ausgaben im Sinne des Staatshaushalts-Etats nur behandelt werden, wenn und insoweit letzterer in Folge eines darauf gerichteten Vorbehalts in seinem dispositiven Theile (vgl. S. 35) dies ausdrücklich zuläßt. Wo diese Voraussetzung nicht zutrifft, ist die Vermengung derartiger Geldwerthe mit baarem Gelde ausgeschlossen.

9. Gehalte einschließlich persönlicher Gehaltszulagen und sonstige unter den Begriff von Besoldungen fallende feste Dienstbezüge der Beamten mit Einschluß von Naturalleistungen, wie z. B. freier Wohnung, freier Heizung, freier Beleuchtung, dürfen nur auf Grund des Staatshaushalts-Etats und nur in dem darin vorgesehenen Umfange verliehen werden.

Bei der Verfügung über die eigentlichen Besoldungstitel dürfen weder die in letzteren vorgesehenen Gesammtsummen an Besoldungen, noch die dabei festgesetzte Anzahl der Stellen überschritten werden. Sind bei dem Vorhandensein einer Mehrzahl gleichartiger Stellen die Besoldungssätze für jede einzelne Stelle festgesetzt, so dürfen auch diese Sätze nicht überschritten werden, und falls den Inhabern solcher Stellen ausnahmsweise niedrigere Besoldungen gewährt werden, ist der dadurch bedingte Minderaufwand als Ersparniß nachzuweisen. Sind die Besoldungssätze für eine Mehrzahl gleichartiger Stellen in der Weise festgesetzt, daß neben der Angabe der Stellenzahl und der Gesammtbesoldungssumme nur ein Mindestbetrag, ein Höchstbetrag und ein Durchschnittsbetrag beziffert ist (z. B. „3 Räthe mit 7200—9000 Mark, durchschnittlich 8100 Mark"), so kann die Regierung entweder allen Stelleninhabern den Durchschnittssatz gewähren, oder sie muß, dafern sie sich für Besoldungssätze in Abstufungen entscheidet, die zwischen den solchenfalls festzuhaltenden Mindest- und Höchstsätzen sich bewegenden Besoldungssätze so bemessen, daß, wenn man die Besoldungssätze sämmtlicher Stellen zusammenrechnet und durch die Zahl dieser Stellen theilt, der im Staatshaushalts-Etat angegebene Durchschnittsbetrag nicht überschritten wird. Werden die Mindest- und Höchstbeträge ausnahmsweise nicht gewährt, so dürfen die dadurch frei werdenden Besoldungstheile zur Erhöhung der Besoldungssätze der übrigen Stelleninhaber nicht verwendet werden, sondern sind als Ersparniß nachzuweisen, so daß beispielsweise in dem Falle, wenn bei einem Besoldungstitel 13200 Mark für 3 Stellen mit 3800—5000 Mark, durchschnittlich 4400 Mark ausgeworfen wären, dem Inhaber der ersten Stelle aber nur

4800 Mark, dem Inhaber der letzten Stelle nur 3000 Mark gewährt werden würden, die Besoldung für die zweite Stelle gleichwohl auf nicht höher als auf 4400 Mark würde festgesetzt werden können.

Eine Ueberschreitung der Besoldungssätze, wie sie der Staatshaushalts-Etat beziffert, darf auch nicht dadurch herbeigeführt werden, daß einem Beamten für die Verwaltung des ihm übertragenen Amtes neben der dafür im Staatshaushalts-Etat festgestellten Besoldung eine in letzterem nicht ausdrücklich vorgesehene Funktionszulage oder ständige Remuneration gewährt wird. Dagegen erscheint es zulässig, einem Beamten neben den durch den Staatshaushalts-Etat geordneten Dienstbezügen für das ihm übertragene Hauptamt noch feste Entschädigungen für Dienstgeschäfte auszusetzen, welche mit diesem Hauptamte in keinerlei sachlichem Zusammenhange stehen, und denen gegenüber daher auch die Mitverwendung derjenigen Fonds, aus welchen der Beamte seine Hauptbesoldung zieht, nicht in Frage kommt.

Eine Verpflichtung zur Gewährung der in dem Staatshaushalts-Etat vorgesehenen Gehaltssätze an die betheiligten Beamten besteht für die Regierung, wie bereits S. 48, 49 nachgewiesen worden ist, nur insoweit, als Spezialgesetze ein Recht darauf für einzelne Klassen von Beamten begründen.

10. Ausgabebewilligungen, welche im Staatshaushalts-Etat nicht ausdrücklich als persönliche hingestellt sind, oder bezüglich deren im Staatshaushalts-Etat die Füglichkeit, daraus sowohl persönliche als sächliche Ausgaben zu bestreiten, nicht ausdrücklich vorbehalten ist, dürfen zu persönlichen Ausgabezwecken (vgl. S. 32) selbst dann nicht verwendet werden, wenn es sich um die Vergütung von Leistungen handelt, welche ihrem Gegenstande nach unter die bezüglichen Ausgabetitel würden gebracht werden können.

Diese Regel erleidet folgende Ausnahmen:

a) Vergütungen für Leistungen niederer Art, wie Schreiblöhne, Vergütungen für Reinigen, Scheuern und Heizen der Diensträume 2c., dürfen, auch wenn die Empfänger Personen sind, welche der Beamtenkategorie angehören, in Ermangelung eines hierauf bezüglichen persönlichen Ausgabetitels, sofern es sich nicht um eigentliche Besoldungen oder zu einem gewissen Betrage als Besoldungen gerechnete Bezüge handelt, aus einem geeigneten sächlichen Ausgabetitel bestritten werden. (Zusatz zu § 43 Abs. 1 AB, VO sämmtlicher Ministerien vom 12. März 1883.)

b) Bei einer Reihe von Ausgabebewilligungen sind die Zwecke, welchen sie dienen, derart, daß letzteren gegenüber der Natur der Sache nach darauf überhaupt etwas nicht ankommt, ob die Leistungen, um deren Vergütung es sich handelt, von Beamten herrühren oder nicht. Hierher gehören beispielsweise Ausgabebewilligungen zur Gewährung von Honoraren für Korrespondenzen in den amtlichen Zeitungen, Prämien für Lebensrettungen, Remunerationen für Auffindungen von Leichnamen u. dergl. m., und es macht dabei keinen Unterschied, ob die bezüglichen Ausgabetitel unter der Gruppe der sächlichen Ausgaben eingestellt sind oder einer Gattungsbezeichnung überhaupt entbehren.

11. Insoweit Bewilligungen für allgemeine und unvorhergesehene Ausgaben oder ohne alle nähere Bezeichnung der Zwecke der daraus zu leistenden Ausgaben oder für Zwecke, welche nur der allgemeinen Richtung nach bestimmt bezeichnet sind, unter der Bezeichnung von „Dispositionsfonds“ oder „Dispositionssummen“ im Staatshaushalts-Etat sich eingestellt finden, gelten betreffs der Verfügung darüber folgende Grundsätze (vgl. AB § 5):

a) Dispositionsfonds für allgemeine und unvorhergesehene Ausgaben oder ohne alle nähere Bezeichnung der Zwecke der daraus zu leistenden Ausgaben dürfen, insoweit nicht im Staatshaushalts-Etat für besondere Fälle eine gegentheilige Bestimmung getroffen ist, nicht zur Bestreitung solcher Ausgaben verwendet werden, welche unter ein zu bestimmten Verwendungszwecken ausgesetztes Kapitel oder einen Titel desselben fallen.

b) Sächliche Ausgaben, welche unter keines der zu bestimmten Verwendungszwecken ausgesetzten Kapitel, beziehentlich unter keinen der zugehörigen Titel des Staatshaushalts-Etats fallen, sind, insoweit den Verwaltungen im Staatshaushalts-Etat Dispositionsfonds für allgemeine und unvorhergesehene Ausgaben oder ohne alle nähere Bezeichnung der Zwecke der daraus zu leistenden Ausgaben zur Verfügung gestellt sind, aus diesen Dispositionsfonds zu bestreiten.

c) Persönliche Ausgaben dürfen aus Dispositionsfonds für allgemeine und unvorhergesehene Ausgaben oder ohne alle nähere Bezeichnung der Zwecke der daraus zu leistenden Ausgaben nicht bestritten werden, sofern nicht der Staatshaushalts-Etat selbst eine gegentheilige Bestimmung trifft.

d) Aus Dispositionsfonds, deren Verwendungszweck nur der allgemeinen Richtung nach bestimmt bezeichnet ist, wie dies beispielsweise von den dem Ministerium des Innern zur Verfügung stehenden Dispositionsfonds „zu Beförderung der Gewerbe“ und „zu Beförderung der Landwirthschaft“ gilt, dürfen persönliche Ausgaben nur dann mit bestritten werden, wenn dies im Staatshaushalts-Etat, und zwar, soweit es sich dabei um Gehalte und fortlaufende Remunerationen handelt, unter ausdrücklicher Bezifferung derselben, besonders vorgesehen ist.

12. Wenn Ausgabebewilligungen im Staatshaushalts-Etat als „Berechnungsgelder" bezeichnet sind, wie dies ausnahmsweise in Fällen vorkommt, in welchen es unter obwaltenden besonderen Umständen nicht wohl thunlich ist, auch nur annähernd eine richtige Schätzung zu treffen, hat dies die Wirkung, daß Ueberschreitungen solcher Bewilligungen eine besondere Verantwortlichkeit auf Seite der Regierung nicht begründen (vgl. Pkt. 14), vielmehr in dem Umfange, in welchem sie rechnungsmäßig nachgewiesen werden, als im voraus seiten der Stände genehmigt zu gelten haben.

13. Ausgabebewilligungen, welche der Staatshaushalts-Etat als transitorisch, d. h. künftig wegfallend, bezeichnet, wie dies beispielsweise bei persönlichen Gehaltszulagen der Fall ist, sind von dem Zeitpunkte an, mit welchem der Grund ihrer Bewilligung aufhört, vom Etatsoll abzusetzen, soweit nicht der Staatshaushalts-Etat der Regierung ausnahmsweise ein weiter reichendes Verfügungsrecht einräumt.

14. Da die ständischen Abstimmungen über den Staatshaushalts-Etat der Regel nach nur auf den dispositiven Theil desselben (vgl. S. 35) sich erstrecken, sind es der Regel nach auch nur die in diesem Theile des Etats enthaltenen Festsetzungen, welche bindende Kraft gegenüber der Regierung in deren Verhältnisse zu den Ständen besitzen.

Was außerdem in Form von Vergleichungen und Erläuterungen im Staatshaushalts-Etat verlautbart ist, besitzt eine derartige bindende Kraft nicht oder doch nur in dem Falle, wenn ausnahmsweise auf Bemerkungen, welche im erläuternden Theile des Etats enthalten sind, im dispositiven Theile desselben in einer Weise Bezug genommen ist, daß dieselben dadurch zu einem integrirenden Bestandtheile des Dispositivs selbst werden.

Aber auch die Festsetzungen im dispositiven Theile des Staatshaushalts-Etats binden die Regierung nicht unbedingt, sondern nur insoweit, als dies mit dem Wesen des Staatshaushalts-Etats als einer der großen Hauptsache nach auf bloßen Wahrscheinlichkeitsrechnungen beruhenden Vorausbestimmung für die Zukunft überhaupt vereinbar ist, und als es thatsächlich in der Macht der Regierung liegt, diesen Festsetzungen nachzukommen.

Ebenso wenig wie daher die Regierung verpflichtet ist, der Erhebung oder Leistung von Einnahmen und Ausgaben nur deshalb sich zu unterziehen, weil und insoweit sie im Staatshaushalts-Etat vorgesehen sind, ist sie gezwungen, die Erhebung oder Leistung von Einnahmen oder Ausgaben nur deshalb zu unterlassen, weil und insoweit das Gegentheil der Fall ist. Vielmehr ist die Regierung ebenso berechtigt als verpflichtet,

Einnahmen, welche dem Staate auf Grund bestimmter Rechtstitel zufließen, ingleichen Ausgaben, welche zur Erreichung der Staats- und Verwaltungszwecke unbedingt geboten sind, auch insoweit einzuziehen oder zu leisten, als sie die Etatansätze überschreiten oder im Etat überhaupt nicht vorgesehen sind.[1]

Einnahmen und Ausgaben, welche zwar der Art, aber nicht der Größe nach im Staatshaushalts-Etat vorgesehen sind, werden als Etatüberschreitungen oder als quantitative Etatabweichungen bezeichnet, weil sie in den Nachweisungen über die Ausführung des verabschiedeten Staatshaushalts-Etats (vgl. Abschn. 7) nur in Ueberschreitungen des Zifferwerkes der dabei in Betracht kommenden etatmäßigen Titel ihren Ausdruck finden.

Einnahmen und Ausgaben, welche weder der Art noch der Größe nach im Staatshaushalts-Etat vorgesehen sind, werden als außeretatmäßige Einnahmen und Ausgaben oder als qualitative Etatabweichungen bezeichnet, weil sie in den Nachweisungen über die Ausführung des verabschiedeten Staatshaushalts-Etats nur außerhalb der etatmäßigen Titel zur Darstellung kommen können (vgl. auch AB § 3 Abs. 1—3).

---

[1] Es möge hierbei an die treffenden Worte erinnert werden, mit welchen bereits in einer Denkschrift v. J. 1836 die Regierung über ihre Berechtigung, beziehungsweise Verpflichtung, Ausgaben auch dann zu leisten, wenn sie im Staatshaushalts-Etat in unzureichender Höhe oder überhaupt nicht vorgesehen sind, den Ständen gegenüber sich ausgesprochen hat. In dieser Denkschrift, in welcher sie über die Rechnungsergebnisse des Jahres 1833 und über das Staatsbudget auf die Jahre 1837—1839 sich verbreitete, wies sie u. a. darauf hin, daß sie „sorgsam und pflichtgetreu den Staatskassen gern jede zu vermeidende Ausgabe erspare", und fügte sodann wörtlich Folgendes hinzu: „Wenn diese Ueberzeugung ihr inwohnt, wenn auch die ständischen Kammern sie theilen, und wenn es gelingt, dem gesammten Lande die Ueberzeugung zu gewähren, daß die Regierung als ein treuer Verwalter zu betrachten ist, die ihrem Berufe aus eigenem Pflichtgefühle folgt und mit strenger Gewissenhaftigkeit die ihr anvertrauten Mittel verwendet, so wird die Aufstellung und Feststellung des Staats- und besonders des Ausgabebudgets nie ein Gegenstand aufhältlicher und schwieriger Diskussionen sein können. Das Ausgabebudget wird sich dann als eine einfache Berechnung der muthmaßlich eintretenden Ausgaben für nothwendige Staatszwecke darstellen, an denen die Regierung gern Ersparnisse eintreten lassen wird, wenn dies thunlich fällt, die sie aber auch dann ohne Besorgniß vor etwaigen Erinnerungen und Vorwürfen überschreiten kann, wenn die Unvermeidlichkeit der Mehrausgaben durch das Staatswohl geboten wird; denn beide Theile, Regierung und Stände, verfolgen auch hier nur einen Zweck, beide haben die Pflicht, die dazu erforderlichen Mittel von dem ihrer Verwaltung und Kontrole anvertrauten Staatseigenthum nur nach sorgfältiger Prüfung dazu zu verwenden, und bei vorausgesetztem gegenseitigen Vertrauen wird jede Veranlassung des anderwärts oft zum großen Nachtheil des Ganzen bemerkbar gewordenen Zwiespalts zwischen Regierung und Ständen entfernt." Vgl. Landtagsakten 1836/37. I. Abth. 1. Bd. S. 220/221.

Hierbei ist aber zu berücksichtigen, daß in Ausführung des ordentlichen Staatshaushalts-Etats eine Etatüberschreitung nicht schon dann vorliegt, wenn das Etatsoll eines der beiden Jahre der Finanzperiode überschritten ist, sondern der Thatbestand einer solchen Ueberschreitung erst dann gegeben ist, wenn das durch Zusammenrechnung der Rechnungsergebnisse beider Jahre der Finanzperiode sowie durch Hinzurechnung der aus der vorhergegangenen Finanzperiode übernommenen Einnahmereste und Ausgabereste sowie Ausgabereservate sich ergebende Gesammtsoll der Finanzperiode (vgl. Pkt. 4) überschritten ist, im Uebrigen aber ausgeschlossen erscheint, insoweit bei den für gegenseitig deckungsfähig erklärten Ausgabetiteln (vgl. Pkt. 5 unter a) der Mehrbedarf bei dem einen Titel durch entsprechenden Minderbedarf bei dem anderen Titel ausgeglichen wird.

Als außeretatmäßige Einnahmen oder Ausgaben haben insbesondere auch die willkürlich verfrühten und willkürlich verspäteten Verrechnungen von Einnahmen und Ausgaben, letztere jedoch nur insoweit zu gelten, als die bezüglichen Ausgabetitel nicht die Eigenschaft der Uebertragbarkeit besitzen und übertragene Restbestände vorhanden sind, auf welche Anrechnung erfolgen kann (vgl. S. 52).

Ebenso fallen unter den Begriff außeretatmäßiger Ausgaben die Mehrausgaben, welche dadurch entstehen, daß bei Besoldungstiteln über die festgesetzte Stellenzahl oder über die für die einzelnen Stellen festgesetzten Mindest-, Höchst- und Durchschnittssätze hinausgegangen wird (vgl. Pkt. 9), da die in diesen Festsetzungen liegenden Normen einen wesentlichen Theil der Zweckbestimmungen der fraglichen Bewilligungen ausmachen, Abweichungen von den Zweckbestimmungen der Etattitel aber nicht als bloße Etatüberschreitungen, sondern als außeretatmäßige Gebahrungen sich darstellen.

Fondsverwechslungen, d. h. Verweisungen von Einnahmen oder Ausgaben auf unrichtige Kapitel oder Titel (vgl. Pkt. 5), können unter Umständen den Thatbestand ebensowohl von Etatüberschreitungen als von außeretatmäßigen Gebahrungen begründen, — und zwar von Etatüberschreitungen, wenn sich bei Hinzurechnung der auf unrichtige Kapitel oder Titel verwiesenen Einnahmen oder Ausgaben zu den Summen derjenigen Kapitel oder Titel, zu welchen jene Einnahmen oder Ausgaben ihrem Gegenstande nach gehören, ein Mehr gegen die Anschlagssummen dieser letzteren Kapitel oder Titel ergiebt, von außeretatmäßigen Gebahrungen, wenn im Staatshaushalts-Etat weder der Art noch der Größe nach vorgesehene Einnahmen oder Ausgaben auf etatmäßige Titel übernommen sind.

15. Wie zu verfahren ist, wenn am Schlusse einer Finanzperiode

ein Mehrbetrag an Einnahmen gegenüber den Ausgaben und sonach ein Ueberschuß sich herausstellt, darüber trifft das Sächsische Verfassungsrecht keinerlei Bestimmung. Es würde daher an sich kein Hinderniß bestehen, derartige Ueberschüsse in gleicher Weise, wie dies im Deutschen Reiche verfassungsrechtlich zu geschehen hat (vgl. Art. 70 der Verfassung des Deutschen Reichs), zur Deckung laufender Bedürfnisse späterer Finanzperioden heranzuziehen und zu diesem Behufe im ordentlichen Staatshaushalts-Etat mit einzustellen.[1]

Herkömmlich hat sich indessen der Brauch herausgebildet, daß dieselben nach Ablauf der Finanzperiode ihrer Entstehung dem beweglichen Staatsvermögen (vgl. Abschn. 3) zugeführt werden, um je im außerordentlichen Staatshaushalts-Etat auf die übernächste Finanzperiode als Deckungsmittel für Bedürfnisse dieses Etats, soweit nöthig, Einstellung zu finden.[2] Folgerichtig wird deshalb aber auch das bewegliche Staatsvermögen, soweit möglich, zunächst herangezogen, wenn es gilt, einen am Schlusse einer Finanzperiode etwa sich herausstellenden Minderbetrag an Einnahmen gegenüber den Ausgaben und mithin ein Defizit zu decken.

Dritter Abschnitt.

Staatsvermögen.

Die Gesammtheit dessen, was der Staat an Grund und Boden, Gebäuden, wirthschaftlichen Betrieben und Anlagen nebst den dazu gehörigen Betriebsmitteln, ferner an Baarschaft, Werthpapieren und Außenständen, Naturalvorräthen, Inventar, Mobiliar und sonstigen Werthgegenständen besitzt und erwirbt, bildet das Staatsvermögen.

Das Staatsvermögen setzt sich einerseits aus solchen Gegenständen zusammen, welche der Staat durch die Krone, d. h. durch den König als souveränes Oberhaupt des Staates, erworben hat und noch erwirbt — einem Theile des Staatsvermögens, welchen die Verfassungsurkunde vom 4. September 1831 in ihrem § 16 Staatsgut nennt —, andererseits ist es gebildet aus solchen Gegenständen, welche der Staat unmittel-

[1] Vgl. auch Landtagsakten 1873/74, Ständische Schriften, S. 187 unter A. 1.

[2] Vgl. auch Landtagsakten 1875/76, Kgl. Dekrete Bd. 1 S. 337, Ständische Schriften S. 133.

bar, beziehungsweise aus den ihm zur Verfügung stehenden Mitteln, erworben hat und noch erwirbt — einem Theile des Staatsvermögens, über welchen die Verfassungsurkunde besondere Bestimmungen überhaupt nicht trifft, und dem am zutreffendsten die Bezeichnung Verwaltungsgut beizulegen sein wird —.

So lange der Landesherr alle Rechte der Staatsgewalt unbeschränkt in seiner Person vereinigte, flossen wie Hof- und Staatshaushalt so auch landesherrliches und staatliches Vermögen in einander zusammen.

Ein selbstständiges Staatsvermögen fing erst an, bis zu einem gewissen Grade sich herauszubilden, seitdem die ehemaligen Landstände mit der Erhebung und Verwendung der von ihnen bewilligten Steuern betraut worden waren (vgl. S. 6) und daher nachweisbar sich feststellen ließ, ob und welche Vermögensobjekte unmittelbar aus Steuereinkünften herrührten.

Hätte man außerdem zwischen landesherrlichem und staatlichem Vermögen unterscheiden wollen, so hätte man letzterem nur noch solche Gegenstände zurechnen können, welche, wie z. B. die öffentlichen Flüsse und Straßen, die Berg- und Hüttenwerke, unter den Begriff von Regalien (vgl. S. 4) fielen und sonach aus Erwerbungen herrührten, welche die Landesherren in ihrer Eigenschaft als Träger der Krone gemacht hatten. Was letzteren kraft sonstiger Rechtstitel noch zugehörte, wie dies insbesondere mit ihrem erblichen Besitze an Grund und Boden nebst Zubehör, einschließlich der theils unmittelbar damit verbundenen, theils mittelbar daraus sich ableitenden nutzbaren Rechte, der Fall war, konnte als Vermögen, welches die Landesherren als Träger der Krone besessen hätten, nicht wohl aufgefaßt werden; hierbei handelte es sich vielmehr um landesherrliches Hausvermögen.

Dieser Auffassung entsprach es, wenn der Entwurf der Verfassungsurkunde vom 4. September 1831, wie er mittels Allerhöchsten Dekrets vom 1. März 1831[1] den damaligen Landständen zur Berathung und Beschlußfassung vorgelegt wurde, in § 14 aussprach, als Staatsgut sei zu betrachten, was die Krone an Territorien, Grundstücken, nutzbaren Rechten, Einkünften, öffentlichen Anstalten, Beständen, Außenständen und Vorräthen jeder Art besitze und erwerbe, und somit den Gedanken zum Ausdruck brachte, daß, was die Krone als solche besitze und erwerbe, nicht dem Träger derselben oder dessen Hause, sondern dem Staate eigenthümlich zugehöre, in den §§ 15 und 16 aber als Gegensatz zum Staatsgute in diesem Sinne das einerseits aus sämmtlichen

[1] Landtagsakten 1830 Bd. 3 S. 1373 flg.

Königlichen Aemtern, Kammergütern und Domänen, den dazu gehörigen Fluren, Gebäuden und Inventarien, Amtskapitalien, Einkünften und nutzbaren Rechten, Forsten, Mühlen ꝛc., andererseits aus dem Königlichen Hausfideikommisse bestehende Familiengut des Königlichen Hauses mit der Maßgabe hinstellte, daß dasselbe Patrimonialeigenthum des Königlichen Hauses sei und bleibe. Diese Bestimmung war getroffen unbeschadet des Umstandes, daß der nicht zum Hausfideikommisse gehörige Theil des Familiengutes den Staatskassen gegen Gewährung der Zivilliste und der hausgesetzmäßigen Leistungen an die Glieder des Königlichen Hauses überlassen werden sollte.

Die Landstände gingen dagegen von der Ansicht aus, daß auch das Familiengut des Königlichen Hauses Eigenthum der Krone sei, und wollten daher dasselbe, gestützt auf einen gleichmäßigen Vorgang der Bayerischen Verfassung, unter dem Begriffe des Staatsgutes mit vereinigt wissen, so daß den Gegensatz zu letzterem nur das Privatvermögen des Königs und der Königlichen Familie bilden sollte.[1]

Die damaligen Regenten (König Anton und Prinz Friedrich August als Mitregent) erklärten in Folge dessen, daß sie, um den ständischen Anträgen thunlichst zu entsprechen, zwar geschehen lassen könnten, daß die Königlichen Aemter, Kammergüter und Domänen nebst den dazu gehörigen Fluren, Gebäuden und Inventarien, Amtskapitalien, Einkünften und nutzbaren Rechten, Forsten, Mühlen ꝛc. gegen Gewährung der Zivilliste unter der Kategorie des Staatsgutes vereinigt werde, lehnten dagegen, um ihrem Hause und ihren rechtmäßigen Nachfolgern in der Regierung in ihren Rechten nichts zu vergeben, die gleichmäßige Behandlung auch des Königlichen Hausfideikommisses ab.[2]

Die Landstände erklärten hiermit sich einverstanden, und demgemäß erhielt § 16 der Verfassungsurkunde seine heute noch giltige Fassung, wonach dasjenige, was die Krone an Territorien, Aemtern, Kammergütern, Domänen, den dazu gehörigen Fluren, Gebäuden und Inventarien, Forsten und Mühlen, Berg- und Hüttenwerken, Kuxen, Regalien, Amtskapitalien, Einkünften, nutzbaren Rechten, öffentlichen Anstalten, Beständen, Außenständen und Vorräthen jeder Art und sonst besitzt und erwirbt, eine einzige untheilbare Gesammtmasse unter der Bezeichnung Staatsgut bildet und in seinem ganzen Umfange auf den jedesmaligen Thronfolger übergeht, den Gegensatz zum Staatsgute in diesem Sinne aber einerseits

[1] Landtagsakten 1831 Bd. 4 S. 1770, 1771.
[2] Landtagsakten 1831 Bd. 4 S. 2238, 2239.

das Fideikommiß des Königlichen Hauses, andererseits das Privatvermögen des Königs und der Königlichen Familie darstellt.

Unbeschadet des Umstandes, daß das Staatsgut in seinem ganzen Umfange auf den jedesmaligen Thronfolger übergeht, darf dasselbe doch bis auf eine Anzahl von Schlössern, Palästen, Hofgebäuden, Gärten und Räumen, welche der freien Benutzung des Königs überlassen sind (VU § 17 Abs. 2), lediglich zu Zwecken des Staates benutzt werden. Deshalb fließt sein Ertrag in die Staatskassen und erfolgt seine Verwaltung durch eine den Grundsätzen der Verfassung gemäß konstituirte Finanzbehörde (VU § 17 Abs. 1). Diese Behörde ist das Finanzministerium,[1] welches sich bei dieser Verwaltung selbstverständlich, soweit nöthig, der Mitwirkung der ihm untergebenen Behörden und Beamten bedient.

Das Staatsgut muß stets in seinen wesentlichen Bestandtheilen erhalten werden und kann, abgesehen von solchen Veränderungen, welche bei einzelnen Parzellen, zu Beförderung der Landeskultur oder zu Entfernung wahrgenommener Nachtheile durch Verkauf, Austausch oder Ablösung sowie in Folge eines gerichtlichen Urtheils oder zu Berichtigung zweifelhafter Grenzen nöthig oder gut befunden werden, ohne Zustimmung der Stände durch Veräußerungen nicht vermindert, ebensowenig aber ohne solche Zustimmung mit Schulden oder anderen Lasten beschwert werden. (VU § 18 Abs. 1 und 2.)

Erlöse aus verfassungsmäßig zu Recht bestehenden Veräußerungen von Theilen des Staatsgutes sind, sobald sich eine vortheilhafte Gelegenheit findet, zu Erwerbung inländischen Grundeigenthums anzuwenden, inzwischen aber auf eine andere zweckmäßige Weise werbend anzulegen. Was durch eine solche Veräußerung an Grundeigenthum, Rechten, Einkünften oder Kaufgeldern erlangt wird, nimmt die Eigenschaft des veräußerten Gegenstandes an und tritt an dessen Stelle. Den Ständen, welche über die Erhaltung des Staatsgutes zu wachen haben (VU § 108), ist bei jedem ordentlichen Landtage nachzuweisen, was seit dem letztvorherigen vom Staatsgute veräußert, warum die Veräußerung bewirkt, was dabei erlangt, und in welcher Weise das erlangte Kaufgeld vorschriftsmäßig angewendet worden ist. (VU § 18 Abs. 3 und 4.)

Nicht auf alle Theile des Staatsgutes steht aber dem Staate bedingunglos das Recht der Nutzung zu. Die darunter mit begriffenen Königlichen Aemter, Kammergüter und Domänen nebst den dazu gehörigen

---

[1] Allerhöchste Verordnung, die Einrichtung der Ministerialdepartements betr., v. 7. Novbr. 1831, Pkt. B, GVB 1831 S. 32.

Fluren, Gebäuden und Inventarien, Amtskapitalien, Einkünften und nutzbaren Rechten, Forsten, Mühlen ꝛc., welche ehedem, wie bereits erwähnt worden ist, im Patrimonialeigenthume des Königlichen Hauses sich befunden haben und von der Verfassungsurkunde gemeint werden, wenn sie neben dem Staatsgute im Allgemeinen von Domänengute im Besonderen spricht (VU § 22 Abs. 2), gehören dem Staatsgute mit der Wirkung, daß die Nutzungen davon in die Staatskassen fließen, nur auf die jedesmalige Dauer der Regierungszeit des Königs und so lange an, als dem Könige als Gegenleistung für diese Nutzungen eine Zivilliste in der Höhe von mindestens 500 000 Thalern Konventionsmünze (1 Thaler = 3 Mark $8^{1}/_{3}$ Pfennig) jährlich bewilligt wird (vgl. Absch. 4 unter 2), und als derselbe sich nicht entschließt, eine oder die andere Domäne gegen Abzug einer nach dem Durchschnittsertrage der letzten 10 Jahre bestimmten Summe von der Zivilliste auf Lebenszeit zu eigener Verwaltung und Benutzung zu übernehmen. (Vgl. VU § 17 Abs. 2.)

Der verfassungsrechtlich bestehende Zwang zur substanziellen Erhaltung des Staatsgutes, insoweit dasselbe Theile des alten Domänengutes umfaßt, findet sonach seine Begründung darin, daß bei jedem Regierungswechsel für den Fall, daß eine Zivilliste entweder überhaupt nicht oder doch nicht in dem Mindestbetrage von 500 000 Thalern Konventionsmünze bewilligt werden sollte, die Möglichkeit gegeben ist, daß das Domänengut vom Könige in eigene Verwaltung genommen wird.

Der verfassungsrechtlich bestehende Zwang zur substanziellen Erhaltung des unter den Begriff von Domänengut nicht fallenden Theiles des Staatsgutes erklärt sich dagegen aus der Absicht, „dadurch zu verhindern, daß versucht werde, die den Zeitgenossen zufallenden Lasten auf die Nachkommen zu übertragen.“[1]

An und für sich würden daher auch diejenigen Kapitalien, welche aus Veräußerungen von Theilen des Staatsgutes verfügbar werden, um an Stelle der veräußerten Substanz zu treten, rechnungsmäßig einer verschiedenartigen Behandlung zu unterliegen haben, je nachdem es sich dabei um Veräußerungen aus Theilen des Domänengutes handelt oder nicht. Herkömmlich wird jedoch in dieser Beziehung ein Unterschied nicht gemacht; vielmehr fließen alle diese Erlöse, so lange sie nicht bestimmungsgemäß zum Ankaufe inländischen Grundeigenthums oder zur Ablösung von Lasten, welche auf dem Staatsgute haften, Verwendung finden können, in einen einheitlichen Fonds zusammen, welcher — wennschon nicht durchaus zutreffender Weise — als Domänenfonds[2] bezeichnet wird. Unter

[1] Vgl. Landtagsakten 1836/37 Abth. I Bd. 1 S. 263.

[2] Vgl. Landtagsabschied v. 30. Oktbr. 1834 Abschn. B Pkt. 16, GS 1834 S. 324.

der Bestandssumme dieses Fonds hat man sich aber nicht etwa eine in besonderer Verwahrung befindliche Baarschaft, sondern die durch Berechnung ermittelte Summe zu denken, welche, um das Grundkapital des Staatsgutes unvermindert zu erhalten, zu neuen Erwerbungen oder zu Ablösungen der auf dem Staatsgute ruhenden Lasten noch zu verwenden ist, bis zum Zeitpunkte dieser Verwendung aber zinsbar angelegt bleibt, und zwar theils durch die von den Erwerbern unbezahlt gelassenen Kaufgelder, welche noch auf den veräußerten Grundstücken hypothekarisch haften und unter den Aktivaußenständen der obersten staatlichen Zentralkasse geführt werden, theils durch Verstärkung der im Bestande dieser Kasse befindlichen Summe von Werthpapieren.[1]

3. Zum Unterschiede vom Staatsgute im verfassungsrechtlichen Sinne begreift das Verwaltungsgut, wie es S. 62 genannt worden ist, alles dasjenige in sich, was der Staat im Gegensatze zur Krone, sei es für bloße Verwaltungszwecke oder für wirthschaftliche Betriebe, besitzt und erwirbt.[2]

Was zu diesem Verwaltungsgute gehört, ist, auch insoweit es nicht überhaupt nur dem Verbrauche dient, der Natur der Sache nach den nämlichen Wandlungen unterworfen wie die Zwecke selbst, für die es der Staat besitzt und erwirbt.

Darum aber kann dasselbe in Bezug auf die Thunlichkeit seiner Veräußerung unmöglich den nämlichen grundsätzlichen Beschränkungen unterliegen, wie sie die Verfassungsurkunde in Bezug auf das Staatsgut trifft.

Dadurch wird indessen nicht ausgeschlossen, daß auch gewisse Theile des Verwaltungsgutes im Hinblick einerseits auf den Grund, warum, andererseits auf die Art und Weise, wie deren Erwerbung erfolgt ist, von der Regierung nur mit Genehmigung der Stände veräußert werden können und dürfen.

Von diesem Gesichtspunkte aus sind insbesondere solche mit Genehmigung der Stände erworbene Vermögensmassen zu beurtheilen, welche, wie z. B. die Staatseisenbahnen, ganz bestimmt bezeichneten Zwecken dienen und daher von der Regierung einseitig diesen Zwecken auch nicht entzogen werden können.

Im Uebrigen dürfen, einer zwischen der Regierung und den Ständen

---

[1] Vgl. Landtagsakten 1883/84, Kgl. Dekrete Bd. 2 S. 57.

[2] Zu dem Verwaltungsgute in diesem Sinne gehören insbesondere auch die Staatseisenbahnen. Ebenso fallen beispielsweise die i. J. 1886 vom Staate angekauften Erzbergwerke begrifflich unter dasselbe. Denn die einen wie die anderen sind nicht von der Krone für den Staat, sondern vom Staate unmittelbar und aus Staatsmitteln erworben worden.

getroffenen Vereinbarung zufolge,[1] die aus der Veräußerung auch von Immobilien, welche nicht zum Staatsgute gehören, sowie aus der Ablösung der mit solchen Immobilien verbundenen Gerechtsame sich ableitenden Einnahmen nicht als solche der laufenden Verwaltung behandelt, sondern sie müssen dem Staatsvermögen zugeführt werden. Von den Erlösen aus derartigen Veräußerungen dürfen jedoch die durch die Veräußerung nothwendig gewordenen Kosten gekürzt werden. Letzteres gilt auch von dem Aufwande für den mit der Veräußerung eines Grundstückes im unmittelbaren Zusammenhange stehenden Ankauf eines anderen Grundstücks. Ebenso dürfen Erlöse aus dem in Folge der Ausführung von Bauten nothwendigen Abbruche von Gebäuden oder Gebäudetheilen und aus der Verwerthung der in Folge dessen entbehrlich gewordenen baulichen Inventarienstücke und Materialien zur Deckung der Baukosten mit verwendet werden. Nicht minder ist es statthaft, zur Deckung der Kosten für den Ankauf eines Grundstücks den Erlös aus der mit diesem Ankaufe im unmittelbaren Zusammenhange stehenden Veräußerung eines anderen Grundstücks heranzuziehen. (Vgl. auch S. 54.)

4. Die baaren Nutzungen, welche das Staatsvermögen abwirft — und zwar ohne Unterschied, ob dasselbe Staatsgut im verfassungsrechtlichen Sinne oder bloßes Verwaltungsgut ist —, wachsen nicht dem Staatsvermögen zu, sondern dienen zur Deckung der Kosten des Staatshaushalts und sind deshalb auf den Staatshaushalts-Etat zu bringen.

Eine Ausnahme von dieser Regel machen die Nutzungen derjenigen zwar zur Substanz des Staatsvermögens gehörigen, verwaltungsrechtlich aber davon ausgeschiedenen Fonds, welche bestimmten Zwecken dergestalt zugewiesen sind, daß eine anderweite Verwendung derselben wenigstens so lange ausgeschlossen ist, als die Erreichung dieser Zwecke überhaupt möglich ist. Nutzungen dieser Art wachsen selbst insoweit, als sie für die Fondszwecke zeitweise keine Verwendung finden können, nicht den für den Staatshaushalt im Allgemeinen verfügbaren Einkünften, sondern dem Kapitalvermögen der bezüglichen Fonds zu. Darum aber werden sie, wie bereits S. 20 erwähnt worden ist, auch nicht einmal durchlaufsweise auf den Staatshaushalts-Etat gebracht.

Auch alle geldwerthen Naturalnutzungen, welche an das Staatsvermögen, an staatliche Gebäude beispielsweise dadurch, daß sie zur Unterbringung staatlicher Behörden dienen, sich knüpfen, kommen dem Staatshaushalte zu Gute.

Die jeweilige Lage des Staatshaushalts wird daher durch den Stand

[1] Vgl. Ständische Schriften 1873/74 S. 207, Rechenschaftsbericht auf 1872/73 S. 8.

des Staatsvermögens wesentlich beeinflußt, wobei es im Erfolge auf dasselbe hinauskommt, ob die Nutzungen des letzteren, soweit sie in baarem Gelde bestehen, die Summe der verfügbaren Deckungsmittel für den Staatsbedarf erhöhen oder, soweit sie geldwerthe Naturalnutzungen darstellen, die Summe dieses Bedarfs vermindern.

Vierter Abschnitt.

Staatsschulden.

So lange Hof- und Staatshaushalt noch vollständig in einander flossen (vgl. S. 4), konnten nur die Landesherren zeitweilig in die Lage kommen, Bedürfnisse desselben, für welche andere bereite Deckungsmittel nicht zur Verfügung standen, im Wege der Aufnahme von Anleihen befriedigen zu müssen. Der Staat, soweit er sich in der Gesammtheit seiner Unterthanen verkörpert fand, wurde dabei unmittelbar nicht in Mitleidenheit gezogen. An sich hatte er daher auch weder für die Sicherstellung solcher Anleihen zu sorgen, noch lag ihm deren Verzinsung und Tilgung ob. Da es sich indessen bei der Aufnahme von Anleihen, zu welcher die Landesherren sich veranlaßt fanden, der Regel nach um die Befriedigung von Bedürfnissen handelte, an welchen der Staat kaum ein geringeres Interesse hatte als die Landesherren, mußte ersterer im Laufe der Zeit mehr und mehr der Nothwendigkeit sich beugen, zur Verzinsung und Tilgung der landesherrlichen Schulden durch Steuerleistungen beitragen zu müssen. Dieser Umstand aber führte dazu, daß, wie bereits S. 6 erwähnt worden ist, schon i. J. 1570, unter der Regierung des Kurfürsten August, den damaligen Landständen neben der Erhebung und Verwendung der von ihnen zu bewilligenden Steuern auch die Verzinsung und Tilgung der landesherrlichen Schulden dauernd übertragen wurden, im Uebrigen aber derselbe Fürst die Verpflichtung einging, ohne Einwilligung der Landstände kein Anlehen mehr aufzunehmen.

Letztere Verpflichtung war aber nicht etwa so zu verstehen, als ob der Landesherr damit des Rechts sich begeben hätte, einseitig Schuldverbindlichkeiten überhaupt einzugehen. Sie schloß vielmehr nur den Verzicht in sich, zur Verzinsung und Tilgung solcher Schulden, welche ohne vorgängige Zustimmung der Landstände gemacht worden waren, die Steuereinkünfte in Mitleidenheit zu ziehen. Seit jener Zeit konnten daher die Landesherren einseitig Anleihen nur noch auf diejenigen Einkünfte aufnehmen, in Bezug auf welche ihnen das unbeschränkte Recht der Verfügung zustand. Dies waren die Einnahmen aus dem landesherrlichen Grundbesitze und den damit im Zusammenhange stehenden nutzbaren Rechten sowie aus den Regalien, deren Ueberschüsse in der landesherrlichen Rentkammer, als der obersten Zentralkasse, zusammenliefen, und die daher Kammereinkünfte genannt wurden. Anleihen, welche auf diese Einkünfte gewiesen waren, hießen deshalb Kammerschulden, während Anleihen, welchen die Steuereinkünfte zur Sicherstellung und Deckung dienten, und die deshalb insoweit die Bedeutung von Staatsschulden hatten, Steuerschulden genannt wurden.

Mit der Einführung des konstitutionellen Staatssystems gingen auch die damals noch verhandenen Kammerschulden auf den Staat über und erlangten vereint mit den Steuerschulden die Eigenschaft von Staatsschulden.

Was der Staat seitdem an Schuldverbindlichkeiten neu eingegangen ist und noch eingeht, fällt gleichwohl nicht ausnahmslos unter den Begriff von Staatsschulden im Sinne des heutigen Verfassungsrechts.

Als Staatsschulden in diesem Sinne haben vielmehr nur solche Kapitalaufnahmen zu gelten, welche im Wege der Anleihe mit der Absicht erfolgt sind, dadurch eine thatsächliche Vermehrung der staatlichen Einnahmen herbeizuführen.

Aus dem Begriffe von Staatsschulden scheiden daher, abgesehen von bloßen Restverbindlichkeiten des Staates, selbst alle diejenigen Schuldverbindlichkeiten desselben aus, welche zwar ebenfalls durch Aufnahme fremder Gelder und sonach im Wege der Anleihe, aber nicht sowohl in der Absicht, dadurch die Einnahmen zu vermehren, als vielmehr nur zum Zwecke einer zeitweiligen Verstärkung der laufenden Betriebsmittel, darum aber nur mit der Wirkung einer Diskontirung noch nicht realisirbarer etatmäßiger Einnahmen eingegangen sind.

Schuldverbindlichkeiten der letzteren Art könnte man im Gegensatze zu den Staatsschulden als Verwaltungsschulden bezeichnen. Herkömmlich werden sie indessen Finanzhauptkassenschulden genannt, und zwar deshalb, weil nur die Finanzhauptkasse in ihrer Eigenschaft als oberste Zentralkasse des Staates in die Lage kommen kann und thatsächlich auch kommt, derartige Schuldverbindlichkeiten einzugehen.

2. Staatsschulden im Sinne des bestehenden Verfassungsrechts können, abgesehen von außerordentlichen, dringenden und unvorhergesehenen Fällen, welche schleunige finanzielle Maßregeln erfordern, ohne daß die vorgängige Einberufung einer Ständeversammlung möglich ist (vgl. S. 11), giltiger Weise nur mit Zustimmung der Stände aufgenommen werden

(VU § 105) und sind unter Garantie der Regierung und der Stände gestellt.[1] Daß die ständische Zustimmung zur Aufnahme von Staatsschulden im Wege der Gesetzgebung sich vollzieht, ist verfassungsrechtlich nicht erforderlich. Es genügt, wenn die Stände diese Zustimmung in der Erklärung, welche sie über den Staatshaushalts-Etat an den König gelangen zu lassen haben (vgl. S. 40), oder sonst in geeigneter Weise aussprechen. Herkömmlich bildet sie jedoch, soweit Anleihen aus Anlaß der Feststellung des Staatshaushalts-Etats von den Ständen bewilligt werden, zugleich einen Gegenstand des Finanzgesetzes (vgl. S. 45); auch pflegen der Aufnahme der einzelnen Anleihen noch besondere Spezialgesetze voranzugehen. Im Wesentlichen haben jedoch die eigentlichen Anleihegesetze nur den Zweck, die Art und Weise der Begebung sowie die rechtlichen Beziehungen zu regeln, welche zwischen dem Staate und seinen Gläubigern namentlich in Beziehung auf die Verzinsung und Tilgung der Anleihen bestehen sollen.

3. Die Verwaltung der Staatsschulden im verfassungsrechtlichen Sinne ist auch gegenwärtig noch der Regierung entzogen; sie liegt vielmehr verfassungsmäßig den Ständen ob, welchen deshalb auch die zur Verzinsung und Tilgung der Staatsschulden bestehende Staatsschuldenkasse unterstellt ist (VU § 107).

Eine selbstständige Staatsschuldenkasse wurde in Sachsen bereits i. J. 1763 errichtet. Es war dies die Steuerkreditkasse, welche in Leipzig ihren Sitz hatte und unter die Verwaltung der damaligen Landstände in der Weise gestellt war, daß diese Verwaltung von einer landschaftlichen Deputation geführt wurde, welche aus je 7 Deputirten der Ritterschaft und der Städte sich zusammensetzte. Neben der Steuerkreditkasse bestand seit dem Jahre 1765 noch eine besondere Kammerkreditkasse, welche von einer landesherrlichen Kommission verwaltet wurde.

Nachdem die Steuerschulden und die Kammerschulden zu einer einheitlichen Staatsschuld verschmolzen worden waren, hörten mit Ende des Jahres 1834 auch die Steuerkreditkasse und die Kammerkreditkasse auf als abgesonderte Kassen zu bestehen. An ihre Stelle trat vielmehr eine einzige Kasse unter der Benennung Staatsschuldenkasse, welche ihren Sitz in Dresden angewiesen erhielt, und deren Einrichtung durch Gesetz vom 29. September 1834 (GS 1834 S. 209 flg.) geregelt wurde, soweit dies nicht bereits in § 107 der Verfassungsurkunde geschehen war.

Die Staatsschuldenkasse wird hiernach unter Oberaufsicht der Regierung, welche hierbei durch das Finanzministerium vertreten

[1] Gesetz, die Einrichtung der Staatsschuldenkasse betr., v. 29. Septbr. 1834, GS 1834 S. 210.

wird, durch einen ständischen Ausschuß mit Hilfe der von diesem ernannten und vom Könige bestätigten Beamten geführt. Dieser Ausschuß besteht aus fünf ständischen Mitgliedern, welche nebst ebenso viel Stellvertretern derselben auf jeder ordentlichen Ständeversammlung dergestalt zu wählen sind, daß abwechselnd die eine Kammer zwei, die andere Kammer drei Mitglieder und ebenso viel Stellvertreter durch Stimmenmehrheit dazu aus ihrer Mitte ernennt. Zu Leitung der Geschäfte und Besorgung der laufenden Angelegenheiten wählt der Ausschuß, welcher auch bei erfolgender Auflösung der II. Kammer seine Geschäfte bis zu Eröffnung der neuen Ständeversammlung und erfolgter Wahl eines neuen Ausschusses fortzusetzen hat, unter sich einen Vorstand und einen Stellvertreter, wobei soweit thunlich darauf Rücksicht zu nehmen ist, daß mindestens einer derselben in Dresden wesentlich sich aufhält. Dem Ausschusse kann auch nach Ermessen des Finanzministeriums aus des letzteren Mitte ein Beamter zugeordnet werden, welcher jedoch dabei nur eine berathende Stimme führt. Der Ausschuß hat dafür zu sorgen, daß die Verwendung der zu Verzinsung und Tilgung der Staatsschulden bestimmten Mittel der Bestimmung gemäß erfolgt und jede derselben nicht entsprechende Verwendung unterbleibt, mithin auch die Abtragung der laufenden Zinsen sowie die Bezahlung der fälligen Kapitale pünktlich und regelmäßig bewirkt und überhaupt die Verbindlichkeit des Staates gegen dessen Gläubiger in ihrem ganzen Umfange vollständig erfüllt wird. Dafür, daß dies geschieht, ist der Ausschuß sowohl dem Könige als den Ständen verantwortlich. Bei entstehenden Bedenken oder Meinungsverschiedenheiten sowie in allen den Fällen, in welchen eine Abweichung von dem vorgeschriebenen ordnungsmäßigen Geschäftsgange in Frage kommt, kann der Ausschuß bei dem Finanzministerium anfragen und von diesem innerhalb der Grenzen der ihm übertragenen Oberaufsicht eine Entscheidung einholen. Im Uebrigen steht dem Finanzministerium frei, die Kasse, die Bücher und das Rechnungswesen zu jeder Zeit, auch ohne Mitwirkung des Ausschusses, zu revidiren. In Bezug auf seine Verwaltung der Staatsschuldenkasse ist der Ausschuß sowohl der Regierung als den Ständen verantwortlich und rechnungspflichtig. Er hat zu letzterem Behufe Jahresrechnungen abzulegen, deren Ergebnisse nach erfolgtem Richtigbefunde im Namen der Stände durch den Druck bekannt gemacht werden.

Der zur Verwaltung der Staatsschuldenkasse bestellte ständische Ausschuß, welcher seit dem Jahre 1849 die Bezeichnung Landtagsausschuß zu Verwaltung der Staatsschulden führt, ist es auch, von welchem die auf Staatsschulden bezüglichen Schuldverschreibungen nebst Zinsleisten (Talons) und Zinsscheinen (Kupons) ausgefertigt und vollzogen werden,[1] und aus dessen Händen das Finanzministerium diese Schuldverschreibungen zur Begebung empfängt, sei es, daß letztere im Wege des Auflegens zur öffentlichen Zeichnung oder des freihändigen Verkaufs erfolgt.

4. Finanzhauptkassenschulden als nur schwebende Schulden einer einzelnen staatlichen Kasse sind weder rücksichtlich ihrer Aufnahme, möge dieselbe im Wege des einfachen Darlehns oder durch Uebernahme von Wechselverbindlichkeiten oder durch Begebung von Schuldscheinen mit kurzer Verfallfrist (Schatzscheinen) 2c. geschehen, an die ständische Zustimmung gebunden, noch unterliegen sie der ständischen Verwaltung. Die darauf bezüglichen Schuldverschreibungen werden daher auch nur vom Finanzministerium ausgefertigt und vollzogen.

5. Seitdem die Reichsgesetzgebung die Bestimmung getroffen hat, daß von den Bundesstaaten Papiergeld nur noch auf Grund eines auf den Antrag der betheiligten Landesregierung erlassenen Reichsgesetzes ausgegeben werden darf[2], wird der Weg der Aufnahme unverzinslicher Staatsschulden durch Ausgabe von Papiergeld nur noch ausnahmsweise beschritten werden können, vielmehr die Aufnahme verzinslicher Anleihen, deren Schuldverschreibungen entweder auf den Inhaber oder auf einen bestimmten Gläubiger gestellt sein können, die Regel zu bilden haben. Dabei würde es an sich zwar nicht ausgeschlossen sein, in der Eigenschaft von Inhaberpapieren auch solche Schuldverschreibungen, in welchen allen Gläubigern oder einem Theile derselben außer der Zahlung der verschriebenen Geldsumme eine Prämie dergestalt zugesichert wird, daß durch Auslosung oder durch eine andere auf den Zufall gestellte Art der Ermittelung die zu prämiirenden Schuldverschreibungen und die Höhe der ihnen zufallenden Prämien bestimmt werden sollen (Inhaberpapiere mit Prämien), auszugeben; indessen würde dies ebenfalls nur auf Grund eines Reichsgesetzes geschehen können.[3]

Von den Schuldverschreibungen der in der Eigenschaft von Staatsschulden im verfassungsrechtlichen Sinne zur Zeit bestehenden Anleihen, deren Zinsfuß zwischen 3 und 4% schwankt, sind es nur die einer einzigen, welche auf den Namen eines bestimmten Gläubigers gestellt sind; alle übrigen lauten auf den Inhaber.

---

[1] Vgl. § 17 des Gesetzes, die Einrichtung der Staatsschuldenkasse betr., vom 29. Septbr. 1834 (GS 1834 S. 211) in Verbindung mit dem Abänderungsgesetze v. 18. Januar 1882, GVB 1882 S. 3.

[2] Gesetz über die Ausgabe von Papiergeld v. 16. Juni 1870 § 1, BGB 1870 S. 507, Gesetz, betr. die Ausgabe von Reichskassenscheinen, v. 30. April 1874 § 8, RGB 1874 S. 41.

[3] Vgl. Gesetz, betr. die Inhaberpapiere mit Prämien, v. 8. Juni 1871 § 1, RGB 1871 S. 210.

Die dreiprozentigen Rentenanleihen, wie solche vermöge der Gesetze vom 6. Juni 1876 (GVB 1876 S. 235), 1. März und 15. August 1878 (GVB 1878 S. 16, 198) und 22. April 1886 (GVB 1886 S. 89) seither geschaffen worden sind, können indessen gegen Einlieferung zum Umlaufe brauchbarer Schuldverschreibungen derselben nebst Zinsleisten und Zinsscheinen durch Eintragung in das durch Gesetz vom 25. April 1884 (GVB 1884 S. 146 flg.) für diesen Zweck begründete Staatsschuldbuch in Buchschulden des Staats auf den Namen eines bestimmten Gläubigers umgewandelt werden, ohne daß im Uebrigen derartige Buchschulden die Eigenschaft von Rentenanleihen verlieren, weshalb auch eine Ausstellung neuer, auf den Namen des eingetragenen Gläubigers lautender Schuldverschreibungen an Stelle der eingelieferten, welche vernichtet werden, nicht stattfindet, im Falle der Löschung derartiger Bucheinträge aber neue Rententitel ausgehändigt werden.

6. Daß die Staatsanleihen, welche seiten der Gläubiger sämmtlich unkündbar sind, einer allmäligen Tilgung zuzuführen sind, setzt zwar die Verfassungsurkunde voraus, indem sie in § 107 Abs. 1 ausspricht, zur Verzinsung und Tilgung der Staatsschulden bestehe eine besondere Staatsschuldenkasse. In welcher Weise und in welchem Umfange aber diese Tilgung sich zu vollziehen hat, darüber trifft sie keinerlei Bestimmung. In dieser Beziehung sind vielmehr lediglich die einzelnen Anleihegesetze maßgebend. Die Mehrzahl dieser Gesetze behält dem Staate Rückzahlung im Wege der Kündigung vor, setzt aber außerdem Theiltilgungen fest, die sich in regelmäßigen Zeitabschnitten wiederholen und bei Schuldverschreibungen, welche auf den Inhaber lauten, auf Grund von Auslosungen geschehen. Einige Anleihegesetze lassen zwar eine Kündigung seiten des Staates nicht zu, unterwerfen aber die Anleihen regelmäßigen Theiltilgungen im Wege der Auslosung. Die Gesetze über die Rentenanleihen endlich lassen weder Kündigung seiten des Staates, noch Tilgung im Wege der Auslosung zu, behalten vielmehr dem Staate nur eine Tilgung im Wege freihändigen Rückkaufs vor, so daß die Möglichkeit einer vollständigen Tilgung der Rentenanleihen gegen den Willen der Gläubiger überhaupt ausgeschlossen ist. Mit Rücksicht auf letzteren Umstand sehen die Rentenanleihegesetze vom 1. März und 15. August 1878 (§ 8) sowie vom 22. April 1886 (§ 7) eine mittelbare Tilgung der Rentenanleihen in der Weise vor, daß an Stelle des Rückkaufs von Rentenschuldverschreibungen verstärkte Tilgungen anderer Staatsschulden treten können.

Der Umfang, in welchem die regelmäßige Tilgung der Staatsschulden stattzufinden hat, ist nur bei der Rentenanleihe v. J. 1876 von dem bloßen Ermessen des Staates abhängig, indem das für diese Anleihe maßgebende Gesetz vom 6. Juni 1876 in seinem § 8 (GVB 1876 S. 236) nur vorschreibt, die Tilgung geschehe in der Weise, daß die durch das Staatsbudget dazu bestimmten Mittel zum Ankaufe eines entsprechenden Betrags von Schuldverschreibungen verwendet werden. Bei allen übrigen Anleihen dagegen ist der Tilgungsmaßstab durch die Anleihegesetze oder Anleihepläne im voraus bestimmt geregelt dergestalt, daß entweder feste Theilsummen, die gegen den Willen der Gläubiger nicht erhöht werden dürfen, oder Mindestbeträge ausgeworfen sind, unter welche der Staat nicht herabgehen darf, während er im Uebrigen unbehindert ist, je nach Verhältniß der allgemeinen Finanzlage eine Tilgung auch noch darüber hinaus eintreten zu lassen und zu diesem Behufe verstärkte Einstellungen im Staatshaushalts-Etat zu bewirken. Denn in letzteren müssen neben den Mitteln zur Verzinsung auch diejenigen zur Tilgung der Staatsschulden eingestellt werden, da beide von der laufenden Verwaltung dergestalt aufzubringen sind, daß hierzu die bereitesten und sichersten Staatseinkünfte unwiderruflich verwendet werden müssen[1], während bezüglich der Finanzhauptkassenschulden nur die Zinsen zu Lasten der laufenden Verwaltung gehen, die Tilgungssummen dagegen aus Ertragsüberschüssen oder, was in der Wirkung dasselbe ist, aus der Substanz des Staatsvermögens gedeckt werden müssen.

7. Der Staatsschuldenkasse werden die zur Verzinsung und Tilgung der Staatsschulden erforderlichen Mittel von der Regierung mit der Maßgabe überwiesen, daß erstere im fortdauernden Besitze auch der von den Berechtigten nicht abgehobenen Zins- und Kapitalbeträge so lange verbleibt, bis dieselben verjährt sind.

Unabgehobene Zinsbeträge verjähren allgemein in 3 Jahren, unabgehobene Kapitalbeträge bei den vor dem Inkrafttreten des Bürgerlichen Gesetzbuchs (1. März 1865) begebenen Anleihen in 31 Jahren 6 Wochen 3 Tagen, bei den nach diesem Zeitpunkte begebenen Anleihen, wenn in den maßgebenden Anleihegesetzen und Anleiheplänen nicht etwas Anderes bestimmt ist, in 30 Jahren, vom Zeitpunkte der Zahlbarkeit an gerechnet.

Die verjährten Zins- und Kapitalbeträge fallen dem Staate heim, dessen laufenden Einnahmen sie zuwachsen. Nur bei einigen aus Anlaß der Erwerbung von Privatbahnen auf den Staat mit übernommenen Anleihen findet eine Ausnahme insofern statt, als verjährte Zinsbeträge örtlichen Armenanstalten zu überweisen sind.

---

[1] Gesetz, die Einrichtung der Staatsschuldenkasse betr., v. 29. Septbr. 1834 § 5, GS 1834 S. 210.

Fünfter Abschnitt.

Staatsfiskus.

1. Dem Staate als Träger von Vermögensrechten wohnt eine selbstständige juristische Persönlichkeit bei, welche ihn befähigt, in den ihn betreffenden rechtlichen Angelegenheiten handelnd aufzutreten, und die unter der Bezeichnung Staatsfiskus oder auch schlechthin Fiskus begriffen wird.

So lange die vermögensrechtlichen Beziehungen des Staates lediglich in der Person des Landesherrn ihren Vereinigungspunkt fanden, konnte nur von einem landesherrlichen Fiskus die Rede sein. Seitdem jedoch vom Kurfürsten August i. J. 1570 den damaligen Landständen die Erhebung und Verwendung der von ihrer Bewilligung abhängigen Steuern übertragen worden waren, trat neben dem landesherrlichen Fiskus noch eine zweite juristische Persönlichkeit in die Erscheinung, welche die Verkörperung der aus diesen Steuern sich ableitenden Vermögensrechte des Staates in sich schloß und als Steuerärar bezeichnet wurde. Nach Erwerbung der Oberlausitz, die ihre eigene Verfassung und ein selbstständiges Steuerbewilligungsrecht hatte, kam zu diesem Steuerärar, welches nunmehr als erbländisches bezeichnet wurde, ein weiteres hinzu, welches oberlausitzer Steuerärar genannt wurde.

In Folge der Einführung der konstitutionellen Verfassung ging mit den beiden Steuerären auch der landesherrliche Fiskus in dem Staatsfiskus auf, wie letzteres die Verfassungsurkunde vom 4. September 1831 in ihrem § 19 durch die Bestimmung zum Ausdrucke bringt, daß alle Bestände, Forderungen und Ansprüche des Königlichen Fiskus auf die allgemeinen Staatskassen übergehen, dagegen aber auch die auf ersterem haftenden Schulden und Ansprüche aller Art von letzteren zu alleiniger Vertretung und ohne Verletzung der Rechte der Gläubiger übernommen werden.

In gleicher Weise, wie der Staat politisch eine untheilbare Einheit bildet (VU § 1), ist auch die juristische Verkörperung seiner Vermögensrechte, wie sie in dem Staatsfiskus gegeben ist, eine einheitliche und untheilbare. Es giebt deshalb nur einen einzigen Staatsfiskus. Insoweit man daher im Hinblick auf die verschiedenen Verwaltungsgebiete, auf welchen die Vermögensrechte des Staates sich geltend machen, den Staatsfiskus noch besonderen Unterscheidungen unterwirft, welche beispielsweise dahin führen, daß von einem Forstfiskus, einem Bergfiskus, einem Hüttenfiskus, einem Steuerfiskus, einem Stempelfiskus, einem Sportelfiskus u. dergl. m. gesprochen wird, sind hierunter nicht einzelne selbstständige Gliederungen des Staatsfiskus zu verstehen, sondern es soll damit nur die Verwaltungsrichtung bezeichnet werden, in welcher er jeweilig auftritt.

Der Staatsfiskus ist nach Maßgabe sowohl des Sächsischen Verfassungsrechts (VU § 50) als des Reichsrechts (Einführungsgesetz zur Reichs-Zivilprozeßordnung v. 30. Januar 1877 § 4, RGB 1877 S. 244) gehalten, in allen ihn betreffenden Rechtsstreitigkeiten, für welche nach dem Gegenstande oder der Art des Anspruchs der Rechtsweg zulässig ist, Recht vor den ordentlichen Landesgerichten zu nehmen. Der allgemeine Gerichtsstand desselben wird dabei nach § 20 der Reichs-Zivilprozeßordnung durch den Sitz der Behörde bestimmt, welche berufen ist, ihn in dem Rechtsstreite zu vertreten. Die Vorschriften über besondere Gerichtsstände, welche die Reichs-Zivilprozeßordnung für gewisse Arten von Rechtsstreitigkeiten trifft (vgl. §§ 22 flg.), werden jedoch gegebenen Falles auch dem Staatsfiskus gegenüber wirksam. Unter diesen besonderen Gerichtsständen spielt namentlich der Gerichtsstand der Niederlassung (§ 22) eine Rolle, indem derselbe den Staatsfiskus, soweit er für gewerbliche Betriebe Niederlassungen hat, von welchen aus unmittelbar Geschäfte geschlossen werden, nöthigt, bezüglich solcher Klagen, welche aus dem Geschäftsbetriebe der Niederlassung gegen ihn erhoben werden, auch bei dem Gerichte des Ortes Recht zu leiden, wo die Niederlassung sich befindet.

Die Vertretung des Staatsfiskus, und zwar ohne Rücksicht darauf, ob es um streitige oder um nichtstreitige Angelegenheiten sich handelt, steht dem Finanzministerium zu,[1] soweit nicht für gewisse Arten des geschäftlichen Verkehrs einzelner Verwaltungszweige ausnahmsweise andere Bestimmungen getroffen sind. Letzteres ist insbesondere der Fall bei der Verwaltung der Staatseisenbahnen[2] sowie bei den Sportelkassen der Gerichte[3] und der Amtshauptmannschaften.[4]

3. Dem Staatsfiskus ist im Wege der Spezialgesetzgebung eine Reihe von Privilegien und Vorrechten beigelegt, welche, indem sie den Staatskassen theils Einnahmen zuführen, denen Ausgaben nicht gegenüber-

---

[1] Verordnung, die Einrichtung der Ministerialdepartements betr., v. 7. Novbr. 1831 Pkt. 4 Abschn. B Ziffer 15 (GS 1831 S. 326).

[2] Verordnung, die Vertretung des Fiskus durch die Generaldirektion der Staatseisenbahnen betr., v. 15. Oktbr. 1879, GVB 1879 S. 392.

[3] Verordnung, die Vertretung des Sportelfiskus im Prozeß betr., v. 13. Juni 1881, GVB 1881 S. 126.

[4] Verordnung, die Vertretung der amtshauptmannschaftlichen Sportelkassen im Prozesse betr., v. 14. Febr. 1877, GVB 1877 S. 150.

stehen, theils Ausgaben ersparen, denen der Staat sonst sich nicht würde entziehen können, auch auf die Lage des Staatshaushalts zurückwirken.

In erster Beziehung ist zu gedenken:

a) des Rechts auf Erwerb des Eigenthums an erblosen Nachlässen,[1]

b) des bedingten Notherbrechts an dem Vermögen der in Landesversorgungs- oder Landesheilanstalten Aufgenommenen,[2]

c) des bedingten Rechts auf Erwerb des Eigenthums an eingemauerten, vergrabenen oder sonst verborgenen Sachen, deren Eigenthümer wegen der Länge der Zeit nicht ermittelt werden kann,[3]

d) des bedingten Rechts auf Erwerbung des Eigenthums an Fundgegenständen.[4]

In zweiter Beziehung kommen folgende Vergünstigungen in Betracht:

e) die bedingte Befreiung von Gemeindeanlagen hinsichtlich solcher Gebäude und Grundstücke, welche unmittelbar zu öffentlichen Zwecken des Staates dienen,[5]

f) die Befreiung des Staatseisenbahnbetriebes und der Landeslotterie von Gemeindeanlagen auf den Gewerbebetrieb,[6]

g) die Befreiung der Staatsforsten von der Bezirkssteuer,[7]

h) die bedingte Befreiung der Staatsforsten und der in und an denselben gelegenen, zum Staatsgute gehörigen Felder, Lehden, Wiesen, Teiche, Torfstiche und dergleichen von Kirchen- und Schulanlagen,[8]

i) die Befreiung derjenigen staatlichen Gebäude- und Gebäudetheile, welche zu einem öffentlichen Gebrauche oder Dienste, insbesondere zum Gebrauche von Behörden oder zum Betriebe der Eisenbahnen oder zum öffentlichen Unterrichte bestimmt sind, ferner der

---

[1] BGB §§ 2618—2620.

[2] BGB §§ 2057—2059, 2617.

[3] BGB § 237.

[4] BGB § 243.

[5] Revidirte Städteordnung v. 24. April 1873 § 33, GVB 1873 S. 300, Städteordnung für mittlere und kleine Städte v. 24. April 1873 Art. I, GVB 1873 S. 321, Revidirte Landgemeindeordnung v. 24. April 1873 § 27, GVB 1873 S. 332.

[6] Revidirte Städteordnung v. 24. April 1873 § 33 Abs. 4, Städteordnung für mittlere und kleine Städte vom 24. April 1873 Art. I, Revidirte Landgemeindeordnung v. 24. April 1873 § 27 Abs. 4.

[7] Gesetz, die Bildung von Bezirksverbänden und deren Vertretung betr., v. 21. April 1873 § 20 Ziffer 1 Abs. 2, GVB 1873 S. 287.

[8] Gesetz zu Erläuterung des Gesetzes v. 8. März 1838, einige Bestimmungen über die Verpflichtung der Kirchen- und Schulgemeinden zu Aufbringung des für ihre Kirchen und Schulen erforderlichen Aufwandes betr., v. 21. März 1843 § 1, GVB 1843 S. 19.

staatlichen Bibliotheken und Museen, Waisen- und Krankenhäuser, Besserungs-, Aufbewahrungs- und Gefängnißanstalten von der Quartierleistung für die bewaffnete Macht während des Friedenszustandes,[1]

k) die mit Bezug auf die staatlichen Pferde- und Rindviehbestände stattfindende Befreiung von Beiträgen zur Entschädigung von Verlusten bei Viehseuchen,[2]

l) die Befreiung vom Eingangszolle für Kunstsachen, Naturalien und andere Gegenstände, welche an staatliche Kunstinstitute, Bibliotheken und Sammlungen für Kunst und Wissenschaft aus dem Auslande eingehen,[3]

m) die Befreiung der staatlichen Renten und Schuldverschreibungen von der Reichsstempelabgabe,[4]

n) die Befreiung von Gebühren in dem Verfahren vor dem Reichsgerichte.[5]

Auch die prozessualen Vorrechte, welche die Reichs-Konkursordnung vom 10. Februar 1877 dem Staatsfiskus insofern gewährt, als sie ihm wegen solcher Abgaben, die auf bestimmten einzelnen Sachen lasten, das Recht auf abgesonderte Befriedigung aus den zurückgehaltenen oder in Beschlag genommenen zoll- und steuerpflichtigen Sachen zugesteht (§ 41 Ziffer 1), wegen solcher Abgaben aber, welche im letzten Jahre vor der Eröffnung des Konkursverfahrens fällig geworden sind, ein Recht auf bevorzugte Befriedigung einräumt (§ 54 Ziffer 2), sind geeignet, die Lage des Staatshaushalts zu beeinflussen.

Dagegen lassen die theils in Gesetzen, theils in Verordnungen ausdrücklich ausgesprochenen Befreiungen des Staatsfiskus von der Grundsteuer,[6] der Einkommensteuer,[7] der Erbschaftssteuer,[8] dem Ur-

---

[1] Gesetz, betr. die Quartierleistung für die bewaffnete Macht während des Friedens, v. 25. Juni 1868 § 4 Abs. 2 Ziffer 3, 4, 6, BGB 1868 S. 524, 525.

[2] Gesetz, betr. die Abwehr und Unterdrückung von Viehseuchen, v. 23. Juni 1880 § 64, RGB 1880 S. 166.

[3] Zolltarifgesetz v. 15. Juli 1879 in der Redaktion v. 24. Mai 1885 § 5 Abs. 1 Ziffer 8, RGB 1885 S. 114.

[4] Tarif zum Gesetze, betr. die Erhebung von Reichsstempelabgaben, v. 1. Juli 1881 in der Redaktion v. 3. Juni 1885 Nr. 2 b/bb, RGB 1885 S. 191.

[5] Gerichtskostengesetz v. 18. Juni 1878 § 98 Abs. 1, RGB 1878 S. 164.

[6] Gesetz, die Einführung des neuen Grundsteuersystems betr., v. 9. Septbr. 1843 § 4 Pkt. a, GVB 1843 S. 98.

[7] Einkommensteuergesetz v. 2. Juli 1878 § 6 Ziffer 1, GVB 1878 S. 131.

[8] Gesetz über die Erbschaftssteuer v. 13. Novbr. 1876 Art. 2 A 2, GVB 1876 S. 450.

kundenstempel,[1] sowie den Gebühren der Gerichtsbehörden[2] die Lage des Staatshaushalts unberührt. Denn es handelt sich hierbei überall um Leistungen, welche in Sächsische Staatskassen zu fließen haben und daher für dieselben zugleich eben so hohe Einnahmen in sich schließen würden. Jene Befreiungen haben daher auch nicht die Bedeutung wirklicher Rechtsvergünstigungen, sondern sind nur die selbstverständliche Folge eines gegebenen Rechtszustandes, vermöge dessen der Staatsfiskus schon deshalb zu derartigen Leistungen nicht verpflichtet sein kann, weil insofern der Verpflichtete und Berechtigte in einer Person zusammentreffen würden.

Sechster Abschnitt.

Der Staatshaushalt in seinen Beziehungen zum Könige und zum Königlichen Hause.

1.

Königliches Hausfideikommiß.

1. Zur Aufrechterhaltung der Würde und des Glanzes der Krone waren schon in der vorkonstitutionellen Zeit gewisse Vermögensmassen, welche sich im Eigenthume der regierenden Linie befanden, unter der Bezeichnung als Hausfideikommiß zu einer wirthschaftlichen Einheit zusammengeschlossen, welche als solche unveräußerlich und an die für die Krone bestimmte Erbfolge dergestalt gebunden war, daß jede Theilung derselben ausgeschlossen erschien.

Nach den testamentarischen Verfügungen des Kurfürsten von Sachsen und gleichzeitigen Königs von Polen Friedrich August II. vom 3. Mai 1737 und deren Erläuterungen vom 6. Januar 1747 sollte zwar das Hausfideikommiß mit dem Aussterben des Mannesstammes des Königlichen Hauses seine fideikommissarische Eigenschaft verlieren und, sofern nicht gewisse Voraussetzungen eintreten würden, unter die weibliche Nachkommenschaft des Albertinischen Hauses nach Köpfen vertheilt werden.[3]

---

[1] Gesetz über den Urkundenstempel v. 13. Novbr. 1876 Art. 2 Ziffer 2, GVB 1876 S. 466.

[2] Regulativ f. d. Depositen- und Sportelkassen- und Rechnungswesen der unteren Justizbehörden § 93 Pkt. 6 Abs. a und b.

[3] Landtagsakten 1831 Bd. 4 S. 2239.

In Berücksichtigung der Nachtheile jedoch, welche solchenfalls durch die Zerreißung und Entfernung der in dem Hausfideikommisse inbegriffenen Schätze und Sammlungen dem Lande entstehen würden, haben zufolge Allerhöchsten Dekrets an die Landstände vom 17. März 1831[1] die damaligen Regenten (König Anton und Prinz Friedrich August als Mitregent) jene testamentarischen Bestimmungen, über deren rechtliche Zulässigkeit und Giltigkeit schon alsbald nach dem Ableben des Testators und bei dem Regierungsantritte seines Nachfolgers, des Kurfürsten Friedrich Christian, erhebliche Zweifel entstanden und die auch von keinem der späteren Nachfolger in der Regierung anerkannt worden waren, für unverbindlich erklärt.

In Folge dessen trifft die Verfassungsurkunde die Bestimmung, daß das Königliche Hausfideikommiß nach der verfassungsmäßig bestimmten Erbfolgeordnung (VU §§ 6, 7) auf den jedesmaligen rechtmäßigen Regenten des Königreichs Sachsen übergeht, im Uebrigen aber vom Lande unzertrennlich und unveräußerlich ist, letzteres jedoch mit Ausschluß einzelner Gegenstände, welche mit der Maßgabe ausgetauscht oder verkauft werden dürfen, daß der dafür erlangte Ersatz oder Erlös die Eigenschaft des veräußerten Gegenstandes annimmt und an dessen Stelle tritt, weshalb Erlöse bei sich darbietender vortheilhafter Gelegenheit zur Vermehrung des Hausfideikommisses anzuwenden sind. (VU § 20 Abs. 2 und 3.)

Nach Bestimmung der Verfassungsurkunde besteht das Königliche Hausfideikommiß einerseits aus allem dem, was zu der Einrichtung oder Zierde der in der freien Benutzung des Königs befindlichen Schlösser, Paläste, Hofgebäude und Gärten dient, dem Mobiliar, welches der Aufsicht der Hofämter und Hofintendanten anvertraut und zum Bedarfe oder Glanze des Hofs bestimmt ist, den Ställen an Pferden, Wagen und sonstigem Inventar, den Jagderfordernissen, den in dem grünen Gewölbe und anderen Königlichen Sammlungen befindlichen Kostbarkeiten, Gold- und Silbergeräthen und Porzellanen, der Gemäldegalerie, dem Kupferstich-, Naturalien-, Münz- und anderen Kabineten, der Bibliothek, der Kunst-, Rüst- und Gewehrkammer, andererseits aus dem, was ihm aus dem Privateigenthume des jeweilig regierenden Königs und aus Ersparnissen an der Zivilliste desselben (vgl. S. 82) bei dessen Ableben bedingungsweise zuwächst. Ueber das dem Könige zugehörige Privateigenthum, worunter dasjenige verstanden wird, was er bereits vor der Gelangung zum Throne besessen und was er während seiner Regierung aus Privatrechtstiteln erworben hat, steht demselben nämlich das Recht

[1] Landtagsakten 1831 Bd. 4 S. 1.

der freien Verfügung sowohl unter den Lebenden als auf den Todesfall zu. Hat er darüber weder in der einen noch in der anderen Weise Verfügung getroffen, so fällt dasselbe an das Hausfideikommiß. Ueber Ersparnisse an der Zivilliste dagegen kann der König nur unter den Lebenden frei verfügen. Soweit letzteres nicht geschehen ist, fallen sie ohne Weiteres dem Hausfideikommisse anheim. (VU §§ 20 und 21 in der Fassung des Verfassungsgesetzes vom 13. April 1888, GVB 1888 S. 110, Hausgesetz §§ 55—57 in der Fassung des Abänderungsgesetzes vom 13. April 1888, GVB 1888 S. 111.)

Die Stände sind verpflichtet und berechtigt, über die Erhaltung des Königlichen Hausfideikommisses zu wachen (VU § 108). Sie sind deshalb auch befugt, über den jeweiligen Stand desselben Auskunft von der Regierung zu verlangen. Herkömmlich werden ihnen indessen regelmäßige Mittheilungen darüber nur insoweit gemacht, als es um die in dem Hausfideikommisse inbegriffenen Sammlungen für Kunst und Wissenschaft sich handelt, über deren Verwaltung ihnen bei jedem Landtage ein förmlicher Rechenschaftsbericht vorgelegt wird.

Eine Nutzung des Königlichen Hausfideikommisses zu Gunsten des Staates in der Weise, daß Erträgnisse daraus den Staatskassen zur freien Verwendung zufließen könnten, ist der Natur der Sache nach ausgeschlossen.

Gleichwohl bestehen fortdauernde Beziehungen zwischen ihm und dem Staatshaushalte insofern, als die Verwaltung, Erhaltung und Vermehrung der darin inbegriffenen Sammlungen für Kunst und Wissenschaft bereits seit dem Inkrafttreten der Verfassungsurkunde auf Kosten des Staates erfolgt.

Außerdem ist eine vorübergehende Dienstbarmachung des Königlichen Hausfideikommisses für den Staatshaushalt insofern möglich, als in außerordentlichen Nothfällen der jedesmalige Regent, und zwar, soweit die Möglichkeit einer Einberufung der Stände gegeben ist, unter vorgängiger Zustimmung dieser, entgegengesetzten Falles unter Verantwortlichkeit der ihn dabei berathenden Staatsminister und unter dem Vorbehalte nachträglicher Genehmigung der Stände berechtigt ist, die dazu gehörigen Kostbarkeiten bis zur Höhe von 1 Million Thalern Konventionsmünze zeitweise und unter der Bedingung möglichst baldiger Wiedereinlösung zu Staatszwecken zu verpfänden (VU §§ 20 Abs. 3—5, 105 Abs. 3), was indessen bis jetzt erfreulicher Weise noch niemals nöthig gewesen ist.

II.

Königliche Zivilliste.

1. Als in Folge der Einführung der konstitutionellen Verfassung neben den Regalien auch das landesherrliche Domanialvermögen und die damit verknüpften Einkünfte dem Staate überlassen wurden, geschah dies nur unter der Bedingung, daß als Entschädigung dafür dem jeweiligen Landesherrn eine Zivilliste, d. h. eine feste Jahresrente gewährt werde, welche ihn in den Stand setzte, damit die Kosten seiner persönlichen und häuslichen Bedürfnisse sowie seiner gesammten Hofhaltung zu bestreiten, und es wurde dabei der ausdrückliche Vorbehalt gemacht, daß, so oft eine Zivilliste entweder überhaupt nicht oder doch nicht in einem vereinbarten Mindestbetrage bewilligt werde, die Nutzungen des Domänenvermögens dem Landesherrn wieder zufallen sollten. Diesem Vorbehalte entspricht die Bestimmung in § 22 Abs. 2 und 3 der Verfassungsurkunde vom 4. September 1831, wonach die Nutzungen des Königlichen Domänengutes als zunächst nur auf die jedesmalige Dauer der Regierungszeit des Königs den Staatskassen überwiesen gelten.

Die Zivilliste, wie sie seither regelmäßig bewilligt worden ist, schließt daher nicht etwa eine Vergütung für Dienste in sich, welche der Monarch dem Staate leistet, und läßt deshalb auch in keiner Beziehung einen Vergleich mit einer Besoldung zu, sondern sie ist nichts als die vertragsmäßige Gegenleistung des Staates für die demselben bedingungsweise vom jeweiligen Landesherrn überlassene Ausnutzung von Vermögensrechten des letzteren.

Nach § 19 des Entwurfs der Verfassungsurkunde sollte die Zivilliste des Königs für beständig verabschiedet werden. Die damaligen Landstände machten indessen hiergegen geltend, daß sich die Gestaltung der finanziellen Verhältnisse des Landes, auf welche bei Bemessung der Zivilliste Rücksicht zu nehmen sei, im voraus nicht übersehen lasse, und sprachen deshalb den Wunsch aus, daß die Zivilliste jedesmal nur auf die Dauer der Regierung des Königs mit den Ständen vereinbart werde. Die damaligen Regenten (König Anton und Prinz Friedrich August als Mitregent) gaben diesem Wunsche zwar statt, und demgemäß erhielt Abs. 1 von § 22 der Verfassungsurkunde vom 4. September 1831, welcher an Stelle von § 19 des Entwurfs getreten ist, seine endgiltige Fassung. Die Regenten verbanden indessen hiermit „zu nothwendiger Sicherstellung der Rechte ihrer dereinstigen Nachfolger" die Erklärung, daß sie zu ihrem Entschlusse nur durch die Rücksicht sich hätten bewogen finden können,

„daß sich im Laufe der Zeiten der Werth der überwiesenen Gegenstände und ihrer Nutzungen mit dem Werthe der Dinge überhaupt wesentlich verändern und dadurch eine Abänderung der zu gewährenden Summe erforderlich und thunlich machen könne“.[1]

Was die Höhe dieser Summe anlangt, so war in dem Allerhöchsten Dekrete vom 1. März 1831, mit welchem der Entwurf der Verfassungsurkunde den damaligen Landständen zur Berathung und Beschlußfassung vorgelegt wurde, als angemessener Betrag der Zivilliste die den damaligen Kosten der Schatulle und der Hofhaltung, ingleichen dem Bedarfe für kirchliche und milde Zwecke, für wissenschaftliche, Kunst- und Industrieanstalten, für die Unterhaltung der Königlichen Schlösser und Hofgebäude und für die Hofpensionen gleichkommende Summe von 714 938 Thalern 2 Gr. 10 Pf. jährlich mit der Maßgabe gefordert worden, daß im Hinblick auf beabsichtigte Ersparnisse in der Hofhaltung vom Jahre 1833 an eine allmälige Verminderung dieser Summe um jährlich 10 000 Thaler bis auf den für die Zukunft endgiltig festzusetzenden, ohne des Regenten Zustimmung nicht zu vermindernden Betrag von 640 000 Thalern jährlich eintreten sollte. Zur Begründung dieser Forderung war darauf hingewiesen worden, daß, abgesehen von den Einkünften aus den landesherrlichen Regalien in der Anschlagshöhe von 966 942 Thlrn. 16 Gr. jährlich, schon die Domanialeinkünfte auf den Betrag von jährlich 754 310 Thalern zu beziffern seien.[2]

Die Landstände gingen bei Bemessung der Höhe der Zivilliste zunächst von dem Grundsatze aus, daß die letztere für den Bedarf der Hofhaltung des Königs ausschließlich zu bestimmen sei, und sie verwiesen deshalb diejenigen Ausgaben, welche hierunter nicht gerechnet werden konnten, der großen Hauptsache nach auf das Staatsbudget. In Folge dessen verblieb von der obigen Forderung von rund 714 938 Thalern eine Restsumme von rund 568 951 Thalern. In Ansehung dieser letzteren aber waren sie der Ansicht, daß dieselbe durch Ersparnisse namentlich in dem Personalstande der Hofhaltung ohne Beeinträchtigung der Würde des Hofes nach und nach recht wohl bis auf rund 500 000 Thaler herabgemindert werden könne, und so gelangten sie zu einer Bewilligung in dieser Höhe, mit der Maßgabe jedoch, daß, weil die in Aussicht zu nehmenden Ersparnisse nicht sofort, sondern nur nach und nach verwirklicht werden konnten, für die Jahre 1832—1836 vorübergehende Zusätze zur Zivilliste hinzugefügt wurden.[3]

---

[1] Landtagsakten 1830 Bd. 3 S. 1383, 1831 Bd. 4 S. 1765, 1773, 1774, 2241.
[2] Landtagsakten 1830 Bd. 3 S. 1375, 1424, 1425.
[3] Landtagsakten 1830 Bd. 3 S. 1375, 1424 flg., 1831 Bd. 4 S. 1763, 1811 flg., 1833.

Die Regenten erklärten mit dieser Festsetzung der Höhe der Zivilliste sich einverstanden, wobei sie ausdrücklich bemerkten, daß zwar auch für alle künftigen Fälle das in Bezug auf die Zivilliste stattfindende Vertragsverhältniß zu berücksichtigen und daher jedesmal in Betracht zu ziehen sein werde, daß die Nutzungen des Domänengutes nur so lange dem Staatsgute überlassen bleiben könnten, als über den jedesmaligen angemessenen Betrag der Zivilliste eine Vereinigung stattfinden werde, als ein solcher angemessener Betrag aber die jetzt zu verabschiedende Summe von 500000 Thalern angesehen werden und daher das Befugniß des Königs zur Zurücknahme des Domänengutes bei nicht stattfindender Vereinigung blos alsdann eintreten solle, wenn eine Summe in dieser Höhe nicht bewilligt werden würde.[1]

In Folge dessen trifft die Verfassungsurkunde in § 22 Abs. 3 die Bestimmung, daß die Nutzungen des Königlichen Domänengutes den Staatskassen so lange überwiesen bleiben, als eine Zivilliste bewilligt werde, welche der jetzt mit 500000 Thalern verabschiedeten wenigstens gleich komme.

Die Zivilliste, welche in monatlichen Raten im voraus zahlbar ist, kann während der Regierungszeit des Königs weder ohne dessen Zustimmung vermindert, noch ohne die Bewilligung der Stände vermehrt, auch als wesentliches Bedürfniß zur Erhaltung der Würde der Krone zu keiner Zeit und auf keine Weise mit Schulden belastet werden (VU § 22 Abs. 2).

Dem Könige steht zwar, wie bereits S. 65 bemerkt worden ist, frei, eine oder die andere Domäne auf Lebenszeit zu eigener Verwaltung und Benutzung zu übernehmen, und er erleidet solchenfalls einen nach dem Durchschnittsertrage der letzten 10 Jahre zu bemessenden Abzug an der Zivilliste (VU § 17 Abs. 2). Ein solcher Abzug schließt indessen nicht den Thatbestand einer Verminderung der Zivilliste ein, da an Stelle eines Baarbezugs ein gleichwerthiger Naturalbezug tritt.

Die Zivilliste des mit Tode abgegangenen Königs besteht fort, bis die seines Nachfolgers verabschiedet ist, jedoch längstens nur bis zur Vereinigung über ein neues Budget (VU § 22 Abs. 4).

2. Ueber die Zivilliste steht dem Könige zwar im Allgemeinen das Recht der freien Verfügung zu. Nichts desto weniger trifft die Verfassungsurkunde darüber ausdrückliche Bestimmung, welche Ausgaben von derselben zu bestreiten sind. Als solche führt sie auf: die Schatullengelder des Königs und seiner Gemahlin, die Unterhaltungs- und Erziehungs-

[1] Landtagsakten 1831 Bd. 4 S. 2242.

kosten seiner Kinder, die Gehalte aller Königlichen Hofbeamten und Diener, die Pensionen derselben sowie ihrer Wittwen und Kinder,[1] der gesammte Aufwand für die Hofhaltung, den Stall, die Hofjagd und die dazu gehörigen Inventarien, den katholischen und evangelischen Hofgottesdienst, für letzteren nach Höhe des bis zur Verabschiedung der Verfassungsurkunde geleisteten Beitrags,[2] die Hofkapelle und Hoftheater, die Unterhaltungskosten der dem Könige zur freien Benutzung bleibenden Schlösser, Paläste, Hofgebäude und Gärten, endlich alle hier nicht erwähnten ordentlichen oder außerordentlichen Hofausgaben, deren Bestreitung nicht ausdrücklich auf das Staatsbudget gewiesen ist.

Außerdem ist in dem Falle des Eintritts einer Regierungsverwesung, welche stattzufinden hat, wenn der König unmündig oder an der Ausübung der Regierung dauernd oder auf längere Zeit verhindert ist (VU § 9), auch der Aufwand des Regierungsverwesers von der Zivilliste, und zwar in Höhe von 50000 Thalern Konventionsmünze jährlich, mit zu bestreiten. (VU § 13 Abs. 2 und Hausgesetz vom 30. Dezbr. 1837 § 64, GVB 1838 S. 68.)

Ueber Ersparnisse an der Zivilliste kann der König, wie bereits S. 81 erwähnt worden ist, nur unter den Lebenden frei verfügen. Sind derartige Ersparnisse bei seinem Ableben vorhanden, so fallen sie dem Königlichen Hausfideikommisse zu.

3. Die Bestimmung der Verfassungsurkunde, wonach aus der Zivilliste u. a. die Schatullengelder der Königin mit zu bestreiten sind, hat nur für die Dauer der Regierungszeit des Königs Anton Giltigkeit gehabt, indem bereits bei der Vereinbarung der Verfassungsurkunde zwischen den damaligen Regenten und Landständen Uebereinstimmung darüber herrschte, daß neben der Zivilliste des Königs auch für die künftig regierenden Königinnen eine besonders zu verabschiedende Summe für Schatullen- und Garderobebedürfnisse, ingleichen für den männlichen und weiblichen Hofstaat auszusetzen sei.[3] Letzteres ist daher auch bereits seit der Finanzperiode 1837/39[4] fortdauernd geschehen. Jede derartige Bewilligung steht in Bezug auf ihre Dauer der Zivilliste gleich, d. h. sie gilt als für die Dauer der Regierung des Königs verabschiedet.[5] Eine

[1] Ausgeschlossen hiervon sind die Pensionen für Mitglieder des hinterlassenen Hofstaates eines verstorbenen Königs, indem diese zu Lasten des Staates gehen. Vgl. Landtagsakten 1831 Bd. 4 S. 1815 Pkt. 3.

[2] 1945 Thlr. 10 Gr. 2 Pfg. Konventionsmünze. Vgl. Landtagsakten 1831 Bd. 3 S. 1429, Bd. 4 S. 1824.

[3] Landtagsakten 1831 Bd. 4 S. 1853 Pkt. 10, S. 2242 Pkt. 4.

[4] Landtagsakten 1836/37 Abth. I Bd. 1 S. 241 flg., Bd. 3 S. 158.

[5] Landtagsakten 1836/37 Abth. I S. 243.

Königin Wittwe tritt als solche in den Genuß des aus der Staatskasse ihr zu gewährenden Witthums ein (vgl. S. 89). In Bezug auf das Verfügungsrecht über die Schatullen-, Garderobe- und Hofstaatsgelder ist die Königin verfassungsrechtlich nicht beschränkt.

III.

Apanagen und sonstige Gebührnisse der Glieder des Königlichen Hauses.

1. In der vorkonstitutionellen Zeit mußten die Kosten des standesgemäßen Unterhaltes der Glieder des Königlichen Hauses, soweit dazu nicht besondere Fonds zur Verfügung standen, wie ein solcher namentlich in der sogenannten Sekundogenitur, von welcher weiter unten die Rede sein wird, gegeben war, nach Maßgabe der in dieser Beziehung getroffenen hausgesetzlichen Bestimmungen und vertragsmäßigen Vereinbarungen aus den landesherrlichen Einkünften mit bestritten werden. Als daher diese Einkünfte und in erster Linie diejenigen aus dem Königlichen Domänengute mit dem Eintritte der konstitutionellen Verfassung auf den Staat übergingen, war es selbstverständlich, daß der Staat, soweit nöthig, auch die Fürsorge für die Unterhaltung der Glieder des Königlichen Hauses übernahm, wie denn letzteres bei der Vorlage des Entwurfs der Verfassungsurkunde an die damaligen Landstände von den Regenten (König Anton und Prinz Friedrich August als Mitregent) auch ausdrücklich ausbedungen worden war.[1]

Die Verfassungsurkunde traf demzufolge in ihrem § 23 zunächst die Uebergangsbestimmung, daß die den damaligen Gliedern des Königlichen Hauses ausgesetzten Apanagen, Witthümer und anderen vertragsmäßigen Gebührnisse, Hand- und Garderobegelder unter Beobachtung der wegen der Sekundogenitur bestehenden Bestimmungen auf deren Lebenszeit unverändert bleiben und in das Budget aufgenommen werden sollten, während sie im Uebrigen vorschrieb, daß über die künftig unter Anrechnung der Sekundogenitur zu gewährenden Apanagen, Witthümer, Heirathsgüter und anderen derartigen Gebührnisse mit den Ständen eine feststehende Bestimmung zu verabschieden sei, welcher nachmals in jedem einzelnen Falle nachzugehen sei, und welche in das Hausgesetz aufgenommen werden solle.

Diese feststehende Bestimmung ist durch das insoweit mit Zustimmung der Stände erlassene[2] und deshalb einen integrirenden Bestandtheil unseres

---

[1] Landtagsakten 1830 Bd. 3 S. 1375.

[2] Vgl. die Allerhöchste Verordnung vom 9. Februar 1838, GVB 1838 S. 59.

heutigen Verfassungsrechts bildende Hausgesetz vom 30. Dezbr. 1837 (§§ 16 flg., GVB 1838 S. 62 flg.) verabschiedet worden, woraus sich zugleich ergiebt, daß alle darin bezifferten Geldbeträge nach dem Konventionsmünzfuße (1 Thaler = 3 ℳ 8 1/3 Pf.) zu verstehen sind.

2. Die Leistungen, welche hiernach an die Glieder des Königlichen Hauses — worunter die Königlichen Wittwen, die Prinzen und Prinzessinnen, welche von dem gemeinschaftlichen Stammvater derselben durch von dem Könige anerkannte ebenbürtige rechtmäßige Ehe in männlicher Linie abstammen, insofern die Prinzessinnen nicht in andere Häuser sich vermählt haben, sowie die in ebenbürtiger Ehe angetrauten Gemahlinnen dieser Prinzen und die Wittwen derselben, so lange letztere im Wittwenstande verbleiben, zu verstehen sind —, ingleichen an Mitglieder hinterlassener oder erledigter Hofstaaten von solchen aus der Staatskasse ohne Zurechnung auf die Zivilliste theils unbedingt, theils unter gewissen Voraussetzungen zu gewähren sind, stellen sich entweder als fortlaufende oder als einmalige dar.

Zu den fortlaufenden Leistungen gehören die Apanagen, die Witthümer, die Pensionen an Mitglieder hinterlassener oder erledigter Hofstaaten und die Sekundogenitur.

Als einmalige Leistungen kommen die sogenannten Etablirungsbeiträge und die Aussteuern (Heirathsgüter) in Betracht.

3. Unter Apanagen sind die jährlichen Geldrenten zu verstehen, welche an Prinzen und Prinzessinnen des Königlichen Hauses zu ihrem standesgemäßen Unterhalte unter bestimmten Voraussetzungen zu gewähren sind.

Für den erstgeborenen Sohn des Königs (den Kronprinzen) und sein Haus beträgt die Apanage, wenn er ebenbürtig vermählt ist, 60 000 Thaler, sonst, jedoch erst vom erfüllten 21. Lebensjahre an, 30 000 Thaler. (HG § 19).

Die nachgeborenen Söhne des Königs erhalten Apanagen nur, wenn für sie ein eigenes Haus gebildet wird, was vom erfüllten 21. Lebensjahre an gefordert werden darf. Die Apanage beträgt solchenfalls für unverheirathete Prinzen 20 000 Thaler, für ebenbürtig verheirathete Prinzen 50 000 Thaler für den ältesten, 40 000 Thaler für jeden der übrigen. (HG §§ 20, 21.)

Für jede Tochter des Königs wird vom 21. Lebensjahre an bei Lebzeiten des Königs eine Apanage von 6000 Thalern gewährt. Den nämlichen Betrag erhalten sie nach dem Ableben des Königs, aber bei Lebzeiten der verwittweten Königin, dafern letztere die leibliche Mutter ist, und so lange dieselbe ihren Wittwenstand nicht ändert, auch die vaterlosen Prinzessinnen ein eigenes Haus nicht bilden, was ihnen ohne besondere Gründe nach zurückgelegtem 25. Lebensjahre nicht verweigert werden darf. Tritt einer dieser Ausnahmefälle ein, so sind ihnen bis zu ihrer Vermählung 12 000 Thaler zu gewähren, und eben so viel erhalten sie, wenn sie vater- und mutterlos sind, und zwar ohne Rücksicht darauf, ob sie ein eigenes Haus bilden oder nicht. (HG §§ 32—34.)

Stirbt der Kronprinz vor dem Könige mit Hinterlassung von Kindern aus ebenbürtiger Ehe, so wird dessen Apanage von 60 000 Thalern unter die nachgelassenen Söhne und Töchter in der Art vertheilt, daß die ersteren das Doppelte der letzteren erhalten, und zwar so, daß die etwa später zur Erledigung kommenden Theile den übrigen Geschwistern nach demselben Verhältnisse zuwachsen. Dem ältesten Sohne wird dabei so viel zugelegt, als zu Erfüllung der ihm als Kronprinzen gebührenden Apanage erforderlich ist. Im Uebrigen darf ein nachgeborener Sohn oder eine Tochter des Kronprinzen in keinem Falle mehr erhalten als ein nachgeborener Sohn oder eine Tochter des Königs. Nach dem Tode des Großvaters treten die nachgeborenen Söhne und die Töchter des Kronprinzen in den Genuß der für die nachgeborenen Söhne und die Töchter des Königs bestimmten Gebührnisse. (HG § 23.)

Die den nachgeborenen Söhnen des Königs ausgesetzten Apanagen gehen nach dem Ableben der ersteren auf ihre männliche Descendenz aus ebenbürtiger Ehe, und zwar, soweit nicht der verstorbene Apanageinhaber mit Genehmigung des Königs eine andere Verfügung getroffen hat, zu gleichen Theilen, im Uebrigen mit der Verpflichtung über, daraus das Witthum der Mutter und den Unterhalt der Prinzessinnen zu bestreiten. Dem Könige steht aber frei, einen Prinzen aus der nachgeborenen Linie mit einer Apanage von 40 000 Thalern zu etabliren, wenn er dies zu Erhaltung der Succession nöthig findet. (HG §§ 25, 26.)

Wenn die aus ebenbürtiger Ehe stammende Familie einer nachgeborenen Linie so zahlreich wäre, daß für das Haus eines Prinzen aus der Nebenlinie nicht wenigstens der dritte Theil der Apanage eines nachgeborenen unvermählten Sohnes des Königs zu ermitteln wäre, so ist das Fehlende aus der Staatskasse zuzuschießen, vorausgesetzt, daß der Mangel für einzelne Zweige der Linie seinen Grund nicht in einer von dem Ascendenten getroffenen ungleichen Vertheilung hätte, in welchem Falle die Erhöhung nur insoweit würde in Anspruch genommen werden können, als es bei steter Vererbung zu gleichen Theilen der Fall gewesen sein würde. (HG § 27.)

Auch muß einem Prinzen aus einer Nebenlinie, wenn er mehr als 3 Kinder aus ebenbürtiger Ehe am Leben hat, von denen das älteste wenigstens 12 Jahre alt ist, bis zu seinem Ableben ein jährlicher Zuschuß von 10000 Thalern zu seiner Apanage gewährt werden. (HG § 28.)

Bei dem Abgange einzelner Zweige von der Linie eines nachgeborenen Prinzen wächst der dadurch eröffnete Antheil der Apanage mit den damit verbundenen Lasten des Witthums sowie des Unterhalts der Prinzessinnen den übrigen Zweigen jener Linie zu. Wenn dagegen ein solcher Fall des Zuwachses an andere Zweige derselben Nebenlinie nicht eintritt, gelangt nach dem Abgange der männlichen Nachkommenschaft eines nachgeborenen Prinzen die ihm und seiner direkten Linie angewiesene Apanage zwar in Wegfall; es müssen jedoch statt deren die darauf ruhenden Lasten des Witthums sowie des Unterhalts der Prinzessinnen auf die Staatskasse übernommen werden. (HG §§ 29, 30.)

Abgesehen hiervon besteht ein Anspruch auf Gewährung eines Witthums aus der Staatskasse nur für die Königin Wittwe und für die ebenbürtige Wittwe des Kronprinzen, und zwar in Höhe von 40000 Thalern für die erstere und von 25000 Thalern für die letztere. (HG §§ 36, 37.)

Alle Apanagen und Witthümer können nur mit Bewilligung des Königs außerhalb des Königreichs verzehrt werden. Ist die Königliche Bewilligung zum Aufenthalte außerhalb Landes ertheilt, so kann dieser kein Grund eines zu machenden Abzugs werden, ausgenommen wenn bei Witthümern ein derartiger Abzug in den Eheverträgen vorbehalten ist. Bei ungenehmigtem Aufenthalte außerhalb Landes werden Apanagen wie Witthümer zurückgehalten, und es hängt lediglich von der Entschließung des Königs ab, ob und inwieweit eine Nachzahlung stattfinden kann.

In den Fällen, wenn eine Apanage oder ein Witthum an die Staatskasse zurückfällt, was jedoch in Hinsicht auf die nicht augenblicklich thunliche Auflösung des Hausstandes erst 3 Monate nach eingetretenem Erledigungsfalle stattfindet, ist den Mitgliedern des hinterlassenen oder erledigten Hofstaates ein in analoger Anwendung der Vorschriften des Staatsdienergesetzes[1] zu bemessender Theil ihres baaren Gehaltes, und zwar dem männlichen Personale bis zu anderweiter Versorgung in irgend einer Anstellung, die ein dem früheren Gehalte entsprechendes Einkommen gewährt, dem unverheiratheten weiblichen Personale bis zur Verheirathung, als Pension aus der Staatskasse zu gewähren. Der Gesammtbetrag dieser Pensionen darf jedoch den vierten Theil der erledigten Apanage nicht übersteigen, und es sind daher nöthigenfalls die ausfallenden Pensionen bis zu diesem Betrage antheilig zu kürzen. Dabei kommt das-

[1] Vgl. Gesetz, die Verhältnisse der Zivilstaatsdiener betr., v. 7. März 1835 § 32 flg. in Verbindung mit dem Abänderungsgesetze v. 3. Juni 1876 §§ 38 flg.

jenige in Zurechnung, was aus dem Privatvermögen des ehemaligen Inhabers der Apanage als Ruhegehalt etwa ausgesetzt worden ist. (HG § 40.)

Damit der Staatskasse keine unbestimmte und übergroße Last auferlegt wird, besteht die Vorschrift, daß die jährlichen Bezüge an Apanagen und Witthümern — mit Ausschluß des Witthums der Königin — sowie an Pensionen von Mitgliedern hinterlassener oder erledigter Hofstaaten der Regel nach den Höchstbetrag von 120 000 Thalern nicht übersteigen sollen. Beim Eintritt eines Mehrbedürfnisses müssen daher entweder die Einzelbeträge vom Könige entsprechend herabgesetzt oder besondere Forderungen auf Mehrbewilligung an die Stände gebracht werden. (HG § 41.)

4. Außerdem aber wird die Verpflichtung des Staates zur Gewährung von Apanagen 2c. wesentlich beschränkt durch das Bestehen der sogenannten Sekundogenitur (HG §§ 42—54), worunter eine aus der Staatskasse zu zahlende Jahresrente von 85 000 Thalern Konventionsmünze zu verstehen ist, in deren Genuß die Nachkommen des früheren Prinzen, späteren Königs Johann, als des zweitgeborenen Sohnes des nach dem Ableben des Königs Anton zufolge der gesetzlichen Thronfolgeordnung zur Thronfolge berechtigt gewesenen Prinzen Maximilian, nach dem Rechte der Erstgeburt in agnatischer Linealerbfolge eintreten. Diese Rente bildet die Gegenleistung für den Erbantheil der Kurfürstin Maria Antonia aus dem Bayerischen Allodialnachlasse, welchen sie zufolge Vertrags vom 6. Oktober 1776 ihrem Sohne, dem damaligen Kurfürsten, späteren Könige Friedrich August III., mit dem Vorbehalte der Errichtung einer Sekundogenitur für ihre nachgeborenen Descendenten abgetreten hatte, und der s. Z. zum größten Theile in die Staatskasse geflossen ist.

Der jedesmalige Inhaber der Sekundogenitur hat davon sowohl sein Haus als die gesammte, dem Königlichen Hause angehörige Descendenz der Nebenlinie mit dem nöthigen Unterhalte und den erforderlichen Witthümern zu versehen. (HG § 48.) In dem Falle, wenn, wie dies zur Zeit zutrifft, der König kinderlos und nur Descendenz aus der Nebenlinie vorhanden ist, deren Haupt sich im Genusse der Sekundogenitur befindet, besteht daher eine Verpflichtung zur Gewährung von Apanagen für den Staat wenigstens so lange nicht, als nicht solche von den Ständen ausnahmsweise ausdrücklich bewilligt werden würden oder der König von dem ihm zustehenden Rechte Gebrauch machen würde, einen Prinzen aus der nachgeborenen Linie zur Erhaltung der Thronfolge mit einer Apanage bis zur Höhe von 40 000 Thalern jährlich zu etabliren (vgl. S. 88).

Wenn der Inhaber der Sekundogenitur selbst zur Thronfolge gelangt, geht der Besitz der Sekundogenitur auf den mit Ausschluß der eigenen Descendenz des nunmehrigen Regenten zunächst dazu Berechtigten über.

Ist in einem solchen Falle nur der Sekundogeniturbesitzer und seine Nachkommenschaft übrig, oder ist bei dem Ableben eines Sekundogeniturbesitzers keine Nebenlinie, sondern nur der König und seine Nachkommenschaft vorhanden, so geht die Sekundogenitur mit den darauf etwa ruhenden Oblasten gegen Wegfall weiterer Apanage sofort auf den ältesten der nachgeborenen Söhne des Königs und dessen Descendenz über, während die übrige Descendenz des Königs in den Genuß der hausgesetzlichen Apanagen eintritt, beziehungsweise darin verbleibt. Dafern in solchen Fällen nachgeborene Söhne in der regierenden Linie nicht vorhanden sind, ruht die Sekundogenitur und lebt erst dann wieder auf, sobald wieder eine nachgeborene Descendenz im Königlichen Hause Sachsen entsteht. (HG §§ 50, 51.)

Würde die zur Theilnahme an der Sekundogenitur berechtigte Descendenz so zahlreich werden, daß der Ertrag zum standesmäßigen Unterhalte derselben nicht mehr hinreichte, so würde die Staatskasse die nämliche Verpflichtung treffen, wie dies solchenfalls einer apanagirten nachgeborenen Linie gegenüber der Fall ist, dergestalt jedoch, daß, wenn dadurch die S. 90 erwähnte Gesammtleistung des Staates von jährlich 120 000 Thalern überschritten werden sollte, entweder sämmtliche Einzelbeträge vom Könige entsprechend herabzusetzen oder Mehrbewilligungen bei den Ständen zu beantragen wären.

Wenn die Sekundogenitur in dem Falle, daß kein zur Nachfolge berechtigter männlicher Nachkomme mehr vorhanden ist, ruht, fällt sie mit der Oblast des Witthums sowie des Unterhalts der Prinzessinnen so lange an die Staatskasse zurück, bis wieder eine nachgeborene Descendenz entsteht.

5. Für alle Prinzen des Königlichen Hauses sind, wenn für sie ein eigenes Haus gebildet wird, Etablirungsbeiträge, d. h. Abfindungssummen zur Einrichtung der Wohnung und des Hofhalts, zur Anschaffung der Equipagen 2c., aus der Staatskasse zu gewähren. Für den Kronprinzen beträgt diese Leistung, wenn er sich unvermählt etablirt, 25 000 Thaler, wenn er sich später ebenbürtig vermählt, anderweite 25 000 Thaler, für nachgeborene Söhne des Königs im ersten Falle 10 000 Thaler, im zweiten Falle 15 000 Thaler. Erfolgt die Etablirung erst bei der Vermählung, so erhält der Kronprinz sofort 50 000 Thaler, ein nachgeborener Sohn des Königs aber 25 000 Thaler. (HG § 22.) Den Söhnen aus ebenbürtiger Ehe eines nachgeborenen Sohnes des Königs, ingleichen den Prinzen aus der Seitenlinie ist der sechste Theil der väterlichen Apanage als Etablirungsbeitrag zu gewähren mit Ausschluß der Söhne desjenigen Prinzen, welcher sich im Genusse der Sekundogenitur befindet, indem bei diesen der Etablirungsbeitrag die Summe von 8000 Thalern nicht übersteigen darf. (HG § 24 Abs. 2, § 49.) Auch

die Königin Wittwe erhält, wenn sie einen besonderen Haushalt begründet, einen Etablirungsbeitrag, und zwar in Höhe von 30 000 Thalern. (HG § 36 Abs. 2.) Dasselbe gilt von den nachgelassenen Töchtern des Königs, wenn sie ein eigenes Haus bilden, indem sie solchenfalls 6000 Thaler als Etablirungsbeitrag erhalten. (HG § 34.)

6. Als Aussteuer und zur völligen Abfindung bei der Vermählung wird für jede Prinzessin aus der Königlichen Hauptlinie (Tochter des Königs oder Kronprinzen) eine Summe von 50 000 Thalern und für jede Prinzessin aus der Nebenlinie einschließlich derjenigen, welche sich im Genusse der Sekundogenitur befindet, eine Summe von 20 000 Thalern aus der Staatskasse gezahlt (HG § 35), vorausgesetzt, daß die Vermählung mit Einwilligung des Königs erfolgt, indem entgegengesetzten Falles der Anspruch auf Aussteuer verloren geht. (HG § 9 Abs. 2.)

7. Keines der Gebührnisse der Glieder des Königlichen Hauses ist einer Veränderung ohne Zustimmung der Stände fähig. Eine Gewährung in der Weise, daß an Stelle von Baarleistungen Grundstücke zur Benutzung überwiesen werden, ist unstatthaft. (VU § 23 Abs. 3.) Fortlaufende Bezüge sind in monatlichen Raten im voraus zahlbar. (HG § 16.)[1]

Siebenter Abschnitt.

Nachweisungen über die Verwaltung des Staatshaushalts.

1. Ueber die Verwaltung der staatlichen Einnahmen und Ausgaben, und zwar beider ohne Rücksicht darauf, ob sie ihrer Art und Größe nach im Staathaushalts-Etat veranschlagt sind oder nicht, ja selbst ohne Rücksicht darauf, ob es überhaupt zur Verabschiedung eines Staatshaushalts-Etats gekommen ist oder nicht (vgl. Pkt. VI des Abschn. 2), ingleichen des staatlichen Eigenthums erfolgen regelmäßige Nachweisungen in doppelter Richtung: einerseits im Interesse der Regierung, andererseits im Interesse der Stände.

Dem ersten Zwecke dienen die von den unmittelbar betheiligten

[1] Zur Zeit findet sich im Staatshaushalts-Etat neben der Rente der Sekundogenitur in Höhe von 262 083 ℳ nur noch eine Apanage von 60 000 ℳ jährlich eingestellt, und zwar die letztere auf Grund der Bestimmung in § 26 des Hausgesetzes, wonach dem Könige freisteht, einen Prinzen aus der nachgeborenen Linie, wenn er es zur Erhaltung der Succession nöthig findet, mit einer Apanage von 40 000 Thalern jährlich zu etabliren (vgl. S. 88).

Kassenstellen abzulegenden Jahresrechnungen, von welchen speziell diejenigen, welche zum Nachweise der Ausführung des Staatshaushalts-Etats dienen, als Staatshaushalts-Rechnungen bezeichnet zu werden pflegen.

Dem zweiten Zwecke dient die Rechnung, welche die Regierung, und zwar in dem die Regel bildenden Falle, daß es zur Verabschiedung eines Staatshaushalts-Etats gekommen ist, auf der Grundlage dieses, entgegengesetzten Falles auf der Grundlage desjenigen Haushaltsplans, welchen die Regierung aus eigener Entschließung zur Richtschnur bei der Verwaltung genommen haben würde (vgl. Abschn. 2 Pkt. VI), über jede einzelne Finanzperiode den Ständen abzulegen verpflichtet ist — der sogenannte Rechenschaftsbericht —. Außerdem kommen in dieser Beziehung noch die Jahresrechnungen der Staatsschuldenkasse in Betracht, welche von dem zur Verwaltung dieser Kasse bestellten ständischen Ausschusse (vgl. S. 71), und zwar der Regierung und den Ständen, abzulegen sind (VU § 107 Abs. 4).

2. Die Ablegung von Kassenrechnungen über die Verwaltung der Einnahmen und Ausgaben des Staates und des staatlichen Eigenthums ist nicht blos eine nothwendige Verwaltungseinrichtung, welche den betheiligten Kassenbeamten gegenüber ihre Begründung überdies in der Vorschrift des Bürgerlichen Rechts findet, wonach derjenige, welcher fremde Geschäfte führt, dem Geschäftsherrn Rechnung abzulegen hat (Bürgerliches Gesetzbuch § 1393), sondern sie ist auch aus verfassungsrechtlichen Rücksichten insofern geboten, als diese Rechnungen die nothwendige Grundlage für die Rechenschaft bilden, welche die Regierung über die Verwaltung der staatlichen Einnahmen und Ausgaben sowie des staatlichen Eigenthums den Ständen abzulegen hat.

Für die innere und äußere Einrichtung dieser Rechnungen nebst den dazu gehörigen Belegen sind die von der Oberrechnungskammer mit den sämmtlichen Ministerien vereinbarten, durch Verordnung der letzteren vom 6. Dezember 1877 verkündeten Allgemeinen Vorschriften für das Staatsrechnungswesen des Königreichs Sachsen maßgebend. Diese Vorschriften stellen als grundsätzliches Erforderniß an die Spitze, daß die Rechnungen, durch welche die Ausführung des Staatshaushalts-Etats dargethan werden soll (Staatshaushalts-Rechnungen), sowohl formell als materiell dem Staatshaushalts-Etat zu entsprechen haben, daher aber einerseits rücksichtlich ihrer Eintheilung sowie rücksichtlich der Bezeichnung, Aufschrift und Aufrechnung der einzelnen Abtheilungen und Unterabtheilungen mit den Kapiteln (vgl. S. 28), Titeln und etwaigen weiteren Unterabtheilungen (vgl. S. 31) des Staatshaushalts-Etats vollständig übereinstimmen (§ 1), andererseits die Einnahmen und Ausgaben unter denselben Kapiteln, Titeln und etwaigen weiteren Unterabtheilungen, unter welchen sie im Staatshaushalts-Etat vorgesehen sind (§ 2), Einnahmen und Ausgaben dagegen, welche ihrer Art nach im Staatshaushalts-Etat nicht vorgesehen sind, als außeretatmäßige Einnahmen oder Ausgaben (§ 4) nachweisen müssen. Als Rechnungsjahr gilt ausschließlich das Kalenderjahr (AB § 26 Abs. 1).

Die Kassen, welche an der Ablegung dieser Rechnungen betheiligt sind, werden entweder Spezialkassen oder Zentralkassen genannt. Spezialkassen heißen diejenigen Kassen, welche die ihnen zugewiesenen Einnahmen und Ausgaben unmittelbar von den Pflichtigen einheben, beziehungsweise unmittelbar an die Berechtigten abführen und deshalb auch in den darüber abzulegenden Rechnunge nden Einzelposten nach, darum aber unter denjenigen Titeln nachzuweisen haben, welche im Staatshaushalts-Etat dafür vorgesehen sind. Zentralkassen heißen diejenigen Kassen, welche die Ueberschüsse der mit Ueberschuß abschließenden Spezialkassen in sich aufnehmen, beziehentlich den mit Zuschuß abschließenden Spezialkassen sowie den für den außerordentlichen Staatshaushalts-Etat bestellten Spezialkassen die erforderlichen Zuschüsse und Bedarfssummen zuführen, darum aber auch die von ihnen zu vertretenden Einnahmen und Ausgaben in den darüber abzulegenden Rechnungen, soweit es um den ordentlichen Staatshaushalts-Etat sich handelt, zwar bei den bezüglichen Kapiteln, aber nicht unter den daselbst vorgesehenen Titeln, sondern nur als Ueberschüsse oder als Zuschüsse, mithin rein summarisch, soweit dagegen der außerordentliche Staatshaushalts-Etat in Betracht kommt, zwar bei den maßgebenden Titeln (vgl. S. 31), aber ebenfalls nur summarisch, d. h. in denjenigen Beträgen nachzuweisen haben, wie sie an die Spezialkassen verabfolgt worden sind.[1]

Die oberste staatliche Zentralkasse ist die eine Dependenz des Finanzministeriums bildende Finanzhauptkasse, indem in ihr alle Ueberschüsse der staatlichen Einnahmezweige zusammenfließen, darum aber auch die für den Staatsbedarf erforderlichen Zuschüsse lediglich aus ihr entnommen werden können. Zur rechnungsmäßigen Vertretung ist ihr aber zunächst nur der Etat der Ueberschüsse zugewiesen, indem für den Etat der Zuschüsse und den außerordentlichen Staatshaushalts-Etat aus Zweckmäßigkeitsrücksichten und vorübergehend dem ebenfalls zu den Dependenzen des Finanzministeriums zählenden Finanzzahlamte die Eigenschaft einer

---

[1] Vgl. Löbe, Handbuch des Kgl. Sächs. Etat-, Kassen- und Rechnungswesens S. 116 flg.

Zentralkasse beigelegt ist, wennschon diese Kasse ihre Betriebsmittel erst aus der Finanzhauptkasse entnehmen muß.

3. Die Ablegung des Rechenschaftsberichts in der Art und Weise, wie sie von jeher sich vollzogen hat, bildet, wennschon der Name „Rechenschaftsbericht" der Verfassungsurkunde ebenso fremd ist wie den im Laufe der Zeit dazu ergangenen Nachtragsgesetzen, seit dem Erlasse des Verfassungsgesetzes vom 5. Mai 1851, durch welches eine Reihe von Bestimmungen der Verfassungsurkunde Abänderungen und Ergänzungen erfuhr, eine verfassungsrechtliche Einrichtung, während sie bis dahin nur auf freier Vereinbarung zwischen der Regierung und den Ständen beruhte.

Insofern nämlich die Verfassungsurkunde in dem in dieser Beziehung maßgebenden § 98 der ursprünglichen Fassung vorschrieb, daß bei jedem ordentlichen Landtage den Ständen eine genaue Berechnung der in den vorhergegangenen drei Jahren stattgefundenen Einnahme und Ausgabe und ein Voranschlag des Bedarfs für die drei nächstfolgenden Jahre nebst den Vorschlägen zu dessen Deckung möglichst bald nach Eröffnung des Landtags mitzutheilen sei, unter den vorhergegangenen drei Jahren aber, welche jene Berechnung umfassen sollte, die der jeweilig laufenden Finanzperiode unmittelbar vorhergegangenen drei Jahre zu verstehen waren,[1] legte sie dieser Berechnung an sich nur die Bedeutung einer Unterlage für die nach § 97 der Verfassungsurkunde den Ständen obliegende Prüfung der Nothwendigkeit, Zweckmäßigkeit und Höhe der in dem Voranschlage für die neue Finanzperiode enthaltenen Ansätze bei.[2]

Im Hinblick darauf, daß der Landtag in gleicher Weise, wie dies noch gegenwärtig der Fall ist (vgl. S. 42), auch bereits früher vor Ablauf des Schlußjahres der jeweilig laufenden Finanzperiode einberufen werden mußte, um den Voranschlag des Staatsbedarfs für die bevorstehende Finanzperiode prüfen und feststellen zu können, ist es auch klar, daß es thatsächlich unmöglich gewesen wäre, den Ständen bald schon nach Eröffnung des Landtags eine Berechnung der Einnahmen und der Ausgaben aller drei Jahre der erst noch im Ablaufe begriffenen Finanzperiode mit der Absicht einer Rechenschaftsablage über die geführte Verwaltung mitzutheilen, daß letzteres vielmehr nur nach und nach würde haben geschehen können.

Bereits auf dem Landtage 1836/37 machte deshalb die Regierung, indem sie einerseits dahin sich aussprach, daß es eine der ersten Pflichten

---

[1] Landtagsakten 1836/37 Abth. I Bd. 1 S. 214.

[2] In Uebereinstimmung hiermit lautete auch die Ueberschrift von § 98: „Darlegung des Staatshaushalts und Bedarfs an selbige" (d. h. an die Stände).

einer jeden Regierung sei, eine offene und treue Prüfung der finanziellen Verhältnisse des Staates anzustellen und sich über das Geschehene Rechenschaft abzulegen, ja diese Verpflichtung um so wichtiger sei, als davon der ordnungsmäßige und sichere Gang der Staatsverwaltung abhänge und es sich um Verwaltung und Verfügung über anvertrautes Eigenthum handle, andererseits darauf hinwies, daß ein gründlicher und zuverlässiger Rechenschaftsbericht erst dann aufgestellt werden könne, wenn die Unterlagsrechnungen, auf welche derselbe zu begründen sei, ganz oder wenigstens zum größten Theile geprüft und justifizirt seien, wozu ein Zeitraum von mindestens $1^1/_2$ bis 2 Jahren über den Ablauf der Finanzperiode hinaus gehöre, die Ansicht geltend, daß kein anderer Ausweg übrig zu bleiben scheine, als daß den Ständen ein vollständiger, die ganze Finanzperiode umfassender Rechenschaftsbericht jedesmal erst bei dem nächstfolgenden Landtage, d. h. um eine volle Finanzperiode später, mitgetheilt werde, als dies in § 98 für die daselbst behandelte Berechnung festgesetzt war.[1]

Die Stände traten dieser Auffassung im Wesentlichen zwar bei, erklärten jedoch, daß sie behufs der nach § 97 der Verfassungsurkunde ihnen obliegenden Prüfung der Nothwendigkeit, Zweckmäßigkeit und Höhe der Budgetansätze vor jeder neuen Bewilligung den wirklichen Staatsbedarf und deshalb die für die Staats-Einnahme und -Ausgabe getroffenen Maßregeln nebst deren Resultaten kennen lernen müßten, darum aber auch in Zukunft zur Einsicht des vorgelegten Budgets spezieller Rechnungsübersichten über die im Ablaufe begriffene Finanzperiode nicht entbehren könnten. Damit verbanden sie den Ausdruck der Ansicht, daß im Sinne einer derartigen vorläufigen, wennschon kein vollendetes und geschlossenes Ganze bildenden Rechenschaft § 98 der Verfassungsurkunde zu nehmen und anzuwenden sei.[2]

Mittelst Allerhöchsten Dekrets vom 28. November 1837 wurde hierauf den Ständen die Zusicherung ertheilt, daß ihnen auch künftig zum Behufe der Prüfung des Staatsbudgets für eine neue Finanzperiode jedesmal eine vorläufige Uebersicht der in der nächstvorhergegangenen oder noch im Ablaufe begriffenen Periode stattgefundenen oder demnächst zu erwartenden Rechnungsergebnisse mitgetheilt werden solle. Dabei wurde jedoch zugleich ausgesprochen, daß auf diese vorläufige Uebersicht bei der demnächst erfolgenden Aufstellung eines vollständigen Rechenschaftsberichts

[1] Vgl. Beilage zu dem Allerhöchsten Dekrete v. 14. Novbr. 1836, Landtagsakten 1836/37 Abth. I Bd. 1 S. 211 flg.

[2] Ständische Schrift v. 25. Novbr. 1837, Landtagsakten 1836/37 Abth. I Bd. 3 S. 213 flg.

nicht weiter zurückzukommen, daher namentlich auch von einer Vergleichung derselben mit den Endergebnissen des Rechenschaftsberichts abzusehen sein werde.[1]

Die Aufstellung dieser vorläufigen Rechnungsübersichten geschah in der Weise, daß in denselben für die beiden ersten Jahre der Finanzperiode die wirklichen Rechnungsergebnisse, für das dritte Jahr dagegen nur Ueberschlagssummen eingestellt wurden. Ihre Mittheilung erfolgte bis auf einen Ausnahmefall, in welchem die Uebersicht dem Staatsbudget selbst als Unterlage beigegeben war, darum aber auch ihre Drucklegung und somit die Bekanntgabe an die Gesammtheit der Stände geschah,[2] nur an die mit der Prüfung des Staatsbudgets betrauten ständischen Deputationen, weshalb diese Uebersichten auch nicht in Druck gelegt wurden.[3]

Bereits von der Finanzperiode 1852/54 an kam jedoch die Mittheilung vorläufiger Rechnungsübersichten auf die der jeweiligen neuen Finanzperiode unmittelbar vorausgegangene Finanzperiode wieder in Wegfall, nachdem inmittelst die zwischen der Regierung und den Ständen wegen des Zeitpunktes der Vorlage des eigentlichen Rechenschaftsberichts getroffene Vereinbarung durch das Verfassungsgesetz vom 3. Mai 1851 ihre verfassungsrechtliche Weihe erhalten hatte.

Durch § 3 dieses Gesetzes wurde nämlich die Verfassungsurkunde in ihrem § 98 dahin abgeändert, daß von nun an bei jedem ordentlichen Landtage den Ständen eine genaue Berechnung über die Einnahme und Ausgabe in der *vorletzten* Finanzperiode mitgetheilt werden sollte.

In Uebereinstimmung mit der nunmehr vom Standpunkte des Verfassungsrechts aus eingetretenen Veränderung der Sachlage erhielt § 98 zwar die Ueberschrift: „Staatshaushaltsplan und Rechnungsablegung“. Im Uebrigen aber blieb der materielle Inhalt sowohl des § 98 als auch der sonst noch auf die Rechnungsablegung der Regierung bezüglichen Paragraphen der Verfassungsurkunde — §§ 99 und 100 — unverändert dergestalt, daß selbst davon abgesehen wurde, die Ueberschrift von § 100, welche lautete: „Ständische Erklärung über den aufzubringenden Staatsbedarf“, sowie die Eingangsworte desselben, welche lauteten: „Nach pflichtmäßiger genauen Prüfung der gedachten Berechnungen, Uebersichten und

---

[1] Landtagsakten 1836/37 Abth. I Bd. 3 S. 265.

[2] Allerhöchste Dekrete v. 17. Jan. und 11. Oktbr. 1849, Landtagsakten 1849 Abth. I S. 51, Uebersicht B ebendas. S. 221 flg., Landtagsakten 1849/50 Abth. I Bd. 2 S. 1.

[3] Vgl. Allerhöchstes Dekret v. 20. Novbr. 1842, Landtagsakten 1842 Abth. I Bd. 1 S. 165, und Allerhöchstes Dekret v. 14. Septbr. 1845, Landtagsakten 1845 Abth. I Bd. 1 S. 317.

Unterlagen haben die Stände über den darnach aufzubringenden Bedarf ihre Erklärung an den König gelangen zu lassen", in einer Weise umzugestalten, welche auf die Thatsache Rücksicht genommen hätte, daß die Berechnung über Einnahme und Ausgabe im Sinne von § 98 der Verfassungsurkunde von nun an nicht mehr die Eigenschaft eines bloßen Hilfsmittels für die Prüfung des neuen Staatshaushalts-Etats, sondern in erster Linie die einer förmlichen Rechenschaft über die geführte Verwaltung haben sollte.

Auch als zufolge des Verfassungsgesetzes vom 3. Dezember 1868 (Pkt. III, GVB 1868 S. 1368) die dreijährigen Finanzperioden mit zweijährigen vertauscht wurden, trat nur eine aus dieser Thatsache sich ableitende Aenderung des Inhalts von § 98 der Verfassungsurkunde ein, und da auch seitdem weitere Aenderungen nicht erfolgt sind, gelten die auf die Rechnungsablage seiten der Regierung bezüglichen §§ 98—100 der Verfassungsurkunde in der durch die beiden Verfassungsgesetze vom 3. Mai 1851 und 3. Dezember 1868 bedingten Fassung auch gegenwärtig noch. Darum aber wird den Ständen der Rechenschaftsbericht auf jede Finanzperiode fortdauernd schon nach Verlauf einer Zwischenzeit von nur einer Finanzperiode vorgelegt.

Diese Beschleunigung in der Rechenschaftsablage aber bringt es mit sich, daß die Aufstellung des Rechenschaftsberichts bereits zu einem Zeitpunkte geschieht, zu welchem die überwiegende Mehrzahl aller derjenigen Rechnungen, auf deren Grundlage er sich aufbaut, von den bestehenden staatlichen Rechnungsbehörden, namentlich aber von der Oberrechnungskammer, als der obersten Rechnungsbehörde des Staates (vgl. S. 106), thatsächlich weder schon geprüft ist, noch überhaupt schon geprüft sein kann, da hierzu ein erheblich längerer Zeitraum sich erforderlich macht, als derjenige ist, welcher zwischen dem Schlusse der jeweilig vorletzten und dem Beginne einer neuen Finanzperiode mitten inne liegt.

Aus der Thatsache, daß der Rechenschaftsbericht gegenwärtig der großen Hauptsache nach sein Material aus ungeprüften Rechnungen schöpft, ergiebt sich zugleich, daß mit demselben die Stände nur von denjenigen Etatabweichungen, welche als solche bereits in den ihm zu Grunde liegenden Rechnungen zur Darstellung gekommen sind, Kenntniß erlangen, während alle diejenigen bei Verwaltung der staatlichen Einnahmen sowie des staatlichen Eigenthums vorgekommenen Verstöße gegen gesetzliche, verfassungsmäßige, etatrechtliche oder sonst maßgebende Vorschriften, Festsetzungen und Grundsätze, welche nur erst durch die Rechnungsprüfung zu Tage gefördert werden, von der Kenntniß der Stände ausgeschlossen bleiben müssen.

Die Aufstellung des Rechenschaftsberichts in seinen einzelnen Theilen erfolgt bei denjenigen Departementsministerien, zu deren Ressort die Kassen gehören, auf deren Rechnungen er sich aufbaut, die Zusammenstellung dieser einzelnen Theile zu einem Ganzen behufs der Vorlage an die Stände aber bei dem Finanzministerium. Einzelnen Ministerien sind zu diesem Behufe besondere Buchhaltereien (Ministerialbuchhaltereien, bei dem Finanzministerium Finanzbuchhalterei genannt) beigegeben.

4. In Bezug auf die innere Einrichtung des Rechenschaftsberichts sind feststehende Bestimmungen nicht getroffen. Vorschriften in dieser Richtung ergeben sich daher nur aus der inneren Einrichtung des Staatshaushalts-Etats und aus der Analogie der Allgemeinen Vorschriften für das Staatsrechnungswesen.

Beide vereint bedingen zunächst, daß in gleicher Weise wie die Staatshaushalts-Rechnungen auch der Rechenschaftsbericht sowohl formell als materiell vollständig mit dem Staatshaushalts-Etat übereinstimmen muß (vgl. S. 93), und daß seine Nachweise, soweit es sich um den ordentlichen Staatshaushalts-Etat handelt, für jedes der beiden Finanzjahre getrennt gehalten werden müssen. Auch haben diese Nachweisungen nicht blos auf das Etatsoll sich zu beschränken, sondern zugleich das aus der Vorperiode übernommene Soll an Einnahmeresten und Ausgaberesten, ingleichen an Ausgabereservaten zu berücksichtigen und somit auf das Gesammtsoll der Finanzperiode sich zu erstrecken (vgl. S. 52), ebenso die außeretatmäßigen Einnahmen und Ausgaben wie nicht minder die am Schlusse der Finanzperiode verbliebenen Bestände an Einnahmeresten und Ausgaberesten mit zu umfassen.

Der Rechenschaftsbericht, wie er gegenwärtig aufgestellt wird, geht aber in seinen Nachweisungen noch weiter als die Staatshaushalts-Rechnungen, indem er die Jahresergebnisse zugleich in Gesammtergebnisse für die Finanzperiode vereinigt, die am Schlusse der Finanzperiode verbliebenen Ausgabereservate, die er als Aufwand behandelt, mit aufführt, bei den Kapiteln des Etats der Ueberschüsse den Zuwachs oder Abgang an solchen beweglichen Beständen, welche ihrem Geldwerthe nach in den Staatshaushalts-Rechnungen nicht mit verrechnet werden dürfen (vgl. S. 55), mit berücksichtigt, um so nach Möglichkeit ein Bild von dem wirklichen Reinertrage der dabei in Betracht kommenden Betriebs- und Verwaltungszweige zu gewähren, weiter das Mehr oder Weniger des wirklichen Ergebnisses gegenüber dem Etatsoll zur Ziffer bringt, endlich neben bloßen Erläuterungen, die er zur Klarstellung einzelner Gebahrungen giebt, zugleich die der Regierung bereits bekannten Etatabweichungen soweit nöthig rechtfertigt und begründet.

Selbstverständlich ist es im Uebrigen, daß er nicht, wie die Rechnungen der Spezialkassen, Einzelposten, sondern nur Gesammtsummen, bei den verschiedenen Kapiteln und Titeln des Staatshaushalts-Etats mithin nur die Abschlußziffern, zum Nachweise bringen kann.

Dieser Nachweis erfolgt hinsichtlich des ordentlichen Staatshaushalts-Etats dergestalt, daß zunächst in einer den Staatshaushalts-Rechnungen der Zentralkassen (vgl. S. 94) entsprechenden Hauptübersicht das Nettoergebniß dargelegt wird, wie es in Gestalt des istmäßigen, d. h. thatsächlich eingetretenen Ueberschusses oder Zuschusses einerseits jedes einzelnen Kapitels, andererseits der Gesammtheit aller Kapitel zum Ausdrucke kommt. Hierauf schließen sich Spezialübersichten an, welche den Staatshaushalts-Rechnungen der Spezialkassen (vgl. S. 94) entsprechen und daher die Abschlußsummen aller einzelnen Titel der verschiedenen Kapitel und damit das Bruttoergebniß, bei denjenigen Kapiteln aber, welche sowohl Einnahmen als Ausgaben umfassen, durch vergleichende Gegenüberstellung der Summen der Einnahmen und der Summen der Ausgaben gleichzeitig das Nettoergebniß zum Nachweise bringen.

Der die Ausführung des außerordentlichen Staatshaushalts-Etats betreffende Theil des Rechenschaftsberichts, welcher als Uebersicht der außerordentlichen Ausgaben bezeichnet wird, enthält Jahresnachweise nicht, sondern giebt nur Ziffern für die ganze Finanzperiode. Dies geschieht in der Weise, daß er rücksichtlich derjenigen Bewilligungen, welche in der Finanzperiode der Rechenschaftsablage selbst erfolgt sind, dem bewilligten Etatsoll, rücksichtlich der noch unerledigten Bewilligungen aus früheren Finanzperioden dagegen dem aus jeder derselben übernommenen Soll an Ausgabereservaten die Summe einerseits des innerhalb der Finanzperiode der Rechenschaftsablage davon thatsächlich bestrittenen Aufwandes, andererseits des am Schlusse der Finanzperiode etwa noch verbliebenen Bestandes an Ausgabereservaten, der entweder unverwendet bleibt, weil der Zweck der Bewilligung erreicht ist, oder in die nächste Finanzperiode übergeht, weil das Gegentheil der Fall ist, gegenüberstellt und auf diese Weise das Mehr oder Weniger gegen das Soll, damit aber zugleich etwaige Ueberschreitungen oder Ersparnisse, welche ersteren er in gleicher Weise begründet, wie dies im Rechenschaftsberichte über den ordentlichen Staatshaushalts-Etat geschieht, zur Erscheinung bringt.

Neben den Nachweisungen, welche sich auf die Ausführung des Staatshaushalts-Etats beziehen, bringt der Rechenschaftsbericht, da er dazu bestimmt ist, die Lage des Staatshaushalts in seiner Gesammtheit, mithin auch insoweit darzuthun, als dessen Verwaltung unabhängig von den Festsetzungen des Staatshaushalts-Etats sich vollzieht, noch summarische Uebersichten über das bewegliche Staatsvermögen an Baarbeständen, Werthpapieren, Außenständen, Naturalvorräthen, Mobiliar und Inventar, über das unbewegliche Staatsvermögen, über die Staats- und Finanzhauptkassen-Schulden, endlich über die vorhandenen staatlichen Fonds zu bestimmten Zwecken (vgl. S. 20, 67), und zwar alles dies nach dem Stande am Anfange der Finanzperiode, dem Zuwachse und Abgange innerhalb und dem hiernach sich ergebenden Stande am Schlusse derselben.

Die Geldwerthe, welche für die Naturalvorräthe, zu denen insbesondere auch die Produktions-, Betriebs- und Unterhaltungsmaterialien der Betriebsanstalten gehören, sowie für die Mobiliar- und Inventarbestände dabei eingestellt werden, beruhen der Natur der Sache nach zumeist auf bloßen Schätzungen.

Von dem Nachweise unter dem Inventar und Mobiliar bleiben die Werthe aller zum Königlichen Hausfideikommisse gehörigen, hiernächst aber alle Inventariengegenstände ausgeschlossen, welche zu solchen forstlichen oder landwirthschaftlichen Staatsgrundstücken oder gewerblichen Staatsanstalten gehören, deren Werth nach einem durch Kapitalisirung des Reinertrags abgeschätzten Betrage (s. unten) in das unbewegliche Staatsvermögen eingestellt ist und daher den Werth des zu deren Bewirthschaftung erforderlichen stehenden Betriebsfonds, zu welchem das bewegliche Inventar mit gehört, bereits in sich einschließt. Ebenso bleiben von den zu Kanzlei-, Expeditions- und Archivzwecken dienenden Gebrauchsgegenständen und Vorräthen sowohl diejenigen, welche durch den Gebrauch verbraucht werden und deshalb immer wieder erneuert werden müssen, wie Schreib-, Pack-, Heizungs- und Beleuchtungsmaterialien rc., als auch die zum täglichen Gebrauche bestimmten Bureaugeräthschaften, welche nach ihrer Abnutzung gleichfalls sofort wieder durch neue ersetzt werden müssen, wie Schreibzeuge, Scheeren, Federmesser, Lineale, Klingeln, Leuchter, Lampen, Feuerzeuge, Aktentaschen rc., außer Berücksichtigung.

Dagegen finden Aufnahme: bei allen Staatsbehörden, Verwaltungen und Anstalten die Werthe des Mobiliars an Tischen, Stühlen, Schränken, Uhren rc., der Instrumente, der Maße, Wagen und Gewichte, der Lehr- und Unterrichtsmittel an Büchern, Zeichnungen, Karten, Apparaten, Modellen rc., der Sammlungen an derartigen und anderen Gegenständen sowie der in den Staatsgebäuden vorhandenen Haus- und Feuerlöschgeräthschaften, endlich der Inventariengegenstände und Geräthschaften, welche zu Betriebs- und technischen Zwecken dienen, wie z. B. die beweglichen Betriebsmaschinen, Maße, Gewichte, Werkzeuge rc. Insoweit die Anschaffungskosten der einzelnen Gegenstände bekannt sind, dienen in der Regel diese bei der Werthsfestsetzung zum Anhalt dergestalt, daß im Hinblick auf die durch Abnutzung oder sonst eintretenden Werthsverminderungen jedesmal entsprechende Abschreibungen am Gesammtwerthe vorgenommen werden. Insoweit die Anschaffungswerthe nicht bekannt sind, erfolgen freie Abschätzungen in der Weise, daß den letzteren die voraussetzlichen Verkaufswerthe zu Grunde gelegt werden, welche unter Berücksichtigung der Abnutzung oder sonstigen Werthsverringerung der Gegenstände sich annehmen lassen.

Bei dem Nachweise des unbeweglichen Staatsvermögens wird nicht besonders unterschieden, ob es sich dabei um Theile des Staatsgutes (vgl. S. 61 flg.) handelt oder nicht. Die Vorführung der Bestände dieses Vermögens erfolgt vielmehr in vier Klassen, je nachdem dieselben entweder

I. zur freien Benutzung der Krone oder
II. zur öffentlichen Benutzung sowie zu gemeinnützigen und allgemeinen Zwecken oder
III. zum Betriebe der Staatswirthschaft behufs der Produktion materieller Güter oder Dienste oder
IV. zu Zwecken des Zivildienstes

bestimmt sind.

Dabei werden indessen ebenso wie bei dem beweglichen Vermögen nicht die einzelnen Objekte, sondern nur die für die einzelnen Betriebs- und Verwaltungszweige sich ergebenden Gesammtwerthe aufgeführt.

Die Werthsbemessung erfolgt theils in der Weise, daß, wie dies namentlich bei den Staatseisenbahnen geschieht, die in die einzelnen Betriebszweige thatsächlich verwendeten Kapitalien zur Grundlage genommen werden, theils nach Maßgabe von Abschätzungen, welche bei den Staatsforsten durch Kapitalisirung des 25fachen Nutzertrags der letzten zehn Jahre, bei den Kalkwerken unter Zugrundelegung des muthmaßlichen Nachhaltes und der Reinerträge der letzten 5 Jahre, bei den Weinbergen und der Kellerei nach dem Reinertrage der letzten 25 Jahre, bei den Kohlenwerken unter Zugrundelegung des muthmaßlichen Nachhalts und der innerhalb desselben anschlagsmäßig zu erwartenden Reinerträge erfolgen, während für den Werth von Gebäuden, welche weder mit nutzbaren Grundstücken verbunden sind, noch zu Betriebsanstalten gehören, die Brandversicherungstaxe zu Grunde gelegt wird, der Grund und Boden aber, auf welchem diese Gebäude stehen, nebst etwaigem Hofraum und Garten, sobald sie nicht von erheblichem Umfange sind, bei der Werthsschätzung außer Ansatz bleibt.[1]

Eine rechnungsmäßige Bedeckung des Rechenschaftsberichts findet

[1] Löbe, Handbuch des Kgl. Sächs. Etat-, Kassen- und Rechnungswesens S. 28 flg.

selbstverständlich nicht statt. Nur insoweit in demselben ausnahmsweise Ansätze für geheime Ausgaben, für Ausgaben also, welche auch in den Staatshaushalts-Rechnungen nicht spezialisirt werden und deshalb der Kontrole selbst der obersten staatlichen Rechnungsbehörde entzogen bleiben würden, vorkommen sollten, würde die Regierung gehalten sein, einen Verwendungsnachweis in der Form einer schriftlichen, von mindestens drei verantwortlichen Ministerialvorständen gegengezeichneten Versicherung des Königs beizubringen, daß die Verwendung zum wahren Besten des Landes stattgefunden habe (VU § 99 Abs. 2).

5. Unerwartet der Ablegung des Rechenschaftsberichts erfolgt den Ständen gegenüber eine Art vorläufiger summarischer Rechnungsablage insofern, als denselben in Fällen wesentlicher Ueberschreitungen von Ausgabebewilligungen in der auf die Entstehung der letzteren folgenden Finanzperiode zufolge einer Vereinbarung zwischen der Regierung und den Ständen[1] Aufstellungen unter der Bezeichnung von Nachtragsetats zur Genehmigung vorgelegt werden, durch welche die entsprechenden Ziffern des in Frage kommenden Staatshaushalts-Etats richtig gestellt werden. Nach erfolgter ständischer Genehmigung derartiger Nachtragsetats werden auch Nachträge zum Finanzgesetze (vgl. S. 45 flg.) erlassen. Im Rechenschaftsberichte werden solchenfalls die durch die Nachtragsetats berichtigten Bewilligungsziffern als Etatsoll (vgl. S. 52) behandelt.

Achter Abschnitt.

Staatliche Kontrole des Staatshaushalts.

1. Der Staatshaushalt, auf dessen geregelter Führung die wirthschaftliche Wohlfahrt des Staates wesentlich mit beruht, erfordert eine umfassende und strenge Kontrole vom Standpunkte der Regierung nicht weniger als von demjenigen der Stände, da erstere kein geringeres Interesse daran hat als letztere, daß die Verwaltung der staatlichen Einnahmen und Ausgaben sowie des staatlichen Eigenthums überall so geschieht, wie es einerseits den Staatszwecken, andererseits den in Bezug auf diese Verwaltung bestehenden Vorschriften, Festsetzungen und Grundsätzen entspricht. Im Gegentheile wird dieses Interesse auf Seite der

---

[1] Landtagsakten 1871/73 Abth. I Bd. 3 S. 718, 931.

Regierung noch wesentlich gesteigert dadurch, daß die ihre Mitglieder bildenden Vorstände der einzelnen Ministerialdepartements für die gesetz-, ordnungs- und verfassungsmäßige Verwaltung der staatlichen Einnahmen und Ausgaben sowie des staatlichen Eigenthums verfassungsrechtlich eine Verantwortlichkeit nicht blos gegenüber dem Staate tragen, wie sie überhaupt allen Staatsdienern für ihre Dienstleistung obliegt (VU § 42), sondern zugleich den Ständen verantwortlich sind (VU § 41 Abs. 1).

Die Kontrole des Staatshaushalts, wie sie seiten der Regierung ausgeübt werden kann und thatsächlich ausgeübt wird, vermag sich zudem um so wirksamer zu gestalten, als sie bereits an die laufende Verwaltung anknüpft und damit unmittelbar die Gegenwart beeinflußt, überdies aber auch die Vergangenheit umfaßt und in beiden Beziehungen die Zukunft beherrscht.

2. Die hauptsächlichsten Mittel, deren sich die Regierung zur Kontrole der laufenden Verwaltung bedient, bestehen darin, daß sie die mit der Verwaltung der staatlichen Einnahmen und Ausgaben sowie des staatlichen Eigenthums betrauten Behörden, Betriebsanstalten, Verwaltungsstellen, Kassen und Einzelbeamten regelmäßigen örtlichen Revisionen durch dazu geeignete Beamte unterwirft, von den untergebenen Behörden ꝛc. sich fortlaufend Bericht über den Gang und Stand der finanziellen Verwaltung erstatten, auch Auszüge aus den von den Kassen geführten Geschäftsbüchern einreichen läßt, das finanzielle Verfügungsrecht namentlich der unteren Behörden ꝛc. aber an vielfache Beschränkungen knüpft, soweit sie nicht solche geschäftliche Angelegenheiten, welche mit Geldeinnahmen oder Geldausgaben, sei es dauernd oder vorübergehend, verknüpft sind, überhaupt der alleinigen Beschlußfassung der obersten Staatsbehörden vorbehält.

3. Zunächst nur der Vergangenheit zugewendet, aber in ihren Wirkungen für die Gegenwart nicht minder bedeutungsvoll wie für die Zukunft ist die Rechnungskontrole, d. h. die Prüfung (Revision) der über die Verwaltung der staatlichen Einnahmen und Ausgaben sowie des staatlichen Eigenthums abgelegten Kassenrechnungen und das unter Umständen hieraus sich ableitende Erinnerungsverfahren gegen die betheiligten Organe.

Diese Kontrole hat in Sachsen einen eigenartigen Entwickelungsgang genommen.[1]

In den ältesten Zeiten, als Rechnungsablegung und Rechnungsab-

[1] Vgl. Löbe, Die oberste Finanzkontrole des Königreichs Sachsen in Schanz, Finanzarchiv Jahrg. II S. 589 flg.

nahme nur mündlich von statten gingen, waren es theils die Landesherren selbst, theils deren oberste Hofbeamte und Räthe (Marschall, Kämmerer, Truchseß, Schenk, Hofrichter, Kanzler, Hofmeister, Kammermeister ꝛc.), welche der Rechnungsabnahme sich unterzogen. Um die Mitte des 15. Jahrhunderts erfolgte die Anstellung eines besonderen obersten Rechnungsbeamten, welcher den Amtstitel Landrentmeister führte. Zur Unterstützung war ihm eine Anzahl von Hilfsbeamten beigegeben, welche die sogenannte Renterei bildeten, aus der sich im Laufe der Zeit die noch heute bei verschiedenen Oberbehörden des Landes für das Rechnungswesen in Thätigkeit befindlichen Rechnungsexpeditionen entwickelt haben. Von jenem Zeitpunkte ab war es in erster Linie der Landrentmeister mit seinen Hilfsbeamten, welchen die Rechnungsabnahme zufiel. Mit dem 16. Jahrhundert trat an Stelle der mündlichen Rechnungsabnahme mehr und mehr die Ablegung schriftlicher Rechnungen, welche, nachdem Kurfürst August für das Kammerwesen mit besonderen Kammerräthen sich umgeben hatte, von diesen im Verein mit dem Landrentmeister und dem Kammermeister geprüft wurden. Nach Vereinigung der Kammerräthe zu einer Landesbehörde unter dem Namen Kammerkollegium ging die Rechnungsprüfung auf dieses über, zu welchem Behufe der Landrentmeister nebst der Renterei sowie der Kammermeister an dasselbe gewiesen waren. Nachdem außer dem Kammerkollegium im Laufe der Zeit noch weitere Landeskollegien sich gebildet hatten, unterzog sich jedes derselben innerhalb seines Geschäftskreises mit Hilfe der ihm beigegebenen Rechnungsexpedition der Rechnungsprüfung. Diese Dezentralisation im Rechnungswesen erwies sich aber den finanziellen Interessen der Landesherren um so weniger zuträglich, als die einzelnen Landeskollegien nach und nach eine solche Fülle von Machtbefugnissen sich angemaßt hatten, daß sie gewissermaßen einen Staat im Staate bildeten und selbst der Wille der Landesherren an dem mindestens passiven Widerstande derselben vielfach scheiterte. Kurfürst Friedrich August I. sah sich deshalb veranlaßt, i. J. 1707 unter dem Namen „Oberrechenkammer“ eine selbstständige, dem Landesherrn unmittelbar untergeordnete und lediglich ihm verantwortliche oberste kollegiale Rechnungsbehörde ins Leben zu rufen. Da bei der Errichtung dieser neuen Behörde die Absicht hauptsächlich dahin ging, durch die von ihr auszuübende Kontrole die Macht der verwaltenden Landeskollegien zu brechen, wurden ihr zunächst nur die Rechnungen der — bis auf eine, die Hofkasse — unmittelbar mit den Landeskollegien verbundenen Zentralkassen (der sogenannten Hauptkassen, damals fünf an der Zahl) und die dazu gehörigen Unterlagsrechnungen zur Revision überwiesen, während die Revision der von den Spezialkassen abzulegenden Rechnungen nach wie vor den diesen Kassen vorgesetzlichen Landeskollegien mit der Maßgabe überlassen blieb, daß der Oberrechenkammer nur das Recht einer Superrevision dieser Rechnungen vorbehalten wurde.

Die i. J. 1707 errichtete Oberrechenkammer besteht, nachdem ihre Einrichtung und ihre Befugnisse in der Zwischenzeit mehrfachem Wechsel unterworfen gewesen, zuletzt aber im Wege Königlicher Verordnung vom 4. April 1877 (GVB 1877 S. 193 flg.) neu geregelt worden sind, unter der Bezeichnung Oberrechnungskammer auch gegenwärtig in der Weise noch fort, daß ihr in der Eigenschaft einer zwar nicht mehr unmittelbar dem Könige, sondern dem Gesammtministerium unterstellten, aber den einzelnen Ministerialdepartements gegenüber selbstständigen obersten Kollegialbehörde die von Staatswegen auszuübende Kontrole über den gesammten Staatshaushalt durch die nicht blos in formeller und kalkulatorischer, sondern vor allem in materieller Richtung sich bewegende, darum aber zugleich die Frage der Gesetzlichkeit und Zulässigkeit sowie der Nothwendigkeit und Zweckmäßigkeit der in der Finanzgebahrung sich ausdrückenden Handlungen der verwaltenden Behörden einschließlich der Ministerien umfassende Prüfung aller Rechnungen über staatliche Einnahmen und Ausgaben sowie staatliches Eigenthum übertragen ist. Das Verhältniß zwischen ihr und den neben ihr zur Zeit noch fortbestehenden Rechnungsexpeditionen der an die Stelle der früheren Landeskollegien getretenen Ministerien und anderen Oberbehörden ist dabei so geregelt, daß, der geschichtlichen Entwickelung entsprechend, welche die Rechnungskontrole in Sachsen erfahren hat, der Oberrechnungskammer die Revision und Justifikation (Richtigsprechung) derjenigen Rechnungen obliegt, welche von den als unmittelbare Zubehörungen der Ministerien und der letzteren insoweit gleichgestellten Behörden anzusehenden Kassenverwaltungen abgelegt werden, während die Revision und Justifikation der Rechnungen der übrigen Kassen den Rechnungsexpeditionen zukommt, mit der Maßgabe jedoch, daß vor erfolgender Justifikation eine Superrevision durch die Oberrechnungskammer hinzutritt, welcher letzteren hierbei das Recht zusteht, nicht nur neue Erinnerungen aufzustellen, sondern auch die im Laufe des Revisionsverfahrens aufgestellten, aber wieder fallen gelassenen Erinnerungen wieder aufzunehmen und weiter zu verfolgen.[1]

Ein abweichendes Verfahren findet nur in Bezug auf die Rechnungen der Staatsschuldenkasse (vgl. S. 70) statt. Diese unterliegen nämlich einer Prüfung einerseits im Interesse der Staatsregierung, an-

[1] Allerhöchste Verordnung, die Oberrechnungskammer betr., v. 4. April 1877 §§ 1, 7—9, GVB 1877 S. 193 flg.

dererseits im Interesse der Stände. Die Prüfung im Interesse der Staatsregierung, welche den nothwendigen Schlußpunkt in der Ausübung des der letzteren vorbehaltenen Oberaufsichtsrechts bildet, steht verfassungsmäßig der Oberrechnungskammer, als der obersten staatlichen Rechnungsbehörde, zu (VU § 107 Abs. 4). Das von dieser Behörde abzusetzende Prüfungsverfahren schließt aber nicht, wie dies bei anderen Rechnungen der Fall ist, mit der Justifikation (Richtigsprechung) der geprüften Rechnungen ab. Letztere ist vielmehr verfassungsrechtlich der Gesammtheit der Stände vorbehalten, welchen deshalb jene Rechnungen ebenfalls zur Prüfung („zur Erinnerung und Justifikation", wie die Verfassungsurkunde in § 107 Abs. 4 sich ausdrückt) vorgelegt werden. Den Ständen werden aber dabei die Prüfungsarbeiten der Oberrechnungskammer insofern nutzbar gemacht, als letztere den Ständen gegenüber darüber gutachtlich sich zu erklären hat, ob sie ihrerseits von dem Standpunkte der Verantwortlichkeit, welche der Landtagsausschuß zu Verwaltung der Staatsschulden für seine Geschäftsführung gegenüber der Staatsregierung trägt (vgl. S. 71), die Justifikation unbedenklich findet oder nicht.

Die Justifikation der Rechnungen, in welcher den betheiligten Rechnungsführern gegenüber die Rechnungsprüfung ihren regelmäßigen Abschluß findet, beschränkt sich zwar herkömmlich auf eine Bescheinigung der Thatsache, daß die Rechnung bei deren Prüfung ohne Erinnerung geblieben sei, oder daß die dagegen erhobenen Erinnerungen Erledigung gefunden haben. Ihrem Wesen nach schließt sie aber vom verfassungsrechtlichen Standpunkte aus zugleich das Anerkenntniß in sich, daß der Rechnungsführer der ihm obliegenden Verantwortlichkeit gegen den Staat (VU § 42), beziehungsweise, soweit es sich um die Rechnungen der Staatsschuldenkasse handelt, gegen die Staatsregierung und die Stände (vgl. S. 71), genügt habe. Die gleiche Wirkung hat den betheiligten Verwaltungsbeamten gegenüber die Erklärung der Oberrechnungskammer, daß bei der Rechnungsprüfung Erinnerungen gegen die Verwaltungsbehörde nicht gezogen oder die gegen dieselbe gezogenen Erinnerungen erledigt worden seien. Vom zivilrechtlichen Standpunkte aus hat die Rechnungsjustifikation die Bedeutung einer Entlastung des Rechnungsführers mit der Maßgabe, daß er hinterher nur noch wegen solcher Einnahme- oder Ausgabeposten würde in Anspruch genommen werden können, die er, ohne daß dies bei der Rechnungsprüfung wahrgenommen worden wäre oder hätte wahrgenommen werden können, unrichtig berechnet oder weggelassen hätte.[1]

[1] BGB §§ 1395, 1396.

Neunter Abschnitt.

Ständische Kontrole des Staatshaushalts und Ministerverantwortlichkeit.

1. Schon die Ausübung des den Ständen durch § 97 der Verfassungsurkunde gewährleisteten Rechts, bei Prüfung des Staatshaushalts-Etats die Nothwendigkeit, Zweckmäßigkeit und Höhe der Ansätze zu prüfen und deshalb Erinnerungen zu machen, schließt zwar bis zu einem gewissen Grade zugleich eine Kontrole des Staatshaushalts in sich. Diese Kontrole würde indessen, da sie nur zukünftige Ereignisse zur Voraussetzung hat, von mehr oder weniger zweifelhaftem Werthe sein, wären die Stände nicht überdies in der Lage, zu erfahren und zu prüfen, wie die Verwaltung der staatlichen Einnahmen und Ausgaben sowie des staatlichen Eigenthums in ihren thatsächlichen Erfolgen innerhalb jeder Finanzperiode sich gestaltet hat.

Jene Kenntniß vermittelt, diese Prüfung ermöglicht ihnen der Rechenschaftsbericht, (vgl. Abschnitt 7), welcher die Ergebnisse der geführten Verwaltung zur ziffermäßigen Darstellung bringt.

Die Verfassungsurkunde (vgl. § 100) macht den Ständen eine genaue Prüfung des Rechenschaftsberichts ausdrücklich zur Pflicht, ohne indessen darüber bestimmt sich auszusprechen, in welcher Richtung diese Prüfung sich zu bewegen habe. Schon das Wesen des Bewilligungsrechts aber, wie es verfassungsrechtlich den Ständen zusteht, macht es ohne Weiteres klar, daß sich diese Prüfung nicht blos auf die rechnerische Richtigkeit der in dem Rechenschaftsberichte vorgeführten Zahlenreihen zu beschränken, sondern auch auf die Uebereinstimmung der darin sich wiederspiegelnden finanziellen Gebahrungen mit den dispositiven Festsetzungen des Staatshaushalts-Etats (vgl. S. 35) zu erstrecken hat. Denn nur erst eine derart sachliche Prüfung läßt erkennen, ob und inwieweit die betheiligten Departementsminister der Verantwortlichkeit genügt haben, welche ihnen wie für die Verwaltung des Staates im Allgemeinen so auch für die Verwaltung der staatlichen Einnahmen und Ausgaben sowie des staatlichen Eigenthums den Ständen gegenüber obliegt (VU § 41 Abs. 1). Das Recht zu einer solchen Prüfung schließt zugleich die Befugniß in sich, die Ansätze des Rechenschaftsberichts auch nach der Richtung hin zu prüfen, ob und inwieweit die in demselben bezifferten finanziellen Gebahrungen nothwendig oder doch zweckmäßig und ihrer Höhe nach gerechtfertigt waren, und deshalb nach Befinden Erinnerungen zu machen. Selbstverständlich erstreckt sich aber diese Befugniß nicht auf alle Ansätze des Rechenschaftsberichts gleichmäßig. Sie bleibt vielmehr ausgeschlossen hinsichtlich aller derjenigen Gebahrungen, welche innerhalb der Schranken sich vollzogen haben, welche in den Festsetzungen des Staatshaushalts-Etats gegeben sind. Denn insoweit sind die betheiligten Departementsminister von jeder Verantwortung frei. Nur an die Erhebung und Leistung von Einnahmen oder Ausgaben, welche die Etatansätze übersteigen (Etatüberschreitungen, vgl. S. 59), oder ihrer Art nach im Etat überhaupt nicht vorgesehen sind (außeretatmäßige Einnahmen oder Ausgaben, vgl. S. 59), kann sich eine Verantwortlichkeit auf Seite der Departementsminister knüpfen, vermöge deren die Stände von ihnen verlangen können, daß sie die hierbei in Frage kommenden Einnahmen oder Ausgaben, um die Nothwendigkeit oder doch Zweckmäßigkeit derselben wie die Angemessenheit ihrer Höhe darzuthun, theils der Art nach rechtfertigen, theils der Größe nach begründen und so die erforderlichen Unterlagen für die nachträgliche ständische Genehmigung schaffen, deren es, vom Standpunkte des ständischen Bewilligungsrechts aus betrachtet, überall dann bedarf, wenn die bezüglichen Einnahmen oder Ausgaben auch im Falle rechtzeitiger Veranschlagung von der ausdrücklichen Bewilligung der Stände abhängig gewesen wären (vgl. S. 7).

Mehreinnahmen gegen die Etatansätze, ingleichen außeretatmäßige Einnahmen können von diesem Standpunkte aus nur ausnahmsweise eine nachträgliche Genehmigung seiten der Stände erforderlich machen. Ausnahmen dieser Art würden gegeben sein, wenn in außerordentlichen, dringenden und unvorhergesehenen Fällen (vgl. S. 11) der König ohne vorgängige ständische Zustimmung direkte oder indirekte Landesabgaben nach einem höheren Anlagefuße als dem den entsprechenden Festsetzungen des Staatshaushalts-Etats zu Grunde liegenden hätte erheben oder neue dergleichen hätte auferlegen oder Gebührensätze, welche mit den Ständen vereinbart sind, hätte erhöhen oder Anleihen hätte aufnehmen oder Theile des nicht zum Staatsgute im verfassungsrechtlichen Sinne (vgl. S. 61 flg.) gehörigen Staatsvermögens hätte veräußern lassen, oder wenn Einnahmen in Frage kämen, welche aus der Erschließung neuer Einnahmequellen sich ableiteten, denen dauernde Ausgaben gegenüberstehen, oder in Maßnahmen der Verwaltung ihren Ursprung fänden, welche mit einer regelrechten Ausnutzung der staatlichen Einnahmequellen nicht ohne Weiteres verträglich wären. Einnahmezuwüchse, welche auf solche Weise sich ergeben hätten, würden daher von den betheiligten Departementsministern nicht nur rücksichtlich ihrer Art zu rechtfertigen, sondern auch in Bezug auf ihre

Größe zu begründen sein. Dagegen bedürfen Mehreinnahmen gegen die Etatansätze sowie außeretatmäßige Einnahmen, welche auf andere Entstehungsursachen zurückzuführen sind, so wenig den Ständen auch das Recht abzusprechen sein wird, von der Regierung deshalb eine Erläuterung zu fordern, weder einer Rechtfertigung rücksichtlich ihrer Art, noch einer Begründung rücksichtlich ihrer Größe, da ihnen gegenüber Verwaltungshandlungen, welche eine besondere Genehmigung der Stände erforderlich machen könnten, überhaupt nicht in Frage kommen, auch im Allgemeinen es nur erwünscht sein kann, wenn die staatlichen Einnahmequellen reichlicher fließen, als dies bei Veranschlagung der Einnahmen vorausgesetzt worden ist.

Ebensowenig sind Mehrausgaben gegen die Etatansätze oder außeretatmäßige Ausgaben, soweit sie sowohl der Art als der Größe nach aus gesetzlichen Verpflichtungen des Staates oder aus vertragsmäßigen Verbindlichkeiten desselben, welche nicht erst innerhalb der Rechenschaftsperiode eingegangen worden sind, sich ableiten, von der nachträglichen ständischen Genehmigung abhängig, während bei Mehrausgaben gegen die Etatansätze und bei außeretatmäßigen Ausgaben, denen gegenüber keine dieser beiden Voraussetzungen zutrifft, das Gegentheil der Fall und daher auch Rechtfertigung rücksichtlich ihrer Art, bei außeretatmäßigen Ausgaben überdies Begründung rücksichtlich ihrer Größe erforderlich ist.

Fondsverwechslungen (vgl. S. 60), mögen dieselben nur innerhalb der verschiedenen Titel eines und desselben Kapitels des ordentlichen Staatshaushalts-Etats oder der verschiedenen Titel des außerordentlichen Staatshaushalts-Etats sich bewegen oder eine Mehrzahl von Kapiteln des ordentlichen Staatshaushalts-Etats berühren, unterliegen einer verschiedenartigen Beurtheilung, je nachdem dadurch Etatüberschreitungen, beziehungsweise außeretatmäßige Gebahrungen verdeckt werden oder nicht. Im ersten Falle sind sie genau so zu behandeln wie alle sonstigen Etatüberschreitungen und außeretatmäßigen Gebahrungen. Im anderen Falle genügt die bloße Verlautbarung und die Angabe der Entstehungsursachen, da ihnen gegenüber nicht sowohl eine nachträgliche Genehmigung als vielmehr nur in Frage kommen kann, ob ihre Wiederaufhebung im Wege der Fondsausgleichung herbeizuführen sei oder nicht.

Ebenso wenig ist die Nichterhebung oder Nichtleistung etatisirter Einnahmen oder Ausgaben, welche nicht in Spezialgesetzen oder Verträgen ihren Rechtsgrund finden, an die nachträgliche Genehmigung der Stände gebunden, da der Staatshaushalts-Etat insoweit zunächst nur die Bedeutung einer Ermächtigung zur Erhebung oder Leistung hat, soweit es überhaupt einer derartigen Ermächtigung bedarf (vgl. S. 49). Es ist daher rücksichtlich ihrer auch eine besondere Rechtfertigung nicht erforderlich, sondern es wird sich für die Regierung unter Umständen nur fragen können, ob und inwieweit es aus Zweckmäßigkeitsrücksichten angezeigt sei, die Gründe, welche die Nichterhebung oder Nichtleistung veranlaßt haben, der Kenntniß der Stände nicht vorzuenthalten.

Rücksichtlich sonstiger Abweichungen von den dispositiven Festsetzungen des Staatshaushalts-Etats bedarf es mindestens der Klarstellung der Entstehungsursachen.

2. Wenn und insoweit es den betheiligten Departementsministern gelungen ist, die von ihnen den Ständen gegenüber zu vertretenden Abweichungen von den dispositiven Festsetzungen des Staatshaushalts-Etats oder von den sonst für die Verwaltung der staatlichen Einnahmen und Ausgaben sowie des staatlichen Eigenthums maßgebenden Vorschriften zu rechtfertigen und zu begründen, haben sie damit ihrer verfassungsmäßigen Verantwortlichkeit Genüge geleistet, und sie sind in Folge dessen berechtigt, von den Ständen eine dies in unzweideutiger Weise aussprechende *Erklärung* zu fordern. Die Stände aber können sich der Abgabe einer solchen Erklärung schon deshalb nicht entziehen, weil die Verfassungsurkunde dem Rechenschaftsberichte die Bedeutung einer *Rechnung* (einer „Berechnung", wie sie in §§ 98 und 100 sich ausdrückt,) beilegt. Denn einer solchen gegenüber können sie der Natur der Sache nach nicht anders verfahren, als es seiten der staatlichen Rechnungsbehörden anläßlich der Prüfung der von den staatlichen Kassen abgelegten Rechnungen zu geschehen hat (vgl. S. 107).

So lange die Abgabe einer derartigen Erklärung seiten der Stände versagt bleibt, dauert die verfassungsmäßige Verantwortlichkeit der betheiligten Departementsminister fort, und um ihre Aufhebung herbeizuführen, würde nur erübrigen, entweder daß die beanstandeten Etatabweichungen in ihren Wirkungen ausgeglichen oder die Stände deshalb um *Indemnitätsertheilung* angegangen werden.

Zur Versagung einer die betheiligten Departementsminister entlastenden Erklärung würden die Stände, abgesehen von dem Falle, daß Ausgabebewilligungen wissentlich Zwecken dienstbar gemacht worden wären, welche dem Zwecke der Bewilligung widersprächen, insbesondere dann berechtigt sein, wenn finanzielle Gebahrungen in Frage kämen, welche eine *Verletzung der Verfassung* in sich schlössen. Letzteres würde beispielsweise der Fall sein, wenn ohne Zustimmung der Stände, und ohne daß es dabei um Ausnahmemaßregeln sich handelte, welche die Verfassungsurkunde selbst bedingungsweise für zulässig erklärt, zur Erhöhung bestehender Landesabgaben oder zur Auflegung neuer dergleichen oder zur Aufnahme von Anleihen verschritten worden wäre (VU §§ 96, 103, 105), oder wenn

Theile des Staatsgutes im verfassungsrechtlichen Sinne (VU §§ 16 flg.) veräußert und die daraus gewonnenen Erlöse zur Bestreitung laufender Staatsbedürfnisse verwendet worden wären. Dabei würde es einflußlos sein, ob die Stände aus Anlaß solcher Verfassungsverletzungen zugleich von ihrem Rechte, deshalb gegen die betheiligten Departementsministerien eine Beschwerde an den König zu bringen (VU § 140) oder gegen die betheiligten Ministerialvorstände eine förmliche Anklage bei dem Staatsgerichtshofe zu erheben (VU §§ 141 flg.), Gebrauch gemacht hätten oder nicht.

3. Seither hat die Verwaltung der staatlichen Einnahmen und Ausgaben sowie des staatlichen Eigenthums regelmäßig in einer Weise sich vollzogen, welche die Stände in die Lage versetzte, deshalb im Allgemeinen ihre Gutheißung auszusprechen. Sie haben sich dabei aber auch fortgesetzt von dem Grundsatze leiten lassen, in Zweifelsfällen ihre Entscheidung zu Gunsten der Regierung zu treffen, — einem Grundsatze, welcher den Rücksichten eben so sehr der politischen Klugheit wie der Billigkeit entspricht. In der ersten Beziehung kommt nämlich in Betracht, daß die Verfassungsurkunde die Ministerverantwortlichkeit nur im Prinzip ausspricht, ohne gleichzeitig darüber Bestimmung zu treffen, welche rechtlichen Wirkungen an dieselbe sich knüpfen sollen. In der zweiten Beziehung aber darf vor Allem nicht unerwogen bleiben, daß die Mehrzahl der im Staatshaushalts-Etat, als einer Vorausbestimmung für die Zukunft, enthaltenen Einstellungen auf bloße Wahrscheinlichkeitsrechnungen sich gründet, welche trotz aller Wirthschaftlichkeit und Sparsamkeit der Verwaltung nur zu häufig durch die Wirklichkeit zu nichte gemacht werden. Dazu kommt, daß erfahrungsmäßig in jeder Finanzperiode sich ebensowohl neue Einnahmequellen erschließen, als neue unabweisbare Bedürfnisse geltend machen, welche nothwendigerweise vielfache Abweichungen von den Festsetzungen des Staatshaushalts-Etats bedingen. Auch werden nicht selten derartige Abweichungen durch unrichtige Auffassungen der an der Verwaltung betheiligten Beamten herbeigeführt, ohne daß dabei die zuständigen Departementsminister für ihre Person irgend ein Verschulden trifft.

Die Fassung, in welcher die Stände ihre Schlußerklärung über den Rechenschaftsbericht gegenüber der Regierung seither eingekleidet haben, ist mehrfachem Wechsel unterworfen gewesen. Bis zum Landtage 1877/78 beschränkte sie sich überhaupt auf einen mehr oder weniger allgemein gehaltenen Ausdruck der Befriedigung, mit welcher die Stände von den Darlegungen des Rechenschaftsberichts Kenntniß genommen hatten, während es von jenem Zeitpunkte ab üblich geworden ist, daß der Regierung gegenüber eine förmliche Dechargeertheilung ausgesprochen wurde.

Gerade diese letztere Form der ständischen Erklärung aber ist es, welche, wenn man dabei von denjenigen Bedenken absieht, welche mindestens gegen eine vorbehaltlose Decharge aus der Thatsache sich ableiten, daß der Rechenschaftsbericht der Hauptsache nach auf der Grundlage ungeprüfter Rechnungen sich aufbaut (vgl. S. 98), als die sachlich angemessenste angesehen werden muß, weil in derselben mit zweifelloser Deutlichkeit das Anerkenntniß zum Ausdrucke kommt, daß die Ministerialvorstände der ihnen wegen der Verwaltung der staatlichen Einnahmen und Ausgaben sowie des staatlichen Eigenthums obliegenden Verantwortlichkeit gegen die Stände, soweit sich dies aus dem jeweilig in Frage kommenden Rechenschaftsberichte und den zu dessen Prüfung ständischerseits etwa herbeigezogenen Unterlagen erkennen läßt, genügt haben und daher von derselben mit der jeder Decharge (Justifikation) anhaftenden Wirkung *entlastet* werden, daß sie aus Anlaß der geführten Verwaltung nachmals nur noch wegen solcher Einnahme- oder Ausgabeposten von den Ständen würden verantwortlich gemacht werden können, bezüglich deren sich hinterher herausstellen würde, daß sie unrichtig berechnet oder falsch dargestellt oder im Rechenschaftsberichte ganz weggelassen worden wären. (Vgl. auch S. 107.)

Selbstverständlich ist es im Uebrigen, daß durch die Entlastung, wie sie der Regierung von den Ständen ertheilt wird, nur das Verantwortlichkeitsverhältniß der Ministerialvorstände *gegenüber den Ständen* berührt wird.

Die Verantwortlichkeit dagegen, welche die Ministerialvorstände überdies in ihrer Eigenschaft als *Staatsdiener* und mithin in ihrem Verhältnisse *zum Staate* auf Grund der bereits S. 104 erwähnten allgemeinen verfassungsrechtlichen Bestimmung tragen, wonach alle Staatsdiener für ihre Dienstleistung verantwortlich sind (VU § 42), wird durch die ständische Entlastung weder beseitigt, noch selbst nur beschränkt.

Ebenso wenig werden von den Wirkungen der Entlastung, wie sie gegenüber der Regierung von den Ständen ausgesprochen wird, diejenigen an der Verwaltung der staatlichen Einnahmen und Ausgaben sowie des staatlichen Eigenthums betheiligten *Beamten* berührt, *welche der Klasse der Ministerialvorstände nicht angehören.* Denn Beamte dieser Art stehen zu den Ständen überhaupt in keinerlei Verantwortlichkeitsverhältnisse; sie sind vielmehr allein dem *Staate* verantwortlich. Deshalb aber bleiben sie für von ihnen verschuldete Abweichungen von den für die Verwaltung der staatlichen Einnahmen und Ausgaben sowie des staatlichen Eigenthums bestehenden Vorschriften, Festsetzungen und Grundsätzen nicht minder wie für etwaige Ueberschreitungen ihrer

Ausgabebefugnisse auch so lange verhaftet, bis nicht deshalb von Staatswegen ihre Entlastung erfolgt.

4. Eine Nutzbarmachung der Prüfungsarbeiten der staatlichen Rechnungsbehörden, insbesondere der Oberrechnungskammer, als der obersten Rechnungsbehörde des Staates, für die Zwecke der ständischen Prüfung des Rechenschaftsberichts findet nicht statt. Dies ist schon deshalb ausgeschlossen, weil die Aufstellung des Rechenschaftsberichts und dessen Vorlage an die Stände bereits zu einem Zeitpunkte erfolgen, zu welchem diese Prüfungsarbeiten überhaupt noch nicht abgeschlossen sein können. Bis zu einem gewissen Grade bietet aber den Ständen hierfür Ersatz das ihnen verfassungsmäßig (VU § 99) zustehende Recht, von den Rechnungen über die geführte Verwaltung nebst den zu ersteren gehörigen Belegen selbst Einsicht nehmen zu dürfen, soweit es nach Lage der obwaltenden thatsächlichen Verhältnisse überhaupt möglich ist, von diesem Rechte Gebrauch zu machen.

Zweiter Theil.

Der Staatshaushalt des Königreichs Sachsen in seinen finanziellen Leistungen.

Erster Abschnitt.

Allgemeiner Ueberblick über die finanzielle Gestaltung des Staatshaushalts.

Der Staatshaushalt des Königreichs Sachsen hat sich finanziell von kleinen Anfängen zu einer Leistungsfähigkeit entwickelt, welche weit über die räumliche Größe des Landes (14 992,94 qkm) hinausreicht.

Die Hauptperiode dieser Entwickelung fällt mit dem Zeitraume zusammen, seit welchem Sachsen der Reihe der konstitutionellen Staaten angehört. Es wird deshalb keiner besonderen Rechtfertigung bedürfen, wenn der Beginn dieses Zeitraums, welcher in das letzte Drittel des Jahres 1831 fällt, für die nachfolgenden Darlegungen zum Ausgangspunkte genommen worden ist.

An die Spitze dieser Darlegungen muß die Bemerkung gestellt werden, daß die vermögensrechtliche Auseinandersetzung zwischen dem Landesherrn und dem Staate, wie sie durch den Uebergang aus der alten landständischen in die konstitutionelle Verfassung bedingt war, in einer für den Staat besonders vortheilhaften Weise sich vollzog. Denn während an sich nur vorausgesetzt werden konnte, daß von den landesherrlichen Einkünften diejenigen aus den Regalien (Erzbergbau und Hüttenbetrieb, Münzbetrieb, Postbetrieb, Floß- und Holzhofsbetrieb, Zeitungsbetrieb ꝛc.) und den sogenannten fiskalischen Steuern (vgl. S. 6) ohne Weiteres auf den Staat überzugehen haben würden, fanden sich die Regenten, mit welchen die neue Verfassung vereinbart wurde (König Anton und Prinz Friedrich August als Mitregent) bewogen, auch das gesammte Domänengut des Königlichen Hauses (vgl. S. 64, 65) nebst den damit verbundenen nutzbaren Rechten ohne jede weitere Entschädigung auf den Staat zu übertragen, als sie in der Zivilliste des Königs (vgl. S. 82) und den vertragsmäßigen und hausgesetzlichen Leistungen an die Glieder des Königlichen Hauses (vgl. S. 86) gegeben ist.

Die Erträgnisse des Königlichen Domänengutes waren zwar ihrem damaligen Geldwerthe nach geringer als diejenigen der Regalien und der fiskalischen Steuern. Allein was den ersteren einen besonderen Vorzug verlieh, war der Umstand, daß sie die Keime einer Steigerungsfähigkeit und die Sicherheit einer Dauer in sich trugen, wie dies in gleicher Weise bei den übrigen landesherrlichen Einkünften der Natur der Sache nach nicht der Fall sein konnte.

Der Reinertrag der landesherrlichen Einkünfte wurde für das Jahr 1831 auf die Gesammtsumme von 10 105 890 *M* jährlich veranschlagt, wovon 2 325 789 *M* auf das Domänengut, 2 981 408 *M* auf Regalien, 4 026 371 *M* auf fiskalische Steuern und 772 322 *M* auf Verwaltungseinnahmen gerechnet wurden. An Zuschüssen aus den Steuerärarien der Erblande und der Oberlausitz (vgl. S. 75) standen für den Hof- und Staatshaushalt 3 202 100 *M* zur Verfügung, so daß die Gesammtsumme dessen, was zur Deckung der auf 13 175 808 *M* berechneten laufenden Bedürfnisse des Hof- und Staatshaushalts (ausschließlich der Schuldentilgung) Verwendung finden konnte, anschlagsgemäß auf 13 307 990 *M* sich bezifferte.

Wie die Ergebnisse in Wirklichkeit sich gestaltet haben, darüber sind Mittheilungen seiten der Staatsregierung an die Landesvertretung nicht gelangt. Bereits i. J. 1833 aber, für welches die Regierung den Ständen einen förmlichen Rechenschaftsbericht vorlegte,[1] obwohl bis zum Schlusse dieses Jahres noch die Bewilligungen der ehemaligen Landstände reichten und daher die konstitutionellen Finanzperioden erst mit dem Jahre 1834 begannen, gestalteten sich sowohl die Einnahmeüberschüsse als die Ausgabebedürfnisse nicht unwesentlich höher. An Ueberschüssen, welche zur Einlieferung an die oberste staatliche Zentralkasse kamen und sonach zu Zuschüssen für den Staatshaushalt verfügbar wurden, erbrachten nämlich:

		M
1)	Forsten einschließlich der Floß- und Holzhofsnutzungen (196 775 *M*) und Jagd	1 699 006
2)	Kammergüter mit Vorwerken, Mühlen, Teichen, Kalkwerken ꝛc., landes-, lehns- und gutsherrliche Gefälle (Intraden)	932 400
3)	Weinberge und Kellerei	12 642
4)	Steinkohlenwerk in Döhlen-Zauckerode.	44 400
5)	Nutzungen des beweglichen Staatsvermögens. . . .	726 258
6)	Erzbergbau und Hüttenbetrieb	381 152
7)	Postbetrieb	681 010

[1] Landtagsakten 1836/37 Abth. I Bd. 1 S. 265 flg.

		M
8)	Zeitungsnutzungen	55 744
9)	Lotteriebetrieb	60 908
10)	Fiskalische Steuern sowie Chausseegelder (624 754 M), Brückengelder (38 002 M), Gleitsgelder (213 690 M), Elbzoll (218 528 M) und Salznutzungen (989 204 M)	5 319 492
11)	Steuerbewilligungen der Erblande (5 589 420 M) und der Oberlausitz (372 171 M)	5 961 591
12)	Sonstige Einnahmequellen einschließlich der Hofapotheke (2467 M)	591 658
	zusammen	16 466 261

Die Porzellanfabrikation ergab zwar einen Betriebsgewinn (36 772 M). Derselbe konnte indessen nicht zur Einlieferung kommen, sondern mußte zur Verstärkung der Betriebsmittel bei der Manufaktur zurückbehalten werden. Der Münzbetrieb gewährte einen Reinertrag überhaupt nicht, sondern erforderte einen Zuschuß von 25 256 M. Nach Abrechnung dieses Zuschusses verblieb sonach ein für den laufenden Staatshaushalt verfügbarer Ueberschuß in der Gesammthöhe von 16 441 005 M.

Aus diesem Ueberschusse wurden folgende Ausgaben bestritten:

		M
13)	Leistungen an den König und das Königliche Haus	2 353 403
14)	Verzinsung der Staats- und Verwaltungsschulden	1 851 782
15)	Landtagskosten	37 136
16)	Ausgaben für allgemeine Regierungszwecke	218 577
17)	Allgemeine Ausgaben für das Departement der Justiz	195 446
18)	Allgemeine Ausgaben für das Departement der Finanzen	649 797
19)	Allgemeine Ausgaben für das Departement des Innern	210 825
20)	Allgemeine Ausgaben für das Departement des Kriegs	257 905
21)	Allgemeine Ausgaben für das Departement des Kultus und Unterrichts	76 037
22)	Allgemeine Ausgaben für das Departement der auswärtigen Angelegenheiten	57 319
23)	Gerichtspflege	735 594
24)	Innere politische Verwaltung	106 911
25)	Sicherheits-, Preß- und Wohlfahrtspolizei	153 451
26)	Medizinal- und Veterinärwesen	107 220

	ℳ
27) Armenwesen, Leistungen für nichtstaatliche Krankenpflege und für sonstige milde und wohlthätige Zwecke . . .	117 302
28) Landes-Pfleg-, Straf- und Besserungsanstalten . . .	301 272
29) Kirchen und Schulen (Volksschulen einschließlich Taubstummenanstalten, Lehrerseminarien und Gymnasien) .	203 352
30) Technische Hochschulen	56 866
31) Universität	67 713
32) Sammlungen für Kunst und Wissenschaft.	60 621
33) Sonstige Kunstanstalten und Kunstzwecke	59 126
34) Handel, Industrie, Gewerbe einschließlich des nicht staatlichen Bergbaues und Hüttenbetriebes (248 350 ℳ), Landwirthschaft einschließlich der Landespferdezucht, Gartenbau, Wein- und Obstbau	330 906
35) Ablösungen von Dienstbarkeiten und Gemeinheitstheilungen	17 763
36) Hochbau	290 357
37) Straßen- und Wasserbau	1 079 298
38) Kriegsheer	3 625 010
39) Auswärtige Vertretung Sachsens	260 051
40) Wartegelder und Pensionen	1 523 496
41) Leistungen an den Deutschen Bund	31 934
42) Sonstige Ausgaben der laufenden Verwaltung . . .	68 666
zusammen	15 105 136

Die Ueberschüsse überstiegen sonach die Zuschüsse um 1 335 869 ℳ, welche zur Schuldentilgung Verwendung fanden.

Das bewegliche Staatsvermögen an Kassenbeständen, Außenständen, werbend angelegten Kapitalien sowie Natural- und Materialvorräthen bezifferte sich am Schlusse des Jahres 1833 auf 44 378 595 ℳ[1]), während die Staats- und Verwaltungsschulden auf 66 217 983 ℳ[2]) sich beliefen. Diesen Schulden stand außer dem beweglichen auch das unbewegliche Staatsvermögen gegenüber. Der Werth des letzteren läßt sich aber mit Sicherheit nicht bestimmen, da in dieser Beziehung erst seit der Finanzperiode 1858/60 Bezifferungen in den Rechenschaftsberichten erfolgt sind. Er kann indessen auf etwa 120—125 Millionen Mark angenommen werden.

Der Beginn der ersten konstitutionellen Finanzperiode (1834/36) fiel

[1] Landtagsakten 1839/40 Abth. I Bd. 1 S. 118.
[2] Landtagsakten 1839/40 Abth. I Bd. 1 S. 122.

zwar mit der Begründung des Deutschen Zoll- und Handelsvereins und sonach mit einem Ereignisse zusammen, welches einen mächtigen Verkehrsaufschwung in Deutschland herbeiführte. Allein im Staatshaushalte Sachsens machten sich die Wirkungen dieses Aufschwunges nur langsam geltend. Denn wenn auch die Ueberschüsse der staatlichen Einnahmequellen in der Finanzperiode 1834/36, und zwar hauptsächlich in Folge der durch die Zollvereinsverträge erfolgten Umgestaltung der indirekten Abgaben, auf durchschnittlich jährlich 17 699 486 *M* oder um 1 233 225 *M* stiegen, dauerte es doch von da an volle 12 Jahre, nämlich bis zum Ablaufe der Finanzperiode 1846/48, ehe sie eine weitere Steigerung von etwa 1 Million Mark jährlich, nämlich von durchschnittlich 17 699 486 *M* auf durchschnittlich 18 568 023 *M*, erfuhren, was indessen gegenüber der gestiegenen Bevölkerungszahl (durchschnittlich 1 855 765 Köpfe in 1846/48 gegen 1 614 483 in 1834/36) thatsächlich einen Rückgang, und zwar von 10,97 *M* auf 10,01 *M* für den Kopf der Bevölkerung, bedeutete.

Erst nachdem die Eisenbahnen der freien Verkehrsbewegung, wie sie durch den Zollverein angebahnt worden war, Ziele zu geben angefangen hatten, welche schließlich zu einer vollständigen Verkehrsumgestaltung führten, und nachdem der Staat selbst zum Betriebe von Eisenbahnen übergegangen war, vollzog sich die weitere Entwickelung der staatlichen Finanzen in schnell aufstrebender Richtung dergestalt, daß sich bereits in den nächstfolgenden 5 Finanzperioden, d. h. in den Jahren 1849 bis mit 1863, die Einnahmeüberschüsse mehr als verdoppelten, indem sie in der Finanzperiode 1861/63 eine Höhe von 40 348 411 *M* durchschnittlich jährlich erreichten, was gegenüber der Bevölkerungszunahme, wie sie inzwischen eingetreten war (durchschnittlich 2 262 557 Köpfe in 1861/63 gegen 1 855 765 in 1846/48), einem Verhältnisse von 17,84 *M* gegen 10,01 *M* auf den Kopf entspricht.

Der mächtige Einfluß der Eisenbahnen auf die finanzielle Entwickelung des Staatshaushalts, dem sie theils unmittelbar in Gestalt von erheblichen Betriebsüberschüssen, theils mittelbar durch Steigerung der Erträgnisse wirthschaftlicher Betriebe des Staates und durch Hebung der Steuerkraft des Landes Einnahmen zuführten, machte sich zwar bereits in der Finanzperiode 1849/51 geltend, in welcher die Einnahmeüberschüsse die Höhe von durchschnittlich jährlich 23 963 162 *M* = 12,45 *M* auf den Kopf der durchschnittlichen Bevölkerung (1 925 646) erreichten. Allein ein Einnahmezuwachs von solchem Umfange wäre nicht möglich gewesen, wenn nicht in dieser Finanzperiode außerordentliche Zuschläge zu den direkten und indirekten Staatsabgaben in der Gesammthöhe von 2 300 252 *M* durchschnittlich jährlich erhoben worden wären. Dagegen hatte die weitere

Zunahme der Einnahmeüberschüsse um 3 140 043 *M* = 1,06 *M* auf den Kopf der Bevölkerung (durchschnittlich 2 005 110), wie sie in der Finanzperiode 1852/54 eintrat (27 103 205 *M* durchschnittlich jährlich), hauptsächlich in Mehrerträgnissen ihren Grund, welche der staatliche Eisenbahnbetrieb abwarf (durchschnittlich jährlich 3 141 995 *M* gegen 982 694 *M* in 1849/51, demnach mehr 2 159 301 *M*). Mit der Finanzperiode 1852/54 begann überhaupt der Zeitpunkt, von welchem an die Staatseisenbahnen im Staatshaushalte eine maßgebende Rolle zu spielen begannen dergestalt, daß sie mit ihren Ueberschüssen bereits seit der Finanzperiode 1861/63 die direkten Abgaben (9 949 130 *M* gegen 6 605 072 *M* durchschnittlich jährlich), seit der Finanzperiode 1867/69 auch die indirekten Abgaben (11 556 994 *M* gegen 7 344 967 *M* durchschnittlich jährlich) überflügelten und von letzterem Zeitpunkte an dauernd den Höchstbetrag an Ueberschüssen abwarfen. In letzteren hat zwar zunächst das in den Staatseisenbahnen angelegte große Kapital, welches aus Beständen und Anleihen beschafft worden ist (am Schlusse der Finanzperiode 1884/85 605 319 925 *M*), seine Verzinsung zu finden. Allein auch nach Abrechnung der Zinsen dieses Kapitals verbleiben noch Betriebsüberschüsse in einer Höhe, welche den Staatseisenbahnbetrieb, zumal bei der ihm innewohnenden großen Steigerungsfähigkeit, zum finanziell bedeutungsvollsten wirthschaftlichen Betriebszweige gemacht haben, wennschon neben ihm insbesondere auch die Reinerträgnisse der staatlichen Forsten (7 467 298 *M* durchschnittlich jährlich in der Finanzperiode 1884/85) und des Lotteriebetriebes (4 677 778 *M* durchschnittlich jährlich in der Finanzperiode 1884/85) die Lage des Staatshaushalts wesentlich beeinflußt haben und noch beeinflussen.

Welche Wandlungen seit dem Zeitpunkte, von dem an die Eisenbahnen bestimmend auf die wirthschaftliche Entwickelung des Landes und damit auch des Staatshaushalts zu wirken begonnen haben, in der Gestaltung der staatlichen Einnahmen eingetreten sind, dafür spricht am besten die Thatsache, daß die durchschnittlichen Einnahmeüberschüsse, welche in den Jahren 1834 bis mit 1848 bei einer durchschnittlichen Bevölkerung von 1 729 575 Köpfen jährlich auf 10,37 *M* für den Kopf sich berechneten, in der Zeit von 1849 bis mit 1885 bei einer Bevölkerung von durchschnittlich jährlich 2 540 888 Köpfen auf 18,18 *M* jährlich für den Kopf gestiegen sind.

Dieses bedeutende Anwachsen der Einnahmeüberschüsse hat den Staat befähigt, auch seine regelmäßig wiederkehrenden Ausgaben nicht blos in Bezug auf Bedürfnisse der Staatsverwaltung im engeren Sinne, sondern auch auf allen sonstigen Gebieten, welche seiner Fürsorge anvertraut sind, namentlich aber auf wirthschaftlichem und kulturellem Gebiete, entsprechend zu steigern. Denn während er auf den Kopf der Bevölkerung an derartigen Ausgaben in den Jahren 1834 bis mit 1848 nur durchschnittlich jährlich 9,56 ℳ verwendete, stiegen dieselben in dem Zeitraume von 1849 bis mit 1885 auf 17,23 ℳ durchschnittlich jährlich.

Die gesammten Einnahmeüberschüsse haben in dem Zeitraume von 1834 bis mit 1885 die Höhe von 1 929 878 367 ℳ oder 37 113 045 ℳ durchschnittlich jährlich erreicht, während die Zuschüsse mit Ausschluß der seit der Finanzperiode 1837/39, beziehungsweise 1846/48 gemachten Aufwendungen aus Beständen und Anleihen, welche auf insgesammt 777 229 228 ℳ sich berechnen, in einer Gesammthöhe von 1 771 119 005 ℳ oder 34 059 981 ℳ durchschnittlich jährlich sich bewegt haben, so daß 158 759 362 ℳ oder durchschnittlich jährlich 3 053 064 ℳ den Vermögensbeständen zugewachsen sind. Von jenen Ueberschüssen entfallen

auf	in dem ganzen Zeitraum v. 1834 bis mit 1885	in der Finanzperiode 1884/85
	ℳ	ℳ
1) Forsten (bis 1882/83 einschließlich des Floß- und Holzhofbetriebes) und Jagd	217 733 838	14 934 597
2) Domänen, Kalkwerke und Intraden	31 873 731	1 196 475
3) Weinberge und Kellerei	740 612	— 23 790
4) Porzellanfabrikation	6 499 468	329 876
5) Kohlenbergbau	14 776 007	1 113 243
6) Erzbergbau und Hüttenbetrieb	28 193 680	1 608 984
7) Münzbetrieb	36 383	1 352
8) Post- u. Telegraphenbetrieb (letzterer v. 1852/54 an)	33 411 641	—
9) Zeitungsnutzungen	2 980 140	— 46 646
10) Eisenbahnbetrieb	478 486 193	55 434 622
11) Lotteriebetrieb	87 556 104	9 355 556
12) Nutzungen des beweglichen Staatsvermögens	83 742 235	3 978 158
13) Direkte Abgaben	462 125 667	33 557 571
14) Indirekte Abgaben (einschließlich der früheren Salznutzungen)	455 041 665	26 202 077
15) Sonstige Einnahmen der laufenden Verwaltung	26 681 003	51 718
zusammen	1 929 878 367	147 693 793

Von den zur Zeit noch bestehenden Einnahmequellen waren sonach an den Ueberschüssen die Staatseisenbahnen, die direkten Abgaben, die indirekten Abgaben, die Forsten, der Lotteriebetrieb, die Nutzungen des beweglichen Staatsvermögens, die Domänen, Kalkwerke und Intraden, der Hüttenbetrieb und der Kohlenbergbau am hervorragendsten betheiligt.

Den Gang, welchen die Entwickelung dieser Einnahmezweige genommen hat, veranschaulicht eine am Schlusse des gegenwärtigen Abschnittes angefügte graphische Darstellung, in welcher mit überzeugender Deutlichkeit hervortritt, wie mächtig die Erträgnisse der Staatseisenbahnen aufstreben, und in welcher Weise die Eisenbahnen die Steuerkraft des Landes gehoben haben; denn die Erträgnisse sowohl der direkten als der indirekten Abgaben haben sich in unverkennbarem Zusammenhange mit jenen entwickelt. Bei den indirekten Abgaben zeigt sich zwar in dem Zeitraume von 1867 bis mit 1879 eine starke Vertiefung, die erst seit dem Jahre 1880 ihrem Ausgleiche zugeführt worden ist. Jene Vertiefung hat aber in der Hauptsache nur darin ihren Grund, daß mit dem Jahre 1867 der größte Theil aller indirekten Abgaben, welche bis dahin in Sachsen erhoben wurden, bis auf Bruchtheile in Gestalt von Erhebungs- und Verwaltungsgebühren aus dem Sächsischen Staatshaushalte ausschied, um auf den Haushalt des Norddeutschen Bundes und nachmals des Deutschen Reiches überzugehen (vgl. S. 9), während die aufsteigende Richtung, welche die indirekten Abgaben vom Jahre 1880 an wieder genommen haben, in den Antheilsüberweisungen ihre Erklärung findet, welche seitdem von Reichswegen an die Sächsische Staatskasse erfolgt sind (vgl. S. 164).

Die Erträgnisse der Forsten lassen im Allgemeinen eine zwar kräftig, aber ruhig fortschreitende Entwickelung erkennen, wovon nur der Zeitraum zwischen 1869 und 1875 eine wesentliche Ausnahme macht, die recht deutlich den wirthschaftlichen Aufschwung jener Zeit und den ihm alsbald gefolgten Rückgang erkennen lassen, — einen Rückgang allerdings, welcher gerade bei den Forsten nur einen Ausgleich unregelmäßiger Verhältnisse und die Rückkehr auf die Stufe ruhiger und regelmäßiger Entwickelung bedeutet, wie sie an sich diesem Betriebszweige eigen ist. Jener Aufschwung und dieser Rückgang machen sich mehr oder weniger auch bei allen übrigen der hier fraglichen Einnahmezweige mit Ausnahme der direkten Abgaben sowie der Domänen, Kalkwerke und Intraden geltend, wennschon hier der Höchstpunkt nicht erst in der Finanzperiode 1874/75 wie bei den Forsten, sondern bereits in der Finanzperiode 1872/73 erreicht wurde und bei dem Lotteriebetriebe schon in der Finanzperiode 1878/79 ein Ausgleich sich vorzubereiten begann.

In welchem prozentualen Verhältnisse die Ueberschüsse der einzelnen Einnahmezweige in dem ganzen 52jährigen Zeitraume von 1834 bis mit 1885 zu einander stehen, und wie sich die Ergebnisse der Schlußperiode zu jenen Ergebnissen verhalten, zeigt nachfolgende Aufstellung, wonach von der Gesammtsumme der Ueberschüsse entfallen

auf:	in dem ganzen Zeitraum von 1834 bis mit 1885	in der Finanzperiode 1884/85
	in Prozenten	
1) Forsten (bis 1882/83 einschließlich des Floß- und Holzhofbetriebes) und Jagd	11,28	10,11
2) Domänen, Kalkwerke und Intraden	1,65	0,81
3) Weinberge und Kellerei	0,04	0,02 Zuschuß
4) Porzellanfabrikation	0,34	0,22
5) Kohlenbergbau	0,77	0,76
6) Erzbergbau und Hüttenbetrieb	1,46	1,09
7) Münzbetrieb	0,00	0,00
8) Post- und Telegraphenbetrieb (letzterer von 1852/54 an)	1,73	0,00
9) Zeitungsnutzungen	0,15	0,03 Zuschuß
10) Eisenbahnbetrieb	24,79	37,53
11) Lotteriebetrieb	4,54	6,34
12) Nutzungen des beweglichen Staatsvermögens	4,34	2,69
13) Direkte Abgaben	23,95	22,72
14) Indirekte Abgaben (einschließlich der früheren Salznutzungen)	23,58	17,74
15) Sonstige Einnahmen der laufenden Verwaltung	1,38	0,04
Zusammen	100,00	100,00

Diese Zahlenreihen lassen erkennen, daß nur die Antheilsverhältnisse aus den Erträgnissen des Eisenbahn- und Lotteriebetriebes in der Finanzperiode 1884/85 im Vergleiche zu dem Gesammtergebnisse gestiegen sind, während die Antheilsverhältnisse der übrigen Einnahmezweige trotz eines theilweise starken Anwachsens derselben allenthalben zurückgetreten sind.

Von den 1 771 119 005 ℳ, welche aus den aufgekommenen Ueberschüssen zu laufenden Ausgaben Verwendung fanden, kommen

auf:	1834/85	1884/85	in Prozenten 1834/85	in Prozenten 1884/85
	ℳ			
1) Leistungen an den König und das Königl. Haus	134 106 323	6 501 939	7,57	4,81
2) Verzinsung der Staats- und Verwaltungsschulden	471 501 499	45 378 646	26,62	33,56
3) Tilgung der Staatsschulden	135 571 222	16 401 359	7,66	12,13
4) Verwaltung der Staatsschulden	2 905 669	263 244	0,16	0,20
5) Renten aus fiskalischen Schuldverbindlichkeiten	11 848 068	813 607	0,67	0,60
6) Landtagskosten	9 598 142	287 392	0,54	0,21
7) Reichstagskosten	80 293	2 424	0,00	0,00
8) Landesstatistik	2 129 072	272 715	0,12	0,20
9) Ausgaben für allgemeine Regierungszwecke	7 845 077	948 321	0,44	0,70

auf:	1834/85	1884/85	in Prozenten	
			1834/85	1884/85
	ℳ	ℳ		
10) Allgemeine Ausgaben für das Departement der Justiz	7 486 316	297 202	0,42	0,22
11) Allgemeine Ausgaben für das Departement der Finanzen	30 198 266	1 435 267	1,71	1,06
12) Allgemeine Ausgaben für das Departement des Innern	12 190 692	737 287	0,69	0,55
13) Allgemeine Ausgaben für das Departement des Kriegs	6 667 800	—	0,38	0,00
14) Allgemeine Ausgaben für das Departement des Kultus und Unterrichts	7 887 408	492 851	0,45	0,37
15) Allgemeine Ausgaben für das Departement der auswärtigen Angelegenheiten	2 646 624	87 701	0,15	0,07
16) Gerichtspflege	78 704 340	6 134 819	4,44	4,54
17) Innere politische Verwaltung	25 739 554	2 019 071	1,45	1,49
18) Sicherheits-, Preß- u. Wohlfahrtspolizei	28 861 806	2 689 216	1,63	1,99
19) Medizinal- und Veterinärwesen	11 873 433	923 052	0,67	0,68
20) Armenwesen	5 135 903	1 018 898	0,29	0,75
21) Leistungen für nichtstaatliche Krankenpflege und für sonstige milde und wohlthätige Zwecke	5 392 479	115 080	0,30	0,09
22) Landes-Pfleg-, Straf- und Besserungsanstalten	51 816 647	3 980 615	2,93	2,94
23) Kirchen	31 313 935	3 918 268	1,77	2,90
24) Volksschulen einschließlich der Taubstummenanstalten	27 689 671	3 738 740	1,56	2,77
25) Lehrerseminarien	15 394 732	2 112 465	0,87	1,56
26) Gymnasien, Realgymnasien und Realschulen	13 727 932	1 897 728	0,78	1,40
27) Technische Hochschulen	7 504 385	848 557	0,42	0,63
28) Universität	17 580 888	1 680 924	0,99	1,24
29) Sammlungen für Kunst und Wissenschaft	6 838 003	506 345	0,39	0,37
30) Sonstige Kunstanstalten und Kunstzwecke	4 487 868	353 353	0,25	0,26
31) Handel, Industrie, Gewerbe, Landwirthschaft (einschließlich der Landespferdezucht), Gartenbau, Wein- u. Obstbau	28 149 665	1 985 624	1,59	1,47
32) Ablösungen im Interesse Dritter, Gemeinheitstheilungen und Grundstückszusammenlegungen	2 823 388	97 125	0,16	0,07
33) Land-, Landeskultur- u. Altersrentenbank	3 533 355	94 208	0,20	0,07
34) Hochbau	21 832 226	450 578	1,23	0,33
35) Straßen-, Wege-, Ufer- und Wasserbau	135 699 556	8 800 440	7,66	6,51
36) Brandversicherung der Staatsgebäude	3 938 153	322 951	0,22	0,24
37) Kriegsheer	192 298 465	83 586	10,86	0,06
38) Auswärtige Vertretung Sachsens	9 390 696	239 529	0,53	0,18
39) Wartegelder und Pensionen	94 567 929	6 297 904	5,34	4,66
40) Leistungen an den ehemaligen Deutschen Bund, den Norddeutschen Bund und das Deutsche Reich	90 420 444	10 768 532	5,11	7,96
41) Sonstige Ausgaben der laufenden Verwaltung	13 741 081	215 285	0,78	0,16
Zusammen:	1 771 119 005	135 212 848	100,00	100,00

In diesen Zahlenreihen spiegelt sich besonders augenfällig die hervorragende Bedeutung Sachsens als Industrie- und Kulturstaat wieder. Denn von allen Aufwendungen, welche der Staat nicht auf Grund verfassungs- und vertragsrechtlicher Verpflichtungen, wie sie z. B. den Leistungen an den König und das Königliche Haus sowie der Verzinsung und Tilgung der Staatsschulden gegenüber in Frage kommen, sondern aus Rücksichten auf die allgemeine Wohlfahrt gemacht hat und noch macht, nehmen den höchsten Prozentsatz diejenigen ein, welche der Förderung der Erwerbsthätigkeit und des allgemeinen Verkehrs sowie den Interessen der Kirche, des öffentlichen Unterrichts, der Wissenschaft und der Kunst gewidmet sind (vgl. Nr. 23—33, 35), indem diese in dem vollen Zeitraume von 1834 bis mit 1885 16,64 Prozent, in der Finanzperiode 1884/85 19,25 Prozent des gesammten Staatsaufwandes betragen haben.

In dem Zeitraume von 1834 bis mit 1885 haben sich zwar auch die staatlichen Schulden gewaltig vermehrt; denn sie sind von 66 217 983 *M* im Jahre 1834 auf 659 547 963 *M*, wovon 650 230 600 *M* Staatsschulden im verfassungsrechtlichen Sinne (vgl. S. 69) und 9 317 363 *M* Verwaltungsschulden (vgl. S. 69) waren, am Schlusse des Jahres 1885 angewachsen, und während sonach zu Anfang des Jahres 1834 bei einer angenommenen Bevölkerung von 1 576 853 Köpfen 41,99 *M* auf den Kopf kamen, entfielen Ende 1885 bei einer Bevölkerung von 3 182 003 Köpfen 207,27 *M* auf den Kopf. Allein abgesehen davon, daß den heutigen staatlichen Schulden, im Gegensatze zu den unproduktiven Schulden, welche aus der vorkonstitutionellen Zeit herrührten, werbende Anlagen gegenüberstehen, welche höhere Erträgnisse abwerfen, als zur Verzinsung der Schuldkapitalien erforderlich ist, hat auch das staatliche Vermögen nicht blos durch die Kapitalanlagen, welche aus Anleihen bestritten worden sind, sondern auch durch solche, welche in Beständen und laufenden Einnahmen ihre Deckung gefunden haben, eine ganz außerordentliche Steigerung erfahren. Während nämlich das staatliche Vermögen für das Jahr 1834 auf nur etwa 170 000 000 *M* rund (vgl. S. 120) und sonach bei einer Bevölkerung von 1 576 853 Köpfen auf rund 108 *M* für den Kopf sich beziffern läßt, betrug dasselbe am Schlusse des Jahres 1885 bei einer Bevölkerung von 3 182 003 Köpfen 1 005 779 531 *M*, wovon 200 171 954 *M* auf das bewegliche Vermögen[1] und 805 607 577 *M*

---

[1] Das bewegliche Staatsvermögen in der Gesammthöhe von 200 171 954 *M* setzte sich zusammen aus 78 086 325 *M* an Kassenbeständen, Außenständen und Naturalvorräthen, 105 193 315 *M* an Mobiliar und Inventar (einschließlich des Transportmittelparks der Staatseisenbahnen) und 16 892 314 *M* an staatlichen Fonds für bestimmte Zwecke. Von diesen Fonds waren die bedeutendsten der Erneuerungsfonds der

auf das unbewegliche Vermögen[1] kamen, und sonach auf den Kopf 316,09 ℳ, was gegenüber einer Schuldenlast von 207,27 ℳ auf den Kopf einen Vermögensüberschuß von 108,82 ℳ gegen rund 66 ℳ im Jahre 1834 bedeutet.

Wie die finanziellen Ergebnisse der einzelnen Finanzperioden sich gestaltet haben, das zu zeigen, ist die Aufgabe des folgenden Abschnittes, welcher zunächst in großen Umrissen die allgemeine Bedeutung der einzelnen Einnahme- und Ausgabezweige, soweit nöthig unter Berücksichtigung ihrer geschichtlichen Entstehung, darlegen und diejenigen Thatsachen, welche auf den Entwickelungsgang hauptsächlich von Einfluß gewesen sind, verzeichnen, zum Schlusse aber in zwei tabellarischen Aufstellungen A und B die ziffermäßige Bewegung veranschaulichen wird.[2] Zur Beseitigung etwaiger Mißverständnisse ist diesen Aufstellungen gegenüber noch besonders zu betonen, daß unter Ueberschüssen und Zuschüssen diejenigen Baarbeträge verstanden werden, welche je für eine Finanzperiode der obersten staatlichen Zentralkasse thatsächlich zugeflossen, beziehungsweise thatsächlich aus ihr entnommen worden sind, und daß, um die Ueberschüsse und die Zuschüsse möglichst rein zur Erscheinung zu bringen, im Wege der Ab- und Zusetzung mehrfach andere Gruppirungen haben vorgenommen werden müssen, als sie in den Staatsbudgets und übereinstimmend damit in den Rechenschaftsberichten erfolgt sind.

Staatseisenbahnen (vgl. S. 151) mit 10 054 254 ℳ, die Freiberger Bergbaukasse (vgl. S. 139) mit 2 308 604 ℳ und der Fonds zu Dienstalterszulagen für Unteroffiziere mit 2 054 634 ℳ Bestand.

[1] Das unbewegliche Staatsvermögen im Gesammtwerthe von 805 607 577 ℳ vertheilte sich mit 9 634 131 ℳ auf Grundeigenthum zur freien Benutzung der Krone, 43 306 959 ℳ auf Grundeigenthum zur öffentlichen Benutzung sowie zu gemeinnützigen und allgemeinen Zwecken (einschließlich der Landes-Pfleg-, Straf- und Besserungsanstalten), 725 839 309 ℳ auf Grundeigenthum zum Betriebe der Staatswirthschaft behufs Produktion materieller Güter oder Dienste, 26 827 178 ℳ auf Grundeigenthum zu Zwecken des Zivildienstes. (Vgl. S. 102.)

[2] Eine erschöpfende Darstellung der wirthschaftlichen Entwickelung der einzelnen Staatshaushaltszweige lag außerhalb des Planes dieser Arbeit. Dies wäre Aufgabe einer Geschichte der Sächsischen Finanzen, welche einen ganz anderen Raum erfordern würde, als er der vorliegenden Schrift zugemessen werden konnte, die in ihrem zweiten Theile namentlich auch das Verständniß der Einstellungen im Staatshaushalts-Etat erleichtern will.

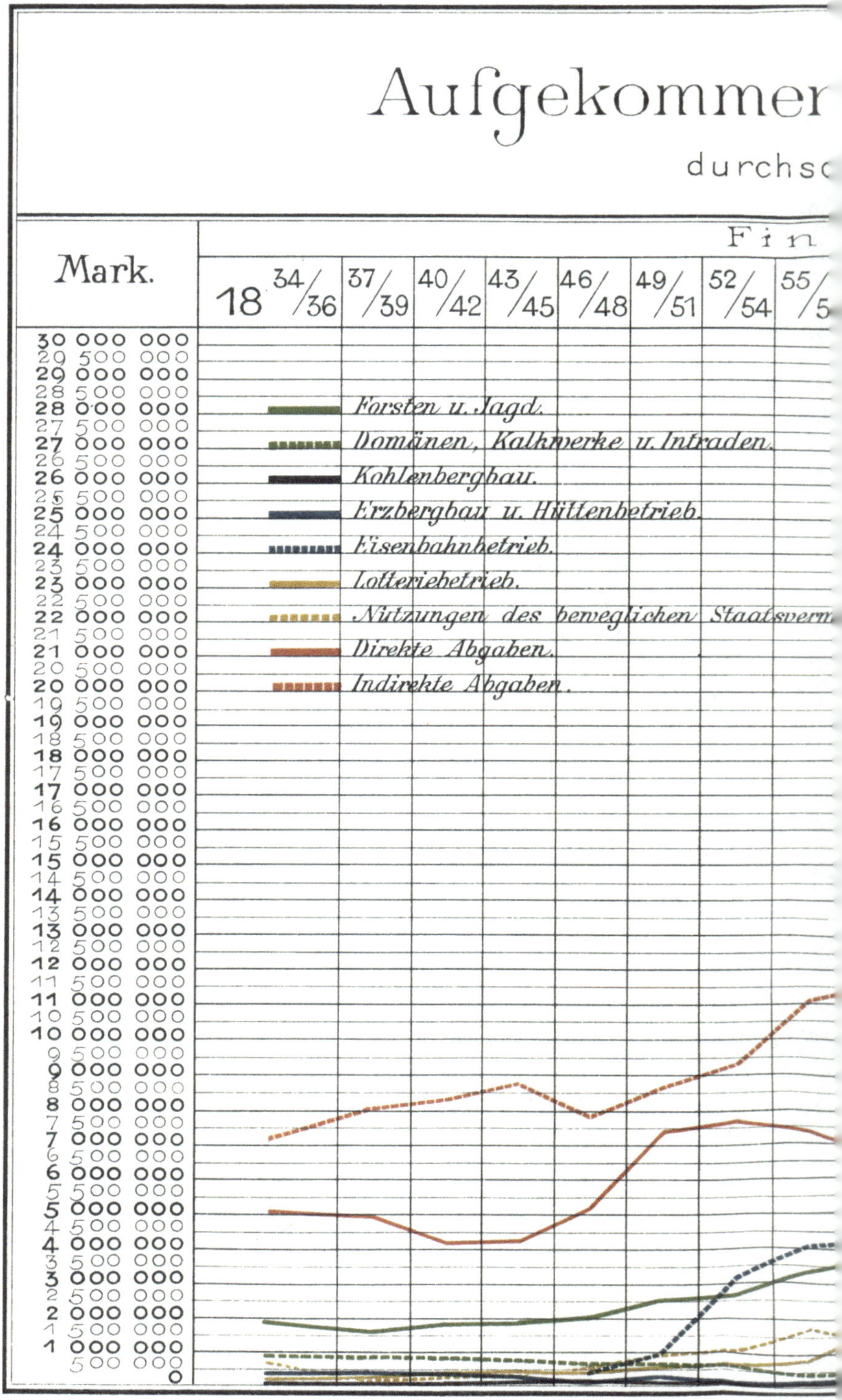
Aufgekommen
durchsc
Fin
Mark.
18 34/36
37/39
40/42
43/45
46/48
49/51
52/54
55/5
30 000 000
29 500 000
29 000 000
28 500 000
28 000 000
27 500 000
27 000 000
26 500 000
26 000 000
25 500 000
25 000 000
24 500 000
24 000 000
23 500 000
23 000 000
22 500 000
22 000 000
21 500 000
21 000 000
20 500 000
20 000 000
19 500 000
19 000 000
18 500 000
18 000 000
17 500 000
17 000 000
16 500 000
16 000 000
15 500 000
15 000 000
14 500 000
14 000 000
13 500 000
13 000 000
12 500 000
12 000 000
11 500 000
11 000 000
10 500 000
10 000 000
9 500 000
9 000 000
8 500 000
8 000 000
7 500 000
7 000 000
6 500 000
6 000 000
5 500 000
5 000 000
4 500 000
4 000 000
3 500 000
3 000 000
2 500 000
2 000 000
1 500 000
1 000 000
500 000
0
Forsten u. Jagd.
Domänen, Kalkwerke u. Intraden.
Kohlenbergbau.
Erzbergbau u. Hüttenbetrieb.
Eisenbahnbetrieb.
Lotteriebetrieb.
Nutzungen des beweglichen Staatsverm
Direkte Abgaben.
Indirekte Abgaben.

Verlag Ve

berschüsse

im Jahr.

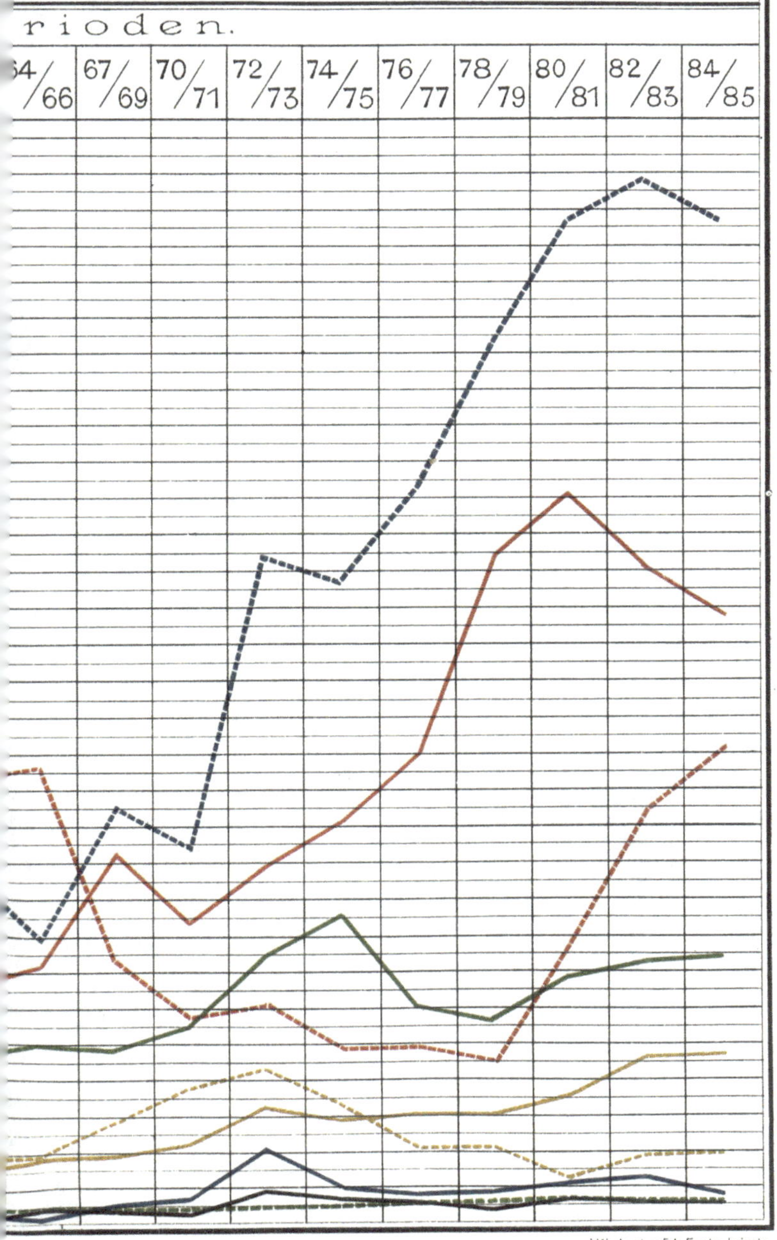

Lith. Anst. v. F.A. Funke, Leipzig

g.

Zweiter Abschnitt.

Die einzelnen Zweige des Staatshaushalts.

1. Forsten (bis mit 1882/83 einschließlich des Floß- und Holzhofbetriebes) und Jagd.

(Vgl. Nr. 1 der Tabelle A.)

Die Forsten haben vermöge ihres Umfanges und der Höhe ihrer Erträgnisse von jeher den wichtigsten Theil des Königlichen Domänengutes gebildet. Ihre finanzielle Bedeutung hat sich aber noch außerordentlich gesteigert, seitdem der Staat sie mit den übrigen Theilen des Domänengutes in Nutzung und demzufolge auch in Verwaltung genommen hat. Denn während in der Zeit vorher ihr Reinertrag bei einem Gesammtbestande von rund 148 500 ha, wie er für den Zeitraum von 1827 bis mit 1831 sich annehmen läßt, über 1 500 000 *M* oder 10,10 *M* vom ha durchschnittlich jährlich kaum hinausreichte, ist er in den Jahren 1834 bis mit 1885 bei einem Durchschnittsbestande von 154 412,78 ha, wie er für diesen Zeitraum sich berechnet, auf 4 187 189 *M* durchschnittlich jährlich oder auf 27,11 *M* vom ha und sonach um nahezu das Dreifache gestiegen.

Dieses günstige Ergebniß ist vor Allem der rationellen Kultur und Pflege des Waldes, wie ihn die staatliche Forstverwaltung sich stets hat angelegen sein lassen, und den großen Aufwendungen zu danken, welche sie aus den Betriebseinnahmen fortgesetzt für Forstverbesserungen aller Art sowie für die Unterhaltung eines nicht allein genügend großen, sondern auch mit den erforderlichen wissenschaftlichen und praktischen Kenntnissen ausgerüsteten Beamtenpersonals gemacht hat.

Dabei ist das Absehen jederzeit auch darauf gerichtet gewesen, die vorhandene Waldfläche durch Neuerwerbungen zu vergrößern, so daß dieselbe von 148 693,61 ha (einschließlich 5274,90 ha Nichtholzboden) am Schlusse des Jahres 1836 auf 172 062,15 ha (einschließlich 6587,47 ha Nichtholzboden) am Schlusse des Jahres 1885 und sonach um 23 368,54 ha gestiegen ist.[1]

In welcher Weise die einzelnen Jahre an dieser Steigerung betheiligt gewesen sind, zeigt nachfolgende Aufstellung, wonach betrugen:

in den Jahren	Holzboden	Nicht-holzboden	zusammen	in den Jahren	Holzboden	Nicht-holzboden	zusammen
	ha	ha	ha		ha	ha	ha
1827/36	143 418,71	5274,90	148 693,61	1869	155 773,66	6528,38	162 302,04
1837/46	145 493,58	5092,09	150 585,67	1870	157 765,94	6553,52	164 319,46
1847/53	147 130,29	5175,70	152 305,99	1871	158 085,58	6632,32	164 717,90
1854	147 313 63	5119,01	152 432,64	1872	158 366,67	6537,13	164 903,80
1855	147 479,18	5183,85	152 663,03	1873	158 395,29	6293,83	164 689,12
1856	147 626,69	5232,60	152 859,29	1874	159 544,33	6406,80	165 951,13
1857	147 582,39	5299,65	152 882,04	1875	160 353,84	6245,25	166 599,09
1858	148 652,93	5361,79	154 014,72	1876	160 457,11	6165,09	166 622,20
1859	148 943,45	5474,74	154 418,19	1877	161 112,19	6167,03	167 279,22
1860	150 204,66	5702,54	155 907,20	1878	161 081,30	6105,80	167 187,10
1861	150 311,71	5841,00	156 152,71	1879	161 767,49	6185,77	167 953,26
1862	150 849,30	6048,89	156 898,19	1880	162 530,36	6241,36	168 771,72
1863	151 760,80	6136,59	157 897,39	1881	164 267,44	6468,15	170 735,59
1864	151 941,35	6147,59	158 088,94	1882	164 436,27	6493,14	170 929,41
1865	152 866,88	6258,00	159 124,88	1883	164 849,93	6498,92	171 348,85
1866	153 255,50	6306,61	159 562,11	1884	164 954,89	6539,78	171 494,67
1867	153 433,78	6425,41	159,859,19	1885	165 474,68	6587,47	172 062,15
1868	154 215,38	6446,05	160 661,43				

Veräußerungen von Theilen der Staatsforsten haben grundsätzlich nur insoweit stattgefunden, als es sich um Parzellen handelte, deren Umfang und Ertrag zu dem Betriebs- und Verwaltungsaufwande in keinem angemessenen Verhältnisse stand, oder welche von den Dienstwohnungen der Forstbeamten zu entfernt lagen, um in die erforderliche Aufsicht genommen werden zu können, oder vereinzelt außer den geschlossenen Waldgrenzen sich befanden oder ausspringende Winkel bildeten und daher von der regelmäßigen Forsteintheilung ausgeschieden bleiben mußten oder endlich vortheilhafter zum Frucht- und Wiesenbaue sowie zu Bauland als zur Holzzucht zu verwenden waren.[2] Erlöse aus derartigen Veräußerungen sind aber stets wieder zu Neuerwerbungen von Holzflächen oder zur Ablösung von Lasten verwendet worden, mit welchen die Forsten beschwert waren.

Das in den staatlichen Forsten, in welchen unter den verschiedenen

[1] In den Jahren 1886—1888 sind weitere 648,69 ha hinzugetreten dergestalt, daß der Bestand sich bezifferte Ende 1886 auf 172 450 ha (einschließlich 6590,41 ha Nichtholzboden), Ende 1887 auf 172 471,22 ha (einschließlich 6571,31 ha Nichtholzboden), Ende 1888 auf 172 710,84 ha im Kapitalwerthe von 299 543 800 ℳ.

[2] Landtagsakten 1833 Abth. I Bd. 1 S. 376, 377.

Holzarten das Nadelholz, speziell aber Fichten und Tannen überwiegen, gewonnene Holz gelangte früher außer in den Waldungen selbst, wo es in der Regel nur im Wege der Versteigerung abgegeben wurde, auch noch in einer Anzahl von Floßanstalten und Holzhöfen zum Vertriebe in der Weise, daß diesen Anstalten von der Forstverwaltung der Taxwerth der Hölzer angerechnet wurde, während sie dieselben mit einem angemessenen Aufschlage freihändig verkauften. Dieses Geschäft war zeitweise nicht uneinträglich, indem es z. B. in 1834/36 einen Reinertrag von 180 767 *M* durchschnittlich jährlich abwarf, ging aber in Folge der Umgestaltung der Verkehrswege allmälig so zurück, daß es nicht mehr lohnte, ja sogar Verlust brachte, weshalb die Floßanstalten und Holzhöfe nach und nach aufgehoben wurden, und zwar der letzte Holzhof mit Schluß des Jahres 1878, die letzte Floßanstalt mit Schluß des Jahres 1882.

Die Jagd wird innerhalb der staatlichen Forsten, soweit sie nicht an Se. Majestät den König oder an Forstbeamte verpachtet ist, grundsätzlich nur für Rechnung der Forstverwaltung ausgeübt. Verpachtung derselben an Privatpersonen ist ausgeschlossen. Ihre Erträgnisse sind unerheblich.

Die Ueberschüsse aus dem Betriebe der Forsten, der Floßanstalten, der Holzhöfe und der Jagd haben in den Jahren 1834 bis mit 1885 auf insgesammt 217 733 838 *M* sich beziffert, wobei das höchste Erträgniß mit 8 552 050 *M* durchschnittlich jährlich oder bei einem durchschnittlichen Flächenbestande von 166 275,11 ha mit 51,43 *M* vom ha der Finanzperiode 1874/75, das niedrigste mit 1 604 709 *M* durchschnittlich jährlich oder bei einem durchschnittlichen Flächenbestande von rund 149 000 ha mit 10,77 *M* vom ha der Finanzperiode 1837/39 angehört.

In welchem Verhältnisse die Reinerträgnisse zu den Roheinnahmen stehen, dafür möge ein ungefähres Anhalten die Angabe bieten, daß beispielsweise in der Finanzperiode 1884/85 die gesammten Einnahmen 11 213 484,86 *M* (= 13,91 *M* für 1 Festmeter Derbholz) durchschnittlich jährlich betrugen, wovon u. a. auf verkaufte Hölzer 10 921 160 *M*, auf Forstnebennutzungen (Pachtgelder sowie Erträge aus der Gewinnung von Gras, Steinen, Braunkohlen und Torf) 224 760,71 *M* und auf Jagdeinkünfte 19 431,72 *M* durchschnittlich jährlich entfielen, und daß diesen Einnahmen eine Summe von 3 746 186,56 *M* durchschnittlich jährlich für Ausgaben gegenüberstand, von welchen die Besoldungen und sonstigen persönlichen Ausgaben mit 888 911,09 *M*, die Forstverbesserungskosten mit 676 311,15 *M* und die Holzschlägerlöhne mit 1 406 769,20 *M* durchschnittlich jährlich am meisten ins Gewicht fielen.

Zu der günstigen Entwickelung des staatlichen Forstbetriebes haben die Forstakademie zu Tharant, auf welcher die Forstbeamten ihre wissenschaftliche Ausbildung erhalten, und die Forsteinrichtungsanstalt (früher Forstvermessungsanstalt genannt), welche die allgemeinen Ertragsanschläge für die gesammten Forsten und die periodischen Betriebspläne für die einzelnen Forstreviere aufzustellen, auch den erforderlichen Revisionsarbeiten sich zu unterziehen hat, wesentlich beigetragen.

2. Domänen, Kalkwerke und Intraden.

(Vgl. Nr. 2 der Tabelle A.)

Als die Nutzungen des Königlichen Domänengutes auf die Staatskasse übergingen, gehörten dazu u. a. 28 selbstständige Güter, 4 selbstständige Teichwirthschaften, 10 Mühlen sowie eine Anzahl von Ziegelöfen, Kalkwerken, Wiesen, Gärten und sonstigen Einzelgrundstücken. Von diesen Besitzungen sind im Laufe der Zeit die Mühlen und die Ziegelöfen gänzlich, die Güter bis auf 10 — die Kammergüter Döhlen mit Zauckerode, Gorbitz, Kalkreuth mit Biebrach, Lohmen, Mügeln, Ostra, Pratzschwitz, Sachsenburg, Sedlitz und Zella mit einem Gesammtareale von 3258,70 ha —, die Teichwirthschaften bis auf 2 — die Teichwirthschaften in Moritzburg und in Mutzschen — und die Einzelgrundstücke zum größeren Theile in der Weise veräußert worden, daß die Erlöse daraus zum Ankaufe anderen inländischen Grundeigenthums, namentlich aber von Forsten, Kohlenfeldern, Kalkbrüchen u. dergl., sowie zur Ablösung von Lasten verwendet worden sind, welche auf dem Domänengute hafteten (VU § 18).

Die Kalkwerke — ihrer Zahl nach gegenwärtig 8, die sämmtlich im Erzgebirge (Lengefeld, Heidelbach, Neunzehnhain, Hermsdorf, Zaunhaus, Unterwiesenthal, Crottendorf, Oberscheibe) gelegen sind — werden vom Staate selbst betrieben. Alle übrigen Besitzungen mit Ausnahme des Kammergutes Sachsenburg, welches seit Mitte des Jahres 1873 gegen eine jährliche Rente der Straf- und Besserungsanstalt Sachsenburg zur Bewirthschaftung überlassen ist, sowie der Teichwirthschaft zu Moritzburg und der Domänenwiesen im Thiergarten daselbst, welche gegen Gewährung entsprechender Renten von Sr. Majestät dem Könige zu eigener Verwaltung und Benutzung übernommen worden sind (VU § 17), werden durch Verpachtung genutzt.

Als Domänen zwar nicht im verfassungsrechtlichen Sinne (vgl. S. 65), wohl aber nach dem Sprachgebrauche des Staatshaushalts-Etats gelten auch die der Landesschule Grimma gehörigen beiden Güter Klosterbuch mit Tautendorf und Nimbschen mit Großbardau und Kleinbothen mit einem Gesammtareale von 624,84 ha, indem dieselben gegen Gewährung einer bestimmten Jahresrente dem Staate zur Nutzung überlassen sind, die ebenfalls durch Verpachtung erfolgt.

Seit einer Reihe von Jahren kommen in dem nämlichen Etatkapitel wie die Nutzungen der zum Domänengute gehörigen Kammergüter, Teiche und Einzelgrundstücke auch die Nutzungen aus solchen Grundstücken zur Erscheinung, welche, wie z. B. die Miethzinsen von den ehemaligen Militäretablissements in Dresden, keinem bestimmten Ressort zugewiesen werden können.

Die landes-, lehns- und gutsherrlichen Gefälle, welche in der vorkonstitutionellen Zeit unter der allgemeinen Bezeichnung als **Intraden** zusammengefaßt wurden und früher ziemlich ansehnliche Erträgnisse abwarfen, sind im Laufe der Zeit größtentheils abgelöst worden, beziehungsweise mit der i. J. 1872 erfolgten Aufhebung des Lehnsverbandes[1] in Wegfall gekommen, so daß sie einschließlich der Einkünfte an erblosen Nachlässen, herrenlosen Gütern und konfiszirten Gegenständen im jährlichen Durchschnitte gegenwärtig kaum mehr als 30 000 ℳ betragen.

Der in dieser Weise eingetretene Ausfall wird aber zu einem guten Theile dadurch ausgeglichen, daß den Intraden seit dem Inkrafttreten des Gesetzes, die Ausübung der Jagd betreffend, vom 1. Dezember 1864 (GVB 1864 S. 405 flg.) die Antheile, welche der Staat von den **Gebühren für die Ausstellung von Jagdkarten** bezieht (von Jahreskarten 9 ℳ, von Tageskarten 2,25 ℳ), und seit der Finanzperiode 1880/81 diejenigen Antheile zugewachsen sind, welche den staatlichen Verwaltungsbehörden für den **Vertrieb von Hundesteuermarken und Belehrungen über die Hundswuth** aus den Erträgnissen der durch Gesetz vom 18. August 1868 (GVB 1868 S. 509 flg.) eingeführten und im Uebrigen der Regel nach den örtlichen Armenkassen zufließenden Hundesteuer mit 0,25 ℳ für jeden Hund gewährt werden müssen. Die Erträgnisse beider Einnahmequellen sind nicht ganz unerheblich, da sie beispielsweise in der Finanzperiode 1884/85 nach Abzug der Kosten für den Druck der Jagdkarten sowie für Herstellung, Vertrieb, Verpackung und Transport der Hundesteuermarken und der Belehrungen über die Hundswuth auf 158 792 ℳ oder 79 396 ℳ durchschnittlich jährlich sich belaufen haben, wovon der Hauptantheil auf Jagdkartengelder entfällt.

Die gesammten Ueberschüsse, welche die Domänen, Kalkwerke und Intraden in dem Zeitraume von 1834 bis mit 1885 abgeworfen haben, beziffern sich auf 31 873 731 ℳ oder 612 956 ℳ durchschnittlich jährlich, wovon der größere Theil aus Erträgnissen der Domänen und Intraden sich zusammensetzt, da die Kalkwerke beispielsweise in der Finanzperiode

---

[1] Deklaration, die Aufhebung des Lehnsverbandes betr., v. 22. Mai 1872, GVB 1872 S. 264 flg.

1884/85 nur 156 070,67 M oder 78 035,33 M durchschnittlich jährlich abgeworfen haben. Die erheblichen Rückgänge, welche in den Einnahmeüberschüssen bereits seit der Finanzperiode 1837/39 eingetreten sind, finden, soweit die Domänen dabei in Frage kommen, in der Hauptsache ihren Ausgleich theils in den Erträgnissen derjenigen Grundstücke, welche an Stelle veräußerter Domänen für andere Betriebszweige, in erster Linie für die Forsten, erworben worden sind, theils in Mehrerträgnissen des Staatsgutes in Folge der Ablösung von darauf ruhenden Lasten, welche mit Hilfe der Erlöse aus veräußertem Domänengute durchgeführt worden ist.

3. Weinberge und Kellerei.

(Vgl. Nr. 3 der Tabelle A.)

Zu dem Domänengute, dessen Nutzungen nach dem Inkrafttreten der Verfassungsurkunde auf den Staat übergingen, gehörte auch eine Anzahl von Weinbergen, welche in Pillnitz, der Hoflößnitz, Cossebaude, Weinböhla, Ober- und Niedermeißa und Zscheila gelegen waren und ein Gesammtareal von 98,71 ha hatten. Von diesen Bergen wurden indessen die zu Weinböhla, Ober- und Niedermeißa und Zscheila bereits in der Finanzperiode 1834/36 veräußert, weil sie nur von geringem Umfange waren — sie umfaßten zusammen 17,12 ha —, abgesondert lagen und ihre Kultivirung bedeutende Kosten erfordert haben würde, so daß nur die Weinberge zu Pillnitz, in der Hoflößnitz und in Cossebaude mit einem Gesammtareale von 81,59 ha im staatlichen Besitze und Betriebe blieben. Aber auch diese Weinberge, deren Weine in der Domanialkellerei zu Dresden gelagert und von hier aus vertrieben werden, haben einschließlich des Kellereibetriebes nur geringe Reinerträgnisse abgeworfen, in den Finanzperioden 1874/75 und 1884/85 sogar mit Verlust abgeschlossen. Das höchste Reinerträgniß bezifferte sich auf 35 115 M durchschnittlich jährlich und fiel in die Finanzperiode 1872/73, während der Gesammtdurchschnitt der Jahre 1834 bis mit 1885 bei einem Gesammtüberschusse von 740 612 M nur 14 242,53 M ergiebt.

Im Verlaufe der letztverflossenen Jahre hat die Reblaus in den Weinbergen der Hoflößnitz so große Verheerungen angerichtet, daß die Reben auf einer Fläche von 23,96 ha haben ausgerodet werden müssen und der Weinbau auf derselben gänzlich aufgegeben worden ist.

4. Porzellanfabrikation.

(Vgl. Nr. 4 der Tabelle A.)

Bereits i. J. 1710 war von dem damaligen Kurfürsten und gleichzeitigen Könige von Polen Friedrich August I. in der Albrechtsburg zu

Meißen eine der technischen Leitung des berühmten Erfinders des Deutschen Porzellans, Johann Friedrich Böttger, unterstellte Porzellanfabrik (Porzellanmanufaktur) begründet worden, welche durch die innere Güte und die künstlerische Gestaltung ihrer Erzeugnisse im Laufe der Zeit große Berühmtheit erlangte und noch heute zu den hervorragendsten Unternehmungen ihrer Art zählt. Auch hatte diese Anstalt, welche dem Königlichen Domänengute beigezählt wurde, in dem Zeitraume von 1719 bis mit 1806 baare Ueberschüsse im Gesammtbetrage von etwa $2^1/_2$ Millionen Mark abgeworfen. Von letzterem Zeitpunkte an hatte sie dagegen fast ebensoviel an Zuschüssen erfordert, so daß man, als zum ersten Male ein Staatsbudget aufgestellt wurde, auf Erträgnisse aus der Porzellanfabrikation überhaupt nicht rechnen zu können glaubte. Der große Verkehrsaufschwung, wie er in Folge der Begründung des Deutschen Zoll- und Handelsvereins sich vollzog, kam indessen auch diesem Unternehmen derart zu statten, daß dasselbe seitdem nie mehr Zuschüsse in Anspruch zu nehmen brauchte, vielmehr mit Betriebsgewinnen abschloß, welche mit alleiniger Ausnahme der Finanzperiode 1849/51 erhebliche Ueberschußeinlieferungen ermöglichten.

Den Höhepunkt ihrer finanziellen Entwickelung erreichte die Anstalt, nachdem sie im Jahre 1863 aus der Albrechtsburg in für ihre Zwecke neu aufgeführte Gebäude verlegt worden war, welche einen umfassenderen und vortheilhafteren Betrieb zuließen, als er vorher hatte stattfinden können. Denn seitdem stiegen die jährlichen Durchschnittserträgnisse von rund 39 052 ℳ auf rund 254 264 ℳ.

Die Gesammtüberschüsse, welche die Meißner Porzellanmanufaktur in dem Zeitraume von 1834 bis mit 1885 abgeworfen hat, und die je nach den Konjunkturen mehr oder weniger geschwankt haben, beziffern sich auf 6 499 468 ℳ oder 124 989,76 ℳ durchschnittlich jährlich, wobei das höchste Erträgniß mit 899 972 ℳ oder 449 986 ℳ durchschnittlich jährlich der Finanzperiode 1880/81 angehört. In dieser Summe sind 314 751,78 ℳ inbegriffen, welche die bis zum Jahre 1877 als Nebenzweig betriebene Lasursteinblaufabrikation abgeworfen hat.[1] Dagegen sind dabei die auf 900 003 ℳ sich belaufenden Kosten für die Herstellung der neuen Gebäude, welche die Anstalt im Jahre 1863 bezogen hat, nicht mit berücksichtigt worden, weil dieselben auf das außerordentliche Budget übernommen worden sind. Will man sie mit in Anschlag bringen, so

[1] Vgl. Böhmert, Urkundliche Geschichte und Statistik der Meißner Porzellanmanufaktur von 1710 bis 1880 in der Zeitschrift des K. S. statistischen Bureaus Jahrg. XXVI S. 44 flg.

vermindert sich der oben bezifferte Ueberschuß auf 5 599 465 ℳ oder 107 682 ℳ durchschnittlich jährlich.

5. Kohlenbergbau.

(Vgl. Nr. 5 der Tabelle A.)

Mit dem Königlichen Domänengute gingen seit dem Inkrafttreten der Verfassungsurkunde auch die Nutzungen eines im Flurbezirke des Kammergutes Döhlen mit Zauckerode im Plauenschen Grunde bei Dresden gelegenen Steinkohlenwerkes auf den Staat über. Diesem Werke war zwar bereits von Haus aus eine Anlage gegeben worden, welche einen nachhaltigen Betrieb gewährleistete; allein erst durch bedeutende Aufwendungen, welche der Staat theils für umfängliche Stolln- und Schachtanlagen, mit denen er bereits in der ersten konstitutionellen Finanzperiode begann, theils für zweckentsprechende technische Einrichtungen im Laufe der Zeit gemacht hat, ist es zu vollkommen regelmäßiger Entwickelung und sicherem Fortschreiten gebracht worden dergestalt, daß seine für den Staatshaushalt verfügbar gewordenen Ueberschüsse von einem Mindestbetrage von 103 754 ℳ oder rund 34 585 ℳ durchschnittlich jährlich in der Finanzperiode 1834/36 auf einen Höchstbetrag von 1 716 820,95 ℳ oder 858 410,47 ℳ durchschnittlich jährlich in der Finanzperiode 1872/73 haben gesteigert werden können, die Gesammtsumme dieser Ueberschüsse aber in dem Zeitraume von 1834 bis mit 1885 die Höhe von 13 732 661 ℳ oder 264 090 ℳ durchschnittlich jährlich erreicht hat, wobei indessen Zuschüsse in der Gesammthöhe von 233 455 ℳ, welche für eine Stollnanlage aus Beständen aufgewendet worden sind, keine Berücksichtigung gefunden haben.

Mit dem Abbaue von Braunkohlen als selbständigem Betriebsunternehmen begann der Staat, indem er in den Jahren 1855/60 in Kaditzsch bei Grimma nahe an 47 ha Braunkohlenfelder für Rechnung des Domänenfonds (vergl. S. 65) und daher in der Eigenschaft als Staatsgut erwarb und darauf mit einem Kostenaufwande von etwa 200 000 ℳ ein Braunkohlenwerk errichtete, welches zuerst in der Finanzperiode 1861/63 Ueberschüsse abwarf, die jedoch nicht dem laufenden Staatshaushalte zu Gute gingen, sondern zur Abstoßung von Betriebsvorschüssen verwendet wurden, welche aus der obersten staatlichen Zentralkasse entnommen worden waren. Erst in der Finanzperiode 1864/66 flossen dem Staatshaushalte erstmalig Betriebsüberschüsse aus dem Braunkohlenwerke zu, und seitdem hat dasselbe unausgesetzt Ueberschüsse abgeworfen, die zwar je nach den Konjunkturen und der Gestaltung der Abbauverhältnisse mehr oder weniger schwankten, aber in dem Zeitraume von 1864 bis mit 1885 immerhin die Gesammthöhe von 1 043 346,06 ℳ oder durchschnittlich jährlich 47 424,81 ℳ erreichten, wobei das höchste Erträgniß mit 137 336,37 *M* oder 68 668,18 *M* durchschnittlich jährlich der Finanzperiode 1872/73, das niedrigste mit 36 407,35 *M* oder 18 203,67 *M* durchschnittlich jährlich der Finanzperiode 1884/85 angehört, in welcher letzteren die mehr und mehr eintretende Erschöpfung des Kohlenlagers besonders stark sich geltend machte.

6. Erzbergbau und Hüttenbetrieb.

(Vgl. Nr. 6 der Tabelle A.)

An dem Erzbergbaue, wie er in verschiedenen Theilen des Landes, in erster Linie aber in der Gegend von Freiberg, seit Jahrhunderten betrieben wird, ist der Staat als selbstständiger Unternehmer von jeher nur in verhältnißmäßig geringem Umfange betheiligt gewesen, — ein Verhältniß, welches bis noch vor wenigen Jahren fortgedauert hat. Dagegen befanden sich die an den Freiberger Erzbergbau anschließenden Hüttenwerke bereits in den ersten Jahrzehnten des vorigen Jahrhunderts sämmtlich in landesherrlichem Eigenthume. Außer diesen Hüttenwerken bestanden ein Kupferhammer und zwei Blaufarbenwerke als landesherrliche Hüttenunternehmungen, wozu noch landesherrliche Betheiligungen an drei Blaufarbenwerken kamen, welche von Privatgewerken betrieben wurden.

Von den 514 gangbaren Erzgruben des Landes, welche im Jahre 1834 gezählt wurden, gehörten 27 dem Staate eigenthümlich zu; dieselben wurden indessen nach und nach bis auf zwei, die Gruben Kurprinz Friedrich August-Erbstolln bei Großschönau und Beihilfe bei Halsbrücke, aufgelassen. Ueberschüsse haben beide Gruben in dem Zeitraume von 1834 bis mit 1885 nicht abgeworfen, wohl aber haben sie erhebliche Zuschüsse erfordert, welche, seitdem i. J. 1861 die i. J. 1747 zum Erliegen gekommenen Tiefbaue auf dem Halsbrückner Spat durch die Grube Beihilfe wieder aufgenommen wurden, i. J. 1863 aber mit neuen Abteufungen auf dem Grubenfelde von Kurprinz Friedrich August-Erbstolln begonnen wurde, bedeutende Steigerungen erfuhren dergestalt, daß allein die Grube Beihilfe von der Wiederaufnahme des Tiefbaubetriebes auf dem Halsbrückner Spat bis zum Schlusse des Jahres 1885 einen Zuschuß von 2 520 697,17 *M* in Anspruch genommen hat.

Außer den Aufwendungen, welche der Staat für seine eigenen Bergbauunternehmungen machen mußte, lagen ihm fortgesetzt auch erhebliche Ausgabeverpflichtungen zu Gunsten des von Privaten betriebenen Erzbergbaues ob, die sich theils aus der Stellung ableiteten, welche der Staat dem Erzbergbaue gegenüber einnahm, so lange letzterer Regal und darum der Staat allein zum Ankaufe der gewonnenen Erze berechtigt war, theils auf die Beziehungen zurückzuführen sind, in welchen der Staat als Eigenthümer der Freiberger Hüttenwerke zum Erzbergbaue stand.

Von den regelmäßig wiederkehrenden Ausgaben, welche hierbei in Betracht kommen, sind zunächst die Kosten der Unterhaltung der Bergbehörden hervorzuheben. Letztere wurden bis zu dem am 3. Januar 1869 erfolgten Inkrafttreten des Allgemeinen Berggesetzes vom 16. Juni 1868 (GVB 1868 S. 353 flg.), durch welches das Bergregal beseitigt wurde, durch eine Anzahl von Bergämtern und ein Oberbergamt als Direktivbehörde gebildet. Zur Einhebung und Verrechnung der staatlichen Zehntengebührnisse bestand außerdem eine Anzahl von Zehntenämtern (Zehntenkassen). Die Bergämter im Vereine mit dem Oberbergamte führten nicht blos die Aufsicht über den gesammten Erzbergbau, sondern ihnen stand auch die ausschließliche Betriebsleitung desselben zu. Erst durch das Gesetz, den Regalbergbau betreffend, vom 22. Mai 1851 (GVB 1851 S. 201 flg.) wurde die Verwaltung der Privatgruben deren Eigenthümern freigegeben, indem nur noch eine Aufsichtsführung der Bergbehörden aus volkswirthschaftlichen und bergpolizeilichen Rücksichten beibehalten wurde. Das Allgemeine Berggesetz vom 16. Juni 1868 machte die Grubenbesitzer noch unabhängiger in der Verwaltung ihres Eigenthums, weshalb gleichzeitig die damals noch bestandenen Bergämter und das Oberbergamt aufgehoben und durch ein einziges Bergamt mit dem Sitze in Freiberg ersetzt wurden, welches seitdem unter Mitwirkung von ihm beigegebenen technischen Lokalbeamten (Berginspektoren) die Aufsicht über den gesammten Bergbau vom Standpunkte des öffentlichen Interesses führt. Die Zehntenkassen waren in Folge der Einführung einer veränderten Besteuerung des Erzbergbaues bereits mit Ablauf des Jahres 1864 aufgehoben worden.

Erhebliche Leistungen erwuchsen dem Staate aus der ihm obliegenden Verpflichtung, die in seinem Eigenthume befindlichen Stölln und Wasserversorgungsanstalten zu unterhalten und je nach Bedarf neue dergleichen anzulegen. Diese Verbindlichkeit, welche mehrfach auch das außerordentliche Staatsbudget belastet hat (in den Finanzperioden 1846/48 und 1870/71 flg. mit zusammen 2 191 150 *M*), wurde aber durch das Gesetz vom 22. Mai 1851 in der Weise beseitigt, daß die Mehrzahl dieser Stölln und Wasserversorgungsanstalten mit allem zugehörigen Aktiv- und Passivvermögen in das Gesammteigenthum der betreffenden Reviere und Revierabtheilungen überwiesen wurde. Zu den Stölln und Wasserleitungen, welche bis auf Weiteres noch im Eigenthume des Staatsfiskus verblieben, gehört insbesondere der aus dem Triebischthale oberhalb der Stadt Meißen bis auf den Halsbrückner Spat in einer Länge von 13 900,79 m und einer Teufe von 94—152 m getriebene Rothschönberger Stolln, dessen Bau vom Staate in den Jahren 1844 bis 1877 mit einem Kostenaufwande von insgesammt 7 169 217,37 *M*, wovon 2 008 900 *M* auf das außerordentliche Staatsbudget übernommen worden sind, ausgeführt, und durch welchen der Fortbetrieb des Freiberger Bergbaues auf lange Zeit hinaus gesichert worden ist.

Als unmittelbare Leistungen für den Betrieb des privaten Erzbergbaues treten im Staatshaushalte die regelmäßigen Zuwendungen an die Bergbegnadigungsfonds und die Bergbaukassen auf.

Die Bergbegnadigungsfonds, deren sechs bestehen, sind mit der juristischen Persönlichkeit ausgestattete Vermögensmassen, welchen die den Bergorten für Befreiungen von der ehemaligen Land- und Trankfsteuer zufolge § 3 des Gesetzes, verschiedene Bestimmungen wegen der Befreiungen von indirekten Abgaben betreffend, vom 6. Dezember 1834 (GS 1834 S. 474) und § 7 der Vollziehungsverordnung vom gleichen Tage und Jahre (GS 1834 S. 480) in Höhe von 19 000 Thalern Konventionsmünze = 58 584 *M* jährlich bewilligten Entschädigungen zufließen, die unter spezieller Aufsicht der Bergbehörden mit der Maßgabe zum Grubenbetriebe verwendet werden müssen, daß die Erträgnisse der betreffenden Gruben (der s. g. Kommungruben) und Grubenantheile den ehemals steuerbefreiten Bergorten (den s. g. bergbegnadigten Ortschaften) zuzufließen haben. Der Bestand dieser Kassen, welchen der Staat in den Jahren 1835 bis mit 1885 eine Gesammtsumme von 2 987 784 *M* zugeführt hat, belief sich am Schlusse der Finanzperiode 1884/85 auf 80 076,70 *M*, so daß also bis dahin 2 907 707,30 *M* zum Grubenbaue Verwendung gefunden haben. Die Bergbaukassen, ihrer Zahl nach zwei, die eine für Freiberg, die andere für das Obergebirge, sind Fonds, welche zur Unterstützung wichtiger und aussichtsreicher Gruben in der Weise dienen, daß sie letzteren Vorschüsse zur Verwendung für bestimmte Betriebe oder Ausführungen gewähren oder auch durch Verbauung von Kuxen an denselben sich mit betheiligen. Die Einzahlungen des Staates an die Bergbaukassen, von welchen am Schlusse der Finanzperiode 1884/85 die Freiberger einen Bestand von 2 308 604,62 *M*, die obergebirgische einen solchen von 300 359,22 *M* einschließlich der zu einem guten Theile werthlosen Außenstände hatte, haben in dem Zeitraume von 1870, für welches Jahr sie zum ersten Male im Rechenschaftsberichte besonders zur Ziffer gebracht wurden, bis zum Schlusse des Jahres 1885 die Gesammthöhe von 890 000 *M* oder von 55 625 *M* durchschnittlich jährlich erreicht.[1]

[1] Mit der in der Finanzperiode 1880/81 erfolgten Verstaatlichung der wichtigsten Privatgruben (vgl. S. 144) sind die Zuschußleistungen an die Bergbaukassen eingestellt worden.

Von weiteren regelmäßigen Ausgaben zur Förderung und Unterstützung des Erzbergbaues ist noch des Aufwandes für zwei Bergschulen in Freiberg und Zwickau zu gedenken, welche den Zweck verfolgen, Unteraufseher, Steiger und Werkmeister für den Erz- und Kohlenbergbau auszubilden, und von welchen die zu Freiberg bereits im Jahre 1776 als Staatsanstalt begründet worden ist und daher in der Hauptsache auch aus Staatsmitteln unterhalten wird, während die Zwickauer Schule eine Privatanstalt mit staatlicher Unterstützung ist.

Für die Aufwendungen, welche vom Staate für den von Privaten betriebenen Erzbergbau gemacht worden sind, hat derselbe in den Gegenleistungen der letzteren, welche hauptsächlich in Abgaben verschiedener Art, Stollnzinsen, Verwaltungsgebühren für einzelne amtliche Handlungen u. dgl. bestanden haben, nur zu einem geringen Theile Ersatz gefunden. Bis zum Inkraftreten des Gesetzes über den Regalbergbau vom 22. Mai 1851 bestanden die Abgaben, welche vom Erzbergbaue erhoben wurden, theils in einer Art von Lizenzgebühren unter dem Namen Quatember- und Rezeßgeld, theils in dem Zehnten von den geförderten Produkten. Durch das Gesetz vom 22. Mai 1851 wurden diese Abgaben beseitigt und durch eine Grubenfeldsteuer sowie eine Reinertragsabgabe von 5 Prozent ersetzt, zu welcher bei Gold- und Silbererzen noch eine Rohertragsabgabe von 3 Prozent hinzutrat. Das Gesetz, die von dem Regalbergbau zu erhebenden Steuern betreffend, vom 10. Oktober 1864 (GVB 1864 S. 338 flg.) brachte sowohl die Reinertragsabgabe als die Rohertragsabgabe vom Jahre 1865 an in Wegfall, unterwarf vielmehr den Erzbergbau der Gewerbesteuer, an deren Stelle insoweit inzwischen die Einkommensteuer getreten ist, indem es zugleich die Grubenfeldsteuer erheblich ermäßigte und nur eine geringe Abgabe von Schurffeldern unter dem Namen Schurfsteuer neu einführte. Seit dem Jahre 1865 kommen daher vom Erzbergbaue als Spezialabgaben nur noch die Grubenfeldsteuer und die Schurfsteuer zur Erhebung, von denen in dem Zeitraume von 1870, seit welchem Jahre beide Arten von Leistungen im Staatsbudget und daher auch in den Rechenschaftsberichten besonders zur Ziffer gebracht werden, bis zum Schlusse des Jahres 1885 die erste 728 847,28 ℳ oder 45 552,95 ℳ durchschnittlich jährlich, die zweite 5627,60 ℳ oder 351,72 ℳ durchschnittlich jährlich ertragen hat. Auch die Stollnzinsen, welche der Staat erhoben hat, fallen nicht sonderlich ins Gewicht, da sie beispielsweise in den Jahren 1880 bis mit 1885 beim Rothschönberger Stolln nur 441 299,84 ℳ oder durchschnittlich jährlich 73 549,97 ℳ betragen haben, was einer Verzinsung von 1,02 Prozent des in diesen Stolln vom Staate verwendeten Anlagekapitals entspricht.

Bei dieser Sachlage ist es begreiflich, daß es in der Hauptsache die Erträgnisse der vom Staate betriebenen Hüttenwerke, und zwar in erster Linie der Freiberger Hüttenwerke, waren, welche ihn für die Aufwendungen mit entschädigten, die er zu Gunsten des von Privaten betriebenen Erzbergbaues machte, welcher seinen Hütten die Hauptmasse der von ihnen verarbeiteten Rohprodukte lieferte. Diese Erträgnisse haben mehrfach großen Schwankungen unterlegen. Denn während in den 9 Jahren der Finanzperioden von 1834 bis mit 1842 von den Erträgnissen der gesammten staatlichen Hüttenunternehmungen, d. h. der Freiberger Hüttenwerke, des Kupferhammers zu Grünthal und der Blaufarbenwerksunternehmungen, durchschnittlich jährlich 407 464 *M* zur freien Verfügung des Staates blieben, ergab die doppelte Anzahl von Jahren der Finanzperioden 1843 bis mit 1860 einen Durchschnitt von nur 197 538 *M*, worauf in den 13 Jahren der Finanzperioden 1861 bis mit 1873 eine Steigerung folgte, welche mit 2 114 403 *M* durchschnittlich jährlich in der Finanzperiode 1872/73 ihren Höhepunkt erreichte, um bereits in der Finanzperiode 1874/75 auf 1 010 403 *M* und in den beiden Finanzperioden 1876/77 und 1878/79 auf 857 152 *M* durchschnittlich jährlich zurückzugehen. In den beiden Finanzperioden 1880/81 und 1882/83 trat zwar eine abermalige Steigerung, und zwar auf 1 221 224 *M* durchschnittlich jährlich, ein; allein derselben folgte bereits in der Finanzperiode 1884/85 wieder ein Rückgang, und zwar auf 804 492 *M* durchschnittlich jährlich.

Diese Schwankungen finden ihren hauptsächlichsten Erklärungsgrund in dem Wechsel der Handelskonjunkturen sowie darin, daß bei so eigenartigen Unternehmungen, wie es die Hüttenwerke sind, von Zeit zu Zeit Veränderungen und Umgestaltungen in den Betriebsrichtungen, den Betriebsprozessen und den technischen Anlagen sich nothwendig machen, deren Ausführung große Kosten erfordert und dadurch die Gewinne einzelner Jahre sehr wesentlich beeinträchtigt. Bei den Freiberger Hütten waren es insbesondere die Jahre 1845 bis mit 1860, in denen durch Einführung des Flammofenbetriebes, des Bleischlackenschmelzens, der Aufhebung der Amalgamation, der Einführung des Pattinsonirens ꝛc. eine Reihe von Betriebsveränderungen und Bauausführungen sich vollzog, welche nach und nach eine völlige Umgestaltung der Hüttenanlagen und Hüttenprozesse zur Folge hatten. Weitere wichtige Neuerungen bildeten insbesondere die im Jahre 1864 erfolgte Erbauung einer Goldscheideanstalt, der dem Jahre 1865 angehörende Ersatz der früheren Doppelschachtöfen durch die Pilz'schen Hohöfen und die Umwandlung der auf Gewinnung des Kupfers gerichteten Prozesse, vermöge deren alles Kupfer nur noch in Form von Kupfervitriol in den Handel gebracht wird.

Von allen diesen Neuerungen war die bedeutungsvollste die Einführung des Flammofenbetriebes, welcher, nachdem man seit dem Jahre 1852 angefangen hatte, ihn für die Verschmelzung silberarmer Erze auf Rohstein kurrent anzuwenden, den Gruben ermöglichte, silberarme Erze, für welche vorher keine Verwendung gegeben war, zur Hütte zu liefern. In Folge dessen stieg die jährliche Erzanlieferung, welche im Jahre 1845 200 000 Zentner betragen hatte, nach und nach bis auf nahezu das Dreifache. Die in dieser Weise gesteigerte Massenverarbeitung erhöhte zwar auf der einen Seite den Betriebsgewinn; indem jedoch die gewaltigen Erzmengen, welche die Flammöfen verschmolzen, und die Menge von Schwefel und Zink, welche hierbei verbrannte, im Laufe der Zeit eine Rauchvermehrung herbeiführten, welche nicht ohne schädlichen Einfluß auf die Umgebung der Hütten bleiben konnte, legte sie letzteren zugleich finanzielle Opfer von einer Höhe auf, welche ernstliche Besorgnisse erregen mußte. Den Ansprüchen auf Vergütung der Hüttenrauchschäden, welche seit dem Jahre 1855 geltend gemacht wurden, lediglich im Wege fortlaufender Entschädigung der vom Hüttenrauche betroffenen Grundstücksbesitzer gerecht zu werden, erwies sich als unzureichend. Man mußte vielmehr vor allen Dingen darauf Bedacht nehmen, den Hüttenrauch unter gleichzeitiger Verwerthung der in demselben enthaltenen Metalle, Metalloide und deren Verbindungen nach Möglichkeit unschädlich zu machen, was zur Errichtung von zwei sehr umfänglichen Schwefelsäurefabriken, einer Zinkhütte, einer Arsenikhütte und großer Flugstaubkondensationsanlagen führte. Außerdem mußte man sich dazu entschließen, größere Grundstückskomplexe, welche den Wirkungen des Hüttenrauches besonders ausgesetzt waren, anzukaufen, endlich aber eine Ablösung der Hüttenrauchschäden in großem Maßstabe eintreten zu lassen. Die Gesammtsumme dessen, was auf diese Weise vom Staate innerhalb des Zeitraumes von 1855 bis mit 1888 hat aufgewendet werden müssen, beziffert sich auf rund 5 Millionen Mark, wovon 723 763,15 ℳ auf laufende Entschädigungen, welche von 18 000 ℳ im Jahre 1855 bis auf den Höchstbetrag von 60 000 ℳ im Jahre 1864 stiegen, 133 010,15 ℳ auf Kosten der Schädenermittelung, 2 794 983,67 ℳ auf Neuerrichtung von technischen Anlagen, 449 939,45 ℳ auf Grundstückserwerbungen und 832 495,18 ℳ auf Ablösungen entfielen, bei welchen letzteren mehr als 600 Grundstücksbesitzer betheiligt waren. Von diesen Aufwendungen erwiesen sich diejenigen für neue technische Anlagen so gewinnbringend, daß durch die Erträgnisse der letzteren bereits am Schlusse des Jahres 1879 die bis dahin aus Anlaß der Hüttenrauchschäden verwendeten Kapitalien nebst Zinsen vollständig getilgt waren.

Die ungewöhnlich hohen Hüttenerträgnisse der Finanzperiode 1872/73 erklären sich, soweit dabei die Freiberger Hütten in Betracht kommen, wesentlich mit durch bedeutend gesteigerte Mitverarbeitung reichhaltigerer ausländischer Erze sowie durch ein verändertes Verfahren bei der Bezahlung der von den inländischen Gruben angelieferten Erze. Die Art und Weise der Erzbezahlung ist überhaupt im Laufe der Zeit mehrfachem Wechsel unterworfen gewesen. Bis zum Jahre 1851 war es nur der Inhalt der Erze an Silber, Kupfer und Blei, welcher nach bestimmten Taxsätzen vergütet wurde; von jener Zeit an wurde jedoch auch der Inhalt der Erze an Zink, Schwefel und Arsen bezahlt, wozu noch Nachzahlungen nach den jeweiligen Handelspreisen des Bleies, Kupfers, Zinks und Arsens und seit dem Jahre 1861 eine Betheiligung der inländischen Gruben an dem Hüttengewinne gekommen sind, welche letztere indessen seit dem Jahre 1888 wieder in Wegfall gekommen ist, indem von da an ein erhöhter Erzbezahlungstarif eingeführt wurde.

Die in den Betriebserträgnissen der Hüttenwerke seit der Finanzperiode 1874/75 eingetretenen Rückgänge sind, soweit die Freiberger Hüttenwerke dabei betheiligt sind, hauptsächlich auf die Entwerthung zurückzuführen, welche das Silber in Folge der Einführung der Goldwährung im Deutschen Reiche und das Blei in Folge von Ueberproduktion erfahren haben.[1]

Außer den Freiberger Hüttenwerken, welche zur Zeit aus zwei Schmelzhütten, zwei Schwefelsäurefabriken, einer Goldscheideanstalt, einer Arsenikhütte, einer Zinkhütte, einer Schrotfabrik, einer Bleiwaarenfabrik und einer Thonwaarenfabrik (zur Herstellung des Bedarfs an feuerfesten Steinen, Zink- und Arsenik-Destillationsgefäßen, Probirgefäßen ꝛc.) bestehen und beispielsweise i. J. 1885 im Produktenverkaufe einen Umsatz von 15 529 656,58 ℳ hatten, besitzt der Staat, nachdem der Kupferhammer zu Grünthal wegen Unrentabilität bereits i. J. 1873 veräußert worden ist, ein eigenes Hüttenwerk nur noch in dem Blaufarbenwerke zu Oberschlema, und überdies ist derselbe an dem neben diesem staatlichen Werke noch bestehenden Privatblaufarbenwerke als Inhaber von 853 Antheilscheinen betheiligt. Die aus diesen beiden Unternehmungen, bei welchen es sich außer um die Gewinnung von Smalten und ähnlichen Produkten aus den Kobalterzen, welche die dem Staate gemeinschaftlich mit dem Privatblaufarbenwerksvereine gehörenden Kobaltgruben liefern, sowie um

[1] Jahrb. f. d. Berg- und Hüttenwesen im Königreiche Sachsen auf das Jahr 1877 Abhandlungen S. 1 flg., Freibergs Berg- und Hüttenwesen (Freiberg 1883) S. 45 flg., 243 flg.

die Herstellung von Nickel, Wismuth und Arsenikmehl handelt, der Staatskasse zugeflossenen Ueberschüsse sind je nach den Handelskonjunkturen und den Veränderungen in den Betriebsprozessen und Betriebseinrichtungen nicht minder großen Schwankungen unterworfen gewesen, als dies bei den Freiberger Hüttenwerken der Fall war. Schon seit einer Reihe von Jahren aber befindet sich das Blaufarbengeschäft in Folge des fortgesetzt sich steigernden Preisdruckes, wie er durch die immer mächtiger werdende ausländische Konkurrenz herbeigeführt wird, in einer geradezu kritischen Lage dergestalt, daß der Ueberschuß des Blaufarbenwerkes, welcher noch in der Finanzperiode 1874/75 625 442,06 *M* oder durchschnittlich jährlich 312 721,03 *M* betrug, in der Finanzperiode 1884/85 nur noch auf 187 024,22 *M* oder 93 512,11 *M* durchschnittlich jährlich sich belief, und zwar bei einem Umsatze im Produktenverkehre in Höhe von 1 584569,14 *M* oder 792 284,57 *M* durchschnittlich jährlich.

Die gesammten Ueberschüsse, welche der obersten staatlichen Zentralkasse aus dem Hüttenbetriebe nach Abzug der Betriebs- und Verwaltungskosten sowie der Aufwendungen für den staatlichen und privaten Erzbergbau in dem Zeitraume von 1834 bis mit 1885 zugeflossen sind, beziffern sich auf 28 193 680 *M* oder 542 186,15 *M* durchschnittlich jährlich.

In ein neues Stadium der Entwickelung ist der staatliche Erzbergbau dadurch getreten, daß der Staat, nachdem er bereits in der Finanzperiode 1884/85 den schon seit Jahren nothleidenden inländischen Erzgruben außerordentliche Unterstützungen im Gesammtbetrage von 596 022,76 *M* zugewendet hatte, im Jahre 1886 die wichtigsten Privatgruben (Himmelfahrt Fundgrube, Himmelsfürst Fundgrube, Vereinigt Feld, Bescheert Glück, Junge hohe Birke Fundgrube) für den Preis von zusammen 2 244 000 *M* angekauft hat, um sie seinerseits fortzubetreiben und dadurch zugleich den betheiligten Gegenden ihren wichtigsten Nahrungszweig zu erhalten. Bei den mißlichen Verhältnissen, unter welchen der Erzbergbau schon lange leidet, läßt sich freilich zur Zeit kaum mit einiger Sicherheit ermessen, ob und wann diese Kapitalaufwendung und die großen laufenden Zuschüsse, welche jene Gruben gegenwärtig erfordern (im Staatshaushalts-Etat auf 1888/89 sind dafür 1 438 000 *M* jährlich eingestellt), sich bezahlt machen werden.

7. Münzbetrieb.

(Vgl. Nr. 7 der Tabelle A.)

Das Ausmünzen von Geld, wie es der Staat in seiner Münze betrieben hat, welche bis zur Finanzperiode 1886/87 ihren Sitz in Dresden hatte, seitdem aber nach den Freiberger Hütten verlegt worden ist, hat in dem Zeitraume von 1834 bis mit 1885 nur in 7 Finanzperioden Ueberschüsse abgeworfen, während es in den übrigen 13 Finanzperioden Verluste ergeben hat. Wenn dessenungeachtet das Gesammtergebniß jener Jahre einschließlich der darin inbegriffenen Einnahmen aus den Probirgebühren und aus der Ausprägung von Medaillen, Dienstzeichen 2c. noch einen Gewinn von 36 383 ℳ abgeworfen hat, was einem Durchschnittserträgnisse von 699,67 ℳ jährlich gleich kommt, so erklärt sich dies dadurch, daß in der Finanzperiode 1874/75 eine größere Menge von Reichsmünzen ausgeprägt wurde, bei welchen Metallbestände der Münze dergestalt Verwerthung fanden, daß daraus eine Ueberschußeinlieferung von 1 302 052,06 ℳ ermöglicht wurde, wennschon die Mitverwendung der Vorräthe an Silber gegenüber dem Buchwerthe, welchen dieselben hatten, einen Verlust von 64 018,97 ℳ ergab.

8. Post- und Telegraphenbetrieb.

(Vgl. Nr. 8 der Tabelle A.)

Unter den Regalien, deren Nutzungen mit dem Inkrafttreten der Verfassungsurkunde vom Landesherrn auf den Staat übergingen, war finanziell das bedeutungsvollste der Postbetrieb, welchen die Sächsischen Landesherren bereits seit der Mitte des Jahres 1712 in eigene Verwaltung genommen hatten, nachdem er bis dahin im Wege der Verpachtung von ihnen genutzt worden war.[1] Denn er hatte bereits in den letzten 10 Jahren vor Eintritt des konstitutionellen Staatssystems Reinerträgnisse von nahe an 600 000 ℳ jährlich abgeworfen.

Die große Verkehrssteigerung, wie sie in Folge der Begründung des Deutschen Zoll- und Handelsvereins sich vollzog, förderte auch die Entwickelung des Postverkehrs in einer Weise, welche ihren Ausdruck in der Thatsache findet, daß die für den Staatshaushalt verfügbaren Ueberschüsse der Postverwaltung bereits in der Finanzperiode 1834/36 auf 762 779 ℳ (gegen 681 010 ℳ i. J. 1833), in der Finanzperiode 1837/39 aber auf 856 193 ℳ durchschnittlich jährlich stiegen.

Noch ungleich günstiger aber gestalteten sich die finanziellen Ergebnisse des Postbetriebes in Folge der gewaltigen Verkehrserweiterungen, welche durch Eisenbahnen und Dampfschiffe geschaffen wurden. Auch trugen zeitgemäß gestaltete Tarife und sonstige den Verkehr erleichternde Betriebseinrichtungen, wie sie von der Postverwaltung nach und nach getroffen wurden, nicht wenig dazu bei, den Umfang des Postverkehrs

[1] Schäfer, Geschichte des Sächsischen Postwesens S. 110.

und damit auch die Einträglichkeit des Postbetriebes zu steigern. Die finanziell günstigsten Betriebsjahre waren dabei diejenigen der Finanzperioden von 1855 bis mit 1863, in welchen die Postüberschüsse eine Höhe von 1 279 987 ℳ durchschnittlich jährlich erreichten, während sie bis dahin nur 804 938 ℳ durchschnittlich jährlich betragen hatten.

Rückgänge in den Einnahmeüberschüssen, welche in den einzelnen Finanzperioden eintraten, finden theils in erheblichen Aufwendungen für die Errichtung neuer Postanstalten, die Einführung neuer Postkurse, die Vermehrung des Beamtenpersonals und für sonstige Umgestaltungen in den Betriebseinrichtungen ihre Erklärung, theils sind sie auf allgemeine Verkehrsstockungen zurückzuführen, welche in Folge politischer Wirren oder kriegerischer Ereignisse eintraten.

Nach der Errichtung des Norddeutschen Bundes ging die Postverwaltung Sachsens, welche zufolge eines mit der Herzoglich Sachsen-Altenburg'schen Regierung zunächst auf die Dauer von 25 Jahren abgeschlossenen Vertrags seit dem 1. August 1847 auch das Staatsgebiet des Herzogthums Sachsen-Altenburg, welches dafür aus der Sächsischen Postkasse eine Entschädigung von jährlich 18 000 ℳ erhielt, mit umfaßt hatte, mit Anfang des Jahres 1868 auf den Norddeutschen Bund und von diesem nachmals auf das Deutsche Reich über.

Die Zahl der bis dahin von der Sächsischen Postverwaltung errichteten und unterhaltenen Postanstalten betrug — ausschließlich der im Jahre 1843 begründeten Oberpostdirektion und der Posthaltereien (70) — 283, wovon 16 im Herzogthume Sachsen-Altenburg gelegen waren, gegen 118 i. J. 1834.

Die Gesammtsumme der auf den Zeitraum von 1834 bis mit 1867 entfallenden Ueberschüsse aus dem Postbetriebe einschließlich des am Schlusse des Jahres 1867 mit zur Einrechnung gekommenen Betriebsvermögens der Postverwaltung in Höhe von 959 289 ℳ und der in späteren Jahren noch eingegangenen Zahlungen auf Reste betrug 33 011 242 ℳ oder 970 918 ℳ durchschnittlich jährlich, wobei das höchste Erträgniß mit 4 709 580 ℳ oder 1 569 860 ℳ durchschnittlich jährlich der Finanzperiode 1861/63, das niedrigste mit 2 094 243 ℳ oder 698 081 ℳ durchschnittlich jährlich der Finanzperiode 1846/48 angehört. Dabei sind indessen die mit 467 067 ℳ aus Mitteln des außerordentlichen Staatsbudgets bestrittenen Kosten für den Bau eines neuen Postgebäudes in Leipzig außer Berücksichtigung geblieben.

Mit dem Telegraphenbetriebe hatte der Sächsische Staat i. J. 1850 dadurch begonnen, daß er eine elektro-magnetische Telegraphenverbindung zwischen Dresden und Leipzig hergestellt und Telegraphenlinien zwischen Dresden und Bodenbach (zur Verbindung mit Prag, Wien ꝛc.) und Leipzig-Hof (zur Verbindung mit Nürnberg, München, Frankfurt a./M. ꝛc.) im Anschlusse an die in der gleichen Richtung sich bewegenden Staatseisenbahnlinien in Angriff genommen hatte.[1] Derselbe bildete, soweit er nicht mit dem Staatseisenbahnbetriebe vereinigt war, fortdauernd ein selbstständiges Unternehmen, dessen Leitung deshalb auch einer eigenen Telegraphendirektion übertragen war. Seit dem Jahre 1857 wurden indessen einzelne Telegraphenanstalten mittlerer und kleiner Orte mit den daselbst bestehenden Postanstalten verbunden.

Der staatliche Telegraphenbetrieb erforderte mit Ausnahme der Finanzperioden 1852/54 und 1855/57, in welchen er kleine Ueberschüsse abwarf, Zuschüsse, die bis mit 1866, in welchem Jahre, abgesehen von den hier nicht in Betracht kommenden Eisenbahn-Telegraphenstationen, 35 Staats-Telegraphenstationen bestanden, die Höhe von 400 399 ℳ, einschließlich von 279 216 ℳ aber, welche für Ergänzungen im Staatstelegraphenwesen aus Mitteln des außerordentlichen Staatsbudgets bestritten worden sind, die Höhe von 679 615 ℳ erreichten. In dem letzten Drittel des Jahres 1866 ging nämlich zufolge Artikels 17 des nach Beendigung des Krieges von 1866 zwischen Sachsen und Preußen unter dem 21./24. Oktober desselben Jahres abgeschlossenen Friedensvertrags (GVB 1866 S. 215) das Recht zur Ausübung des Telegraphenwesens innerhalb des Königreichs Sachsen auf das Königreich Preußen über, bis es nach Errichtung des Norddeutschen Bundes, beziehungsweise des Deutschen Reichs dem Bunde, beziehungsweise dem Reiche zufiel.

9. Zeitungsnutzungen.

(Vgl. Nr. 9 der Tabelle A.)

Das Wesen des Postregals, wie es im 17. Jahrhunderte aufgefaßt wurde, brachte es mit sich, daß Zeitungen zunächst nur von der Postverwaltung herausgegeben und vertrieben werden durften. Indessen wurde dieses Recht durch landesherrliches Privilegium auch an Privatpersonen verliehen. Einem solchen Privilegium verdankt die noch heute bestehende Leipziger Zeitung ihren Ursprung, welche im Jahre 1660 zum ersten Male erschien, und für die seit dem Jahre 1665 ein jährlicher Kanon von 500 Thalern an die landesherrliche Zentralkasse entrichtet werden mußte. Im Jahre 1672 erlosch dieses Privilegium, und nunmehr ging die Zeitung auf den Pächter des Postamtes zu Leipzig über, welcher

[1] Verordnung, die Benutzung der Staatstelegraphen betr., v. 13. Septbr. 1850, GVB 1850 S. 227 flg.

dafür einen besonderen Pacht zu zahlen hatte, der seitdem den hauptsächlichsten Theil der Einnahmen aus dem durch die Post erfolgenden Zeitungsvertriebe bildete.

Zur Zeit des Inkrafttretens der Verfassungsurkunde bestand das System der Verpachtung des Zeitungsvertriebes nicht mehr. Letzterer, und zwar einschließlich der Herausgabe der Leipziger Zeitung, erfolgte vielmehr durch die Postverwaltung unmittelbar und für alleinige Rechnung des Landesherrn. Doch flossen die Einnahmen hieraus nicht den Posteinkünften zu, sondern fanden selbstständige Verrechnung. Bei dieser Einrichtung verblieb es bis zum Jahre 1849, in welchem die Herausgabe der Leipziger Zeitung von der Postverwaltung abgezweigt und dem Ressort des Ministeriums des Innern überwiesen wurde.[1] Seit jener Zeit hatte daher die Postverwaltung nur noch mit dem Bezuge und der Versendung von Zeitungen zu thun, weshalb auch die Einnahmen hieraus den Posteinkünften zuwuchsen und Zeitungsnutzungen als selbstständige Einnahmen im Staatsbudget nur insoweit noch auftraten, als es sich um Erträgnisse der Leipziger Zeitung handelte. Letztere waren im Laufe der Zeit wesentlich zurückgegangen, was sich hauptsächlich in Ausfällen bei den Einnahmen aus Inseraten bemerkbar machte. Von der Finanzperiode 1849/51 an begannen sie zwar wieder zu steigen; allein schon in der Finanzperiode 1855/57 erreichten sie mit 101 740 ℳ durchschnittlich jährlich ihren Höhepunkt, um von da an wieder fast unausgesetzt zurückzugehen. In den beiden Finanzperioden 1882/83 und 1884/85 konnten Ueberschußeinlieferungen überhaupt nicht mehr erfolgen, sondern es mußten Zuschüsse geleistet werden.

Die Ursache dieser Rückgänge liegt theils in vermindertem Absatze, theils und hauptsächlich ist sie darauf zurückzuführen, daß seit dem Jahre 1851 ein zweites periodisches Preßunternehmen, das als ausgesprochenes offizielles Organ der Regierung begründete Dresdner Journal, mit der Leipziger Zeitung insofern in wirthschaftliche Verbindung gebracht wurde, als letztere die stetig sich steigernden Zuschüsse decken mußte, welche ersteres erforderte. Dieses Verhältniß hat bis zur Finanzperiode 1888/89 angedauert, seit welcher das Dresdner Journal in den Etat der Zuschüsse verwiesen worden ist, so daß von da an wieder Ueberschüsse von der Leipziger Zeitung erwartet werden können.

Immerhin haben die Herausgabe und der Vertrieb von Zeitungen in dem Zeitraume von 1834 bis mit 1885 der Staatskasse Ueberschüsse geliefert, die nicht ohne Belang waren, da sie sich auf insgesammt

---

[1] v. Witzleben, Geschichte der Leipziger Zeitung S. 10 flg.

2 980 140 ℳ oder 57 310,38 ℳ durchschnittlich jährlich bezifferten, wovon der bei weitem größte Theil auf Erträgnisse der Leipziger Zeitung entfällt.

10. Eisenbahnbetrieb.

(Vgl. Nr. 10 der Tabelle A.)

In Sachsen findet zwar bereits seit dem Jahre 1837, in welchem eine Theilstrecke der von einer Privatgesellschaft erbauten Eisenbahnlinie Leipzig-Dresden dem Verkehre übergeben wurde, Eisenbahnbetrieb statt. Der Staat indessen hat sich demselben erst seit dem 1. April 1847 zugewendet, nachdem er die Eisenbahnlinie Leipzig-Hof, deren Bau ebenfalls von einer Privatbahngesellschaft unternommen worden und in der Zeit von Mitte 1841 bis Ende 1846 von Leipzig bis Reichenbach mit einer Länge von 98,76 km gediehen war, behufs des Fortbetriebes und des vollständigen Ausbaues käuflich erworben hatte. Mit dem eigenen Baue einer Eisenbahnlinie — der Linie Dresden-Bodenbach — hatte der Staat zwar bereits gegen Ende des Jahres 1845 begonnen; allein die Eröffnung der ersten Theilstrecke derselben erfolgte erst im Jahre 1848.

Hiernach war es die Finanzperiode 1846/48, in welcher zum ersten Male Einnahmen und Ausgaben aus Anlaß des Betriebes von Staatseisenbahnen im Staatshaushalte auftraten. Seitdem aber ist das staatliche Eisenbahnnetz dergestalt erweitert worden, daß dasselbe am Schlusse der Finanzperiode 1884/85 2176,73 km (am Schlusse der Finanzperiode 1886/87 2285,90 km) umfaßte, wovon 2164,10 km (am Schlusse der Finanzperiode 1886/87 2273,27 km) im eigenen Betriebe des Staates sich befanden, 12,63 km verpachtet waren.[1]

Jene 2176,73 (2285,90) km bezeichneten indessen noch nicht die Gesammtlänge des Eisenbahnnetzes, aus welchem der Staat Nutzungen zog. Hierzu traten vielmehr noch Strecken in der Länge von 77,13 km, welche er verpachtet hatte, und Strecken in der Länge von 105,59 km, welche er für Rechnung von Privatunternehmungen verwaltete, so daß die Gesammtlänge der unter Staatsverwaltung stehenden Eisenbahnen 2336,82 km (in der Finanzperiode 1886/87 2456,79 km) betrug, woran sich überdies 131,00 km Privatgleise für bergbauliche sowie land- und forstwirthschaftliche Zwecke schlossen. Damit befand sich nahezu der gesammte Eisenbahnbetrieb Sachsens in den Händen des Staates, indem außerdem nur noch Bahnen in der Gesammtlänge von 206,59 km unter fremder Verwaltung standen.

[1] Das Nähere über die Entwickelung des Staatsbahnnetzes vgl. S. 239.

Die Bruttoeinnahmen aus dem Staatsbahnbetriebe innerhalb der Jahre 1847 bis mit 1885 ergaben

in den Jahren	aus dem Personen- und Gepäckverkehre	aus dem Güterverkehre	aus sonstigen Quellen	insgesammt
	ℳ	ℳ	ℳ	ℳ
1847/48	1 184 600	1 629 747	78 814	2 893 161
1849/51	3 637 898	5 043 979	336 855	9 018 732
1852/54	6 977 894	14 514 489	651 457	22 143 840
1855/57	8 719 462	21 674 046	976 331	31 369 839
1858/60	11 772 575	26 052 169	1 631 646	39 456 390
1861/63	13 151 301	33 145 859	2 695 051	48 992 211
1864/66	14 441 483	41 099 575	3 760 404	59 301 462
1867/69	20 423 458	55 410 512	4 424 430	80 258 400
1870/71	16 979 877	44 997 929	2 894 590	64 872 396
1872/73	21 936 811	56 317 295	2 473 672	80 727 778
1874/75	25 135 113	68 246 532	968 224	94 349 869
1876/77	33 596 958	84 363 107	2 130 624	120 090 689
1878/79	33 148 719	79 820 478	1 435 054	114 404 251
1880/81	34 751 665	84 783 367	6 485 410	126 020 442
1882/83	37 102 281	89 621 225	6 853 336	133 576 842
1884/85	40 231 869	87 145 629	6 932 206	134 309 704
	323 191 964	793 865 938	44 728 104	1 161 786 006

Der von der gesammten Bruttoeinnahme an die Zentralkasse eingelieferte Ueberschuß beziffert sich auf 478 486 193 ℳ, wovon der Höchstbetrag mit 28 854 588 ℳ durchschnittlich jährlich der Finanzperiode 1882/83 angehörte. In der Finanzperiode 1884/85 erfolgte ein Rückgang auf 27 717 311 ℳ durchschnittlich jährlich, der indessen nicht auf verminderten Verkehr, sondern darauf zurückzuführen ist, daß seit 1. April 1884 im Güterverkehre wesentliche Tarifermäßigungen eintraten, und bereits in der Finanzperiode 1886/87 seinen Ausgleich fand, indem in dieser die Ueberschüsse bei einer Bruttoeinnahme von 43 356 577 ℳ aus dem Personen- und Gepäckverkehre, 92 117 268 ℳ aus dem Güterverkehre, 7 673 313 ℳ aus sonstigen Quellen, zusammen 143 147 158 ℳ, auf durchschnittlich jährlich 29 858 928,14 ℳ (28 088 990,36 ℳ in 1886 und 31 628 865,92 ℳ in 1887) stiegen und damit den höchsten Standpunkt seit dem Bestehen des Staatseisenbahnnetzes überhaupt erreichten.

Unter den Betriebs- und Verwaltungsausgaben fallen die Besoldungen der etatmäßigen Beamten, die sonstigen persönlichen Ausgaben einschließlich der Tage- und Akkordlöhne, die Kosten für die Unterhaltung der Bahnanlagen und der Aufwand für den Bahntransport am meisten ins Gewicht, indem beispielsweise in der Finanzperiode 1884/85 durchschnittlich jährlich an etatmäßigen Besoldungen 10 546 359,31 ℳ (bei einem durchschnittlichen Bestande von 8833 etatmäßigen Beamten), an anderen persönlichen Ausgaben 11 210 580,21 *M* (einschließlich 6 353 835,22 *M* für Tage- und Akkordlöhne bei einem durchschnittlichen Bestande von 16 234 Arbeitern ausschließlich derjenigen im Werkstättenbetriebe), an Kosten für die Unterhaltung der Bahnanlagen 3 769 928,46 *M* und an Kosten des Bahntransports 5 330 302,74 *M* aufgewendet werden mußten, gegenüber einer Roheinnahme, die sich auf 67 154 852 *M* durchschnittlich jährlich bezifferte.

Die Ueberschüsse aus dem Staatsbahnbetriebe gingen bis mit Ablauf der Finanzperiode 1852/54 voll dem laufenden Staatshaushalte zu gute, da bis dahin Abschreibungen auf die vorhandenen Werthe nicht stattfanden. Seit der Finanzperiode 1855/57 erfolgen indessen Abschreibungen auf die Transportmittel und die in den Gleisen liegenden Oberbaumaterialien, zu welchem Behufe im Jahre 1855 ein besonderer Fonds unter dem Namen Erneuerungsfonds begründet worden ist. Bis zum Jahre 1867 bestand dabei die Einrichtung, daß jährlich von den Betriebseinkünften bestimmte Abnutzungsprozente abgesetzt wurden, welche nach dem jeweiligen Werthe der vorhandenen Transportmittel und der in Gleisen liegenden Oberbaumaterialien bemessen waren. Seit dem Jahre 1867 ist indessen in der Berechnungsweise der Einlagen in den Erneuerungsfonds eine Aenderung in der Weise eingetreten, daß bis mit 1873 10 Prozent, von 1876 an 6 Prozent und von 1880 an 5 Prozent jährlich von der Betriebs-Bruttoeinnahme ohne weitere Unterscheidung abgesetzt wurden, beziehungsweise abgesetzt werden, so daß der Erneuerungsfonds beispielsweise in der Finanzperiode 1884/85 mit durchschnittlich jährlich 3 357 742,60 *M* bedacht wurde. Außerdem fließen in den Erneuerungsfonds neben den Zinsen seiner Kapitalbestände und den Kursgewinnen an letzteren die Erlöse von verwertheten alten Oberbaumaterialien, von Schienen, Schienenbefestigungsmitteln und Schienenunterlagen sowie von verwerthetem Material abgängig gewordener Transportmittel und aus dem Verkaufe der letzteren selbst, wenn sie wegen Untauglichkeit außer Betrieb kommen und im Ganzen veräußert werden, aber ersetzt werden müssen. Dafür hat der Erneuerungsfonds zu leisten den Ersatz: bei den Transportmitteln von ganzen vollständigen Transportmitteln, von Oberkasten der Wagen und Tender, von Feuerbüchsen, Sieberöhren, Radbandagen, Rädern und Achsen, bei dem Oberbaue: von Schienen, Laschen, Laschenschrauben, Platten, Nägeln, ganzen Weichen, einzelnen Kreuzungsstücken, Facetten und Zungen sowie von Schwellen, Schienenstühlchen, Steinwürfeln, Dübeln, Schließen, Vorschlagpfählen und Vorsatzsteinen. Seit dem Jahre 1856, in welches der Erneuerungsfonds mit einem Bestande von 499 318,26 *M* eintrat, bis zum Schlusse des Jahres 1887 sind ihm aus den ihm zugewiesenen Einnahmequellen insgesammt 147 674 585,86 ℳ zugeflossen, wovon 91 551 045,97 ℳ auf Beiträge aus Betriebseinkünften, 47 732 523,77 ℳ auf Erlöse für verkaufte alte Betriebsmittel ꝛc., 8 391 016,12 ℳ auf Kapitalzinsen und Kursgewinne abzüglich der Verwaltungskosten entfielen. Hiervon sind 138 089 867,45 ℳ bestimmungsgemäß zu Erneuerungszwecken verwendet worden, so daß am Schlusse des Jahres 1887 ein Bestand von 10 084 036,67 ℳ verblieben ist.

Die Verzinsung, welche das in dem Staatsbahnbetriebe angelegte Kapital abwarf, betrug in den Jahren 1847 bis mit 1851 durchschnittlich nur 2,632 Prozent jährlich und blieb damit hinter dem auf $4^1/_6$ Prozent anzunehmenden Durchschnittszinsfuße, nach welchem der Staat die zu Eisenbahnzwecken aufgenommenen Anleihen hat verzinsen müssen, bedeutend zurück. Seit der Finanzperiode 1852/54 ist indessen dieser Durchschnittszinsfuß, mit alleiniger Ausnahme der Finanzperiode 1878/79, in welcher die Staatseisenbahnen nur mit 3,91 Prozent im jährlichen Durchschnitte sich verzinsten, nicht allein erreicht, sondern auch erheblich überschritten worden dergestalt, daß der Gesammtdurchschnitt der Jahre 1847 bis mit 1885 die Höhe von 4,96 Prozent erreicht hat. Die höchste Durchschnittsverzinsung gehört mit 6,63 Prozent der Finanzperiode 1867/69, die niedrigste mit 2,49 Prozent den Jahren 1847—1848 an. Von den Einzeljahren der verschiedenen Finanzperioden entfällt die höchste Verzinsung mit 7,23 Prozent auf das Jahr 1865, die niedrigste mit 2,15 Prozent auf das Jahr 1848.

In den einzelnen Finanzperioden der Jahre 1847 bis mit 1885 hat die Verzinsung des in den Staatseisenbahnen angelegten Kapitals in Prozenten betragen:

In den Jahren 1847 und 1848 der Finanzperiode	Prozente
1846/48	2,490
in der Finanzperiode	
1849/51	2,726
1852/54	4,436
1855/57	5,110
1858/60	4,763
1861/63	5,833
1864/66	6,270
1867/69	6,633
1870/71	6,355
1872/73	5,645
1874/75	5,945

in der Finanzperiode	Prozente
1876/77	4,425
1878/79	3,910
1880/81	4,505
1882/83	4,940
1884/85	4,640[1]

11. Lotteriebetrieb.

(Vgl. Nr. 11 der Tabelle A.)

Aus der Vereinigung der dem Rathe der Stadt Leipzig i. J. 1753 bewilligten Lotterie zur Tilgung von Kriegsschulden und der i. J. 1771 begründeten Kurfürstlichen Lotterie zum Besten der Zucht- und Arbeitshäuser ging i. J. 1831 ein einheitliches Unternehmen hervor, welches als Landeslotterie bezeichnet wurde und als Klassenlotterie in der Weise eingerichtet war, daß von den Losen eines jeden Spieles die Hälfte mit Gewinnen gezogen wurde, die sich auf fünf Ziehungsklassen vertheilten. In den Jahren 1831 und 1832 fanden zusammen nur 2 Spiele statt; seit 1833 erfolgten dagegen in jedem Jahre regelmäßig 2 Spiele. Die Zahl der Lose, welche in ganzen, halben und Viertel-Losen, seit der 11. Lotterie auch in Achtel-Losen durch dazu bestellte Kollekteure vertrieben wurden, betrug ursprünglich 35 000, wurde aber bereits von der 3. Lotterie an (1833) auf 36 000, von der 7. an (1835) auf 40 000 gesteigert, wogegen von der 9. bis mit 38. Lotterie (1836 bis mit 1850) Verminderungen der Loszahl, und zwar zuletzt bis auf 32 000 Stück, eintreten mußten. Erst von der 39. Lotterie an (1851) stieg die Zahl der Lose wieder stetig dergestalt, daß sie betrug:

in der 39. bis mit 42. Lotterie (1851 — 1852)	34 000
„ „ 43. Lotterie (erste Hälfte 1844)	38 000
„ „ 44. „ (zweite Hälfte 1844).	40 000
„ „ 45. bis mit 48. Lotterie (1854 — 1855)	46 000
„ „ 49. „ „ 51. „ (1856 bis erste Hälfte 1857)	52 000
„ „ 52. Lotterie (zweite Hälfte 1857).	56 000
„ „ 53. bis mit 54. Lotterie (1858)	62 000
„ „ 55. Lotterie (erste Hälfte 1859)	65 000
„ „ 56. bis mit 61. Lotterie (zweite Hälfte 1859 bis mit erster Hälfte 1862).	72 000

[1] Statistischer Bericht über den Betrieb der unter Kgl. Sächs. Staatsverwaltung stehenden Staats- und Privatbahnen i. J. 1887. Herausgegeben vom Kgl. Sächs. Finanzministerium. Dresden 1888.

in der 62. bis mit 73. Lotterie (zweite Hälfte 1862 bis mit erster Hälfte 1868)	80 000
„ „ 74. bis mit 76. Lotterie (zweite Hälfte 1868 bis mit 1869)	85 000
„ „ 77. bis mit 84. Lotterie (1870 bis mit 1873) . .	95 000
„ „ 85. und allen folgenden Lotterien (1874 und weiter)	100,000

Eine weitere Vermehrung der Loszahl wurde i. J. 1881 indirekt dadurch herbeigeführt, daß man seitdem die Viertel- und Achtellose beseitigte und an deren Stelle Fünftel- und Zehntellose treten ließ.

Bis mit Einschluß des 12. Spieles war die Stadt Leipzig an den Gewinnüberschüssen der Landeslotterie mit betheiligt. Zufolge Vertrags vom 20. Juli 1837 wurde indessen diese Berechtigung gegen Gewährung einer Abfindungssumme von 583 179 *M*, welche aus Beständen gedeckt wurde, vom Jahre 1838 an abgelöst, so daß nunmehr die Lotterieüberschüsse allein der Staatskasse zu gute gingen. Letztere sind seitdem fast unausgesetzt gestiegen und haben mit durchschnittlich jährlich 4 677 778 *M* in der Finanzperiode 1884/85 gegen 161 705 *M* durchschnittlich jährlich in der Finanzperiode 1834/36 eine Höhe erreicht, welche den Lotteriebetrieb zu einer wichtigen staatlichen Einnahmequelle macht.

Zu der erheblichen Steigerung der Lotterieüberschüsse hat außer der bedeutenden Vermehrung der Zahl der Lose und einer seit der 100. Lotterie eingetretenen wesentlichen Erhöhung des Lospreises (200 *M* gegen 160 *M*) auch der Umstand mit beigetragen, daß, um die zeitweilig entbehrlichen Betriebsmittel der Lotterieanstalt möglichst gewinnbringend auszunutzen, seit dem Jahre 1862 mit derselben eine selbstständige Darlehnskasse verbunden worden ist, welche als solche Lombarddarlehne und Vorschüsse in laufender Rechnung gewährt, Wechsel diskontirt ꝛc., und die allein in den 10 Jahren von 1876 bis mit 1885 einen Gesammtüberschuß von 2 879 185 *M* oder 287 918,50 *M* durchschnittlich jährlich abgeworfen hat.

Die Ueberschüsse, welche der Staat aus dem Betriebe des eigentlichen Lotteriegeschäfts erzielt, setzen sich hauptsächlich aus Abzügen zusammen, welche er von den planmäßigen Gewinnen für sich innebehält, und die zur Zeit bei einer Gesammtgewinnsumme von 18 135 000 *M* für jedes Spiel $14^1/_6$ Prozent betragen.

Die gesammten Reinerträgnisse des Lotteriebetriebes und der damit in Verbindung stehenden Lotteriedarlehnskasse beziffern sich für den Zeitraum von 1834 bis mit 1885 auf 87 556 104 *M* oder 1 683 771,23 *M* durchschnittlich jährlich.

12. Nutzungen des beweglichen Staatsvermögens.

(Vgl. Nr. 12 der Tabelle A.)

Zu den Nutzungen des beweglichen Staatsvermögens gehören die Zinserträgnisse, welche die unter unmittelbarer Verwaltung der obersten staatlichen Zentralkasse stehenden Werthpapiere, die für Rechnung des Staates gewährten verzinslichen Vorschüsse, rückständige Kaufgelder für veräußerte Staatsgrundstücke, das Anlagekapital neuer Staatseisenbahnlinien, soweit dasselbe vor der Betriebseröffnung zur Verwendung kommt, und die Betheiligung des Staates an privaten Eisenbahnunternehmungen abwerfen.

Unter diesen verschiedenen Arten von Zuflüssen sind der Regel nach die Zinsen der in Verwaltung der obersten staatlichen Zentralkasse befindlichen Werthpapiere am erheblichsten, indem beispielsweise in der Finanzperiode 1884/85 von den auf 3 978 158 ℳ sich beziffernden Gesammteinnahmen allein 2 814 394,35 ℳ auf derartige Zinserträgnisse entfielen.

Die Gesammtsumme der Nutzungen des beweglichen Staatsvermögens hat in den Jahren 1834 bis mit 1885 die Höhe von 83 742 235 ℳ oder 1 610 427,59 ℳ durchschnittlich jährlich erreicht, wobei das höchste Erträgniß mit 8 648 013 ℳ der Finanzperiode 1872/73, das niedrigste mit 566 028 ℳ der Finanzperiode 1837/39 angehört.

13. Direkte Abgaben.

(Vgl. Nr. 13 der Tabelle A.)

Von den Personal- und Grundabgaben verschiedener Art, welche als direkte Steuern der vorkonstitutionellen in die konstitutionelle Zeit mit übergegangen und daher zunächst noch forterhoben worden waren, wurden die Personalabgaben, zu welchen die erbländischen Personensteuern, die Quatembersteuern, soweit sie von der Nahrung und dem Erwerbe ohne Rücksicht auf Grundeigenthum erhoben wurden, die Postabgabe der inländischen Land- und Miethkutscher, die Kanons, welche nur eines bestehenden Gewerbes wegen und nicht in Folge eines hierauf gerichteten Dominialrechtes auferlegt waren, die Stempelgelder von Fabrikaten und die Charaktersteuer der Oberlausitz gehörten, zufolge Gesetzes vom 22. November 1834 (GS 1834 S. 349 flg.) bereits vom Jahre 1835 an aufgehoben und durch eine einheitliche Gewerbe- und Personalsteuer ersetzt. Der Gewerbesteuer wurden alle Personen unterworfen, welche Handel, Fabrikation, Handwerke, Herstellung und Verschleiß von Eß- und Trinkwaaren, endlich Landwirthschaft auf erpachtetem Grund und Boden trieben. Personalsteuerpflichtig waren Beamte, Geistliche, Kirchen- und

Schuldiener, Pensions- und Wartegeldempfänger, Gelehrte und Künstler, Personen, welche ein auf Ansuchen ihnen ertheiltes oder genehmigtes Prädikat oder akademische Würden führten, Grundstücksbesitzer und Personen, welche ohne bestimmten Erwerbszweig von ihrem Vermögen lebten.

Mit dem Beginne des Jahres 1844 wurden zufolge Gesetzes vom 9. September 1843 (GVB 1843 S. 97 flg.) auch die bis zu ersterem Zeitpunkte bestandenen Grundabgaben, zu welchen in den Erblanden die Schocksteuern, die auf das Grundeigenthum gelegten Quatembersteuern, die Accisgrundsteuern von den Städten, die Kavallerieverpflegungsgelder vom Lande, die Servisleistungen von den Städten, die Donativ- und anderen ritterschaftlichen Beiträge, die Magazinmetzen, die Schönburg'schen Kontingentgelder und das Quatembersteueräquivalent der Herrschaft Wildenfels, in der Oberlausitz die Accisgrundsteuer, die Rauchsteuer, die Mundgutsteuer, die Grundanlage, die Portions- und Rationsgelder, die Magazinlieferungen, die Grundsteuer in den Bezirken der Vierstädte sowie die sonst noch von dem Grundeigenthume zu erhebenden Abgaben gerechnet wurden, aufgehoben, indem an ihre Stelle eine einheitliche Grundsteuer trat, welcher nicht allein der eigentliche Grund und Boden an Aeckern, Wiesen, Weiden, Gütern, Weinbergen und sonstigen Pflanzungen, Waldungen sowie andere ertragsfähige Oberflächen, sondern auch Teiche und für Gewerbe bestimmte Gewässer und Gebäude unterworfen wurden.

Erst mit der Einführung des neuen Grundsteuersystems wurde vollständige Einheitlichkeit und Gleichmäßigkeit in dem direkten Abgabenwesen des Staates herbeigeführt, indem einerseits die nunmehr bestehenden direkten Abgaben für den ganzen Staatsbereich wirksam geworden waren, während rücksichtlich der früheren direkten Abgaben in der Oberlausitz, den Schönburg'schen Rezeßherrschaften und der Herrschaft Wildenfels wesentliche Ausnahmezustände bestanden hatten, andererseits alle Befreiungen, welche in Bezug auf die direkten Abgaben der vorkonstitutionellen Zeit sich herausgebildet hatten, in Wegfall gekommen waren. Zur Herstellung dieses Zustandes hat freilich der Staat nicht unerhebliche Opfer in der Gewährung theils einmaliger Entschädigungen, theils fortlaufender Entschädigungsrenten gewähren müssen dergestalt, daß allein zur Entschädigung von Grundsteuerbefreiungen i. J. 1843 eine Anleihe von 12 000 000 *M* aufgenommen werden mußte (Gesetz vom 27. Juli 1843, GVB 1843 S. 74 flg.), während dem Hause Schönburg, beziehungsweise den Schönburg'schen Vasallengutsbesitzern und Kirchengemeinden wegen Einführung der Gewerbe- und Personalsteuer sowie der Grundsteuer noch bis auf die Gegenwart Renten gewährt werden müssen, die sich auf 86 875,36 *M* jährlich belaufen.

Das System der Gewerbe- und Personalsteuer, wie es durch Gesetz vom 22. November 1834 begründet worden war, wurde zwar durch ein neues Personal- und Gewerbesteuergesetz vom 24. Dezember 1845 (GVB 1845 S. 311 flg.) und durch die dazu ergangenen Erläuterungs- und Ergänzungsgesetze vom 23. April 1850 (GVB 1850 S. 25 flg.), 31. Januar 1852 (GVB 1852 S. 3), 9. Dezember 1858 (GVB 1858 S. 345 flg.), 10. März 1868 (GVB 1868 S. 177 flg.), 18. Februar 1870 (GVB 1870 S. 16 flg.) und 30. November 1874 (GVB 1874 S. 455 flg.) vielfachen und erheblichen Umgestaltungen unterworfen. Im Allgemeinen blieb es indessen bis zum Schlusse des Jahres 1878 bestehen. Zwar war bereits durch Gesetz vom 22. Dezember 1874 (GVB 1874 S. 471 flg.) eine allgemeine Einkommensteuer eingeführt worden; allein da dieselbe zunächst nur zum Ersatze eines Theiles der bestehenden direkten Abgaben bestimmt war, kam sie, und zwar zum ersten Male i. J. 1877, neben der Gewerbe- und Personalsteuer, die deshalb nur eine entsprechende Abminderung erfuhr, zur Erhebung. Erst nachdem die Einkommensteuer durch Gesetz vom 2. Juli 1878 (GVB 1878 S. 129 flg.) neu geregelt und daneben durch Gesetz vom 1. Juli 1878 (GVB 1878 S. 121 flg.) eine eigene Steuer vom Gewerbebetriebe im Umherziehen eingeführt worden war, fiel seit dem Jahre 1879 die Gewerbe- und Personalsteuer gänzlich weg. Das durch Gesetz vom 9. September 1843 begründete Grundsteuersystem blieb dagegen seinem Wesen nach unverändert aufrecht erhalten, wennschon der Satz, nach welchem die Grundsteuer zuletzt erhoben worden war (8 Pfennige auf die Einheit), bis auf die Hälfte herabgesetzt wurde.

Seit dem 1. Januar 1879 wird daher der durch direkte Steuern zu deckende Staatsbedarf durch die Grundsteuer, die Steuer vom Gewerbebetriebe im Umherziehen und die Einkommensteuer aufgebracht,[1] welcher letzteren alles Einkommen von mehr als 300 ℳ jährlich unterliegt, das aus Grundbesitz, Kapitalzinsen, Renten, Apanagen, Dividenden, Auszügen und anderen Gerechtsamen, Gehalt, Remuneration, Pension, Wartegeld, Tantième, Salair und Lohn sowie aus Handel, Gewerbe und überhaupt jeder selbstständigen Erwerbsthätigkeit herrührt.

Der erstmaligen Umgestaltung der direkten Abgaben, wie sie in der Einführung einerseits einer einheitlichen Gewerbe- und Personalsteuer, andererseits einer einheitlichen Grundsteuer gegeben war, lag die Absicht nicht einer erhöhten Belastung, sondern im Gegentheile einer verhältnißmäßigen Entlastung der Steuerpflichtigen unter gleichzeitiger gerechterer Vertheilung der Leistungen unter dieselben zu Grunde. Diese Absicht

[1] Gesetz, die direkten Steuern betr., v. 3. Juli 1878 Art. 2, GVB 1878 S. 153.

wurde auch erreicht, indem die Reinerträgnisse der direkten Steuern von 5 021 935,33 *M* durchschnittlich jährlich in der Finanzperiode 1834/36 bis auf 4 474 086,66 *M* durchschnittlich jährlich in den drei Finanzperioden von 1837 bis mit 1845 herabgingen. Erst die Umgestaltungen in der Veranlagung der Gewerbe- und Personalsteuer, wie sie durch das neue Gewerbe- und Personalsteuergesetz vom 24. Dezember 1845 eingeleitet und durch die später dazu ergangenen Abänderungs- und Ergänzungsgesetze weiter durchgeführt worden waren, führten, in Verbindung mit der erheblichen Bevölkerungszunahme, seit der Finanzperiode 1846/48 fortgesetzte Steigerungen in der Ergiebigkeit der direkten Abgaben herbei, die nur in Folge der Kriegsjahre 1870 und 1871 zeitweilige Unterbrechungen erfuhren.[1] In Folge dessen erhöhte sich der jährliche Durchschnittsreinertrag von 4474086 *M* in den Jahren 1837 bis mit 1845 bis auf 8130727 *M* in den Jahren 1846 bis mit 1877, wobei das Höchsterträgniß mit 13 002 430 *M* durchschnittlich jährlich in die Finanzperiode 1876/77 fiel. Noch ungleich günstiger aber haben sich die Ergebnisse in Folge des Ersatzes der Gewerbe- und Personalsteuer durch die Einkommensteuer gestaltet, indem seit der Finanzperiode 1878/79 die jährlichen Reinerträgnisse der direkten Steuern bis auf 18 326 227 *M* im Durchschnitte gestiegen sind, wobei die Höchstsumme mit 20 082 809 *M* der Finanzperiode 1880/81 angehört. Dabei ist indessen zu berücksichtigen, daß in den Jahren 1879 bis mit 1883 Zuschläge zur Einkommensteuer, und zwar 1879 bis mit 1881 nach Höhe von 50 Prozent, 1882 bis mit 1883 in Höhe von 20 Prozent der Normalsätze, erhoben worden sind, so daß erst das Ergebniß der Finanzperiode 1884/85, seit welcher die Zuschläge wegfielen, mit 33 557 571 *M* oder 16 778 785,50 *M* durchschnittlich jährlich als ein normales gelten kann.

Die Bruttoerträgnisse der bis zum Inkrafttreten des Grundsteuergesetzes vom 9. September 1843 zur Erhebung gekommenen Grundabgaben verschiedener Art beliefen sich im 6jährigen Durchschnitte der Jahre 1837 bis mit 1842 auf 3 549 984,83 *M* jährlich, während die nach Maßgabe jenes Gesetzes erhobene Grundsteuer mit Einschluß von Zuschlägen, welche in einzelnen Finanzperioden erhoben worden sind, jedoch, und zwar seit der Finanzperiode 1870/71, in welcher insoweit eine veränderte Art und Weise der Verrechnung eintrat, mit Ausschluß von Erlassen, Resten und Wegfällen, bis zum Schlusse des Jahres 1885 eine Roh-

[1] Auf die Höhe der Steuererträgnisse haben in den Jahren 1849 bis mit 1860 allerdings auch erhebliche Zuschläge, welche innerhalb dieses Zeitraums zur Erhebung gelangten, wesentlich mit eingewirkt; denn dieselben betrugen insgesammt 17 378 763 *M*, wovon 6 938 184 *M* auf Grundsteuer und 10 440 579 *M* auf Gewerbe- und Personalsteuer entfielen.

einnahme von 197 232 217 ℳ oder durchschnittlich jährlich 4 696 005,16 ℳ erbracht hat.

Die Gewerbe- und Personalsteuer hat, und zwar ebenfalls mit zeitweiligen Zuschlägen, jedoch seit der Finanzperiode 1870/71 nach Abzug der Reste, Wegfälle und Restitutionen, in den Jahren 1835 bis mit 1878 ein Gesammtbruttoerträgniß von 130 722 353 ℳ oder 2 970 962,57 ℳ durchschnittlich jährlich abgeworfen.

Der Bruttoertrag der Einkommensteuer bezifferte sich dagegen in den Jahren 1879 bis mit 1885, in welchen neben ihr nur noch die Steuer vom Gewerbebetriebe im Umherziehen erhoben wurde, auf 115 947 288 ℳ oder 16 563 898,28 ℳ durchschnittlich jährlich. Das Gesammtbruttoerträgniß der Einkommensteuer in den 9 Jahren von 1877 bis mit 1885 betrug 130 892 803 ℳ und überstieg damit noch um 170 450 ℳ die Gesammtsumme der Bruttoeinnahmen, welche der Staat aus der Gewerbe- und Personalsteuer in den 44 Jahren von 1835 bis mit 1878 erzielt hatte.

Die aus Erwägungen mehr gewerbepolitischer als finanzpolitischer Art hervorgegangene Steuer vom Gewerbebetriebe im Umherziehen hat seit ihrer Einführung vom Beginne des Jahres 1879 an bis zum Schlusse des Jahres 1885 eine Bruttoeinnahme von 2 069 036 ℳ oder 295 576,57 ℳ durchschnittlich jährlich abgeworfen.

Der gesammte Bruttoertrag aller direkten Abgaben, welche von 1834 bis mit 1885 erhoben worden sind, erreicht die Höhe von 496 241 607 ℳ oder 9 543 107,82 ℳ durchschnittlich jährlich, wovon 35 325 198 ℳ auf die aus der vorkonstitutionellen Zeit übernommenen Abgaben entfallen. Der nach Abzug des Erhebungs- und Verwaltungsaufwandes, unter welchem auch der nicht ins Gewicht fallende Erhebungsaufwand für den Urkundenstempel und die Erbschaftssteuer inbegriffen ist, für die Staatskasse verbliebene Reinertrag stellt sich auf 462 125 667 ℳ oder 8 887 032,06 ℳ durchschnittlich jährlich, wobei indessen die mit 2 352 792 ℳ auf das außerordentliche Staatsbudget übernommenen Kosten zur Ausführung des neuen Grundsteuersystems und ein in gleicher Weise aufgebrachter Betrag von 45 000 ℳ für den zu Verwaltungszwecken erfolgten Ankauf eines Hausgrundstückes außer Berücksichtigung geblieben sind.

Für die Verwaltung der direkten Abgaben sowie des Urkundenstempels und der Erbschaftssteuer bestehen zwar zur Zeit 26 Bezirkssteuereinnahmen als staatliche Unterbehörden. In Ansehung der Grundsteuer und der Einkommensteuer sind indessen die Bezirkssteuereinnahmen an der Hebung unmittelbar nicht betheiligt. Letztere erfolgt vielmehr gegen Gewährung von Gebühren, welche bei der Grundsteuer zwischen $1^1/_2$—3 Prozent, bei der Einkommensteuer zwischen $2^1/_2$—3 Prozent der eingehobenen Steuerbeträge schwanken, entweder durch besondere Ortseinnehmer, welche von den Gemeinden zu bestellen und zu vertreten sind, oder unmittelbar durch die Gemeindebehörden selbst (in Städten mit revidirter Städteordnung durch die Stadträthe).[1] Auch die Hebung der Steuer vom Gewerbebetriebe im Umherziehen ist zum Theile den Gemeinden übertragen.[2] Ein ähnliches Verhältniß findet in Ansehung des Urkundenstempels und der Erbschaftssteuer, deren Verwaltung und Verrechnung den Bezirkssteuereinnahmen mit zugewiesen ist, insofern statt, als der Vertrieb der Stempelmarken, in deren Verwendung zu stempelpflichtigen Urkunden die Erfüllung der Stempelpflicht sich vollzieht, der Regel nach durch besonders dazu bestellte Ortsstempeleinnehmer und nur ausnahmsweise durch die Bezirkssteuereinnahmen geschieht.[3] Die Erhebung der Erbschaftssteuer, welche ebenfalls in Stempelmarken zur Verwendung kommt, liegt ausschließlich den Kassenverwaltungen der Amtsgerichte ob.[4]

Um ein Anhalten dafür zu bieten, in welchem Verhältnisse die Kosten der Erhebung der einzelnen Arten der direkten Abgaben sowie des Urkundenstempels und der Erbschaftssteuer zu den Bruttoerträgnissen derselben stehen, möge beispielsweise angeführt sein, daß die Erhebungskosten in der Finanzperiode 1884/85 bei der Grundsteuer gegenüber einer Roheinnahme von 5 746 686,05 ℳ oder 2 873 343,02 ℳ durchschnittlich jährlich 196 624,90 ℳ oder 98 312,45 ℳ durchschnittlich jährlich, bei der Einkommensteuer gegenüber einer Roheinnahme von 29 944 257,98 ℳ oder 14 972 128,99 ℳ durchschnittlich jährlich 596 451,55 ℳ oder 298 225,77 ℳ durchschnittlich jährlich, bei der Steuer vom Gewerbebetriebe im Umherziehen gegenüber einer Roheinnahme von 515 194,46 ℳ oder 257 597,23 ℳ durchschnittlich jährlich 9671,37 ℳ oder 4835,68 ℳ durchschnittlich jährlich, bei dem Urkundenstempel und der Erbschaftssteuer gegenüber einer Roheinnahme von 4 442 166,22 ℳ oder 2 221 083,11 ℳ durchschnittlich jährlich 27 489,20 ℳ oder 13 744,60 ℳ durchschnittlich jährlich betrugen. Bei der Grundsteuer kamen hierzu noch 14 709,41 ℳ oder 7354,70 ℳ durchschnittlich jährlich für die Einschätzung neuer Steuerobjekte und die Instandhaltung der Grundsteuerdokumente, bei der Ein-

[1] Gesetz, die Einführung des neuen Grundsteuersystems betr., v. 9. Septbr. 1843 § 31 flg., GVB 1843 S. 105 flg., Gesetz, die direkten Steuern betr., v. 3. Juli 1878 Art. 3, GVB 1878 S. 154, Einkommensteuergesetz v. 2. Juli 1878 § 78, GVB 1878 S. 152.

[2] Gesetz, die Besteuerung des Gewerbebetriebes im Umherziehen betr., v. 1. Juli 1878 § 5 Abs. 6, GVB 1878 S. 124.

[3] Verordnung, die Ausführung des Gesetzes über den Urkundenstempel v. 13. Novbr. 1876 betr., § 6, GVB 1876 S. 581.

[4] Gesetz, einige Abänderungen des Gesetzes über die Erbschaftssteuer betr., v. 3. Juni 1879 Pkt. I, GVB 1879 S. 218.

kommensteuer noch 578 211,84 ℳ oder 289 105,92 ℳ durchschnittlich jährlich für die Katastration.

14. Indirekte Abgaben einschließlich der früheren Salznutzungen.

(Vgl. Nr. 14 der Tabelle A.)

Der auf Grund des Zollvereinigungsvertrags vom 30. März 1833 (GS 1833 S. 156 flg.) erfolgte Eintritt Sachsens in den Deutschen Zollverein und die in Verbindung damit zwischen Sachsen und Preußen sowie anderen Deutschen Bundesstaaten abgeschlossenen Verträge wegen gleicher Besteuerung innerer Erzeugnisse bedingten eine vollständige Umgestaltung des Systems der indirekten Staatsabgaben, wie es bis dahin bestanden hatte. Dieselbe vollzog sich in der Weise, daß von den älteren Abgaben dieser Art das Amtsgeleit in den Erblanden, die städtische Generalaccise, die Generalaccise auf dem platten Lande, die Generalaccise der Stadt Leipzig, die Mahlsteuer in den Städten, die Mahlsurrogatsteuer auf dem platten Lande, die Grenzaccise von ausländischen Waaren, die Leipziger Handelsabgaben, die Ausgangsabgabe von Schafwolle, Flachs und Werg, die Tranksteuer von ausländischen Getränken, die Tranksteuer vom inländischen Biere und die Biersteuer in der Oberlausitz aufgehoben wurden und nur noch der Elbzoll, die erbländische Fleischsteuer, die Stempelsteuer einschließlich der darin inbegriffenen Erbschaftssteuer sowie die Chaussee- und Brückengelder bestehen blieben. Die aufgehobenen Abgaben wurden durch den Zoll von ein-, aus- und durchgehenden Waaren, die Branntweinsteuer vom inländischen Branntweine, die Biersteuer vom inländischen Biere, die Weinsteuer vom inländischen Weine sowie die Tabacksteuer vom inländischen Taback und die mit diesen Steuern verbundenen Ausgleichungsabgaben, späteren Uebergangsabgaben für gleichartige Erzeugnisse, welche aus anderen als den deshalb zu einem Verbande zusammengeschlossenen Deutschen Bundesstaaten nach Sachsen eingeführt wurden, ersetzt.[1]

Außerdem blieb das Salzmonopol bestehen, vermöge dessen der Salzhandel ausschließlich dem Staate zustand, und welches seinem Wesen nach ebenfalls eine Form der indirekten Besteuerung in sich schloß.

Die Zölle waren gemeinschaftlich mit sämmtlichen Zollvereinsstaaten in der Weise, daß sie zusammengeworfen und im Verhältnisse der Bevölkerung der betheiligten Staaten unter diesen getheilt wurden. Von den inneren Verbrauchssteuern waren es die Branntweinsteuer sowie die

[1] Gesetz, die indirekten Abgaben betr., v. 4. Dezbr. 1833 §§ 1, 4, GS 1833 S. 213, 214.

Uebergangsabgabe von Branntwein, Bier (seit 1842), Wein, Tabackblättern und Tabakfabrikaten, in Bezug auf welche ein gleichartiges Theilungsverhältniß mit einer Anzahl von Zollvereinsstaaten bestand, welche zu diesem Behufe zu einer besonderen Gemeinschaft zusammengeschlossen waren. Die Einnahmen aus allen diesen Arten von Abgaben flossen daher in die Sächsische Staatskasse nur insoweit, als dies durch die Kopfzahl der Bevölkerung Sachsens bedingt war. Die Biersteuer, die Weinsteuer und die Tabacksteuer verblieben ihr dagegen unverkürzt.

An Stelle der erbländischen Fleischsteuer trat zufolge Gesetzes vom 18. Oktober 1834 (GS 1834 S. 213 flg.) vom 1. Januar 1835 an die für den ganzen Staatsbereich giltige Schlachtsteuer von innerhalb Landes geschlachteten Ochsen, Kühen, Kälbern, Schweinen, Schafen und Ziegen neben einer zum Ausgleiche derselben dienenden, auf Verordnung vom 29. Oktober 1834 (GS 1834 S. 233) sich gründenden Uebergangsabgabe von dem aus anderen Staaten des Zollvereins nach Sachsen eingeführten Fleischwerke.

Die allen Zollvereinsstaaten gemeinschaftlichen Abgaben erhielten seit dem 1. September 1841 einen neuen Zuwachs in der Rübenzuckersteuer. Dagegen wurden die Durchgangszölle vom 1. März 1861 an vollständig, die Ausgangszölle vom 1. Juli 1865 an bis auf Lumpen und andere Abfälle zur Papierfabrikation aufgehoben. Von letzterem Zeitpunkte an fiel auch die Weinsteuer nebst Uebergangsabgabe weg.

Mit der Errichtung des Norddeutschen Bundes gingen zufolge der Artikel 35 und 38 der Verfassung desselben die Zölle sowie die Branntwein-, Bier- und Tabacksteuer nebst den Uebergangsabgaben auf den Bund in der Weise über, daß zwar den Einzelstaaten deren Erhebung und Verwaltung verblieb, der Ertrag dieser Abgaben aber nach Abzug der auf Gesetzen oder allgemeinen Verwaltungsvorschriften beruhenden Vergütungen und Ermäßigungen sowie gewisser Erhebungs- und Verwaltungskosten in die Bundeskasse zu fließen hatten. Da in Art. 35 seiner Verfassung der Norddeutsche Bund überdies das ausschließliche Recht der Besteuerung des Verbrauchs vom einheimischen Salze sich vorbehalten hatte, wurde vom 1. Januar 1868 an das Salzmonopol aufgehoben und durch eine in die Bundeskasse fließende Salzsteuer ersetzt.

Neben der Schlachtsteuer flossen von den früheren indirekten Abgaben sonach nunmehr nur noch der Elbzoll, welcher indessen bereits mit dem 1. Juli 1870 aufgehoben wurde, die Chaussee- und Brückengelder sowie die Stempelsteuer in die Sächsische Staatskasse.

Die Verfassung des Deutschen Reichs vom 16. April 1871 änderte nichts an diesen Verhältnissen, wie sie der Norddeutsche Bund, unter dessen

Herrschaft eine neue indirekte Abgabe in der auf das Bundesgesetz vom 10. Juni 1869 sich gründenden Wechselstempelsteuer im Bundesgebiete eingeführt worden war, geschaffen hatte.

Nachdem die Chaussee- und Brückengelder mit Ablauf des Jahres 1885 aufgehoben worden sind, bilden daher die Schlachtsteuer, welche zufolge Gesetzes vom 25. Mai 1852 (GVB 1852 S. 93 flg.) auf Rinder mit Einschluß von Kälbern und auf Schweine beschränkt worden ist, die Uebergangsabgabe von zollvereinsländischem Fleischwerke, die Erbschaftssteuer und der Urkundenstempel, welche beide durch Gesetze vom 13. November 1876 (GVB 1876 S. 449 flg., 466 flg.) neu geregelt worden sind, die einzigen noch bestehenden indirekten Landesabgaben.[1]

Alle sonst noch in Sachsen zur Erhebung gelangenden indirekten Abgaben einschließlich der vom Reiche neu eingeführten dergleichen, zur Zeit also der Eingangszoll — die letzten Reste des Ausgangszolls wurden bereits durch das Tarifgesetz vom 7. Juli 1873 beseitigt —, die Branntweinsteuer (Maischbottichsteuer und Materialsteuer) nebst der neu eingeführten Verbrauchsabgabe vom Branntweine — die Uebergangsabgabe vom Branntweine ist weggefallen, nachdem das Reichsgesetz vom 24. Juni 1887, durch welches die Besteuerung des Branntweins neu geregelt worden ist, für alle Theile des Deutschen Zollgebiets Geltung erlangt hat —, die Brausteuer nebst der Uebergangsabgabe vom Biere, die Tabacksteuer — die Uebergangsabgabe von Tabackblättern und Tabackfabrikaten ist bereits seit 1. Juli 1869 in Wegfall gekommen —, die Rübenzuckersteuer (Materialsteuer) und die neu eingeführte Verbrauchsabgabe vom Zucker, die Wechselstempelsteuer sowie als neu eingeführte Abgaben die Spielkartenstempelsteuer, die Reichsstempelabgaben von Aktien, Renten und Schuldverschreibungen, Kauf- und sonstigen Anschaffungsgeschäften und Lotterieloosen, endlich die statistische Gebühr, fließen in die Reichskasse.

Von den für Rechnung des Norddeutschen Bundes, beziehungsweise des Deutschen Reichs erhobenen indirekten Abgaben erhielt Sachsen gleich den übrigen Bundesstaaten zunächst nur Antheile in Gestalt von Beiträgen zu den Erhebungs- und Verwaltungskosten. Seit dem Jahre 1879 sind

[1] Im Staatshaushalts-Etat finden sich seit der Finanzperiode 1880/81 der Urkundenstempel und die Erbschaftssteuer unter den direkten Steuern mit aufgeführt, weil sie von Organen der Verwaltung der direkten Steuern erhoben und verrechnet werden. Da indessen hierdurch die Frage ihrer Klassifikation an sich nicht berührt wird, sind sie im Anschlusse an die Auffassung der früheren Gesetzgebung im gegenwärtigen Abschnitte mit behandelt worden, und ebenso sind sie in der tabellarischen Uebersicht A unter den indirekten Abgaben mit in Ansatz gekommen.

indessen rücksichtlich einzelner Arten von Abgaben hierzu noch Ueberweisungen aus den gemeinschaftlichen Erträgnissen getreten, welche sich bis jetzt zu einer nicht zu unterschätzenden Einnahmequelle für den Staat gestaltet haben. Diese Abgaben sind die Zölle, die Tabacksteuer, die Reichsstempelabgaben von Aktien, Renten und Schuldverschreibungen, Kauf- und sonstigen Anschaffungsgeschäften und Lotterielosen sowie die Verbrauchsabgabe vom Branntweine. Von dem Ertrage der Zölle und der Tabacksteuer fließt nämlich zufolge § 8 des Zolltarifgesetzes vom 15. Juli 1879 derjenige Betrag, welcher die Summe von 130 Millionen Mark in einem Jahre übersteigt, den einzelnen Bundesstaaten nach Maßgabe der Bevölkerung zu, mit welcher sie zu den Matrikularbeiträgen herangezogen werden. Die Reichsstempelabgaben und die Branntweinverbrauchsabgabe aber erhalten die einzelnen Bundesstaaten auf Grund von § 32 des Gesetzes, betreffend die Erhebung von Reichsstempelabgaben, vom 1. Juli 1881 (entsprechend dem § 44 dieses Gesetzes in der Neuredaktion vom 3. Juli 1885) und § 39 des Gesetzes, betreffend die Besteuerung des Branntweins, vom 24. Juni 1887 in dem vollen Reinertrage nach Maßgabe der matrikularmäßigen Bevölkerung überwiesen. Außerdem werden zur Zeit als Erhebungs- und Verwaltungskosten gewährt: bei den Zöllen die Kosten, welche an den gegen das Ausland gelegenen Grenzen und in dem Grenzbezirke für den Schutz und die Erhebung der Zölle erforderlich sind, bei der Branntweinsteuer ausschließlich der Branntweinverbrauchsabgabe und bei der Brausteuer einschließlich der Uebergangsabgabe je 15 Prozent der Einnahme, bei der Rübenzuckersteuer 4 Prozent der Einnahme, bei der Tabacksteuer 2 Prozent der Einnahme neben 20 Pfennigen auf das Ar für die Anbaukontrole, bei der Wechselstempelsteuer 2 Prozent (bis Ende 1871 36, bis Ende 1873 24, bis Ende 1875 12 Prozent), bei der Spielkartenstempelsteuer 5 Prozent, bei den Reichsstempelabgaben 2 Prozent der Einnahme. Für die Erhebung der statistischen Gebühr ist ein bestimmter Vergütungssatz noch nicht festgestellt; vielmehr faßt darüber jeweilig der Bundesrath Entschließung. Das Nämliche gilt von der Branntweinverbrauchsabgabe.

Den verschiedenartigen Wandlungen, welche hiernach die Mehrzahl der in Sachsen zur Erhebung gekommenen indirekten Abgaben in ihrem Verhältnisse zur Staatskasse durchgemacht hat, entsprechen die Schwankungen in der Gesammtsumme der Reinerträgnisse, welche aus diesen Abgaben der Staatskasse in den einzelnen Finanzperioden zugeflossen sind. Während bis zum Ablaufe der Finanzperiode 1864/66 diese Reinerträgnisse im Durchschnitte jährlich 9 597 196 ℳ betragen haben, wobei das Höchsterträgniß der Finanzperiode 1864/66 mit 12 528 662 ℳ durchschnittlich jährlich angehört, sanken sie in den Finanzperioden der Jahre 1867 bis mit 1879 bis auf 5 549 473 *M* durchschnittlich jährlich, wobei das Mindesterträgniß mit 4 498 408 *M* durchschnittlich jährlich in die Finanzperiode 1878/79 fiel, um erst seit der Finanzperiode 1880/81 wieder stetig, nämlich in 1880/81 auf 7 726 508 *M*, in 1882/83 auf 11 370 234 *M*, in 1884/85 auf 13 101 038 *M* durchschnittlich jährlich zu steigen. Dabei darf indessen nicht unberücksichtigt bleiben, daß in die Finanzperioden der Jahre 1867 bis 1879 der Deutsch-französische Krieg und die stärksten Nachwehen der sogenannten Gründerperiode fielen, in den Jahren der Finanzperioden von 1880 an aber wesentliche Zollerhöhungen wirksam wurden.

Die Bruttoeinnahmen haben betragen[1]:

	M	
bei den Zöllen	462 265 751	von 1834 bis zum Schlusse des Reichsetatjahres 1885/86.
„ der Branntweinsteuer	84 211 095	desgleichen.
„ „ Uebergangsabgabe von Branntwein	210 826	
„ „ Biersteuer	64 705 836	von 1834 bis zum Schlusse des Reichsetatjahres 1885/86.
„ „ Uebergangsabgabe von Bier .	13 975 123	von 1842 bis zum Schlusse des Reichsetatjahres 1885/86.
„ „ Weinsteuer	336 193	von 1834 bis 1. Juli 1865.
„ „ Uebergangsabgabe von Wein und Most	2 567 612	desgl.
„ „ Tabacksteuer	161 088	von 1834 bis zum Schlusse des Reichsetatjahres 1885/86.
„ „ Uebergangsabgabe von Taback	1 137 580	von 1834 bis 1. Juli 1869.
„ „ Rübenzuckersteuer	3 691 116	von 1843 bis zum Schlusse des Reichsetatjahres 1885/86.
„ den Salznutzungen	81 943 371	von 1834 bis mit 1867.
„ der Salzsteuer	24 741 517	von 1868 bis zum Schlusse des Reichsetatjahres 1885/86.
„ dem Spielkartenstempel	651 723	von 1879 bis zum Schlusse des Reichsetatjahres 1885/86.
„ den Reichsstempelabgaben . . .	1 450 157	vom 1. Oktober 1881 bis zum Schlusse des Reichsetatjahres 1885/86.
„ dem Urkundenstempel und der Erbschaftssteuer	60 807 958.	von 1834 bis mit 1885.[2]

[1] Der größere Theil der hier mitgetheilten Zahlen gründet sich auf Angaben der von der K. S. Zoll- und Steuerdirektion herausgegebenen Schrift: „Das indirekte Abgabenwesen im Königreiche Sachsen seit der Begründung des Deutschen Zollvereins“. Leipzig, 1884.

[2] Einschließlich der in Höhe von 3 342 564 *M* etatisirten Zuschläge in den Finanzperioden 1849—1863.

bei der Schlachtsteuer und Uebergangsabgabe von Fleischwerk . . .	102 165 337	desgl.[1]
„ den Chaussee- und Brückengeldern .	44 515 857	
zusammen	949 538 140	ℳ

15. Sonstige Einnahmen der laufenden Verwaltung.

(Vgl. Nr. 15 der Tabelle A.)

Als sonstige regelmäßig wiederkehrende Einnahmen der laufenden Verwaltung kommen die Einnahmeüberschüsse der zum Königlichen Domänengute gehörigen Hofapotheke, des vom Staate in der Finanzperiode 1849/51 erworbenen und seitdem mit einem bedeutenden Kostenaufwande zu einer Kuranstalt ersten Ranges erhobenen Elsterbades und der bis zum Schlusse des Jahres 1879 bei dem Gesammtministerium, den Departementsministerien, den oberen Spruchbehörden, den Konsistorialbehörden, den Verwaltungsmittelbehörden, der Zoll- und Steuerdirektion, den Kreissteuerräthen und den Bezirkssteuereinnahmen aufgekommenen Kanzleisporteln sowie solche zufällige Einnahmen in Betracht, welche, wie z. B. verjährte Zinsen und Kapitalien von Staatsschulden, nicht wohl einem bestimmten Ressort zugewiesen werden können.

Die Hofapotheke wurde bis mit Ende September 1877 vom Staate selbst bewirthschaftet, ohne indessen dabei erheblichere Reinerträgnisse abzuwerfen, indem letztere beispielsweise in der Finanzperiode 1874/75 auf nur 12 710,27 oder 6355,13 ℳ durchschnittlich jährlich sich bezifferten. Seit 1. Oktober 1877 ist sie verpachtet, und zwar für einen Pachtzins, welcher bis 1. Oktober 1885 15 000 ℳ jährlich betragen hat, seitdem aber auf 12 000 ℳ jährlich herabgesetzt worden ist.

Das Elsterbad hat bis zum Schlusse der Finanzperiode 1885 einen Kostenaufwand von 1 287 857,78 ℳ erfordert, welcher theils aus Mitteln des außerordentlichen Staatsbudgets (805 836 ℳ), theils aus Betriebsüberschüssen gedeckt worden ist, weshalb von letzteren bis zum Schlusse des Jahres 1885 überhaupt nur 101 066,95 ℳ für den Staatshaushalt verfügbar geworden sind.

Die Kanzleisporteln der bezeichneten Behörden waren bis zur Finanzperiode 1880/81 zu einer besonderen Einnahmeposition des Staatsbudgets vereinigt, werden dagegen seitdem bei denjenigen Verwaltungszweigen mit veranschlagt, welchen sie ihrer Entstehung nach angehören, und dienen sonach dazu, das Zuschußbedürfniß dieser Verwaltungszweige abzumindern. Diese Kanzleisporteln bilden mit den zufälligen Einnahmen

[1] Einschließlich der in Höhe von 3 804 408 ℳ etatisirten Zuschläge in den Finanzperioden 1849—1857.

den Hauptttheil der in der Gruppe Nr. 15 zusammengefaßten Ertragsüberschüsse, welche sich auf einen Gesammtbetrag von 26 681 003 *M* oder durchschnittlich jährlich 513 096 *M* beziffern, und von denen beispielsweise in der Finanzperiode 1878/79 auf die Hofapotheke 30 000 *M* oder 15 000 *M* durchschnittlich jährlich, auf das Elsterbad 11 518,04 *M* oder 5759,02 *M* durchschnittlich jährlich, auf Kanzleisporteln 549 382,04 *M* oder 274 691,02 *M* durchschnittlich jährlich, auf zufällige Einnahmen 539 474,79 *M* oder 269 737,39 *M* durchschnittlich jährlich entfielen.

Im Staatshaushalts-Etat sind die hier fraglichen Einnahmen als solche der allgemeinen Kassenverwaltung (Kap. 19) bezeichnet.

16. Leistungen an den König und das Königliche Haus.

(Vgl. Nr. 17 der Tabelle A.)

Von den Leistungen an den König und an das Königliche Haus, welche verfassungs- und vertragsrechtlich dem Staate obliegen (vgl. S. 79 flg.), sind die Apanagen einschließlich der sogenannten Sekundogenitur, die Witthümer, die Etablirungsbeiträge und die Aussteuern in ihren durch das Königliche Hausgesetz vom 30. Dezember 1837 und sonst geregelten Sätzen unverändert geblieben.

Dagegen sind die Zivilliste des Königs sowie die Schatullen-, Garderobe- und Hofstaatsgelder der Königin in der Höhe ihrer Sätze dem Wechsel, erstere mehrmalig, unterworfen gewesen.

Was zunächst die Zivilliste des Königs anlangt, so ist dieselbe in dem bei dem Inkrafttreten der Verfassungsurkunde vereinbarten Betrage von 500 000 Thalern, welcher nach Einführung des Vierzehnthalerfußes auf 513 888 Thaler (= 1 541 664 *M*) umgerechnet wurde, bis zum Schlusse der Finanzperiode 1852/54 fortgewährt worden. Von 1855/57 an wurde sie auf 570 000 Thaler (1 710 000 *M*), von 1867/69 an auf 615 000 Thaler (1 845 000 *M*), von 1874/75 an auf 2 850 000 *M* (950 000 Thaler) erhöht.

Die Schatullen-, Garderobe- und Hofstaatsgelder der Königin wurden zum ersten Male in der Finanzperiode 1837/39, und zwar nach Höhe von 28 000 Thalern, mit den Ständen vereinbart. Hiervon wurden 12 000 Thaler auf Schatulle und Garderobe, 16 000 Thaler auf den Hofstaat gerechnet, welche letztere Summe einem Jahresgeschenke entsprach, das in gleicher Höhe schon in der vorkonstitutionellen Zeit der Königin von den Landständen bewilligt zu werden pflegte. Seit der Finanzperiode 1855/57 ist diese Leistung, welche nach erfolgter Einführung des Vierzehnthalerfußes im Wege der Umrechnung auf 28 778 Thaler festgestellt wurde, auf 30 000 Thaler = 90 000 *M* erhöht worden.

Die regelmäßige Gesammtleistung des Staates an den König und an das Königliche Haus einschließlich der Sekundogenitur, für welche der Staatskasse der Gegenwerth in Kapitalien gewährt worden ist, jedoch ausschließlich der Wartegelder und Pensionen an die Mitglieder hinterlassener oder sonst erledigter Hofstaaten, hat in dem Zeitraume von 1834 bis mit 1885 die Gesammthöhe von 134 106 323 *M* oder 2 578 968 *M* durchschnittlich jährlich erreicht, was ein für die Staatskasse sehr günstiges Verhältniß bedeutet, da allein der Reinertrag der allerdings den erheblichsten Theil des Domänengutes ausmachenden Forsten einschließlich der Jagd und des ehemaligen Floß- und Holzhofbetriebes in dem nämlichen Zeitraume 217 733 838 *M* oder rund 4 187 189 *M* durchschnittlich jährlich betragen hat. Durch die wiederholten Erhöhungen der Zivilliste haben zwar die Durchschnittsleistungen der einzelnen Finanzperioden entsprechende Steigerungen erfahren, wie dies auch darin sich ausdrückt, daß der jährliche Durchschnitt in der Finanzperiode 1834/36 auf 2 275 755 *M*, in der Finanzperiode 1884/85 dagegen auf 3 250 969 *M* sich belief. Dessenungeachtet aber sind die Leistungen des Staates an den König und das Königliche Haus relativ nicht höher, sondern geringer geworden, was sich daraus ergiebt, daß dieselben, während sie in der Finanzperiode 1834/36 in einer durchschnittlichen Jahreshöhe von 1,41 *M* auf den Kopf der Bevölkerung sich bewegten und 14,63 Prozent der gesammten staatlichen Ausgabezuschüsse ausmachten, in der Finanzperiode 1884/85 nur 1,02 *M* auf den Kopf der Bevölkerung und 4,81 Prozent der staatlichen Ausgabezuschüsse betrugen. Um so weniger kann es daher ins Gewicht fallen, wenn außerdem der Staat für die Ausführung von Bauten, welche Grundstücke betreffen, die der Krone zur freien Benutzung überwiesen sind, eine Leistung im Gesammtbetrage von 4 926 023 *M* (einschließlich 3 817 000 *M* für zweimaligen Hoftheaterneubau) zu Lasten des außerordentlichen Staatsbudgets übernommen hat.

17. Verzinsung der Staats- und Verwaltungsschulden.

(Vgl. Nr. 18 der Tabelle A.)

Das Maß dessen, was der Staat zur Verzinsung der von ihm aufgenommenen Staats- und Verwaltungsschulden (vgl. S. 69) zu leisten hat, hängt nicht blos von der Größe der Kapitalsummen ab, sondern wird auch durch die Höhe des jeweiligen Zinsfußes wesentlich beeinflußt. Bei den fundirten Anleihen, welche seit der Finanzperiode 1834/36 begeben worden sind, hat letzterer je nach der Gestaltung der allgemeinen wirthschaftlichen Verhältnisse zwischen 3 bis 5 Prozent geschwankt. Für schwebende, weil nur zur vorübergehenden Verstärkung der laufenden Betriebsmittel der obersten staatlichen Zentralkasse aufgenommene Schulden haben jedoch zeitweise auch höhere Zinssätze bewilligt werden müssen, wobei die jeweilige Höhe des Bankzinsfußes nicht ohne Einwirkung hat bleiben können.

Von den zur Zeit noch bestehenden Staatsanleihen ist keine mit mehr als 4 Prozent verzinslich, nachdem die noch ungetilgten Anleihen, deren Zinsfuß ein höherer war, theils zurückgezahlt, theils konvertirt worden sind. Bei dem größeren Theile der vorhandenen Staatsschulden, welcher sich aus den seit dem Jahre 1876 begebenen Rentenanleihen zusammensetzt, beträgt der Zinsfuß nominell sogar nur 3 Prozent; gegenüber den Begebungskursen gestaltet sich derselbe thatsächlich aber nicht unwesentlich höher, indem für die bis mit 1887 begebenen Rentenanleihen von 385 800 000 *M* an Zinsen jährlich 11 574 000 *M* aufzubringen sind bei einem Kurse, der zwischen 70,80 und 90,30 schwankte.

Die Gesammtleistung des Staates für die Verzinsung seiner Schulden innerhalb des Zeitraumes von 1834 bis mit Ende 1885 beziffert sich auf 471 501 499 *M* oder 9 067 336 *M* durchschnittlich jährlich. Die höchste Leistung gehört mit 47 336 294 *M* oder durchschnittlich jährlich 23 668 147 *M* der Finanzperiode 1880/81, die niedrigste mit 2 814 591 *M* oder durchschnittlich jährlich 938 197 *M* der Finanzperiode 1840/42 an bei einem Schuldenstande von 694 343 210 *M* zu Anfang der Finanzperiode 1880/81 und einem solchen von 43 791 969 *M* zu Anfang der Finanzperiode 1840/42.

Zieht man gleichzeitig die Summe derjenigen Zinsbeträge von Staatsschulden in Betracht, welche wegen unterlassener rechtzeitiger Abhebung verjährt sind, so mindert sich die Gesammtleistung des Staates für die Verzinsung seiner Schulden um 143 574,77 *M* und sonach bis auf 471 357 924,23 *M*.

18. Tilgung der Staatsschulden.

(Vgl. Nr. 19 der Tabelle A.)

Die Tilgung der Staatsschulden, d. h. solcher Anleihen, deren Verwaltung verfassungsmäßig der Staatsschuldenkasse zugewiesen ist (vgl. S. 70), würde an sich nur in denjenigen Prozentsätzen zu erfolgen haben, deren Einhaltung durch die Anleihegesetze und Anleihepläne vorgeschrieben ist. Bei günstiger Lage der Finanzen ist man indessen von jeher darauf bedacht gewesen, Tilgungen auch über die planmäßigen Summen hinaus eintreten zu lassen, soweit dies bei den verschiedenen Anleihegattungen vertragsmäßig überhaupt möglich war. In Folge dessen hat sich die

Tilgung verschiedener Anleihen wesentlich schneller vollzogen, als dies ursprünglich vorausgesehen wurde. Einen besonders erheblichen Umfang haben die Tilgungen in den Jahren 1882 bis mit 1885 angenommen, in welchen durchschnittlich jährlich 8 192 239 ℳ abgestoßen wurden, gegen 5 996 378 ℳ durchschnittlich jährlich in dem Zeitraume von 1878 bis mit 1881, in welchem die Staatsschuld ihren höchsten Stand (675 570 475 ℳ in 1879) erreicht hatte.

In dem ganzen Zeitraume von 1834 bis mit 1885 sind auf die Tilgung von Staatsschulden 135 571 222 ℳ oder durchschnittlich jährlich 2 607 139 ℳ aus Mitteln des ordentlichen und 9 800 421 ℳ (einschließlich 9 506 721 ℳ für Einziehung von Kassenbillets) aus Mitteln des außerordentlichen Staatsbudgets verwendet worden. Rechnet man den hiernach sich herausstellenden Gesammtbetrag von 145 371 643 ℳ dem am Schlusse des Jahres 1885 in Höhe von 650 230 600 ℳ verbliebenen Gesammtstande der Staatsschulden hinzu, so ergiebt sich, daß von der hiernach auf 795 602 243 ℳ sich beziffernden Gesammtschuld im Verlaufe jenes Zeitraums 18,27 Prozent getilgt worden sind. Am höchsten gestaltete sich der Aufwand für die Tilgung von Staatsschulden mit 8 200 679 ℳ durchschnittlich jährlich in der Finanzperiode 1884/85, am niedrigsten mit 414 417 ℳ durchschnittlich jährlich in der Finanzperiode 1837/39 bei einem Schuldenstande von 664 599 825 ℳ zu Beginn der Finanzperiode 1884/85 und einem solchen von 42 415 283 ℳ zu Beginn der Finanzperiode 1837/39.

Neben der Tilgung der Staatsschulden, wie sie von Staatswegen geschieht, vollzieht sich noch eine unfreiwillige Tilgung im Wege der Verjährung solcher Schuldkapitalien, welche nach erfolgter Auslosung, beziehungsweise Kündigung und der daran sich schließenden Ausrufung innerhalb der gesetzlichen Verjährungsfristen (vgl. S. 74) von den Gläubigern nicht abgehoben werden. Indessen kommen derartige Verjährungsfälle nicht allzu häufig vor, indem seit dem Jahre 1835 bis zum Schlusse des Jahres 1885 eine Kapitalsumme von überhaupt nur 56 509,73 ℳ verjährt und somit der Staatskasse heimgefallen ist.

19. Verwaltung der Staatsschulden.

(Vgl. Nr. 20 der Tabelle A.)

Der Aufwand für die Verwaltung der Staatsschulden hat sich im Allgemeinen in einer Höhe bewegt, welche dem Anwachsen dieser Schulden entspricht. Am auffälligsten trat dies in der Finanzperiode 1878/79 im Gegensatze zur Finanzperiode 1872/73 hervor, indem der Verwaltungsaufwand in ersterer bei einem Schuldenstande von 675 570 475 ℳ am

Schlusse des Jahres 1879 die Höhe von 160 822 ℳ durchschnittlich jährlich, in letzterer bei einem Schuldenstande von 304 888 050 ℳ am Schlusse des Jahres 1873 die Höhe von 75 142 ℳ durchschnittlich jährlich erreichte.

Der Gesammtaufwand für die Verwaltung der Staatsschulden innerhalb des Zeitraums von 1835 bis mit 1885 beziffert sich auf 2 905 669 ℳ oder 56 974 ℳ durchschnittlich jährlich. Der größte Theil davon, nämlich die Summe von 1 705 970 ℳ oder 33 450 ℳ durchschnittlich jährlich, entfällt auf die Besoldungen und sonstigen persönlichen Bezüge der bei der Staatsschuldenkasse angestellten Beamten. Die Mitglieder des Landtagsausschusses zu Verwaltung der Staatsschulden erhalten für ihre Thätigkeit nur Entschädigung in Gestalt von Tagegeldern (12 ℳ), welche auch den in Dresden wohnhaften Mitgliedern gewährt werden, und von Reisekosten (für je 5 km bei Eisenbahnverbindung 1 ℳ, sonst 2 ℳ). Die Leistung, welche hierdurch dem Staate erwächst, ist eine verhältnißmäßig geringe, da sie in dem Zeitraume von 1835 bis mit 1885 insgesammt nur 162 498 ℳ oder 3186 ℳ durchschnittlich jährlich betragen hat. Von dem sonstigen Verwaltungsaufwande verdienen noch Hervorhebung die Kosten der Anfertigung der Kapital- und Zinsscheine, welche sich auf 362 008 ℳ beliefen, und der Unterhaltung auswärtiger Einlösungsstellen, welche 189 404 ℳ in Anspruch nahmen.

20. Renten aus fiskalischen Schuldverbindlichkeiten.

(Vgl. Nr. 21 der Tabelle A.)

Theils zufolge der Bestimmung in § 19 der Verfassungsurkunde, wonach alle Bestände, Forderungen und Ansprüche des Königlichen Fiskus auf die allgemeinen Staatskassen überzugehen, letztere aber dafür die auf ersterem haftenden Schulden und Ansprüche aller Art zu alleiniger Vertretung zu übernehmen hatten, theils aus sonstiger Veranlassung, namentlich auch zur Ablösung von Gerechtsamen, welche Dritten dem Staate gegenüber zustanden, hat der Staatsfiskus eine Reihe von jährlich wiederkehrenden Abentrichtungen übernommen, welche im Staatshaushalts-Etat als auf den Staatskassen ruhende Jahresrenten bezeichnet sind (StHE 1888/89 Kap. 27) und zur Zeit in einer Höhe von 407 060 ℳ jährlich sich bewegen. Die erheblichsten von diesen Renten, welche zumeist unkündbar sind, bilden die dem Hause Schönburg, beziehungsweise den Schönburg'schen Vasallengutsbesitzern und Kirchengemeinden wegen der f. Z. erfolgten Einführung der Sächsischen Abgabenverfassung und Salzregie in den Schönburg'schen Rezeßherrschaften zu gewährenden Entschädigungsrenten in der Jahreshöhe von 140 601 ℳ (47 580,43 ℳ wegen der

Grundsteuer, 39 294,93 ℳ wegen der Gewerbe- und Personalsteuer, 26 309,06 ℳ wegen der Schlachtsteuer, 12 000 ℳ wegen der Salzregie, 15 416,67 ℳ wegen der Stempelsteuer) und die Ablösungsrente in Höhe von 138 750 ℳ jährlich, welche der Stadt Leipzig wegen des Wegfalles ihres Antheils an den ehemaligen Leipziger Handelsabgaben zu gewähren ist.

Die Gesammtsumme, welche der Staat an Renten der hier fraglichen Art in dem Zeitraume von 1834 bis mit 1885 ausgegeben hat, beläuft sich auf 11 848 068 ℳ oder 227 847 ℳ durchschnittlich jährlich. Dabei ist indessen zu bemerken, daß dieselben bis zur Finanzperiode 1864/66 zum Theil in anderen Ausgabepositionen des Staatsbudgets mit veranschlagt worden sind und daher bis dahin in ihrer vollen Höhe auf Grund der Rechenschaftsberichte sich nicht beziffern lassen.[1]

21. Landtagskosten.

(Vgl. Nr. 22 der Tabelle A.)

Der Aufwand, welcher dem Staate durch die Landtage erwächst, setzt sich theils aus Kosten zusammen, welche mit der Wahl und der Einberufung der Landtagsmitglieder verknüpft sind, theils umfaßt er die Besoldungen der im Interesse beider Kammern der Ständeversammlung dauernd angestellten Beamten und die sächlichen Ausgaben für dauernde Einrichtungen, wie sie im ständischen Archive und der ständischen Bibliothek gegeben sind, theils und hauptsächlich besteht er in den Kosten persönlicher und sächlicher Art, welche entstehen, wenn und so lange beide Kammern versammelt sind.

In Bezug auf die Betheiligung des Staates an den Kosten des Wahlverfahrens hat die Gesetzgebung mehrfach geschwankt. Nach § 24 des Gesetzes, die Wahl der Abgeordneten zu den künftig zu haltenden Ständeversammlungen betreffend, vom 24. September 1831 (GS 1831 S. 292) wurden die Kosten der für das Wahlgeschäft bestellten Kommissionen voll aus der Staatskasse übertragen. Diese Kosten bestanden theils in Gebühren, welche den Wahlkommissaren für ihre Mühewaltungen gewährt wurden, theils in Entschädigungen für das Reisefortkommen derselben, theils in Vergütungen der baaren Verläge, welche ihnen bei Ausführung des Wahlgeschäfts erwuchsen.[2] Durch § 61 des Gesetzes, die Wahlen der Abgeordneten beider Kammern der Ständeversammlung betreffend, vom 19. Oktober 1861 (GVB 1861 S. 300) wurde die von

[1] Außerdem ist zur Ablösung derartiger Renten ein Kapital von 1 235 635 ℳ zu Lasten des außerordentlichen Staatsbudgets verausgabt worden.

[2] Verordnung, die Ausführung des Wahlgesetzes betr., v. 30. Mai 1836, GVB 1836 S. 120.

Staatswegen zu leistende Vergütung der Kosten des Wahlverfahrens auf die unvermeidlichen baaren Auslagen der an dem Wahlgeschäfte betheiligten Behörden und Beamten beschränkt. Durch § 35 des gegenwärtig noch giltigen Gesetzes, die Wahlen für den Landtag betreffend, vom 8. Dezember 1868 (GVB 1868 S. 1375) endlich erfolgte eine weitere Beschränkung insofern, als hiernach der Staat nur noch die unvermeidlichen baaren Auslagen der Wahlkommissare, Wahlvorsteher und Protokollführer zur Vergütung übernahm. Die Kosten, welche dem Staate durch das Wahlverfahren erwachsen, sind daher seitdem höchst geringfügig.

Auf Gewährung von Tagegeldern und Reisekosten haben verfassungsmäßig (VU § 120) nur diejenigen Landtagsmitglieder, welche nicht kraft erblichen Rechts oder als Abgeordnete der Kapitel und der Universität der ersten Kammer angehören und nicht an dem Orte, wo der Landtag gehalten wird, wesentlich wohnen, Anspruch dergestalt, daß die Bestimmung der Höhe der Vergütungssätze der Landtagsordnung vorbehalten ist.

Nach §§ 136—141 der Landtagsordnung vom 8. Oktober 1857 (GVB 1857 S. 210 flg.) betrugen die Tagegelder 9 *M*, neben welchen jeder der Präsidenten der beiden Kammern für den ihm als solchem erwachsenden außerordentlichen Aufwand noch eine Summe von 900 *M* monatlich erhielt. Als Vergütung des Reiseaufwandes wurden für jede Postmeile, welche der inländische Wohnort der betheiligten Landtagsmitglieder vom Sitze des Landtags entfernt war, in dem Falle, wenn zum Fortkommen eine Eisenbahn benutzt werden konnte, 1,50 *M*, entgegengesetzten Falles 3 *M*, in beiden Fällen jedoch nur für die der Einberufung oder Vertagung folgende erste Reise zum Landtage und für die Rückreise, unter der Voraussetzung gewährt, daß letztere erst nach dem förmlichen Schlusse des Landtags oder der Vertagung desselben oder der Auflösung der II. Kammer erfolgte. Durch § 38 der noch gegenwärtig giltigen Landtagsordnung vom 12. Oktober 1874 (GVB 1874 S. 390) ist der Tagegeldersatz auf 12 *M* erhöht, die Entschädigung für den Reiseaufwand aber in der Weise geregelt worden, daß auf je 5 Kilometer, welche der inländische Wohnort von der nächsten Eisenbahnstation entfernt ist, für die der Einberufung oder Vertagung folgende erste Reise zum Landtage und für die Rückreise 2 *M*, im Uebrigen aber zum Fortkommen auf den Eisenbahnen für die ganze Dauer des Landtags freie Fahrt zwischen dem Sitze des Landtags und dem inländischen Wohnorte des Kammermitglieds gewährt werden. Dabei ist zugleich die Bestimmung getroffen worden, daß, so oft Zwischendeputationen einberufen werden, deren Mitglieder ohne Ausnahme Tagegelder, die auswärts wohnenden aber außerdem Reiseentschädigung, beziehungsweise freie Eisenbahnfahrt während der Dauer der Zwischendeputationen erhalten. Der Repräsentationsaufwand der beiden Kammerpräsidenten ist in Höhe von monatlich 900 ℳ unverändert geblieben.

Da der hauptsächlichste Theil des Aufwandes, welchen die beiden Ständekammern verursachen, naturgemäß durch das Tagen derselben bedingt wird, ist es begreiflich, daß das Maß dessen, was der Staat in dieser Beziehung zu leisten hat, hauptsächlich von der Zahl und Dauer der Landtage abhängig ist. Seit dem Jahre 1834 bis zum Schlusse des Jahres 1885 sind 23 ordentliche und 6 außerordentliche Landtage abgehalten worden, deren längster (der ordentliche Landtag von 1836/37) 12 Monate 26 Tage gedauert hat, während der kürzeste (der außerordentliche Landtag von 1859) 20 Tage in Anspruch nahm. Für diese 29 Landtage sind im Ganzen 9 598 142 ℳ aufgewendet worden, wovon der Höchstbetrag mit 1 043 241 ℳ der Finanzperiode 1849/51, in welcher drei ordentliche Landtage abgehalten worden sind, der Mindestbetrag mit 121 853 ℳ der Finanzperiode 1878/79 angehört.

22. Reichstagskosten.

(Vgl. Nr. 23 der Tabelle A.)

Bis zu dem von Bundeswegen erfolgten Erlasse des Wahlgesetzes für den Reichstag des Norddeutschen Bundes vom 31. Mai 1869 vollzogen sich in Sachsen die Wahlen für den Reichstag nach Maßgabe des als Landesgesetz verkündeten Wahlgesetzes für den Reichstag des Norddeutschen Bundes vom 7. Dezember 1866 und der unter dem gleichen Tage dazu erlassenen Ausführungsverordnung (GVB 1866 S. 255 flg., 257 flg.). Letztere legte in den §§ 24 und 25 der Staatskasse die Verpflichtung auf, nicht allein die baaren Auslagen bei dem Wahlverfahren nach den für die Landtagswahlen geltenden Grundsätzen zu vergüten, sondern auch den Sächsischen Reichstagsabgeordneten für die Reise zum Sitze des Reichstags und zurück eine Entschädigung von 1,50 ℳ für jede Meile, ingleichen während der Dauer ihres Aufenthalts daselbst Diäten im Betrage von 12 ℳ täglich zu gewähren.

Bereits durch Art. 31 der Verfassuug des Norddeutschen Bundes vom 26. Juli 1867, wonach die Mitglieder des Reichstags als solche keine Besoldung oder Entschädigung beziehen durften, wurde jedoch die von der Sächsischen Staatskasse übernommene Verpflichtung zur Gewährung von Reisekosten und Diäten an Reichstagsabgeordnete hinfällig.

Durch das Wahlgesetz vom 31. Mai 1869 wurde aber auch die Verbindlichkeit des Staates zur Uebertragung von Kosten des Wahlverfahrens wesentlich eingeschränkt, indem nach § 16 desselben lediglich die Kosten für Druckformulare zu den Wahlprotokollen und für die Ermittelung des Wahlergebnisses in den Wahlkreisen von den Bundesstaaten, alle übrigen Kosten des Wahlverfahrens dagegen von den Gemeinden zu tragen sind.

Dieses Verhältniß ist auch nach Errichtung des Deutschen Reichs aufrecht erhalten geblieben, indem einerseits die Vorschrift in Art. 32 der Verfassung des Norddeutschen Bundes gleichlautend in Art. 32 der Verfassung des Deutschen Reichs übergegangen ist, andererseits das Wahlgesetz vom 31. Mai 1869 die Bedeutung eines Reichsgesetzes erlangt hat.

Hieraus erklärt es sich, daß die Kosten, welche der Staat im Interesse des Reichstags aufzubringen gehabt hat, und welche bis zum Schlusse des Jahres 1885 auf insgesammt 80 293 ℳ sich berechnen, von 22 277 ℳ durchschnittlich jährlich in der Finanzperiode 1867/69 bis auf 841,12 ℳ durchschnittlich jährlich in den Finanzperioden der Jahre 1870 bis mit 1885 herabgegangen sind.

23. Landesstatistik.

(Vgl. Nr. 24 der Tabelle A.)

Im Königreiche Sachsen wird zwar bereits seit dem Jahre 1831 bis zu einem gewissen Grade offizielle Statistik betrieben, indem ein in diesem Jahre begründeter statistischer Verein von der Regierung mit der Bearbeitung der Volkszählungsergebnisse sowie der Gerichts- und Schulstatistik beauftragt wurde und deshalb auch regelmäßige Zuwendungen aus der Staatskasse erhielt. Ein wirkliches staatliches Institut für die statistischen Angelegenheiten des Landes trat indessen erst vom 1. August 1850 an ins Leben, indem von diesem Zeitpunkte an das bis dahin bestandene Bureau des statistischen Vereins vom Staate übernommen und in ein statistisches Bureau des Ministeriums des Innern umgewandelt wurde, dessen Aufgabe in erster Linie sein sollte, alle in Zahlen darstellbaren oder doch sonst einer genauen Beobachtung zugänglichen Erscheinungen des Staats- und Volkslebens zu sammeln, im wissenschaftlichen Geiste zusammenzustellen, daraus besonders die vom Standpunkte der praktischen Staatsverwaltung sich darbietenden Schlüsse zu ziehen oder doch durch die Form der Anordnung zu erleichtern und anzudeuten, auch soweit möglich mit den statistischen Ergebnissen anderer Länder Vergleiche anzustellen. In Verfolgung dieser Aufgabe ist das statistische Bureau des Ministeriums des Innern im Laufe der Zeit auf allen Gebieten der offiziellen Statistik thätig geworden, von welchen als die hervorragendsten die Statistik des Bevölkerungswesens, des Medizinalwesens, des Verkehrswesens, des Gewerbewesens, der Landwirthschaft, der Civil- und Strafrechtspflege, des Unterrichtswesens, des Finanzwesens, des Sparkassenwesens, der Arbeiterverhältnisse und der Wohlfahrtseinrichtungen hervorzuheben sind. In Folge dessen sind aber auch die Kosten seiner Unterhaltung fast unausgesetzt gestiegen dergestalt, daß dieselben in der Finanzperiode 1884/85 eine jährliche Durchschnittshöhe von 136 357 ℳ gegen 22 678 ℳ in der Finanzperiode 1852/54 erreicht haben, der Gesammtaufwand des Staates für dieses Institut aber bis zum Schlusse des Jahres 1885 auf 2 129 072 ℳ sich beziffert.[1]

24. Ausgaben für allgemeine Regierungszwecke.

(Vgl. Nr. 25 der Tabelle A.)

Unter Ausgaben für allgemeine Regierungszwecke sind die Kosten für die Unterhaltung einer Anzahl von Behörden und Anstalten, deren geschäftlicher Wirkungskreis nicht blos Angelegenheiten eines einzelnen Ressorts umfaßt, sondern die Interessen des ganzen Staates berührt, sowie Aufwendungen für sonstige Zwecke zu verstehen, welche von dem nämlichen Gesichtspunkte aus zu beurtheilen sind. Hierher gehören das Gesammtministerium, die in evangelicis beauftragten Staatsminister, der Staatsrath, der Kompetenzgerichtshof, die Disziplinarkammer, der Disziplinarhof, die Kabinetskanzlei, die Ordenskanzlei, die Oberrechnungskammer, das Hauptstaatsarchiv, das stenographische Institut, das Gesetz- und Verordnungsblatt, endlich eine Reihe sonstiger allgemeiner Regierungs- und Verwaltungsangelegenheiten.

Von den im Vorstehenden aufgeführten Behörden und Anstalten ist ein Theil bereits in der vorkonstitutionellen Zeit begründet worden; die Mehrzahl derselben aber ist erst unter der Herrschaft des konstitutionellen Staatssystems, beziehungsweise in Folge desselben, entstanden.

Das aus den Vorständen der einzelnen Ministerialdepartements sich zusammensetzende Gesammtministerium bildet nach § 41 Abs. 2 der Verfassungsurkunde die oberste kollegiale Staatsbehörde, welche u. a. den Verkehr zwischen der Regierung und den Ständen vermittelt, Differenzen zwischen den einzelnen Ministerien in Verhandlung zieht, überhaupt aber theils als berathende, theils als entscheidende Instanz in Angelegenheiten thätig wird, welche, wie z. B. der Staatshaushalts-Etat

[1] Näheres über die Entstehung und Entwickelung des Instituts enthält die von der Direktion desselben herausgegebene Schrift: „Das statistische Bureau im Königreich Sachsen in den ersten 50 Jahren seines Bestehens.“ Leipzig, 1881.

und die Beziehungen zum Reiche, den Staat in seiner Gesammtheit berühren.[1]

Die in evangelicis beauftragten Staatsminister haben nach §§ 41 und 57 der Verfassungsurkunde die landesherrliche Kirchengewalt über die evangelischen Glaubensgenossen sowie die ihnen durch die Kirchen- und Synodalordnung zugewiesenen Befugnisse und Obliegenheiten auszuüben.

Der Staatsrath ist berathende Behörde in allen vom Könige an denselben verwiesenen Angelegenheiten, namentlich auch in wichtigeren Gesetzgebungsfragen.[2]

Der durch Gesetz vom 3. März 1879 (GVB 1879 S. 65 flg.) begründete Kompetenzgerichtshof bildet die Behörde für Entscheidung über Kompetenzstreitigkeiten zwischen den Gerichten und Verwaltungsbehörden. Er ist nach Maßgabe der Vorschriften in § 17 des Gerichtsverfassungsgesetzes vom 27. Januar 1877 an Stelle der dem Vorbehalte in § 47 der Verfassungsurkunde gemäß durch Gesetz vom 13. Juni 1840 (GVB 1840 S. 97 flg.) errichteten Kommission für Entscheidung über Kompetenzzweifel zwischen Justiz- und Verwaltungsbehörden getreten.

Von den beiden durch das Gesetz, einige Abänderungen der gesetzlichen Bestimmungen über die Verhältnisse der Zivilstaatsdiener betr., vom 3. Juni 1876 (GVB 1876 S. 239 flg.) ins Leben gerufenen Disziplinargerichten entscheidet die Disziplinarkammer in erster, der Disziplinarhof in zweiter Instanz in denjenigen Fällen, in welchen Dienstentlassung als Disziplinarstrafe gegen einen Staatsdiener verhängt werden soll (vgl. § 19 flg. des Gesetzes vom 3. Juni 1876).

Die zufolge Allerhöchster Verordnung vom 7. November 1331 (Pkt. 3, GS 1831 S. 324) errichtete Kabinetskanzlei bildet die Stelle, an welche diejenigen Vorstellungen einzureichen sind, welche unmittelbar an den König gerichtet werden.

Der Ordenskanzlei liegt die Erledigung der mit der Verleihung landesherrlicher Orden im unmittelbaren Zusammenhange stehenden Geschäfte ob. Unter dem Aufwande für dieselbe fallen die Kosten der Herstellung von Orden und Ehrenzeichen nebst Zubehör am meisten ins Ge-

---

[1] Das Nähere über die Zuständigkeit des Gesammtministeriums enthält die Allerhöchste Verordnung, die Einrichtung der Ministerialdepartements 2c. betr., v. 7. Novbr. 1831 Pkt. 4 G, GS 1831 S. 329.

[2] Vgl. Allerhöchste Verordnung wegen Errichtung des Staatsraths vom 16. Novbr. 1831 (GS 1831 S. 337 flg.), Allerhöchste Verordnung, veränderte Einrichtungen des Staatsrathes betr., v. 26. Mai 1855 (GVB 1855 S. 59 flg.).

wicht, ohne indessen irgendwie erheblich zu sein, da sie beispielsweise in der Finanzperiode 1884/85 nur 23 335,40 *M* oder 11 667,70 *M* durchschnittlich jährlich betragen haben.

Die Oberrechnungskammer, welche, wie schon S. 105 dargelegt worden ist, in der Eigenschaft eines obersten Landeskollegiums i. J. 1707 begründet, aber bereits i. J. 1734 in eine aus deputirten Räthen anderer oberster Landeskollegien sich zusammensetzende Behörde unter der Bezeichnung Oberrechnungsdeputation umgewandelt wurde und als solche in das konstitutionelle Staatssystem mit überging, bis sie unter Wiederherstellung des früheren Namens Oberrechnungskammer zuerst i. J. 1842, zuletzt i. J. 1877 neu organisirt wurde, führt im Wege der Rechnungsprüfung eine Kontrole über den gesammten Staatshaushalt. (Vgl. S. 106.)

Das Hauptstaatsarchiv umfaßt die Akten und sonstigen schriftlichen Urkunden des Geheimen Archivs, des Geheimen Kabinetsarchivs, des Finanzarchivs, die Aktenreposituren einer Anzahl aufgelöster Behörden, insbesondere des Geheimen Raths, des Geheimen Konsiliums, der Landesregierung (mit Ausnahme des Lehnsarchivs), der Landesdirektion, des Landesjustizkollegiums und des Oberhofgerichts, und hat überhaupt die Bestimmung, diejenigen staatlichen Akten und sonstigen Urkunden in sich aufzunehmen, welche von dauerndem Werthe sind.

Das in seinen Anfängen bis in das Jahr 1834 zurückreichende, aber erst unter dem 3. Oktober 1839 endgiltig organisirte stenographische Institut, welches aus einer stenographischen Lehranstalt und einer stenographischen Kanzlei besteht, hat in erster Linie die Aufgabe, Stenographen für den öffentlichen Dienst heranzubilden und in demselben zu verwenden, wie dies insbesondere bei Gelegenheit der Landtagsverhandlungen zu geschehen hat.

Durch das Gesetz- und Verordnungsblatt, welches zufolge Gesetzes vom 6. September 1834 (GS 1834 S. 189 flg.) seit dem Jahre 1835 an Stelle der durch Mandat vom 9. März 1818 begründeten „Gesetzsammlung für das Königreich Sachsen“, die im Jahre 1832 den Titel: „Sammlung der Gesetze und Verordnungen für das Königreich Sachsen“ erhielt, getreten ist, werden die nach den Bestimmungen der Verfassungsurkunde vom Könige zu erlassenden und zu verkündenden Gesetze, Verordnungen und sonstigen Bekanntmachungen sowie die von den Ministerien und anderen Landes-Zentralbehörden ergehenden Verfügungen und Bekanntmachungen, welche nicht blos örtliches oder persönliches Interesse haben, in rechtsverbindlicher Weise zur öffentlichen Kenntniß gebracht, soweit dies nicht nach Maßgabe des Gesetzes, die amtliche Verkündigung allgemeiner Anordnungen der Verwaltungsbehörden betr., vom 15. April 1884 (GVB 1884 S. 131 flg.) seiten der Ministerien und der Mittelbehörden im Dresdner Journale (Bekanntmachung vom 28. April 1884, GVB 1884 S. 133), seiten der unteren Verwaltungsbehörden in den Amtsblättern geschehen darf. Bis zum Schlusse des Jahres 1884 wurde das Gesetz- und Verordnungsblatt für ausschließliche Rechnung des Staates hergestellt und vertrieben. Seit 1885 sind Herstellung und Vertrieb in die Hände einer Verlagsbuchhandlung in der Weise gelegt, daß der Staat nur noch die Kosten der Redaktion trägt, im Uebrigen aber an dem Vertriebsgewinne theilnimmt, wodurch die Kosten für das Gesetz- und Verordnungsblatt eine wesentliche Abminderung erfahren haben.

Von sonstigen allgemeinen Regierungs- und Verwaltungsangelegenheiten, für welche der Staat regelmäßige Aufwendungen zu machen hat, sind die Tafelgelder für den mit der Repräsentation beauftragten Staatsminister (12 000 ℳ jährlich), die Kosten der Unterhaltung der demselben überwiesenen Wohnung, ein Beitrag für die Herausgabe des Archivs für Sächsische Geschichte und Alterthumskunde und die Kosten der seit längerer Zeit im Gange befindlichen Herstellung und des Vertriebes einer topographischen und geologischen Spezialkarte des Königreichs Sachsen hervorzuheben.

Für die gesammten Ausgabegruppen, welche die vorstehende Darstellung umfaßt, sind seit 1834 bis mit 1885 vom Staate insgesammt 7 845 077 ℳ oder durchschnittlich jährlich 150 866,86 ℳ aufgewendet worden. Hiervon entfielen auf

das Gesammtministerium nebst den in evangelicis beauftragten Staatsministern, dem Staatsrathe, der Kommission für Entscheidung über Kompetenzzweifel zwischen Justiz- und Verwaltungsbehörden, dem Kompetenzgerichtshofe, der Disziplinarkammer und dem Disziplinarhofe 1 221 961 ℳ,

die Kabinetskanzlei 315 242 ℳ,

die Ordenskanzlei 565 421 ℳ,

die Oberrechnungskammer 1 846 369 ℳ,

das Hauptstaatsarchiv (einschließlich 212 698 ℳ für Beschaffung neuer Geschäftsräume) 1 642 975 ℳ,

das stenographische Institut 212 853 ℳ, — eine Summe, welche jedoch nur den Zeitraum von 1878 bis mit 1885 umfaßt, indem die Kosten der Unterhaltung dieses Instituts bis mit 1877 unter den Landtagskosten Verrechnung fanden,

das Gesetz- und Verordnungsblatt 387 180 ℳ,

sonstige allgemeine Regierungs- und Verwaltungsangelegenheiten 1 653 076 ℳ.

25. Allgemeine Ausgaben für die Verwaltung der einzelnen Ministerialdepartements.

(Vgl. Nr. 26 bis mit 31 der Tabelle A.)

Nach § 41 Abs. 2 der Verfassungsurkunde haben in Sachsen sechs Ministerialdepartements, nämlich dasjenige der Justiz, der Finanzen, des Innern, des Kriegs, des Kultus und der auswärtigen Angelegenheiten, zu bestehen, welche vom 1. Dezember 1831 an thatsächlich auch in Wirksamkeit getreten sind, und deren Zuständigkeit im Allgemeinen durch Allerhöchste Verordnung vom 7. November 1831 (GS 1831 S. 323 flg.) geregelt ist.

Von diesen Ministerialdepartements ist das Ministerium des Kriegs mit der Errichtung des Norddeutschen Bundes aus dem Sächsischen Staatshaushalte ausgeschieden, da zufolge der Bestimmung in Art. 62 Abs. 3 der Verfassung des Norddeutschen Bundes und der gleichlautenden Bestimmung in Art. 62 Abs. 3 der Verfassung des Deutschen Reichs die Kosten für das aus den Kontingenten aller Bundesstaaten sich zusammensetzende Bundes-, beziehungsweise Reichsheer und dessen Einrichtungen mit Ausschluß des Bayerischen Heeres auf den Haushalt des Norddeutschen Bundes, beziehungsweise des Deutschen Reichs übergegangen sind.

Die Departementsministerien der Justiz, der Finanzen, des Innern und der auswärtigen Angelegenheiten sind von den Wirkungen der Verfassung sowohl des Norddeutschen Bundes als des Deutschen Reichs wenigstens in Bezug auf ihre Zuständigkeitsverhältnisse nicht unberührt geblieben, indem der Beaufsichtigung und der Gesetzgebung des Bundes, beziehungsweise des Reichs eine ganze Reihe wichtiger Angelegenheiten zugewiesen ist, welche vordem zum Geschäftsbereiche dieser Ministerien gehörten. Allein nur bei dem Ministerium der auswärtigen Angelegenheiten hat dies einen Einfluß auf den Umfang des Geschäftsverkehrs geäußert, der zugleich in einem erheblichen Rückgange des Geschäftsaufwandes seinen Ausdruck findet, indem der Unterhaltungsaufwand für dieses Ministerium von 54 488,06 ℳ durchschnittlich jährlich in dem Zeitraume vor 1867 bis auf 44 658,84 ℳ durchschnittlich jährlich in dem Zeitraume seit 1867 herabgegangen ist. Bei den Ministerien der Justiz, der Finanzen und des Innern ist der Unterhaltungsaufwand in Folge der Geschäftsvermehrung, die sie auf anderen Gebieten erfahren haben, seit dem Jahre 1867 sogar erheblich gestiegen, und zwar bei dem Ministerium der Justiz von 116 007,05 ℳ auf 192 529,08 ℳ, bei dem Ministerium der Finanzen von 500 803,45 ℳ auf 719 565,95 ℳ, bei dem Ministerium des Innern von 183 014,08 ℳ auf 323 747,04 ℳ durchschnittlich jährlich. Auch die Unterhaltungskosten des Ministeriums des Kultus sind in Folge der sich stetig mehrenden Ansprüche an seine Thätigkeit auf dem großen Gebiete des öffentlichen Unterrichtswesens schon seit einer langen Reihe von Jahren in fortgesetztem Steigen begriffen. Die Minderung seiner Zuständigkeit, welche dadurch eingetreten ist, daß seit dem 15. Oktober 1874 alle Geschäfte und Befugnisse des evangelisch-lutherischen Kirchenregiments, welche ihm bis dahin zugestanden hatten, auf das von diesem Zeitpunkte ab in Wirksamkeit getretene evangelisch-lutherische Landeskonsistorium übergegangen sind, hat dieses Steigen nicht aufzuhalten vermocht, wie sich daraus ergiebt, daß der Unterhaltungsaufwand des Ministeriums des Kultus von 217 047 *M* durchschnittlich jährlich in der Finanzperiode 1874/75 bis auf 240 954 *M* durchschnittlich jährlich in den Jahren von 1876 bis mit 1885 angewachsen ist.

Die Gesammtleistung des Staates für die Unterhaltung aller sechs Departementsministerien, einschließlich der denselben für außerordentliche Bedürfnisse ihrer budgetmäßigen Ressorts zur Verfügung gestellten Dispositionsfonds, bei dem Ministerium der Finanzen überdies mit Einrechnung des Aufwandes der für die Staatsprüfungen der Techniker bestehenden Kommission und für sonstige allgemeine technische Angelegenheiten, welche sein Ressort berühren (StHE 1888/89 Kap. 84), bei dem Ministerium des Innern mit Einrechnung des Aufwandes der für Angelegenheiten seines Ressorts bestehenden technischen Deputation (StHE 1888/89 Kap. 51), beziffern sich für den Zeitraum von 1834 bis mit 1885, bei dem Ministerium des Kriegs bis mit 1867, auf 67 077 106 *M*, wovon auf das

Ministerium der Justiz 7 486 316 *M* oder 143 967,61 *M* durchschnittlich jährlich,

Ministerium der Finanzen 30 198 266 *M* oder 580 735,88 *M* durchschnittlich jährlich,

Ministerium des Innern 12 190 692 *M* oder 234 436,38 *M* durchschnittlich jährlich,

Ministerium des Kriegs 6 667 800 *M* oder 196 111,76 *M* durchschnittlich jährlich,

Ministerium des Kultus und Unterrichts 7 887 408 *M* oder 151 680,92 *M* durchschnittlich jährlich,

Ministerium der auswärtigen Angelegenheiten 2 646 624 *M* oder 50 896,61 *M* durchschnittlich jährlich entfallen.

Bei den Unterhaltungskosten des Finanzministeriums ist in der Finanzperiode 1874/75 vorübergehend eine erhebliche Steigerung (2 478 050 *M* gegen 1 264 521 *M* in der Finanzperiode 1872/73 und 1 490 346 *M* in der Finanzperiode 1876/77) dadurch eingetreten, daß in derselben ein Betrag von 1 052 665,01 ℳ für Vorarbeiten zur Einführung der Einkommensteuer auf den Dispositionsfonds des Finanzministeriums übernommen worden ist. Im Uebrigen ist bei den auf 30 198 266 ℳ bezifferten allgemeinen Ausgaben für das Departement der Finanzen ein Betrag von 23 040 ℳ außer Berücksichtigung geblieben, welcher in der Finanzperiode 1855/57 zum Ankaufe eines Gebäudes für das Finanzarchiv aus Mitteln des außerordentlichen Staatsbudgets verwendet worden ist.

26. Gerichtspflege.

(Vgl. Nr. 32 der Tabelle A.)

In der vorkonstitutionellen Zeit wurde die Gerichtsbarkeit in erster Instanz vom Staate nur insoweit ausgeübt, als sie nicht den Patrimonialgerichten der Städte und der Rittergüter sowie den Gerichten der Besitzer der Schönburg'schen Rezeßherrschaften zustand. Die Verfassungsurkunde änderte an diesem Verhältnisse nichts, sondern setzte in § 45 nur fest, daß die Gerichtsbarkeit in einer gesetzlich bestimmten Instanzenordnung verwaltet werde. Demgemäß beschränkte sich die Gesetzgebung zunächst darauf, den Instanzenzug neu zu regeln, was durch Gesetz vom 28. Januar 1835 (GVB 1835 S. 62 flg.) geschah und zur Folge hatte, daß die bis dahin bestandenen höheren Gerichtshöfe — das aus der ehemaligen Landesregierung hervorgegangene Landesjustizkollegium, das Appellationsgericht und die Oberamtsregierung zu Bautzen — aufgehoben und durch vier Appellationsgerichte, jedes für einen gewissen Bezirk, als Gerichtshöfe zweiter Instanz, sowie ein Oberappellationsgericht für das ganze Land, als Gerichtshof dritter Instanz, ersetzt wurden.

In Bezug auf die staatlichen Untergerichte trat eine Aenderung nur insofern ein, als zufolge des Gesetzes über privilegirte Gerichtsstände rc. betr., vom 28. Januar 1835 das Oberhofgericht zu Leipzig, welches bis dahin den allgemeinen Gerichtshof für die zivilrechtlichen Angelegenheiten der alterbländischen Schriftsassen gebildet hatte, aufgehoben wurde. Als staatliche Gerichte erster Instanz blieben daher, abgesehen von den an gegenwärtiger Stelle nicht weiter in Betracht zu ziehenden behördlichen Organen für die Ausübung der Berggerichtsbarkeit und der geistlichen Gerichtsbarkeit, die Königlichen Landgerichte, die Justizämter, die Justitiariate und im Bereiche der Kammergüter die Kammergutsgerichte bestehen, neben welchen indessen für einzelne Klassen physischer und juristischer Personen sowie einzelne Arten von rechtlichen Angelegenheiten zugleich die Bezirks-Appellationsgerichte als Gerichte erster Instanz wirkten.

Die politischen Ereignisse des Jahres 1848 verhalfen der Anschauung zur Geltung, daß auch in erster Instanz die Gerichtsbarkeit lediglich von Staatswegen auszuüben sei. Durch Gesetz vom 23. November 1848 (GVB 1848 S. 295) wurde deshalb die Aufhebung der Patrimonialgerichtsbarkeit verfügt und zugleich ausgesprochen, daß die Rechtspflege künftig in der unteren Instanz gleichmäßig durch Königliche Bezirksgerichte verwaltet werden solle. Dabei sollte eine völlige Trennung der Rechtspflege von der Verwaltung auch in der unteren Instanz stattfinden, in welcher beide von jeher vereinigt gewesen waren. Zur Ausführung dieses Gesetzes kam es indessen thatsächlich nicht. Vielmehr wurde erst durch das mit dem 1. Oktober 1856 in Wirksamkeit getretene Gesetz, die künftige Einrichtung der Behörden erster Instanz für Rechtspflege und Verwaltung betreffend, vom 11. August 1855 (GVB 1855 S. 144 flg.) die Patrimonialgerichtsbarkeit endgiltig dergestalt beseitigt, daß neben den staatlichen Untergerichten nur noch die Untergerichte der Besitzer der Schönburg'schen Rezeßherrschaften bestehen blieben. Gleichzeitig trat, und zwar auch im Bereiche der Schönburg'schen Rezeßherrschaften, eine veränderte Behördenorganisation in der Weise ins Leben, daß als ordentliche Gerichte erster Instanz Behörden gebildet wurden, welche je nach dem Maße ihrer Zuständigkeit Gerichtsämter oder Bezirksgerichte hießen. Bei dem Bezirksgerichte, welches in Leipzig seinen Sitz angewiesen erhielt, wurde eine besondere Geschäftsabtheilung als Handelsgericht für die Stadt Leipzig organisirt. Mit dem am 1. März 1862 erfolgten Inkrafttreten des Allgemeinen Deutschen Handelsgesetzbuchs wurden jedoch auch bei allen übrigen Bezirksgerichten besondere Handelsgerichte ins Leben gerufen.

Eine grundsätzliche Trennung der Rechtspflege von der Verwaltung fand bei der Organisation des Jahres 1855 nur insoweit statt, als den Bezirksgerichten Verwaltungsgeschäfte nicht zugewiesen wurden. Die Gerichtsämter behielten dagegen die Verwaltungsgeschäfte der Hauptsache nach in dem nämlichen Umfange bei, wie sie den früheren Untergerichten zugestanden hatten. Erst zufolge Gesetzes vom 21. April 1873 (GVB 1873 S. 275), welches mit dem 15. Oktober 1874 in Kraft trat, verloren von diesem Zeitpunkte an die Gerichtsämter ihre gleichzeitige Eigenschaft als Verwaltungsobrigkeiten, mit der Maßgabe jedoch, daß ihnen die Besorgung der Geschäfte der gerichtlichen Polizei in dem bisherigen Umfange verblieb. Gleichzeitig ging zufolge Gesetzes vom 22. April 1873 (GVB 1873 S. 291 flg.) die bisher den Verwaltungsbehörden in Polizei- und anderen Verwaltungsstrafsachen zugestandene Strafgerichtsbarkeit dergestalt auf die Gerichte über, daß den Verwaltungsbehörden innerhalb gewisser Grenzen nur noch das Recht zum Erlasse vorläufiger Strafverfügungen vorbehalten blieb.

Mit dem 15. November 1878 ging auch für den Bereich der Schönburg'schen Rezeßherrschaften die Gerichtsbarkeit in erster Instanz auf den Staat über, welcher für die nutzbaren Rechte derselben und die Ueberlassung von Gerichtsgebäuden dem Gesammthause Schönburg eine Entschädigung von 1 733 623 *M* gewährte.

Vom 1. Oktober 1879 an traten sämmtliche Gerichtsbehörden, wie sie bis dahin bestanden hatten, außer Wirksamkeit, um nach Maßgabe der Vorschriften des Gerichtsverfassungsgesetzes für das Deutsche Reich vom 27. Januar 1877 durch 103 Amtsgerichte, 7 Landgerichte und ein Oberlandesgericht ersetzt zu werden. Von den Landgerichten sind fünf mit besonderen Kammern für Handelssachen ausgestattet; außerdem sind derartige Kammern noch bei zwei Amtsgerichten eingerichtet. Mit drei Landgerichten wurden besondere Gefängnißanstalten verbunden, in welchen die zu Gefängnißstrafe von mehr als 5 Monaten, aber nicht über 6 Monate Verurtheilten ihre Strafe abzubüßen haben.

Daß Wandlungen in der staatlichen Handhabung der Gerichtsbarkeit und in der Organisation der dazu berufenen Behörden, wie sie im Vorstehenden geschildert worden sind, in der Höhe der Zuschüsse zum Ausdrucke haben kommen müssen, welche der Staat für die Gerichtspflege überhaupt aufzubringen gehabt hat, und die in dem Zeitraum von 1834 bis mit 1885 die Gesammtsumme von 78 704 340 *M*, unter Einrechnung von 16 023 663 *M* aber, welche aus Mitteln des außerordentlichen Staatsbudgets für die Gerichtspflege, und zwar mit 630 000 *M* für die neue Hypothekeneinrichtung (1843/54), 3 086 258 *M* für Umgestaltung der Untergerichte (1849/60) und 12 307 405 *M* zu Erwerbung von Grundstücken sowie zu Baukosten und zu Mobiliaranschaffung, und zwar hauptsächlich wegen der Landgerichte, verausgabt worden sind, 94 728 003 *M* oder durchschnittlich jährlich 1 821 692,36 *M* erreicht haben, ist begreiflich. Auf das Steigen dieses Aufwandes aber, wie es insbesondere seit der Aufhebung der Patrimonialgerichtsbarkeit und sonach seit der Finanzperiode 1855/57 sich vollzogen hat dergestalt, daß von da an der regelmäßige jährliche Durchschnittsbedarf von 690 508,85 *M* in dem Zeitraume von 1834 bis mit 1854 auf 2 071 085,61 *M* in dem Zeitraume von 1855 bis mit 1885 angewachsen ist, hat indessen auch die gewaltige Zunahme der Bevölkerung einen entscheidenden Einfluß gehabt. Denn sie hat die Geschäftsthätigkeit der Gerichtsbehörden in einer Weise gesteigert, welche nothwendiger Weise auch den Verwaltungsaufwand außerordentlich erhöhen mußte. Letzteres gilt namentlich von dem Gebiete der Strafrechtspflege, auf welchem der Staat in der Mehrzahl der Fälle nicht einmal Ersatz für seine baaren Auslagen findet.

Um einen Anhaltspunkt dafür zu bieten, in welchem Verhältnisse die Zuschußleistungen des Staates für die Gerichtspflege zu den eigenen Einnahmen der Gerichte stehen, möge angeführt sein, daß beispielsweise in den 3 Finanzperioden von 1880—1885 diese Einnahmen zusammen 42 472 644 *M* oder durchschnittlich jährlich 7 078 774 *M* betragen haben, worunter 41 374 348 *M* oder 6 895 724,66 *M* durchschnittlich jährlich an Kosten und Strafen sich befanden, und daß die Ausgaben die Höhe von 59 115 802 *M* oder 9 852 633,66 *M* durchschnittlich jährlich erreicht haben.

27. Innere politische Verwaltung.

(Vgl. Nr. 33 der Tabelle A.)

Nach Errichtung des Ministeriums des Innern wurde die unmittelbare oberste Leitung der inneren politischen Verwaltung in den vier alterbländischen Kreisen einer bereits in dieser Richtung thätig gewesenen Geschäftsabtheilung der früheren Landesregierung unter dem Namen Landesdirektion übertragen. In Unterordnung unter dieselbe besorgten 4 Kreishauptmannschaften und 12 Amtshauptmannschaften sowie die Gerichtsbehörden der unteren Instanz die Einzelheiten der Verwaltung. In der Oberlausitz bildete die Oberamtsregierung zu Bautzen die zentrale Verwaltungsbehörde, der eine Amtshauptmannschaft und ein Königliches Gerichtsamt untergeordnet waren.

Durch Allerhöchste Verordnung vom 6. April 1835 (GVB 1835 S. 237 flg.) wurden mit Ablauf des Monats April dieses Jahres die Landesdirektion, die Kreishauptmannschaften und die Oberamtsregierung zu Bautzen aufgehoben und durch vier Kreisdirektionen (in Bautzen, Dresden, Leipzig und Zwickau), eine jede als mittle Regierungsbehörde für den ihr zugetheilten Bezirk, ersetzt. Die Amtshauptmannschaften blieben unter Erhöhung ihrer Zahl von 13 auf 14, wovon eine der Oberlausitz neu zugetheilt wurde, in dem Wirkungskreise, den sie bis dahin gehabt hatten, in der Weise bestehen, daß ihre Vorstände, die Amtshauptleute, zu der Kreisdirektion des Bezirks, dem sie angehörten, in das Verhältniß als delegirte Mitglieder derselben traten. Auch die Zuständigkeit der Untergerichte in Verwaltungssachen erfuhr keine Aenderung.

Mit der durch Gesetz vom 21. April 1873 (GVB 1873 S. 275 flg.) herbeigeführten Trennung der Rechtspflege von der Verwaltung gingen vom 15. Oktober 1874 an die den Gerichtsämtern in ihrer gleichzeitigen Eigenschaft als Verwaltungsbehörden übertragenen Geschäfte, soweit sie nicht den Gemeindebehörden gesetzlich überwiesen wurden, auf die Amtshauptmannschaften über, welchen außerdem ihr zeitheriger geschäftlicher Wirkungskreis verblieb. Die Amtshauptmannschaften — ihrer Zahl nach gegenwärtig 27, wovon eine eine auswärtige Delegation unterhält — bilden seitdem das erstinstanzliche staatliche Organ für die innere politische Verwaltung. Von dem nämlichen Zeitpunkte ab traten an Stelle der 4 Kreisdirektionen 4 Kreishauptmannschaften, welche seitdem die unmittelbar delegirten Organe der Staatsregierung für die innere politische Verwaltung sind. Jeder Amtshauptmannschaft steht ein Bezirksausschuß, jeder Kreishauptmannschaft ein Kreisausschuß als ein innerhalb gesetzlich festgestellter Grenzen zur Mitwirkung bei den Geschäften der Verwaltung berufenes Organ zur Seite.

In Folge dieser organischen Veränderungen sind seit der Finanzperiode 1874/75 die regelmäßig sich wiederholenden Kosten der inneren politischen Verwaltung, welche in dem Zeitraume von 1834 bis mit 1885 die Gesammthöhe von 25 739 554 *M* erreicht haben, ganz erheblich, nämlich von 354 943 *M* durchschnittlich jährlich in dem Zeitraume von 1834 bis mit 1873 auf 961 819 *M* durchschnittlich jährlich in dem Zeitraume von 1874 bis mit 1885, gestiegen. Dazu kommen indessen noch 1 899 465 *M*, welche zu Erwerbung und Ausstattung von Grundstücken für Kreis- und Amtshauptmannschaften aus Mitteln des außerordentlichen Staatsbudgets verwendet worden sind.

28. Sicherheits-, Preß- und Wohlfahrtspolizei.

(Vgl. Nr. 34 der Tabelle A.)

Die Handhabung der Sicherheits- und Wohlfahrtspolizei gehört in den städtischen Gemeindebezirken grundsätzlich in ihrem vollen Umfange zu den Obliegenheiten der städtischen Gemeindeverwaltung. Eine Ausnahme in dieser Beziehung macht nur Dresden, in welchem seit dem Jahre 1853 die Sicherheitspolizei von Staatswegen und daher durch eine staatliche Behörde ausgeübt wird, zu deren Unterhaltung jedoch die Stadtgemeinde Dresden einen jährlichen Beitrag von 90 000 *M* zu leisten hat. Ein weiteres Ausnahmeverhältniß besteht rücksichtlich der Stadt Leipzig insofern, als der Staat zu den Zuschüssen, welche die dortige städtische Polizeiverwaltung erfordert, einen i. J. 1824 auf den elften Theil des Gesammtzuschusses festgesetzten Beitrag leistet, wobei jedoch die Schutzmannschaft seit dem Jahre 1883 nur nach $^{7}/_{10}$ ihres Vollbestandes in Ansatz kommt.

In den Landgemeindebezirken ist die Ausübung der Sicherheits- und Wohlfahrtspolizei den Gemeindeverwaltungen, im Bereiche selbstständiger Gutsbezirke deren Vorstehern nur innerhalb bestimmter, gesetzlich festgestellter Grenzen überlassen; im Uebrigen gehört sie zur Zuständigkeit der staatlichen Verwaltungsbehörden erster Instanz, seit der Trennung der Rechtspflege von der Verwaltung (vgl. S. 183, 185) sonach der Amtshauptmannschaften.

Die Führung der polizeilichen Aufsicht, soweit es sich nicht um die Handhabung der eigentlichen Lokalpolizei handelt, welche überall zunächst den Ortspolizeibehörden obliegt, geschieht jedoch sowohl in den Städten mit Ausnahme von Dresden, Leipzig und Chemnitz als auf dem platten Lande von Staatswegen, und zwar durch das dazu eingerichtete Landgendarmeriekorps.

Die Kosten von Schubtransporten, welche letzteren in allen Fällen einzutreten haben, in welchen daran gelegen ist, daß eine bestimmte Persönlichkeit alsbald die Reichs- oder die Landesgrenze überschreite oder einen bestimmten Ort erreicht, um dort von den Polizeibehörden übernommen zu werden, trägt in allen Fällen der Staat.[1]

Die Preßpolizei wurde, so lange noch die Zensur bestand, durch staatliche Zensoren, in Leipzig durch ein förmliches Zensurkollegium und, soweit es sich um die Beschlagnahme verbotener Schriften handelte, durch die dortige Bücherkommission gehandhabt. Mit der durch das Preßgesetz vom 18. November 1848 begründeten Preßfreiheit ging sie jedoch auf die Sicherheitspolizeibehörden über.

Die polizeiliche Thätigkeit der staatlichen Verwaltungsbehörden erster Instanz sowie des Landgendarmeriekorps erstreckt sich neben der Sicherheits- und Preßpolizei auch auf die Wohlfahrtspolizei. Mit der Thätigkeit dieser Organe in wohlfahrtspolizeilicher Beziehung ist aber das Maß dessen noch nicht erschöpft, was der Staat überhaupt auf dem Gebiete der allgemeinen Wohlfahrtspolizei geleistet hat und noch leistet. Er hat vielmehr noch eine Reihe anderer ständiger Einrichtungen getroffen, welche wohlfahrtspolizeilichen Zwecken dienen. Hierher gehören insbesondere außer der schon in der vorkonstitutionellen Zeit geübten technischen Aufsicht über die Steinbrüche die seit 1. Oktober 1872 eingeführte technische Aufsicht über Fabriken und Dampfkesselanlagen,[2] die Mitwirkung beim Aichwesen, wie sie durch die zu Be-

---

[1] Verordnung, den Schubtransport betr., v. 15. Oktbr. 1874, GVB 1874 S. 419.

[2] Verordnung, die Fabriken- und Dampfkessel-Inspektion betr., v. 4. Septbr. 1872, GVB 1872 S. 413 flg.

ginn des Jahres 1872 ins Leben getretene Oberaichungskommission[1] (seit der Finanzperiode 1888/89 auch durch ein Staatsaichamt) ausgeübt wird, die bereits in der vorkonstitutionellen Zeit begonnene Aussetzung von Prämien für Lebensrettungen[2], die Gewährung von Remunerationen für die Auffindung von Leichnamen u. dergl. m.

Die Gesammtsumme dessen, was der Staat in der Zeit von 1834 bis mit 1885 für Zwecke der Sicherheits-, Preß- und Wohlfahrtspolizei regelmäßig aufgewendet hat, beziffert sich auf 28 861 806 *M* oder im Durchschnitt auf 555 034,73 *M* jährlich. Außdem sind 225 657 *M*, und zwar in der Hauptsache (223 536 *M*) zu Ankauf und Ausstattung eines Gebäudes für die Polizeidirektion in Dresden, zu Lasten des außerordentlichen Staatsbudgets verausgabt worden.

29. Medizinal- und Veterinärwesen.

(Vgl. Nr. 35 der Tabelle A.)

Zur Zeit des Inkrafttretens der Verfassungsurkunde machte sich die Thätigkeit des Staates auf dem Gebiete des Medizinal- und Veterinärwesens hauptsächlich in der Handhabung der Medizinal- und Veterinärpolizei sowie in der Fürsorge für die Ausbildung von Aerzten, Thierärzten und Hebammen geltend.

Zur Handhabung der Medizinalpolizei waren ärztliche Physikate eingerichtet; die Ausübung der Veterinärpolizei lag in den Händen von Kreis- und Bezirksthierärzten. Bereits zufolge Gesetzes vom 30. Juli 1836 (GVB 1836 S. 183 flg.) trat jedoch in beiden Beziehungen eine veränderte Organisation in der Weise ein, daß für die unmittelbare Verwaltung der Medizinalpolizei an Stelle der Physikate Bezirksärzte, für die Revision der Apotheken, Droguereigeschäfte, Arzneifabriken und pharmazeutischen Laboratorien besondere Revisionsbeamte unter der Bezeichnung Apothekenrevisoren, für die Verwaltung der Veterinärpolizei Bezirksthierärzte angestellt wurden. Diese drei Kategorien von Beamten sind auch gegenwärtig noch in Wirksamkeit; doch hat sich die Zuständigkeit der Bezirksärzte und der Bezirksthierärzte insofern geändert, als nach der jetzigen Organisation der unteren Behörden für die innere Verwaltung letztere die erstinstanzlichen Medizinal- und Veterinärpolizeibehörden in der Weise bilden, daß sie sich als solche des sachverständigen Beirathes der Bezirksärzte und der Bezirksthierärzte zu bedienen haben,

[1] Verordnung zu Ausführung der Deutschen Maß- und Gewichtsordnung vom 11. August 1871, GVB 1871 S. 181.

[2] Mandat, die Rettungsprämien betr., v. 18. Mai 1831, GS 1831 S. 107 flg.

welchen im Uebrigen die allgemeine Aufsicht über das Medizinal- und Veterinärwesen innerhalb der ihnen angewiesenen Bezirke obliegt. Letztere decken sich in der Hauptsache mit den amtshauptmannschaftlichen Bezirken. Die Zahl der vom Staate angestellten Bezirksärzte (die Städte Dresden, Leipzig, Oschatz und Hainichen stellen ihre Bezirksärzte selbst an) beträgt zur Zeit 26, die der Bezirksthierärzte 27, die der Apothekenrevisoren 2.

Neben den medizinischen Einrichtungen der Universität Leipzig unterhielt der Staat ehedem in Dresden unter der Gesammtbezeichnung chirurgisch-medizinische Akademie ein Institut, welches eine Lehranstalt für Chirurgie und Medizin nebst Spitälern für chirurgische und innere Kranke, eine Lehranstalt für Geburtshelfer und Hebammen nebst einer Entbindungsanstalt, eine Thierarzneischule nebst einer Thierheilanstalt und einer thierarzneilichen Apotheke und einen botanischen Garten in sich vereinigte und in erster Linie den Zweck hatte, Chirurgen, Aerzte zweiter Klasse (s. g. medicinae practici), Geburtshelfer, Hebammen und Thierärzte auszubilden. Außerdem war dieselbe die Prüfungsbehörde für Physiker (Bezirksärzte), auswärts promovirte Aerzte, Zivil- und Militärchirurgen, Apotheker und Hebammen; auch stand sie zu dem Ministerium des Innern in dem Verhältnisse einer berathenden Körperschaft.

Diese Anstalt hat, zuletzt jedoch nur noch als Prüfungs- und Berathungsbehörde, bis in das Jahr 1865 hinein bestanden, nachdem in der Zwischenzeit die Thierarzneischule nebst ihren Zubehörungen von ihr losgelöst worden war, die Lehranstalten für Chirurgie und innere Medizin sowie für Geburtshelfer aber aufgehoben worden waren.

Als Direktivbehörde wurde der Thierarzneischule die vermöge Allerhöchster Verordnung vom 14. Juni 1856 (GVB 1856 S. 129) begründete Kommission für das Veterinärwesen vorgesetzt, zu deren Wirkungskreise im Uebrigen die Aufsichtsführung über die Veterinärbeamten und das sonstige thierärztliche Personal, das thierärztliche Prüfungswesen, die Abgabe von Gutachten über Gegenstände des Veterinärwesens und die Mitwirkung bei Ausführung dahin gehöriger landespolizeilicher Maßregeln und Veranstaltungen gehört, und von welcher ein Mitglied zugleich die Stellung als Landesthierarzt mit der Aufgabe einnimmt, die thierärztlichen Bezirke zeitweilig zu bereisen, die Veterinärbeamten zu revidiren und eine unmittelbare Verbindung der Kommission mit den landwirthschaftlichen Vereinen zu vermitteln.

Mit der Aufhebung der chirurgisch-medizinischen Akademie in ihrer Eigenschaft als Lehranstalt fielen auch die damit verbunden gewesenen klinischen Anstalten bis auf das Entbindungsinstitut nebst der Hebammenlehranstalt, welches als selbstständige Anstalt bestehen blieb, und die sogenannten ambulatorischen Kliniken (Polikliniken), welche unter Staatsbeihilfe von einer Anzahl Dresdner Aerzte fortgeführt wurden, hinweg. Da indessen die aufgehobenen Kliniken zugleich als öffentliche Krankenanstalten, und zwar vorzugsweise für das platte Land und die kleineren Städte des Regierungsbezirks Dresden, gedient hatten, sicherte sich der Staat zum Ersatze derselben eine Anzahl von Krankenbetten, und zwar zunächst in dem städtischen Krankenhause zu Dresden, nach der i. J. 1872 erfolgten Lösung dieses Verhältnisses aber in fünf anderen Krankenhäusern des Regierungsbezirks Dresden,[1] wofür er vertragsmäßig jährliche Unterhaltungsbeiträge leistet, welche beispielsweise in der Finanzperiode 1884/85 auf 21 861 ℳ oder durchschnittlich jährlich 10 930,50 ℳ sich belaufen haben.

In ihrer Eigenschaft als berathende Behörde wurde die chirurgisch-medizinische Akademie durch das vermöge Allerhöchster Verordnung vom 12. April 1865 (GVB 1865 S. 115 flg.) begründete Landes-Medizinalkollegium ersetzt, welches zwar in erster Linie die Aufgabe hat, dem Ministerium des Innern zur Berathung und Unterstützung in den Angelegenheiten des Medizinalwesens und der Medizinalpolizei zu dienen, im Uebrigen aber auch zur Vertretung der medizinischen Interessen im sonstigen Bereiche der Staatsverwaltung berufen ist.

Um den nach beendigtem Universitätsstudium zur Praxis übergehenden Aerzten Gelegenheit zu einer Erweiterung und Befestigung ihrer auf der Universität erlangten klinischen Kenntnisse zu geben, wurde denselben seit dem Jahre 1865 die hilfsärztliche Beschäftigung — hilfsärztliches Externat — in dazu geeigneten öffentlichen Krankenanstalten des Landes unter staatlicher Beihilfe in der Weise eröffnet, daß der Staat den Externen Sächsischer Staatsangehörigkeit theils Jahresstipendien, theils Reisestipendien gewährt.

Weitere dauernde Neuschöpfungen auf dem Gebiete des Medizinalwesens vollzogen sich durch die zu Anfang des Jahres 1871 in Dresden erfolgte Begründung einer chemischen Zentralstelle für öffentliche Gesundheitspflege, welche vorzugsweise bestimmt ist, die zur Lösung gesundheitspolizeilicher Fragen erforderlichen chemischen Untersuchungen auszuführen und vorkommenden Falles auch gerichtlich-chemische Fragen zu beantworten, und durch die im Laufe der letztverflossenen Jahre erfolgte Erweiterung des Entbindungsinstitutes zu Dresden durch eine Klinik und eine Poliklinik für kranke Frauen, welche dazu geführt hat, der ganzen Anstalt den Namen Frauenklinik beizulegen.

---

[1] Verordnung, die zum Ersatz der klinischen Anstalten der vormaligen chirurgisch-medizinischen Akademie dienende weitere Einrichtung betr., v. 15. August 1872, GVB 1872 S. 399 flg..

Auch die Thierarzneischule hat im Laufe der Zeit mehrfache Erweiterungen erfahren, von denen die Errichtung einer Lehrschmiede und einer landwirthschaftlichen Versuchsstation, welche letztere i. J. 1876 in eine chemisch-physiologische Versuchsstation umgewandelt worden ist, besondere Erwähnung verdient.

Von regelmäßigen Aufwendungen, welche der Staat sonst noch für Zwecke des Medizinal- und Veterinärwesens macht, sind hervorzuheben die Beihilfen an Aerzte und Thierärzte, welche in den ärmeren Gegenden des Landes sich niederlassen, die Prämien an Hebammen, die durch sorgsame Pflichterfüllung sich auszeichnen, die Kosten für die Unterhaltung des botanischen Gartens in Dresden, der Aufwand für die Unterhaltung von Lymph-Regenerationsanstalten und Lymph-Versendungsanstalten, endlich die Ausgaben für die Abwehr und Unterdrückung von Epidemien und Viehseuchen einschließlich der Kosten für die Unterhaltung einer ständigen Thierbeschau an den wichtigeren Grenzeinbruchsorten.

Abgesehen von den Kosten der Medizinal- und Veterinäreinrichtungen der Universität Leipzig hat der Staat in dem Zeitraume von 1834 bis mit 1885 im Ganzen 11 873 433 ℳ oder durchschnittlich jährlich 228 335,25 ℳ, unter Einrechnung von 304 052 ℳ aber, welche für die Thierarzneischule zu Lasten des außerordentlichen Staatsbudgets verausgabt worden sind, 12 177 485 oder durchschnittlich jährlich 234 182,40 ℳ für Zwecke des Medizinal- und Veterinärwesens ausgegeben. In den Finanzperioden 1864/66 und 1867/69 ist vorübergehend eine erhebliche Steigerung der Leistungen (707 403 ℳ und 1 044 396 ℳ gegen 483 651 ℳ in 1861/63 und 547 734 ℳ in 1870/71) dadurch eingetreten, daß in diesen beiden Finanzperioden u. a. 520 641 ℳ für die Verlegung des Entbindungsinstituts zu Dresden aufgewendet worden sind.

30. Armenwesen.

(Vgl. Nr. 36 der Tabelle A.)

Solange in Sachsen der auch an die Spitze der Armenordnung vom 22. Oktober 1840 (GVB 1840 S. 257 flg.) gestellte Grundsatz in unbeschränkter Geltung stand, daß die öffentliche Armenpflege Gegenstand der Gemeindeverwaltung sei und der Staat nur soweit nöthig vermittelnd einzutreten habe, erfolgten regelmäßige Leistungen des Staates für die Zwecke des öffentlichen Armenwesens nur insoweit, als ausnahmsweise bestehende vertragsmäßige Vereinbarungen ihn dazu nöthigten, wie dies z. B. in Dresden der Fall war, zu dessen Armenversorgung der Staat bereits in der vorkonstitutionellen Zeit verhältnißmäßig nicht unerhebliche Beihilfen gewährt hatte.

Nachdem jedoch das am 1. Juli 1871 in Wirksamkeit getretene Bundesgesetz über den Unterstützungswohnsitz vom 6. Juni 1870 den Grundsatz zur Geltung gebracht hatte, einerseits daß jeder Norddeutsche in jedem Bundesstaate in Bezug auf die Art und das Maß der im Falle der Hilfsbedürftigkeit zu gewährenden öffentlichen Unterstützung und auf den Erwerb und Verlust des Unterstützungswohnsitzes als Inländer zu behandeln sei, andererseits daß die öffentliche Unterstützung solcher hilfsbedürftiger Personen, welche endgiltig zu tragen keine der zu Ortsarmenverbänden vereinigten Einzelgemeinden und Gutsbezirke verpflichtet sei, den zu diesem Zwecke zu bildenden Landarmenverbänden obliegt, entschloß sich der Sächsische Staat, für sein Gebiet die Obliegenheiten des Landarmenverbandes bis auf Weiteres selbst zu übernehmen. Dadurch aber sind ihm auf dem Gebiete des öffentlichen Armenwesens seit der Finanzperiode 1872/73 regelmäßig wiederkehrende Leistungen erwachsen, welche von Finanzperiode zu Finanzperiode in der Weise sich gesteigert haben, daß einer Anfangsleistung von 109 273 *M* in der Finanzperiode 1872/73 eine Leistung von 1 014 368 *M* in der Finanzperiode 1884/85 gegenübersteht und im Staatshaushalts-Etat auf 1888/89 für den gleichen Zweck eine Gesammtsumme von 1 080 000 *M* eingestellt ist. In Folge dessen ist die durchschnittliche Jahresleistung des Staates für das öffentliche Armenwesen von 22 841,57 *M* in dem 38jährigen Zeitraume von 1834 bis mit 1871 auf 304 851,64 *M* in dem 14jährigen Zeitraume von 1872 bis mit 1885 gewachsen, und von der auf 5 135 903 *M* sich beziffernden Gesammtleistung des Staates für das öffentliche Armenwesen in der Zeit von 1834 bis mit 1885 entfällt allein auf den Zeitraum von 1872 bis mit 1885 die Summe von 4 267 923 *M*.

31. Leistungen für nichtstaatliche Krankenpflege und für sonstige milde und wohlthätige Zwecke.

(Vgl. Nr. 37 der Tabelle A.)

Die Handhabung der staatlichen Krankenpflege innerhalb der einzelnen Gemeindebezirke des Landes ist zwar im Allgemeinen Sache der betheiligten Gemeinden. Unter obwaltenden besonderen Verhältnissen ist jedoch auch der Staat auf diesem Gebiete helfend eingetreten, indem er theils örtliche Provinzialkrankenhäuser entweder fortlaufend unterstützt hat, wie dies zur Zeit noch gegenüber dem Kreiskrankenstifte zu Zwickau, dem Barmherzigkeitsstifte zu Kamenz und den Privatheilanstalten für Blinde in Dresden und Leipzig der Fall ist, welche Jahresbeihilfen von zusammen

33 575 *M* beziehen, oder mit einmaligen außerordentlichen Beihilfen zur Ausführung von Neubauten 2c. bedacht hat, theils die Kosten der Beschaffung des Arzneibedarfs für arme Kranke überträgt, wie dies in einzelnen Bezirken des oberen Erzgebirges der Fall ist.

Auch für sonstige milde und wohlthätige Zwecke macht der Staat nicht unerhebliche Aufwendungen theils regelmäßig wiederkehrender, theils vorübergehender Art. Zu den regelmäßig wiederkehrenden Leistungen, welche hierbei in Frage kommen, gehören insbesondere die Unterstützungen an eine Anzahl von Vereinen und Anstalten, welche milden und wohlthätigen Zwecken dienen, wie dies z. B. bei dem Zentralvereine zur Fürsorge für die aus Straf- und Besserungsanstalten Entlassenen, bei dem Vereine zur Förderung der Blindenbildung, bei den obererzgebirgischen und vogtländischen Frauenvereinen, bei der Anstalt zum Frauenschutze in Dresden und dem Vereine für Arbeiterkolonien der Fall ist. Unter den Leistungen vorübergehender Art stehen die Unterstützungen obenan, welche der Staat bei drückenden Nahrungsverhältnissen in Folge unverhältnißmäßig hoher Preise der nothwendigsten Lebensbedürfnisse oder von Arbeitsstockungen, bei großen Ueberschwemmungen und Brandfällen sowie bei sonstigen Nothständen gewährt hat, wie dies insbesondere bei den Nothständen in den Finanzperioden 1846/48 und 1854/57 und den Ueberschwemmungen in den Jahren 1858 und 1880 der Fall war, aus deren Anlaß Unterstützungen in der Gesammthöhe von 1 952 335,44 *M* bewilligt worden sind.

Die Gesammtleistung des Staates für die nicht staatliche Krankenpflege und für sonstige milde und wohlthätige Zwecke in den Jahren 1834 bis mit 1885 beziffert sich auf 5 392 479 *M* oder 103 701,51 *M* im Durchschnitte jährlich, wobei 45 000 *M*, welche in der Finanzperiode 1843/45 aus Mitteln des außerordentlichen Staatsbudgets zu Abhilfe des Nothstandes in einigen Landestheilen verwendet wurden, außer Berücksichtigung geblieben sind.

32. Landes-Pfleg-, Straf- und Besserungsanstalten.

(Vgl. Nr. 38 der Tabelle A.)

Zu Beginn der Finanzperiode 1834/36 verfügte der Sächsische Staat über 6 Pfleganstalten, von welchen zwei, die Irrenanstalten zu Sonnenstein (begründet i. J. 1811) und zu Colditz (begründet i. J. 1829), der Heilung und Verwahrung von Geisteskranken, eine, die i. J. 1809 als Privatanstalt begründete, 1830 auf den Staat übernommene Blindenanstalt zu Dresden, der Erziehung und Ausbildung von Blinden, zwei, die Hospitäler St. Jakob in Dresden (gestiftet von Herzog Georg dem

Bärtigen i. J. 1536) und St. Georg in Döbeln (gestiftet wahrscheinlich bereits im 13. Jahrhunderte), der Versorgung unbescholtener, bedürftiger und preßhafter Personen, eine, das i. J. 1824 begründete Landeswaisenhaus zu Bräunsdorf der Unterbringung und Erziehung verwaister, seit 1832 der Erziehung heimathloser und verwilderter Kinder gewidmet waren. Als Straf- und Besserungsanstalten dienten das i. J. 1716 errichtete Zuchthaus in Waldheim und das i. J. 1775 errichtete Zucht- und Arbeitshaus in Zwickau.

Seitdem sind diese Anstalten nicht nur wesentlich erweitert und umgestaltet worden, sondern es ist auch eine ganze Reihe neuer hinzugetreten, so daß gegenwärtig 26 Landes-Pfleg-, Straf- und Besserungsanstalten gezählt werden, die sämmtlich dem Ressort des Ministeriums des Innern zugewiesen sind und unter dessen oberster Leitung stehen, und von welchen 13 der Klasse der Pfleganstalten und eben so viele der Klasse der Straf- und Besserungsanstalten angehören.

Die Klasse der Pfleganstalten setzt sich zusammen aus 5 Irrenanstalten, nämlich der Irrenheilanstalt zu Sonnenstein, den beiden Irrenversorganstalten zu Colditz und Hubertusburg (1855), der Irrensiechanstalt zu Hochweitzschen (1874) und der Station für blödsinnige Kinder zu Hubertusburg (1855), 4 Anstalten für körperlich Kranke, Alte und Gebrechliche, sämmtlich in Hubertusburg, nämlich dem Landeskrankenhause (1840), der Anstalt für Epileptische (eröffnet in Königswarthe 1877, nach Hubertusburg verlegt 1883), dem Landessiechenhause (1855) und dem eine selbstständige Landesstiftung bildenden, aber aber aus dem laufenden Staatshaushalte ausgeschiedenen Landeshospitale (1839, beziehungsweise 1853), endlich 4 Bildungsanstalten für nicht Vollsinnige, nämlich der Blindenanstalt zu Dresden, der Blindenhilfsanstalt zu Moritzburg (1875), der Blindenvorschule ebendaselbst (1877) und der Erziehungsanstalt für schwachsinnige Kinder zu Hubertusburg (1852, beziehungsweise 1857).[1]

Dem Bereiche der Straf- und Besserungsanstalten gehören an das Zuchthaus für Männer und Weiber zu Waldheim, die Gefängnißstrafanstalten für Männer zu Zwickau, Nossen (1877) und Hoheneck (1887), für Weiber zu Voigtsberg (1874), für männliche Jugendliche zu Sachsenburg (1874) und für weibliche Jugendliche zu Grünhain (1882), die

---

[1] Die Taubstummenanstalten, deren zwei, die eine in Dresden mit einer Hilfsanstalt in dem benachbarten Dorfe Plauen, die andere in Leipzig, bestehen, gehören nicht hierher, sondern fallen in den Bereich der Volksschulen und sind deshalb dem Ressort des Kultusministeriums zugewiesen.

Korrektionsanstalten für Männer zu Hohnstein (1859) und Radeberg (1879), für Weiber und weibliche Jugendliche zu Waldheim (1882) und für männliche Jugendliche zu Sachsenburg (1867), endlich die Erziehungs- und Besserungsanstalten für Knaben und Mädchen zu Bräunsdorf (in seiner jetzigen Einrichtung seit 1850 bestehend) und für Knaben zu Großhennersdorf (1852). Bei dem Zuchthause zu Waldheim besteht seit 1876 eine besondere Irrenstation zur Heilung und Verwahrung von Zuchthausgefangenen, welche in Geistesstörung verfallen sind.

Mit den Irrenanstalten zu Sonnenstein, Colditz und Hubertusburg, der Korrektionsanstalt zu Sachsenburg sowie den Erziehungs- und Besserungsanstalten zu Bräunsdorf und Großhennersdorf ist je ein selbstständiges landwirthschaftliches Gut verbunden, auf welchem unter Betheiligung von dazu geeigneten Pfleglingen, beziehungsweise Gefangenen und Zöglingen Vieh-, Feld- und Gartenwirthschaft betrieben wird. Auch bei der Gefängnißanstalt zu Voigtsberg und der Korrektionsanstalt Grünhain findet Betrieb von Vieh-, Feld- und Gartenwirthschaft statt, obwohl diese Anstalten selbstständige Oekonomien nicht besitzen, sondern in der Hauptsache auf Pachtland angewiesen sind. Mit den übrigen Anstalten ist theils nur Feld- und Gartenwirthschaft, theils nur Gartenwirthschaft verbunden.

Die Kosten der Unterhaltung der Landes-Pfleg-, Straf- und Besserungsanstalten sind bei weitem höher als die eigenen Einnahmen derselben, deren hauptsächlichste Arten die Verpflegbeiträge, die Ueberschüsse aus der Lohnarbeit und die Erträgnisse der Vieh-, Feld- und Gartenwirthschaft bilden. In der Finanzperiode 1884/85 beispielsweise beliefen sich bei sämmtlichen Anstalten gegenüber einem durchschnittlichen Jahresbestande von 8375 Köpfen die eigenen Einnahmen auf 1 437 346,65 ℳ, die Ausgaben dagegen auf 3 427 654,03 ℳ im Durchschnitte jährlich, so daß der Staat einen Zuschuß von 1 990 307,38 ℳ im Durchschnitte jährlich leisten mußte.

Für die Pfleganstalten bilden die Verpflegbeiträge, für die Straf- und Besserungsanstalten die Ueberschüsse aus der Lohnarbeit der darin Aufgenommenen den erheblichsten Theil der Einnahmen, was sich daraus erklärt, einerseits daß die Insassen der Straf- und Besserungsanstalten der Mehrzahl nach unvermögend sind, andererseits daß die Arbeitskraft der in den Anstalten Aufgenommenen bei den Pfleganstalten zunächst nur zu Gunsten der Verpflegten, bei den Straf- und Besserungsanstalten dagegen zu Gunsten des Staates ausgenutzt wird. Während daher die Löhne für die Arbeit der Verpflegten bis auf etwaige Gewinne an dem Werthe der von den Anstalten dazu gelieferten Materialien den

Verpflegten selbst zu Gute gehen, erhalten die Gefangenen an den von ihnen verdienten Löhnen einen Antheil nur in Form geringer Gratifikationen, auf deren Bezug sie kein Recht haben, und welche ihnen überdies nur in dem Falle gewährt werden, wenn sie das ihnen vorgeschriebene Arbeitspensum erfüllen. Die Höhe dieser Gratifikationen schwankt bei 12- bis 13stündiger Arbeitszeit in den Zucht- und Korrektionshäusern und bei 11- bis 12stündiger Arbeitszeit in den Gefängnißanstalten zwischen 5 bis 6 Pfennigen durchschnittlich auf den Kopf und Arbeitstag. In den 6 Jahren der drei Finanzperioden von 1880 bis 1885 beispielsweise bezifferte sich der Reinertrag aus der Lohnarbeit bei den Straf- und Korrektionsanstalten auf 448 878 ℳ durchschnittlich jährlich, wobei im Durchschnitte jährlich 3190,6 Gefangene mit Lohnarbeit beschäftigt waren, so daß der Verdienst der Anstalten auf jeden Kopf und wirklichen Arbeitstag 48,15 Pfennige betrug.

Die Erträgnisse aus der Vieh-, Feld- und Gartenwirthschaft sind von erheblicherem Umfange nur bei denjenigen Anstalten, mit welchen selbstständige Oekonomien verbunden sind. Zur Kennzeichnung ihrer Bedeutung im Allgemeinen möge die Bemerkung dienen, daß sie in der Finanzperiode 1884/85 bei sämmtlichen Anstalten die Höhe von roh 73 340 ℳ, rein 57 814 ℳ im jährlichen Durchschnitte erreichten.

Unter den regelmäßig wiederkehrenden Ausgaben, welche die Unterhaltung der in den Landesanstalten Aufgenommenen verursacht, stehen sowohl bei den Pfleg- als bei den Straf- und Besserungsanstalten die allgemeinen Verwaltungskosten in erster, die Ausgaben für den persönlichen Bedarf der Verpflegten, Gefangenen und Zöglinge an Kost, Kleidung, Lagerstätten, Reinigung der Wäsche und des Körpers sowie an Gesundheitspflege einschließlich der Medikamente dagegen erst in zweiter Linie. In den Pfleganstalten kommen aber die Kosten der ersten Art denjenigen der zweiten Art erheblich näher, als dies in den Straf- und Besserungsanstalten der Fall ist. Denn es betrugen beispielsweise in den sechs Jahren der drei Finanzperioden 1880 bis 1885 die allgemeinen Verwaltungskosten in den Pfleganstalten 249,13 ℳ, in den Straf- und Besserungsanstalten 199,58 ℳ, die Ausgaben für die persönlichen Bedürfnisse der in den Landesanstalten Untergebrachten bei den Pfleganstalten 215,16, in den Straf- und Besserungsanstalten 137,09 ℳ im Durchschnitte jährlich bei einem durchschnittlichen Jahresbestande von 3786,21 Köpfen in den Pfleganstalten und 4649,01 Köpfen in den Straf- und Besserungsanstalten. Ohne Berücksichtigung der außergewöhnlichen Kosten für Bauten u. dgl. sowie der Schwankungen im Vermögen der Oekonomiewirthschaften und abzüglich der eigenen Einnahmen der Anstalten stellten sich in dem nämlichen Zeitraume die gesammten Unterhaltungskosten in den Pfleganstalten auf 269,05 M, in den Straf- und Besserungsanstalten auf 195,09 M für den Kopf im Durchschnitte jährlich.

Die Kosten der Unterhaltung der Festungsgefangenen sind, soweit solche aus Staatsmitteln übertragen werden müssen, verschwindend gering, da sie von der Finanzperiode 1872/73 an, seit welcher sie im Staatshaushalts-Etat besonders ersichtlich gemacht werden, bis zum Schlusse der Finanzperiode 1884/85 überhaupt nur 2393,31 M, im Durchschnitt mithin 199,44 M jährlich betragen haben.

In dem Zeitraume von 1834 bis mit 1885 sind von dem Staate für die Landes-Pfleg-, Straf- und Besserungsanstalten 51 816 647 M oder 996 473,98 M durchschnittlich jährlich aufgewendet worden, wobei die Kosten von Bauten und anderen Herstellungen, welche in der Gesammthöhe von 3 300 090 M aus Mitteln des außerordentlichen Staatsbudgets bestritten worden sind, keine Berücksichtigung gefunden haben. Unter Hinzurechnung letzterer Summe erhöht sich die Gesammtleistung des Staates auf 55 116 737 M oder durchschnittlich jährlich 1 059 937,25 M.

33. Kirchen.

(Vgl. Nr. 39 der Tabelle A.)

Die Sorge für die Erhaltung des Kirchenwesens ist zwar zunächst Sache der Gemeinden, und deshalb hat auch das Gesetz, einige Bestimmungen über die Verpflichtung der Kirchen- und Schulgemeinden zu Aufbringung des für ihre Kirchen und Schulen erforderlichen Aufwandes betreffend, vom 8. März 1838 (GVB 1838 S. 266 flg.) den Grundsatz an die Spitze gestellt, daß die Kirchengemeinden verbunden sind, die Mittel anzuschaffen, welche ihre Kirchen erfordern. Bei der Bedeutung, welche der Kirche im Verhältnisse zum Staate zukommt, hat sich aber letzterer der Nothwendigkeit nicht entschlagen können, auch seinerseits mit Leistungen für die Interessen der Kirche einzutreten. Der evangelisch-lutherischen und der römisch-katholischen Kirche gegenüber geschah dies, abgesehen von Leistungen, welche auf Verpflichtungen beruhten, die von den früheren Landesherren eingegangen waren, anfänglich hauptsächlich dadurch, daß der Staat die Kosten der Unterhaltung der geistlichen Behörden übernahm, wozu bei der evangelisch-lutherischen Kirche im Laufe der Zeit noch die Dienstaufwandsentschädigungen und schließlich auch die Besoldungen der Superintendenten kamen. Weitere staatliche Leistungen zu Gunsten der evangelischen Kirche, und zwar der evangelisch-lutherischen wie der evangelisch-reformirten, traten ein in Folge der durch Gesetz vom 1. Dezember 1837 (GVB 1837 S. 185 flg.) von Anfang des Jahres 1838 an geschehenen Begründung einer Prediger-Wittwen- und Waisenkasse, deren Vertretung der Staat dergestalt übernahm, daß, wenn die laufenden Ausgaben derselben von den laufenden Einkünften nicht gedeckt werden können, der Mehrbedarf aus der Staatskasse zugeschossen werden muß. Welche bedeutende Leistungen hierbei, zumal nachdem durch die Nachtragsgesetze vom 18. Mai 1855 (GVB 1855 S. 269), 6. August 1864 (GVB 1864 S. 269), 16. April 1868 (GVB 1868 S. 262) und 9. April 1872 (GVB 1872 S. 110 flg.) die Sätze der aus dieser Kasse zu gewährenden Pensionen und Unterstützungen wesentlich erhöht worden waren, in Frage kommen, ergiebt sich aus der Thatsache, daß beispielsweise in der Finanzperiode 1884/85 die eigenen Einnahmen dieser Kasse auf 300 304,43 *M*, die den Hinterlassenen von Geistlichen gewährten Pensionen und Unterstützungen aber auf 792 232,98 *M* sich beliefen, so daß sich ein staatlicher Zuschuß von 491 928,55 *M* erforderlich machte. Noch größer war die Last, welche der Staat übernahm, als er sich zufolge des Gesetzes, die Emeritirung der evangelisch-lutherischen Geistlichen betreffend, vom 19. September 1864 (GVB 1864 S. 308 flg.) bereit erklärte, den Fehlbedarf des für diese Geistlichen bestehenden Emeritirungsfonds zu decken. Denn während die eigenen Einnahmen dieses Fonds beispielsweise in der Finanzperiode 1884/85 auf 252 062,88 *M* sich beliefen, erreichten die aus demselben gewährten Pensionen und Unterstützungen, deren Sätze zufolge des Gesetzes vom 8. April 1872 (GVB 1872 S. 105 flg.) wesentliche Erhöhungen erfuhren, den Betrag von 1 161 313,34 *M*, so daß der Staat 909 250,46 *M* zuschießen mußte. Auch die seit dem 1. Oktober 1874 in Wirksamkeit getretene Reorganisation des evangelisch-lutherischen Landeskonsistoriums, welchem seitdem die Führung des Kirchenregiments sowie die Leitung und Verwaltung aller Angelegenheiten der evangelisch-lutherischen Kirche übertragen ist, steigerten die Leistungen des Staates zu Gunsten der evangelisch-lutherischen Kirche in erheblicher Weise, da diese Behörde einen jährlichen Zuschuß von mehr als 100 000 *M* erfordert.

Eine allen christlichen Konfessionen zu statten kommende Maßregel war die auf Gesetz vom 22. Mai 1876 (GVB 1876 S. 251) sich gründende Entschädigung der Geistlichen für den Wegfall der Einnahmen an Accidenzien und Stolgebühren, an deren Stelle der Staat Jahresrenten gewährt, welche beispielsweise in der Finanzperiode 1884/85 für die evangelische Kirche 1 235 399,03 *M*, für die römisch-katholische Kirche 11 889,74 *M*, für die deutsch-katholischen Geistlichen und Kirchendiener 899,72 *M* betragen haben.

Weitere Ausgaben, welche im Interesse aller Konfessionen erfolgen, bilden die Kosten der Seelsorge Gerichtsgefangener, wofür beispielsweise in der Finanzperiode 1884/85 32 008 M, also 16 004 M durchschnittlich jährlich, aufgewendet wurden.

Eine neue Last, und zwar speziell im Interesse der evangelisch-lutherischen Kirche, übernahm der Staat, indem er seit der Finanzperiode 1882/83 niedrig besoldeten evangelisch-lutherischen Geistlichen zu Erreichung theils eines bestimmten Mindesteinkommens (2400 M), theils bestimmter Alterssätze sowie in Berücksichtigung obwaltender besonderer persönlicher Verhältnisse Besoldungszulagen gewährt, welche in den beiden Finanzperioden 1882/83 und 1884/85 eine Gesammthöhe von 797 007,39 M oder 199 251,84 M durchschnittlich jährlich erreicht haben.

Von sonstigen regelmäßig wiederkehrenden Leistungen zu Gunsten der evangelischen Kirche verdienen besondere Hervorhebung die Entschädigungen von Geistlichen für ehemalige Tranksteuerbefreiungen (in 1884/85 51 883,15 M), die Entschädigungen an Geistliche und Kirchendiener für Verluste an Ablösungsrenten durch Annahme von Landrentenbriefen (1884/85 128 175,01 M), die Entschädigungen an Geistliche und Kirchendiener für Einkommensverluste in Folge von Auspfarrungen ꝛc. und für besondere Leistungen, die Beihilfen an Gemeinden zur Besoldung von Hilfspredigern und Vikaren sowie zur Aufbringung des Bedarfs für kirchliche Zwecke in besonderen Fällen (1884/85 18 636,03 M), endlich die Unterstützungen von Kirchengemeinden zum Neubaue von Kirchen- und Pfarrgebäuden, zu Reparaturen an denselben, zur Beschaffung neuer Orgeln u. dergl. (1884/85 76 434,45 M).

Von den fortlaufenden Ausgaben, welche der Staat für die römisch-katholische Kirche macht, sind außer den bereits angeführten noch besonders zu erwähnen die Beiträge zur Unterstützung katholischer Kirchengemeinden in den Erblanden (in 1884/85 36 402 M) und die Kosten der baulichen Unterhaltung einer Anzahl von Kirchen und sonstigen geistlichen Gebäuden (in 1884/85 34 513,08 M).

Auch der israelitische Kultus und die deutsch-katholischen Gemeinden erhalten fortlaufende Unterstützungen aus der Staatskasse; doch handelt es sich hierbei nur um geringfügige Beträge.

Die Gesammtleistung des Staates für die Kirchen in dem Zeitraume von 1834 bis mit 1885 beziffert sich — abgesehen von 24 000 M, welche in der Finanzperiode 1843/45 zu Unterstützung von Kirchengemeinden in abgebrannten Orten aus Beständen gedeckt wurden — auf 31 313 935 M oder 602 191,05 M durchschnittlich jährlich.

34. Volksschulen einschließlich der Taubstummenanstalten.

(Vgl. Nr. 40 der Tabelle A.)

Bis zum Erlasse des Gesetzes, das Elementar-Volksschulwesen betreffend, vom 6. Juni 1835 (GVB 1835 S. 279 flg.) mußten in Sachsen die Kosten der Volksschulen durch die für deren Besuch zu entrichtenden Schulgelder dergestalt aufgebracht werden, daß für arme und verwaiste Kinder die Gemeinden das Schulgeld zu bezahlen hatten. Eine unmittelbare Betheiligung des Staates an den Lasten des Volksschulwesens fand gesetzlich nicht statt, sondern erfolgte nur insoweit, als der Staat in dieser Beziehung ausnahmsweise vertragsmäßige Verpflichtungen übernommen oder selbst für Ertheilung von Volksschulunterricht in staatlichen Erziehungs- und Besserungsanstalten zu sorgen hatte. Das Gesetz vom 6. Juni 1835, welches im Allgemeinen den Grundsatz zur Geltung brachte, daß die Mittel, welche zur Errichtung und Unterhaltung einer Volksschule erforderlich sind, in Ermangelung dazu vorhandener besonderer Fonds von der Schulgemeinde, wennschon unter der Berechtigung derselben zur Erhebung eines mäßigen Schulgeldes, aufzubringen und zu gewähren seien, verpflichtete indessen auch den Staat zu Leistungen für Zwecke des allgemeinen Volksschulwesens, indem es unter bestimmten Voraussetzungen dessen Bereitwilligkeit zur Gewährung von Beihilfen einerseits für die Erhaltung der an die Volksschule anschließenden Sonn- und Feiertagsschulen, andererseits für solche Fälle erklärte, in welchen unvermögenden Gemeinden durch Emeritirung von Volksschullehrern erhöhte Lasten erwuchsen.

Bereits durch Gesetz vom 1. Juli 1840 (GVB 1840 S. 121 flg.) wurde eine Pensionskasse für Wittwen und Waisen der an den evangelischen Schulen angestellten ständigen Lehrer errichtet, welche die Wittwen und Waisen der Lehrer an den evangelischen Volksschulen mit umfaßte, und deren Vertretung der Staat in der Weise übernahm, daß, wenn die laufenden Ausgaben derselben von den laufenden Einkünften, einschließlich der Beitragsleistungen der betheiligten Lehrer, nicht gedeckt werden können, der Mehrbedarf aus der Staatskasse zugeschossen werden muß.

In gleicher Weise begründete der Staat zufolge Gesetzes vom 26. Mai 1868 (GVB 1868 S. 284 flg.) eine Pensionskasse für Lehrer an den evangelischen Volksschulen.

Die römisch-katholischen Volksschullehrer blieben von diesen Kassen nur deshalb ausgeschlossen, weil für dieselben bereits ein allgemeiner Pensionsfonds bestand, welcher nicht nur den emeritirten Lehrern, sondern auch ihren Wittwen und Waisen Pensionen gewährte. Da indessen diese Pensionen geringer waren als diejenigen der Lehrer an den evangelischen Volksschulen und der Wittwen und Waisen derselben, übernahm der Staat mit dem Gesetze vom 26. Mai 1868 zugleich die Verpflichtung, die Pensionen der römisch-katholischen Volksschullehrer und der Wittwen und Waisen derselben durch Gewährung entsprechender Zuschüsse in jedem einzelnen Falle bis zu dem Betrage der Pensionen der evangelischen Volksschullehrer und der Wittwen und Waisen derselben zu erhöhen, bis durch das Gesetz, die Emeritirung der ständigen Lehrer an den Volksschulen betreffend, vom 31. März 1870 (GVB 1870 S. 98 flg.) und das Gesetz zur Abänderung und Ergänzung des Gesetzes vom 1. Juli 1840, die Errichtung einer Pensionskasse für die Wittwen und Waisen der Lehrer an evangelischen Schulen betreffend, vom 9. April 1872 (GVB 1872 S. 119 flg.), welche einerseits die Pensionsbezüge sowohl der Lehrer als der Wittwen und Waisen derselben wesentlich erhöhten, andererseits die Beitragsleistungen der Lehrer zu den beiden Pensionskassen erheblich herabsetzten, auch den römisch-katholischen Volksschullehrern die Theilnahme an beiden Pensionskassen im vollen Umfange erschlossen wurde.

Die Gehaltsverhältnisse der Volksschullehrer waren bereits durch das Gesetz, einige Abänderungen und Zusätze zum Volksschulgesetze vom 6. Juni 1835 betreffend, vom 3. Mai 1851 (GVB 1851 S. 107 flg.) in einer Weise geregelt worden, welche auch die Staatskasse in Mitleidenheit zog. Dieses Gesetz setzte nämlich einen bestimmten Mindestgehalt fest, welcher durch periodische Zulagen bis zu einem bestimmten Höchstgehalte gesteigert werden mußte, und legte dabei dem Staate die Verpflichtung auf, die geordneten Zulagen selbst zu gewähren, falls die betheiligten Schulgemeinden dazu unvermögend und auch andere Mittel hierzu nicht vorhanden waren. Bei dieser Verpflichtung verblieb es, auch nachdem zuerst durch das Gesetz, die Gehaltsverhältnisse der Lehrer an den Elementarschulen betreffend, vom 28. Oktober 1858 (GVB 1858 S. 271 flg.) und weiter durch die Gesetze vom 2. August 1864 (GVB 1864 S. 268), vom 15. März 1870 (GVB 1870 S. 92 flg.), vom 9. April 1872 (GVB 1872 S. 132 flg.) und vom 23. Januar 1874 (GVB 1874 S. 4 flg.) die Gehalte der Volksschullehrer in ihren Mindest- und Höchstsätzen und daher auch in dem Betrage der periodischen Zulagen dergestalt gesteigert worden waren, daß die Mindest- und Höchstsätze gegen das Jahr 1851 jetzt zum Theil mehr als das Vierfache betragen.

Wie bedeutend der Mehraufwand war, welcher durch die Neugestaltung der Gehalts- und Pensionsverhältnisse der Volksschullehrer einschließlich der Wittwen und Waisen derselben der Staatskasse erwachsen ist, dafür spricht am besten die Thatsache, daß die Leistungen des Staates für die Zwecke des Volksschulwesens, welche noch in der Finanzperiode 1867/69 im Durchschnitte jährlich 258 243 *M* betragen hatten, in der Finanzperiode 1870/71 auf 460 408 *M* und in der Finanzperiode 1872/73 auf 742 858 *M* durchschnittlich jährlich stiegen.

Eine noch ungleich höhere Steigerung dieser Leistungen aber ist eingetreten, seitdem das mit dem 15. Oktober 1874 in Kraft getretene Gesetz, das Volksschulwesen betreffend, vom 26. April 1873 (GVB 1873 S. 350 flg.) einerseits ganz allgemein den Grundsatz ausgesprochen hat, daß denjenigen Gemeinden, welche unvermögend sind, die zunächst ihnen obliegenden Lasten für die Unterhaltung der Volksschulen einschließlich der Fortbildungsschulen zu tragen, sowohl zum Schulbaue als zur Schulunterhaltung Zuschüsse aus der Staatskasse zu gewähren sind, andererseits zur staatlichen Beaufsichtigung des Volksschulwesens das Institut der Bezirksschulinspektoren eingeführt hat, welche von Staatswegen angestellt und aus der Staatskasse besoldet werden. Denn hauptsächlich in Folge dessen sind die Leistungen des Staates für die Zwecke des Volksschulwesens von 742 858 *M* durchschnittlich jährlich in der Finanzperiode 1872/73 bis auf durchschnittlich jährlich 1 114 619 *M* in der Finanzperiode 1874/75, 1 382 062 *M* in der Finanzperiode 1876/77, 1 530 815 *M* in der Finanzperiode 1878/79, 1 693 356 *M* in der Finanzperiode 1880/81, 1 770 510 *M* in der Finanzperiode 1882/83 und 1 869 370 *M* in der Finanzperiode 1884/85 bei einer Gesammtzahl von 2154 Schulen mit 599 470 Schülern und 6841 ständigen Lehrerstellen am 1. Dezember 1884 angewachsen.

Von den regelmäßigen größeren Aufwendungen, welche der Staat für die Zwecke des Volksschulwesens außer den im Vorstehenden behandelten Leistungen macht, verdienen die Kosten der Unterhaltung einer bereits i. J. 1850 von ihm begründeten Turnlehrerbildungsanstalt, die Beihilfen zur Förderung des Unterrichts im Turnen, Zeichnen, in Handarbeiten und in der Obstbaumzucht, die Unterstützungen der knappschaftlichen Schulen und der Fortbildungsschulen sowie die Beihilfen zur Errichtung und Unterhaltung von Schulbibliotheken besonders hervorgehoben zu werden.

Zu den Volksschulen im gesetzlichen Sinne des Wortes gehören auch die vom Staate unterhaltenen Taubstummenanstalten, deren zwei, die eine in Dresden, und zwar diese in Verbindung mit einem Asyle für erwachsene taubstumme Mädchen, die andere in Leipzig bestehen, und welche beispielsweise in der Finanzperiode 1884/85 Zuschüsse in der Gesammthöhe von 413 895,13 *M* oder 206 947,56 *M* durchschnittlich jährlich erfordert haben.

Die Gesammtleistung des Staates für das Volksschulwesen in dem Zeitraume von 1834 bis mit 1885 beziffert sich — abgesehen von 12 333 ℳ, welche in der Finanzperiode 1837/39 durch Beschaffung besserer Lokalitäten für die Taubstummenanstalt zu Leipzig aus Beständen gedeckt worden sind — auf 27 689 671 ℳ oder 532 493,67 ℳ durchschnittlich jährlich, wobei die Kosten für den Unterricht der in Landes-Pfleg-, Straf- und Besserungsanstalten untergebrachten schulpflichtigen Kinder, welcher sich mit seinen Lehrplänen nach dem Unterrichte der einfachen Volksschule richtet, nicht mit eingerechnet sind. Ein Theil dieser Gesammtsumme entfällt indessen auf Pensionszuschüsse, welche für Lehrer an Schullehrerseminarien, Gymnasien, Realgymnasien und Realschulen und deren Hinterlassene seit dem Jahre 1872 gewährt worden sind, da diese Leistungen aus rechnerischen Rücksichten im Staatshaushalts-Etat bei den Aufwendungen für das Volksschulwesen mit in Ansatz kommen. Im Jahre 1884 beispielsweise betrugen diese Leistungen 162 929,32 ℳ.

Eine ganz wesentliche Steigerung haben die Aufwendungen des Staates für das Volksschulwesen seit der Finanzperiode 1886/87 dadurch erfahren, daß den Schulgemeinden des Landes seitdem die Hälfte der vom Staate erhobenen Grundsteuer überwiesen worden ist, — eine Leistung, welche im Staatshaushalts-Etat für 1886/87 mit 1 454 453 ℳ, im Staatshaushalts-Etat für 1888/89 mit 1 494 245 ℳ jährlich sich veranschlagt findet.

35. Lehrerseminarien.

(Vgl. Nr. 41 der Tabelle A.)

In Sachsen bestehen zur Zeit 19 Lehrerseminarien, die bis auf eines, welches eine katholische Lehrerbildungsanstalt ist, evangelisch sind, und von welchen 17 der Ausbildung von Lehrern, 2 der Ausbildung von Lehrerinnen dienen. Von diesen 19 Lehrerbildungsanstalten hat der Staat 13 selbst errichtet, und zwar eine bereits in der vorkonstitutionellen Zeit, nämlich im Jahre 1787, die anderen unter der Herrschaft des konstitutionellen Staatssystems, nämlich in den Jahren von 1838 bis 1876. Von den übrigen 6 Seminarien ist eines, ein Lehrerseminar, von einer Privatperson gestiftet, aber sofort nach der Errichtung dem Staate überwiesen worden; 5 beruhen auf Stiftungen, werden aber unter Betheiligung des Staates dergestalt verwaltet, daß letzterer den über die eigenen Einnahmen dieser Anstalten erforderlichen Aufwand deckt, so daß gegenwärtig für sämmtliche 19 Seminarien regelmäßige Zuschüsse im Staatshaushalts-Etat auftreten.

Die Unterhaltungskosten der Seminarien waren anfänglich wenig erheblich. Sie betrugen in der Finanzperiode 1837/39, von welcher an sie in den Staatsbudgets und mithin auch in den Rechenschaftsberichten für sich zur Ziffer gebracht wurden, 116 814 ℳ, mithin 38 938 ℳ durchschnittlich jährlich, und selbst in den Finanzperioden der Jahre 1840 bis 1857, innerhalb welcher, und zwar in den Jahren 1842, 1844, 1851, 1855 und 1856, 5 neue Seminarien zugewachsen waren, erreichte der jährliche Durchschnittssatz bei einem Gesammtbedarfe von 872 118 ℳ nur eine Höhe von 48 451 ℳ. Diese Erscheinung erklärt sich hauptsächlich dadurch, daß den Seminarien jener Zeit nur eine beschränkte Anzahl von Räumlichkeiten und eine geringe Anzahl von Lehrern mit nicht minder geringen Gehalten zugewiesen waren. Erst nachdem im Jahre 1859 eine bereits im Jahre 1857 aufgestellte neue Seminarordnung zur allgemeinen Einführung gelangt und damit u. a. das Internat als eine regelmäßige Einrichtung begründet worden war, steigerte sich insbesondere der Aufwand für Beschaffung und Unterhaltung der erforderlichen Räumlichkeiten, für Vervollständigung des Lehrerpersonals und der Lehrhilfsmittel, für Verpflegung der Zöglinge, für Gewährung von Stipendien an dieselben, für Heizung, Beleuchtung und Reinigung sowie Verwaltungskosten aller Art von Finanzperiode zu Finanzperiode dergestalt, daß einem Bedarfe von 231 000 ℳ oder 77 000 ℳ durchschnittlich jährlich in der Finanzperiode 1858/60 ein solcher von 809 622 ℳ oder 404 811 ℳ durchschnittlich jährlich in der Finanzperiode 1872/73, bis zu welcher allerdings in den Jahren 1863, 1869, 1871 und 1872 je ein Seminar, im Jahre 1873 zwei dergleichen neu zugewachsen waren, gegenüberstand. Noch ungleich größer aber war das Anwachsen der Unterhaltungskosten, welches innerhalb der Jahre 1874 bis mit 1885 bei einem Zuwachse von nur je einem neuen Seminare in den Jahren 1875 und 1876 sich vollzog, und das, soweit es sich um regelmäßig wiederkehrende Ausgaben handelt, seinen Haupterklärungsgrund in der bedeutenden Erhöhung der Lehrergehalte findet, welche mit der Finanzperiode 1874/75 eintrat. Der Gesammtaufwand für diese 12 Jahre beziffert sich nämlich auf 11 020 675 ℳ oder 918 389,58 ℳ durchschnittlich jährlich, wobei die Mindestleistung mit 1 368 495 ℳ oder 684 247,50 ℳ durchschnittlich jährlich der Finanzperiode 1874/75, die Höchstleistung mit 2 112 465 ℳ (einschließlich 351 636,62 ℳ einmaliger außerordentlicher Aufwand für Bauausführungen) oder 1 056 232,50 ℳ durchschnittlich jährlich der Finanzperiode 1884/85 angehört.

Die Gesammtsumme dessen, was der Staat in den Jahren 1837 bis mit 1885 für die Seminarien an regelmäßigen Leistungen aufgewendet hat, beziffert sich auf 15 394 732 ℳ, was einem jährlichen Durchschnittssatze von 314 178,20 *M* entspricht. Dazu kommen indessen noch 2 896 295 *M*, welche zum Baue und zur Ausstattung neuer Seminargebäude aus Beständen und Anleihen gedeckt worden sind, so daß die Gesammtleistung auf 18 291 027 *M* oder 373 286,24 *M* durchschnittlich jährlich ansteigt.

Selbst mit dieser Summe aber ist das Maß dessen, was der Staat im Interesse der Lehrerseminarien geleistet hat, noch nicht einmal erschöpft. Hierzu kommen vielmehr noch erhebliche Pensionszuschüsse, welche er seit dem Jahre 1872 für das Lehrerpersonal an diesen Anstalten und die Wittwen und Waisen desselben gewährt hat, die sich indessen auf Grund der Rechenschaftsberichte nicht näher beziffern lassen, da sie unter dem Aufwande für das Volksschulwesen mit verrechnet sind (vgl. S. 200). Einen Rückschluß auf die Höhe derselben läßt die Zahl der ständigen Seminarlehrerstellen zu, welche beispielsweise in der Finanzperiode 1884/85 auf 251 sich belief.

Um einen Anhaltspunkt dafür zu bieten, in welchem Verhältnisse die regelmäßigen Zuschüsse des Staates für die Lehrerseminarien zu den eigenen Einnahmen derselben stehen, möge noch angeführt sein, daß letztere beispielsweise in der Finanzperiode 1884/85, in welcher die Zuschüsse die Höhe von 2 112 465 *M* erreichten, auf insgesammt 224 104,95 *M* oder durchschnittlich jährlich 112 052,47 *M* sich beliefen, wovon 74 811,82 *M* auf Zahlungen der Seminaristen entfielen.

36. Gymnasien, Realgymnasien und Realschulen.

(Vgl. Nr. 42 der Tabelle A.)

In den noch gegenwärtig blühenden Fürsten- und Landesschulen zu Meißen und zu Grimma, welche beide von Kurfürst Moritz, jene 1543, diese 1550, gestiftet worden sind, waren zwar bereits in der Finanzperiode 1834/36 staatliche Gymnasien gegeben, für deren Unterhaltung, soweit die Kosten derselben nicht durch das Stiftungsvermögen und die sonstigen eigenen Einnahmen dieser Anstalten gedeckt wurden, die Staatskasse einzutreten hatte. Ebenso gewährte der Staat einzelnen städtischen Gymnasien schon damals jährliche Beihilfen. Das Maß dieser Leistungen läßt sich indessen auf Grund des Rechenschaftsberichts für die Finanzperiode 1834/36 nicht beziffern, da der Aufwand für Gymnasien im Staatsbudget unter den Aufwendungen für die evangelischen Kirchen und Schulen summarisch mit veranschlagt war und demgemäß auch verrechnet worden ist.

Erst seit der Finanzperiode 1837/39 wurden die Zuschüsse für die Gymnasien einschließlich der städtischen, von welchen letzteren diejenigen zu Bautzen, Freiberg, Plauen i. V., Zittau und Zwickau vertragsmäßig nach und nach in staatliche Verwaltung übernommen wurden, im Staatsbudget besonders ersichtlich gemacht.

Im Jahre 1868 wurde ein neues staatliches Gymnasium in Chemnitz errichtet, welchem die Begründung weiterer Staatsgymnasien in Dresden-Neustadt i. J. 1874, in Leipzig i. J. 1880 und in Wurzen i. J. 1882 folgte, so daß der Staat von den 16 Gymnasien, die zur Zeit im Lande bestehen, 11 unterhält, von denen 6 ihm selbst gehören, 5 unter der dauernden Verwaltung desselben stehen.

Seit der Finanzperiode 1843/45 treten im Staatshaushalte auch Realgymnasien — bis zum Ablaufe des Schuljahres 1883/84 Realschulen I. Ordnung genannt — in die Erscheinung, und zwar theils dadurch, daß der Staat selbst derartige Anstalten begründete, wie dies mit den Realgymnasien zu Annaberg (1842) und Döbeln (1869) und den mit den Gymnasien zu Plauen i. V. (1854) und Zittau (1855) verbundenen Realgymnasien der Fall war, theils dadurch, daß er Realgymnasien, welche von Gemeinden ins Leben gerufen worden sind, durch fortlaufende Zuschüsse unterstützt. Derartige Zuschüsse erhält auch die Mehrzahl der im Lande bestehenden Realschulen — bis zum Ablaufe des Schuljahres 1883/84 Realschulen II. Ordnung genannt —, deren keine dem Staate gehört oder in staatlicher Verwaltung sich befindet. Um wie bedeutende Leistungen es hierbei sich handelt, geht daraus hervor, daß beispielsweise in der Finanzperiode 1884/85 an 4 städtische Realgymnasien und 18 städtische Realschulen Beihilfen in der Gesammthöhe von 279 000 ℳ jährlich gewährt worden sind, so daß auf jede der betheiligten Anstalten eine Durchschnittsleistung von 12 681,81 ℳ entfällt.

Eine sehr erhebliche Steigerung haben die Leistungen des Staates für die Gymnasien, Realgymnasien und Realschulen dadurch erfahren, daß durch Gesetz vom 9. April 1872 (GVB 1872 S. 177 flg., 119 flg.) die Pensionsberechtigung, wie sie bis dahin nur den Volksschullehrern und deren Hinterlassenen zustand, auch auf die Lehrer an den Gymnasien, Realgymnasien und Realschulen und deren Hinterlassene ausgedehnt worden ist. Ebenso hat eine in der Finanzperiode 1874/75 eingetretene allgemeine Erhöhung der Gehälter der an den staatlichen Gymnasien und Realgymnasien angestellten Lehrer, welcher eine weitere Erhöhung in der Finanzperiode 1886/87 gefolgt ist, der Staatskasse erhöhte Lasten zu Gunsten dieser Anstalten auferlegt.

Auf wie hoch sich die Pensionszuschüsse des Staates belaufen, welche er für Lehrer an den Gymnasien, Realgymnasien und Realschulen sowie deren Hinterlassene seither gewährt hat, läßt sich auf Grund der Rechenschaftsberichte nicht zur Ziffer bringen, da diese Zuschüsse im Staatshaushalts-Etat bei den Leistungen für das Volksschulwesen mit in Ansatz kommen. Daß sie indessen ins Gewicht fallen, dafür spricht schon die Thatsache, daß beispielsweise in der Finanzperiode 1884/85 die Zahl der ständigen Lehrerstellen, um welche es hierbei sich handelt, 780 betragen hat.

Ohne Berücksichtigung der seit dem Jahre 1872 geleisteten Pensionszuschüsse belaufen sich die regelmäßigen Aufwendungen des Staates für die Gymnasien, Realgymnasien und Realschulen in dem Zeitraume von 1837 bis mit 1885 auf insgesammt 13 727 932 *M* oder 280 161,87 *M* durchschnittlich jährlich. Dazu kommen indessen noch 2 108 490 *M*, welche zu Neubauten aus Mitteln des außerordentlichen Staatsbudgets verwendet worden sind, so daß eine Gesammtleistung von 15 836 422 *M* oder 323 192,28 *M* durchschnittlich jährlich in Frage kommt.

Um eine Beurtheilung des Verhältnisses zu ermöglichen, in welchem diese Leistung zu den eigenen Einnahmen der betheiligten Lehranstalten steht, möge angeführt sein, daß diese Einnahmen i. J. 1884 bei einer Gesammtzahl von 47 Anstalten der fraglichen Art, welche damals bestanden, auf 2 233 993,71 *M* einschließlich 1 261 665,56 *M* Schulgeld sich beliefen, während die Staatszuschüsse 952 488,37 *M* betrugen. Von jenen 2 233 993,71 *M* kommen auf die darin inbegriffenen 16 Gymnasien mit 5481 Schülern 1 177 002,34 *M* einschließlich 725 178,26 *M* Schulgeld, auf die dazu gehörigen 11 Realgymnasien mit 2788 Schülern 551 881,14 *M* einschließlich 277 796,67 *M* Schulgeld und auf die darin inbegriffenen 20 Realschulen mit 3057 Schülern 505 110,23 *M* einschließlich 278 690,63 *M* Schulgeld, worin bei einer staatlich nicht unterstützten Anstalt Kostgeld mit eingeschlossen war.

37. Technische Hochschulen.

(Vgl. Nr. 43 der Tabelle A.)

Bereits in der vorkonstitutionellen Zeit verfügte der Staat über zwei Lehranstalten, welche nach heutigen Begriffen als technische Hochschulen sich darstellen. Es waren dies die i. J. 1766 begründete Bergakademie zu Freiberg und die i. J. 1816 aus einer Privatanstalt in eine Staatsanstalt umgewandelte Forstakademie zu Tharant, mit welcher i. J. 1830 eine landwirthschaftliche Abtheilung verbunden worden war, so daß die Anstalt von da an die Bezeichnung Akademie für Forst- und Landwirthe führte.

Noch umfassendere Lehrziele als diese beiden Akademien verfolgte zwar eine dritte Anstalt, nämlich die i. J. 1828 begründete technische

Lehranstalt in Dresden, welche i. J. 1851 den Namen polytechnische Schule erhielt. Denn dieselbe hatte den Zweck, diejenigen, welche sich dem praktischen Gewerbsleben oder einem anderen höhere Realbildung erfordernden Berufskreise zu widmen gedachten, für ihre künftige Bestimmung wissenschaftlich auszubilden. Eine Hochschule im heutigen Sinne des Wortes war aber diese Anstalt noch nicht. Diese Bedeutung erlangte sie erst in Folge durchgreifender Veränderungen in ihrer Organisation, welche in der Finanzperiode 1870/71 durchgeführt wurden, noch mehr aber durch anderweite Organisationsveränderungen, welche i. J. 1878 eintraten und dazu führten, ihr den Namen Polytechnikum mit der ausgesprochenen Eigenschaft einer technischen Hochschule beizulegen,[1] welche als solche die vollständige wissenschaftliche, beziehungsweise künstlerische Ausbildung für den technischen Beruf und den Lehrberuf in den technischen Wissenschaftszweigen, einschließlich der reinen Mathematik, Physik und Chemie, bezweckt und aus fünf Fachabtheilungen, nämlich für Mechanik, Ingenieurwesen (Straßen-, Eisenbahn-, Wasser- und Brückenbau und Geodäsie), Hochbau, Chemie und Bildung von Lehrern der Mathematik und der Naturwissenschaften, sowie einer allgemeinen Abtheilung für die allgemein bildenden Wissenschaften besteht.

Die Kosten der Unterhaltung der polytechnischen Schule kamen daher auch erst seit der Finanzperiode 1870/71 im Staatsbudget zur selbstständigen Erscheinung, während sie bis dahin unter den Aufwendungen mit veranschlagt waren, welche der Staat für gewerbliche Zwecke machte.

Der regelmäßige Unterhaltungsaufwand für die Bergakademie zu Freiberg, die Akademie zu Tharant, deren landwirthschaftliche Abtheilung i. J. 1869 aufgehoben wurde, um durch ein an der Universität Leipzig begründetes landwirthschaftliches Institut ersetzt zu werden, und die polytechnische Schule, beziehungsweise das Polytechnikum (dieser beiden von 1870/71 an) beziffert sich innerhalb des Zeitraums von 1834 bis mit 1885 auf insgesammt 7 504 385 ℳ, wovon 3 133 383 ℳ auf die polytechnische Schule, beziehungsweise das Polytechnikum entfallen.

Dazu kommen indessen noch 3 290 346 ℳ, welche aus dem außerordentlichen Staatsbudget bestritten und mit 175 284 ℳ für den Bau eines neuen Akademiegebäudes in Tharant, 26 175 ℳ für den Ankauf eines Gutes für die Akademie zu Tharant, 65 400 ℳ für Akademiebauten in Freiberg und 3 023 487 ℳ für den Neubau des Polytechnikums verwendet worden sind, so daß die Gesammtleistung des Staates für die

---

[1] Bekanntmachung, das Statut für das Polytechnikum betr., v. 3. April 1878, GVB 1878 S. 28 flg.

technischen Hochschulen auf 10 794 731 ℳ (darunter 6 156 870 ℳ für das Polytechnikum) sich erhöht.

In welchem Verhältnisse die Ausgaben der drei technischen Hochschulen zu den eigenen Einnahmen derselben stehen, dafür möge die Thatsache ein Anhalten bieten, daß beispielsweise in der Finanzperiode 1884/85 betragen haben bei der Bergakademie zu Freiberg die Einnahmen 30 211,27 ℳ (einschließlich 17 816,50 ℳ Zahlungen der Akademisten) oder 15 105,63 ℳ durchschnittlich jährlich, die Ausgaben 182 631,07 ℳ oder 91 315,53 ℳ durchschnittlich jährlich, bei der Forstakademie zu Tharant die Einnahmen 41 766,30 ℳ (einschließlich 37 735,35 ℳ Zahlungen der Akademisten) oder 20 883,15 ℳ durchschnittlich jährlich, die Ausgaben 204 684,07 ℳ oder 102 342,03 ℳ durchschnittlich jährlich, bei dem Polytechnikum die Einnahmen 35 998,74 ℳ (einschließlich 35 717,75 ℳ Zahlungen der Studirenden) oder 17 999,37 ℳ durchschnittlich jährlich, die Ausgaben 569 217,99 ℳ oder 284 608,99 ℳ durchschnittlich jährlich.

38. Universität.

(Vgl. Nr. 44 der Tabelle A.)

In der bereits im Jahre 1409 von dem Kurfürsten Friedrich dem Streitbaren gegründeten Universität Leipzig, welche seit dem Jahre 1815 die einzige Anstalt ihrer Art im Lande bildet, hat zwar die Sächsische Staatsregierung jederzeit ein Besitzthum erblickt, zu dessen Erhaltung und zeitgemäßer Entwickelung kein Opfer gescheut werden dürfe. Gleichwohl waren die regelmäßigen Zuschüsse, welche der Staat auf dieses wissenschaftliche Institut ersten Ranges verwendet hat, nicht blos in den ersten Finanzperioden, sondern selbst bis in die Finanzperiode 1861/63 hinein verhältnißmäßig nicht erheblich, indem sie in dem 30jährigen Zeitraume von 1834 bis mit 1863 mehr nicht als insgesammt 4 258 190 ℳ oder 141 939,66 ℳ durchschnittlich jährlich betrugen. Der Grund dieser Erscheinung liegt hauptsächlich darin, daß die Anforderungen, welche jene Zeit in Bezug einerseits auf die Ausstattung der Universitäten mit wissenschaftlichen Hilfsmitteln aller Art und sonstigen den Zwecken derselben dienenden Einrichtungen, andererseits auf die Zahl der Professoren und die Höhe der ihnen zu gewährenden festen Gehalte stellte, sich nicht entfernt mit denjenigen vergleichen lassen, welche heutigen Tages in diesen Beziehungen maßgebend sind, und daß auch die Zahl der damaligen Studirenden ganz gewaltig hinter derjenigen von heute zurückstand. In Folge dessen wurde der größere Theil des Ausgabebedürfnisses der Universität durch die Erträgnisse ihres bedeutenden Vermögens und durch sonstige eigene Einnahmen derselben gedeckt. In der Finanzperiode 1834/36 verfügte die Universität an wissenschaftlichen Sammlungen und Hilfsinstituten in der Hauptsache nur über eine Bibliothek, einen physikalischen Apparat, eine anatomische Anstalt, eine Schule für Entbindung und Geburtshilfe, einen botanischen Garten, eine Sternwarte und ein philologisches Seminar. Zu diesen Sammlungen und Instituten sind inmittelst, und zwar zu einem guten Theile seit der Finanzperiode 1864/66, neu hinzugekommen eine Münzsammlung, eine archäologische Sammlung, ein kunsthistorischer, ein ägyptologischer und ein technologischer Apparat, ein zoologisches, ein mineralogisches und ein pharmakognostisches Museum, ein akademisches Herbarium, eine morphologische, eine zootomische und eine kirchlich-archäologische Sammlung, eine akademische Lesehalle, ein Seminar für praktische Theologie, ein kriminalistisches Seminar, ein physiologisches, ein klinisches, ein pathologisches, ein hygienisches, ein medizinisch-poliklinisches und ein chirurgisch-poliklinisches Institut, eine orthopädische Klinik, eine Distriktspoliklinik, ein Institut für Augenheilkunde, eine Irrenklinik, ein physikalisches Institut, ein chemisches und ein physikalisch-chemisches Laboratorium, ein pädagogisches Seminar, ein philologisches Proseminar, ein deutsches, ein archäologisches und ein historisches Seminar, ein geographischer Apparat, ein Institut für experimentelle Physiologie, ein mathematisches Seminar, ein landwirthschaftliches Institut, ein agrikulturchemisches Laboratorium, ein landwirthschaftlich-physiologisches Institut und eine Veterinärklinik. Außerdem sind die aus früheren Zeiten stammenden Sammlungen und Institute in der reichsten Weise vermehrt und, wie dies insbesondere von dem anatomischen Institute, dem Entbindungsinstitute, dem botanischen Garten und der Sternwarte gilt, mit neuen Gebäuden und sonstigen Neuanlagen ausgestattet worden. Die Zahl der Professoren belief sich in der Finanzperiode 1834/36 auf 67 bei einer Zahl von 1000—1100 Studirenden, während sie bis zur Finanzperiode 1884/85 auf 110 gestiegen ist bei einer Zahl von 3160 Studirenden im Wintersemester 1884/85. Die festen Gehalte, welche den Professoren und sonstigen Lehrern gewährt wurden, betrugen 1834/36 durchschnittlich jährlich 107 647 ℳ, während sie bis zum Jahre 1885 auf 470 114,20 ℳ jährlich angewachsen sind. Die bei der Universität angestellten Beamten erforderten zu Besoldungen 1834/36 durchschnittlich jährlich 23 079 ℳ, i. J. 1885 216 560,21 ℳ. Von letzterer Summe entfielen allein 164 566,40 ℳ auf die Beamten und Bediensteten bei den akademischen Lehrinstituten und den lediglich dem Lehrzwecke gewidmeten Gebäuden. Diese Institute erforderten überdies an Verwaltungs- und Betriebsaufwand mehr als 300 000 ℳ, so daß der Gesammtaufwand derselben einer Summe von 500 000 ℳ nahe kam.

Unter diesen Umständen kann es nicht überraschen, daß die regelmäßigen Zuschußleistungen des Staates von durchschnittlich jährlich

141 939,66 *M* in dem Zeitraume von 1834 bis mit 1863 auf durchschnittlich jährlich 605 577,18 *M* in dem Zeitraume von 1864 bis mit 1885 angewachsen sind, und daß von dem Gesammtzuschusse von 17 580 888 *M*, welchen der Staat in den Jahren 1834 bis mit 1885 geleistet hat, allein auf die Jahre von 1864 bis mit 1885 ein Betrag von 13 322 698 *M* entfällt.

Außer den regelmäßigen Zuschüssen, welche vom Staate für die Universität geleistet worden sind, hat derselbe auch noch eine Gesammtsumme von 2 805 506 *M* aus Mitteln des außerordentlichen Staatsbudgets für die Zwecke derselben aufgewendet, so daß die Gesammtleistung des Staates für die Universität auf 20 386 394 *M* sich erhöht.

Wie das Verhältniß der Ausgaben zu den eigenen Einnahmen der Universität sich gestaltet, möge daraus entnommen werden, daß beispielsweise in der Finanzperiode 1884/85 die Ausgaben auf 2 521 242,66 *M* oder durchschnittlich jährlich 1 260 621,33 *M*, die eigenen Einnahmen auf 840 318,75 *M* oder durchschnittlich jährlich 420 159,37 *M* (einschließlich 627 860,48 *M* oder durchschnittlich jährlich 313 930,24 *M* von Vermögenserträgnissen) sich beliefen.

39. Sammlungen für Kunst und Wissenschaft.

(Vgl. Nr. 45 der Tabelle A.)

Die zum Königlichen Hausfideikommisse gehörigen Sammlungen für Kunst und Wissenschaft, welche vermöge ihrer hervorragenden kulturellen Bedeutung die Veranlassung zu der verfassungsrechtlichen Bestimmung geworden sind, wonach das Hausfideikommiß vom Lande unzertrennlich und unveräußerlich ist (vgl. S. 80), setzten sich zur Zeit ihrer Uebernahme in staatliche Verwaltung, welche mit dem Inkrafttreten der Verfassungsurkunde vom 4. September 1831 erfolgte, aus einer Gemäldegalerie, einer Sammlung von Kupferstichen und Handzeichnungen, einer Sammlung von Gypsabgüssen, einer Kunstkammer und einer Rüstkammer, einem Antikenkabinet, einem Münzkabinet, einer Porzellan- und Gefäßsammlung, dem s. g. grünen Gewölbe — einer Sammlung auserlesener Kunstwerke, Kostbarkeiten und Seltenheiten —, einer Gewehrgalerie, einem naturhistorischen Kabinet, einer mathematisch-physikalischen Salon und einer Bibliothek zusammen.

Diese Sammlungen zählten schon in jener Zeit zu den hervorragendsten ihrer Art, und diese Bedeutung ist ihnen im vollsten Maße gewahrt geblieben, da die Staatsregierung fortgesetzt erhebliche Aufwendungen zum Zwecke nicht blos ihrer Erhaltung, sondern auch ihrer Vermehrung gemacht hat, wobei zugleich das Bestreben dahin ging, die Aufstellung der Samm-

14*

lungsgegenstände immer zweckmäßiger zu gestalten. Zu letzterem Behufe sind zahlreiche größere und kleinere Baulichkeiten ausgeführt worden, von welchen nur des in die Jahre 1847—1854 fallenden Neubaues eines Gebäudes für die Gemäldegalerie, das Kupferstichkabinet und die Gypsabgüsse und des in den Jahren 1872—1875 ausgeführten Umbaues des alten Galeriegebäudes gedacht sein möge.

Einzelne der Sammlungen haben im Laufe der Zeit wesentliche Umgestaltungen erfahren. So wurden bereits i. J. 1832 die Bestände der Kunst- und Rüstkammer nach Ausscheidung der für ungeeignet befundenen Gegenstände zu einem historischen Museum vereinigt. Das naturhistorische Kabinet mußte, nachdem dasselbe bei dem Volksaufstande im Mai 1849 fast vollständig zerstört worden war, sogar zum größten Theile neu gebildet werden. Bei dieser Gelegenheit wurde die mineralogisch-geologische Abtheilung zu einer selbstständigen Abtheilung unter der Bezeichnung mineralogisch-geologisches Museum erhoben. Das naturhistorische Kabinet bestand daher seitdem nur noch aus Gegenständen des Thier- und Pflanzenreichs. Im Jahre 1868 erfuhren sowohl das mineralogisch-geologische Museum als das naturhistorische Kabinet Erweiterungen, jenes durch eine prähistorische, dieses durch eine anthropologische Abtheilung. Bei dem naturhistorischen Kabinet wurde i. J. 1875 die botanische Abtheilung ausgeschieden und an das Polytechnikum abgegeben. Gleichzeitig aber wurde diese Sammlung, welche von jetzt an die Bezeichnung zoologisches Museum erhielt, durch eine ethnographische Abtheilung erweitert.[1]

Von den umfassenden Vermehrungen, welche alle Sammlungen im Laufe der Zeit auf Staatskosten erfuhren, fallen besonders ins Gewicht diejenigen der Gemäldegalerie und der Skulpturensammlungen. Bei der Gemäldegalerie vollzogen sich die wichtigsten Neuerwerbungen in den Jahren 1853 und 1860 sowie seit der Finanzperiode 1874/75, in welcher den Sammlungen für Kunst und Wissenschaft aus dem auf Sachsen gekommenen Theile der französischen Kriegskostenentschädigung 750 000 ℳ zugewendet wurden, wobei die Gemäldegalerie am reichsten bedacht wurde. Außerdem war die Gemäldegalerie wesentlich an den regelmäßigen Zuwendungen betheiligt, welche der Staat schon seit längerer Zeit an den für die sämmtlichen Sammlungen bestehenden Vermehrungsfonds macht, und die zur Zeit 72 000 ℳ jährlich betragen.

Bei den Skulpturensammlungen — der Antikensammlung und dem

---

[1] Führer durch die K. Sammlungen zu Dresden, herausgegeben von der Generaldirektion d. K. Sammlungen, Dresden 1889, S. XVII flg.

Museum der Gypsabgüsse — sind seit dem Jahre 1862 so umfangreiche Neuerwerbungen erfolgt, daß zum Baue neuer Aufstellungsräume hat verschritten werden müssen, für welche in der Finanzperiode 1884/85 700 500 ℳ, in der Finanzperiode 1886/87 92 000 ℳ und in der Finanzperiode 1888/89 178 000 ℳ bewilligt worden sind. Aehnlich verhält es sich bei dem zoologischen Museum, welchem zu gleichem Zwecke in der Finanzperiode 1888/89 80 000 ℳ bewilligt wurden.

Die Gesammtsumme der auf die Sammlungen für Kunst und Wissenschaft, für welche i. J. 1869 eine selbstständige Generaldirektion begründet wurde, vom Staate aus den Mitteln des ordentlichen Staatshaushalts-Etats aufgewendeten Zuschüsse berechnet sich für die Jahre 1834 bis mit 1885 auf 6 838 003 ℳ oder 131 500 ℳ im Durchschnitte jährlich. Dazu kommen noch 2 117 959 ℳ, welche auf den außerordentlichen Staatshaushalts-Etat übernommen, und 750 000 ℳ, welche aus der französischen Kriegskostenentschädigung gewährt worden sind, so daß eine Gesammtleistung von 8 955 962 ℳ in Frage steht.

40. Sonstige Kunstanstalten und Kunstzwecke.

(Vgl. Nr. 46 der Tabelle A.)

Außer in der Sorge für die zum Königlichen Hausfideikommisse gehörigen Kunstsammlungen (vgl. Nr. 39) hat sich das Interesse des Staates an der Entwickelung der Kunst in erster Linie dadurch bethätigt, daß er höhere Kunstschulen unterhielt, welche Gelegenheit zur Ausbildung in den verschiedenen Zweigen der Kunst boten. Als derartige Kunstschulen bestanden bereits seit dem Jahre 1764 die Akademie der bildenden Künste in Dresden, welche aus der i. J. 1705 gestifteten Malerakademie hervorgegangen war, und die Kunstakademie zu Leipzig, welche in jenem Jahre neu begründet wurde.

Von diesen beiden Anstalten ist der Akademie der bildenden Künste in Dresden bis auf die Gegenwart der Charakter eines reinen Kunstinstitutes gewahrt geblieben, in welchem nur Maler, Bildhauer, Kupferstecher, Holzschneider und Architekten ausgebildet werden, während die Kunstakademie in Leipzig seit dem Jahre 1871 die Bestimmung erhalten hat, vorzugsweise den dort blühenden Gattungen des Kunstgewerbes förderlich zu sein, weshalb in ihr namentlich auch Lithographen, Graveure, Dekorations-, Glas- und Porzellanmaler, Modelleure, Stuckateure, Kunstdrechsler und Steinmetzen Ausbildung finden. Mit Rücksicht hierauf ist dieser Anstalt die Bezeichnung „Kunstakademie und Kunstgewerbeschule“ beigelegt worden, und seit der Finanzperiode 1878/79 ist sie im Staatsbudget aus der Reihe der Kunstanstalten ausgeschieden und denjenigen

Anstalten zugewiesen worden, welche gewerblichen Interessen zu dienen berufen sind.

Von sonstigen ständigen Einrichtungen, welche der Staat auf dem Gebiete der Kunst getroffen hat, ist vor Allem der jährlichen Dotationen eines i. J. 1858 von ihm begründeten Fonds für Kunstzwecke zu gedenken, welcher die Aufgabe hat, die Ausführung monumentaler Kunstwerke der Malerei und Bildnerei zu ermöglichen, und dem in den Jahren 1858 bis mit 1863 15000 *M*, in den Jahren 1864 bis mit 1873 30000 *M*, seit dem Jahre 1874 aber 60000 *M* jährlich, im Ganzen sonach 1110000 *M* zugewiesen worden sind, — ein Kapital, welches mit den Zinserträgnissen seiner zeitweise unverwendet gebliebenen Bestände, die sich am Schlusse der Finanzperiode 1884/85 bei einem derselben zu Gute gegangenen Zinsgewinne von 25456,65 *M* auf 369786,34 *M* belaufen haben, die Füglichkeit gewährt hat, in verschiedenen Theilen des Landes nach und nach eine Anzahl größerer und umfassenderer Kunstschöpfungen ins Leben zu rufen und dadurch den Kunstsinn auch in breiteren Schichten des Volkes zu wecken und lebendig zu erhalten.

Seit der Finanzperiode 1870/71 übernahm der Staat die Kosten der Einrichtung und Unterhaltung des Rietschelmuseums in Dresden, — einer Sammlung, welche die nahezu vollständige Reihenfolge der Gypsmodelle von den zahlreichen Schöpfungen des verstorbenen Bildhauers Rietschel enthält.

Von der Finanzperiode 1882/83 an ist der Staat weiter an die Aufgabe herangetreten, inländische Kunst- und Baudenkmäler, deren Erhaltung im Interesse der Kunst liegt, vor Verfall, Wegschaffung, absichtlicher oder durch Vernachlässigung herbeigeführter Vernichtung, beziehentlich vor dem Verderben durch unverständiges Verfahren bei Wiederherstellung und Erneuerung zu schützen. Zu diesem Zwecke ist zunächst eine Inventarisirung und Beschreibung der im Lande vorhandenen älteren Kunst- und Baudenkmale in Angriff genommen worden; unter Umständen werden aber auch Beihilfen zur Erhaltung derartiger Denkmale gewährt.

Von den sonstigen Zweigen der Kunst ist es die Musik, welcher der Staat unmittelbare Förderung insofern zu Theil werden läßt, als er dem in Dresden bestehenden Konservatorium für Musik seit der Finanzperiode 1876/77 jährliche Beihilfen namentlich zum Zwecke der Ertheilung unentgeltlichen Unterrichts in der Musik gewährt.

Die regelmäßige Gesammtleistung des Staates für Kunstanstalten und Kunstzwecke der im Vorstehenden bezeichneten Art innerhalb der Jahre 1834 bis mit 1885 beläuft sich einschließlich einer einmaligen Ehrengabe von 30 000 ℳ, welche i. J. 1884 dem Schöpfer des Niederwalddenkmals, Bildhauer Schilling, zur Errichtung eines die Gypsmodelle seiner Schöpfungen umfassenden Museums gewährt worden ist, auf 4 487 868 ℳ oder 86 305,15 ℳ jährlich. Dazu kommen noch 297 001 ℳ, welche zur Herstellung von Künstlerateliers in Dresden in den Finanzperioden 1872/73 und 1874/75 vom außerordentlichen Staatsbudget bestritten worden sind. In den beiden Finanzperioden 1884/85 und 1886/87 sind überdies noch 2 900 000 ℳ für den zur Zeit noch im Gange befindlichen Bau eines neuen Kunstakademie- und Kunstausstellungsgebäudes in Dresden bewilligt worden.

41. Handel, Industrie, Gewerbe, Landwirthschaft (einschließlich der Landespferdezucht), Garten-, Wein- und Obstbau.

(Vgl. Nr. 47 der Tabelle A.)

Die Förderung des Handels, der Industrie, der Gewerbe, der Landwirthschaft (einschließlich der Landespferdezucht) sowie des Garten-, Wein- und Obstbaues hat die Sächsische Staatsregierung stets zu ihren vornehmsten Aufgaben gezählt, und sie hat hierfür bereits zu einer Zeit verhältnißmäßig erhebliche Aufwendungen gemacht, als die finanzielle Lage des Staates noch bei weitem nicht so günstig war, wie sie es erfreulicher Weise gegenwärtig ist.

Abgesehen von Leistungen für vorübergehende Unternehmungen, wie sie beispielsweise in Ausstellungen von Erzeugnissen der Industrie, der Gewerbe, der Landwirthschaft, des Garten-, Wein- und Obstbaues, in größeren Versammlungen von Industriellen, Gewerbtreibenden, Landwirthen, Gärtnern, Wein- und Obstbauern oder in den Unterstützungen zur Beförderung gewerblicher Unternehmungen und Erfindungen sowie zur Einführung und Hebung neuer Erwerbszweige gegeben sind, hat sich die Staatsregierung namentlich auch die regelmäßige Unterstützung derjenigen nichtstaatlichen ständigen Einrichtungen angelegen sein lassen, welche den Interessen des Handels, der Industrie, der Gewerbe, der Landwirthschaft und des Gartenbaues dienen. Von den Ausgaben, welche hierbei in Betracht kommen, sind, abgesehen von denjenigen für Unterrichtszwecke, von welchen weiter unten eingehender gehandelt werden wird, insbesondere die jährlichen Zuschüsse an die Handels- und Gewerbekammern, an Gewerbevereine, nichtstaatliche Kunstgewerbemuseen, an den Landeskulturrath, die landwirthschaftlichen Kreisvereine, die privaten landwirthschaftlichen Versuchsstationen, den Fohlenaufzuchtverein, den Landesobstbauverein und der Fischereivereine hervorzuheben. Von sonstigen mehr oder weniger regelmäßig wiederkehrenden Leistungen ist namentlich der Prämien für die gewerbliche Unterrichtung taubstummer, blinder und blödsinniger Personen, der Stipendien an Schüler gewerblicher Unterrichtsanstalten, der Beihilfen zu wissenschaftlichen und Instruktionsreisen, der Ausgaben für Veredelung der Viehzucht, für Förderung der künstlichen Fischzucht, für Einführung eines rationellen Hufbeschlags, der Kosten für Herstellung von Preismedaillen und Belobigungsdekreten und ähnlicher Ausgaben zu gedenken.

In ganz besonders hervorragender Art ist der Sächsische Staat schon seit längerer Zeit auf dem Gebiete des den Interessen des Handels, der Industrie, der Gewerbe, der Landwirthschaft und des Gartenbaues dienenden Unterrichtswesens thätig, indem er theils selbst eine ganze Reihe hierher gehöriger Unterrichtsanstalten begründet hat und unterhält, theils Anstalten dieser Art, welche von Gemeinden und Privatpersonen ins Leben gerufen sind und unterhalten werden, durch fortlaufende Zuschüsse unterstützt. Von den eigenen Anstalten des Staates stehen die technischen Staatslehranstalten in Chemnitz obenan, welche aus einer i. J. 1836 begründeten höheren Gewerbeschule mit Abtheilungen für mechanische Technik, chemische Technik und seit 1878 auch für das Baufach, einer i. J. 1837 begründeten Baugewerkenschule, einer i. J. 1855 begründeten Werkmeisterschule, die ursprünglich nur Mechaniker (Maschinenbauer, Brunnenbauer, Spinner, Weber &c.) ausbildete, seit 1869 aber auch für Färber, Zeugdrucker und Bleicher, seit 1880 für Müller und Mühlenbauer und seit 1881 für Seifensieder besondere Abtheilungen erhalten hat, endlich aus einer Gewerbezeichenschule sich zusammensetzen. Außer der Baugewerkenschule in Chemnitz unterhält der Staat noch 4 weitere Anstalten dieser Art in Dresden, Leipzig, Plauen i. V. und Zittau, die sämmtlich ebenfalls i. J. 1837 begründet wurden. Speziell den Interessen des Kunstgewerbes sind drei staatliche Lehranstalten, die i. J. 1875 begründete Kunstgewerbeschule mit Kunstgewerbemuseum in Dresden, die i. J. 1886 begründete Vorschule dieser Anstalt und die als Kunstanstalt bereits 1764 begründete Kunstakademie und Kunstgewerbeschule in Leipzig, gewidmet. Weitere staatliche Lehranstalten für industrielle und gewerbliche Zwecke bilden 2 Fachschulen für Spielwaarenindustrie, 6 Schifferschulen, eine Spitzenklöppelmusterschule, 28 Spitzenklöppelschulen, 2 Stick- und Schlingschulen und eine Gewerbzeichenschule (Schneeberg). Außerdem wurden für die Finanzperiode 1888/89 537 400 ℳ zur Errichtung einer Industrieschule in Plauen i. V. bewilligt. Zu den vom Staate fortlaufend unterstützten Anstalten gehören insbesondere die Web-, Wirk- und Posamentirschulen (28 i. J. 1884 mit 24 400 ℳ Staatszuschuß), die gewerblichen Fortbildungsschulen (22 i. J. 1884 mit 12 600 ℳ Staatszuschuß), die Fach- und Fortbildungsschulen für weibliche Handarbeiten (8 i. J. 1884 mit

1920 ℳ Staatszuschuß), die Strohflechtschulen (3 i. J. 1884 mit 750 ℳ Staatszuschuß), die Hausindustrieschulen der Sächsischen Schweiz (30 i. J. 1884, nämlich 4 Schnitzschulen, 6 Frauenflechtschulen, 18 Kinderflechtschulen, 2 Grünkorbflechtschulen mit 1979 ℳ Staatszuschuß), die Landwirthschafts- und Gartenbauschulen (10 i. J. 1884 mit 47 900 ℳ Staatszuschuß ausschließlich der mit dem staatlichen Realgymnasium zu Döbeln verbundenen Landwirthschaftsschule, welche vollständig vom Staate unterhalten wird), endlich die Handelsschulen (25 i. J. 1884 mit 13 000 ℳ Staatszuschuß). Ueberdies wurde von den sonst noch bestehenden privatlichen Schulen für besondere gewerbliche Fächer, zu denen u. a. 2 Fachschulen für Maler und Lackirer, eine Töpferschule, eine Fachschule für Blecharbeiter, eine Uhrmacherschule, eine Fachschule für Drechsler und Bildschnitzer, 2 Musikschulen, eine Fachschule für Musikinstrumentenbauer, eine Schnitzschule, eine Industrieschule, eine kunstgewerbliche Fachzeichenschule, eine Müllerschule und zwei Lehranstalten für das Schneidergewerbe gehören, eine Anzahl mit fortlaufenden Unterstützungen bedacht.

In welchem Maße die staatlichen Leistungen für das den Interessen des Handels, der Industrie, der Gewerbe, der Landwirthschaft und des Gartenbaues dienenden Unterrichtsanstalten im Laufe der Zeit sich gesteigert haben, ergiebt sich daraus, daß der Staat seit der Finanzperiode 1870/71, von welcher an die Rechenschaftsberichte spezielle Nachweise hierüber enthalten, bis zum Schlusse des Jahres 1885 für solche Anstalten einschließlich der Dienstbezüge eines Klöppelschulinspektors und (seit 1884) eines Gewerbeschulinspektors 6 325 256 ℳ aufgewendet hat, wovon 295 569 ℳ auf 1870/71, 406 980 ℳ auf 1872/73, 546 832 ℳ auf 1874/75, 837 389 ℳ auf 1876/77, 953 830 ℳ auf 1878/79, 1 010 211 ℳ auf 1880/81, 1 111 937 ℳ auf 1882/83 und 1 162 508 ℳ auf 1884/85 entfallen.

Unter den regelmäßig wiederkehrenden Ausgaben für die Zwecke der Landwirthschaft fallen am meisten ins Gewicht diejenigen für das Landstallamt zu Moritzburg, welches durch Unterhaltung einer Anzahl von Beschälhengsten und deren Aufstellung im Lande Gelegenheit bietet, Zuchtstuten durch Hengste von vorzüglicher Rasse belegen zu lassen, und allein in den 10 Jahren von 1876 bis mit 1885 einen Zuschuß von 1 343 173,62 ℳ oder 134 317,36 ℳ durchschnittlich jährlich erfordert hat. Daneben sind im Interesse der Landespferdezucht in der Finanzperiode 1884/85 noch 115 000 ℳ zur Unterstützung von Fohlenaufzuchtstationen ausgegeben worden.

Seit der Finanzperiode 1882/83 hat der Staat auch eine landwirthschaftliche Versuchsstation (Möckern) auf den Staatshaushalts-

Etat übernommen, für welche in den beiden Finanzperioden 1882/83 und 1884/85 Zuschüsse in der Gesammthöhe von 85 081,13 M oder 21 270,28 M durchschnittlich jährlich aufgewendet worden sind.

Neue erhebliche Ausgaben sind ferner seit der Finanzperiode 1886/87 durch die im Interesse der Rindviehzucht erfolgte Einführung von Kör- und Kreiskörkommissionen[1] und durch die erweiterten Maßnahmen erwachsen, welche in Folge reichsgesetzlicher Bestimmungen zur Bekämpfung der Reblaus (im Staatshaushalts-Etat auf 1888/89 sind dafür nicht weniger als 100 000 M jährlich eingestellt) erforderlich geworden sind.

Auch die Reichsgesetzgebung über die Unfallversicherung der in gewerblichen sowie land- und forstwirthschaftlichen Betrieben beschäftigten Personen hat dem Staate, abgesehen von den Versicherungskosten, welche er für die von ihm selbst beschäftigten Personen der bezeichneten Art zu tragen hat, und die unter den laufenden Betriebsausgaben mit zur Verrechnung kommen, die Verpflichtung zu erhöhten Ausgaben insofern auferlegt, als sie zunächst die mathematisch-statistische Kontrole der Knappschaftskassen, welche zur Zeit jährlich 3600 M erfordert, und seit der Finanzperiode 1886/87 die Errichtung eines Landesversicherungsamtes und einer Anzahl von Schiedsgerichten bedingt hat, für welche Anstalten im Staatshaushalts-Etat auf 1886/87 jährlich 25 200 M eingestellt waren, während im Staatshaushalts-Etat auf 1888/89 jährlich 21 600 M dafür eingestellt sind.

Die Gesammtsumme dessen, was der Staat zur Förderung des Handels, der Industrie, der Gewerbe, der Landwirthschaft einschließlich der Landespferdezucht, sowie des Garten-, Wein- und Obstbaues in dem Zeitraume von 1834 bis mit 1885 regelmäßig aufgewendet hat, beläuft sich auf 28 149 665 M oder 541 339,71 M durchschnittlich jährlich. Dazu kommen noch 2 163 485 M, welche aus Mitteln des außerordentlichen Staatsbudgets zu Bauten für gewerbliche Lehranstalten aufgewendet worden sind.

42. Ablösungen im Interesse Dritter, Gemeinheitstheilungen und Grundstückszusammenlegungen.

(Vgl. Nr. 48 der Tabelle A.)

Noch bei dem Inkrafttreten der Verfassungsurkunde vom 4. September 1831 beruhte der ländliche Grundbesitz nicht durchgängig auf freiem Eigenthume; an denselben knüpften sich vielmehr vielfach Lasten persönlicher und dinglicher Art, welche seine Nutzbarkeit um so erheblicher be-

[1] Gesetz, die Bildung von Zuchtgenossenschaften und die Körung von Zuchtbullen betr., v. 9. Mai 1886, GVB 1886 S. 106 flg.

einträchtigten, je zerstreuter überdies in nicht wenigen Gemarkungen die Grundstücke lagen, welche einem und demselben Besitzer gehörten. Dazu kam, daß einzelne Grundstücke nicht selten der Benutzung durch ganze Gemeinden unterlagen.

In ähnlicher Weise war der Gewerbebetrieb durch Zwangs-, Bann- und Verbietungsrechte in seiner freien Entwickelung vielfach gehemmt.

Für die zur Hebung des Volkswohlstandes dringend gebotene Beseitigung dieser Zustände hat der Staat erhebliche Geldopfer gebracht, indem er zu diesem Behufe auf seine Kosten theils organische Einrichtungen ins Leben rief, welche dabei vermittelnd einzugreifen hatten, theils selbst den Entschädigungen sich unterzog, welche mit der Ablösung einzelner Arten der hier fraglichen Lasten verbunden waren.

Als organische Einrichtungen in diesem Sinne kommen in Betracht die Landrentenbank sowie die Spezialkommissionen und die Generalkommission für Ablösungen und Gemeinheitstheilungen, insgesammt begründet durch das Gesetz vom 17. März 1832 (GS 1832 S. 163 flg.), welches die Ablösung der mit dem ländlichen Grundeigenthume verbundenen Dienste und Frohnen, der Abentrichtungen, welche privatrechtlich auf Grundstücken hafteten oder gewissen Personen oblagen, des Erbpacht- und Erbzinsverhältnisses sowie gewisser Arten von Dienstbarkeiten regelte, die, wie die Hutungs-, Weide- und Waldberechtigungen, die Berechtigungen zum Sand- und Lehmgraben, zum Steinbrechen, zum Gras-, Schilf- und Rasenholen, Gemeinheitsverhältnisse in sich schlossen. Von diesen drei Organen hatte die unter die Verwaltung und Garantie des Staates gestellte Landrentenbank, von welcher im nächsten Abschnitte eingehender gehandelt werden wird, die Beschaffung der erforderlichen Ablösungskapitalien zu vermitteln, während den Spezialkommissionen und der Generalkommission die Ausführung, beziehungsweise die obere Leitung und Beaufsichtigung des Ablösungs- und Theilungswerkes oblag. Durch das Gesetz über Zusammenlegung der Grundstücke vom 14. Juni 1834 (GVB 1834 S. 141 flg.) wurde die geschäftliche Wirksamkeit dieser Organe zugleich auf die Grundstückszusammenlegung ausgedehnt.

Zu den Lasten, welche unmittelbar auf Staatskosten abgelöst worden sind, gehörten namentlich gewisse persönliche Leistungen aus dem gutsherrlichen oder schutzherrlichen Verbande sowie die aus der Patrimonialgerichtsbarkeit und grundherrlichen Polizei fließenden Befugnisse, Exemtionen und Abgaben persönlicher und dinglicher Art,[1] für deren Ent-

[1] Gesetz, Nachträge zu den bisherigen Ablösungsgesetzen betr., v. 15. Mai 1851 § 8, GVB 1851 S. 131.

schädigung 565 259,42 ℳ aufgewendet wurden, der Bier- und Mahlzwang, gewisse mit dem städtischen Brauurbar verbundene Verbietungsrechte und das Bierverlagsrecht von Landbrauereien, deren Aufhebung die Summe von 808 156,04 ℳ erforderte.[1] Auch für den durch § 43 des Gewerbegesetzes vom 15. Oktober 1861 (GVB 1861 S. 197) gebotenen Wegfall der gewerblichen Verbietungsrechte, welche den Besitzern von Gewerbsanlagen oder Gemeinden oder Genossenschaften mit Ausnahme von Innungen innerhalb eines Bezirks durch giltige Privilegien ohne Vorbehalt der Wiederaufhebung oder Minderung verliehen worden waren, leistete ausschließlich der Staat Entschädigung. Außerdem gewährte er ansehnliche Beihilfen zu den den Städten obliegenden Entschädigungen für den Wegfall sonstiger gewerblicher Verbietungsrechte.[2] Die Gesammtsumme dessen, was er nach diesen beiden Richtungen hin aufwendete, beziffert sich auf 1 857 448,52 ℳ. An der Ablösung des Jagdrechts auf fremdem Grund und Boden betheiligte sich der Staat ebenfalls mit Beihilfen,[3] welche die Gesammthöhe von 1 358 169,90 ℳ erreichten. Alles in Allem sind sonach zur Ablösung persönlicher oder dinglicher Lasten verschiedener Art 4 589 034,88 ℳ vom Staate aufgewendet worden, wovon 1 857 448,52 ℳ aus den laufenden Einnahmen, 2 731 586,36 ℳ aus Beständen und Anleihen gedeckt worden sind.

Neuerdings trägt der Staat auch zu den Kosten der Zusammenlegung von Grundstücken unmittelbar insofern bei, als er die Kosten der dabei thätig werdenden Spezialkommissare und Feldmesser insoweit übernimmt, als sie nicht durch die gesetzlich bestimmten Pauschsätze, welche von den Betheiligten zu entrichten sind, gedeckt werden.[4]

Die nach erfolgter Durchführung des Ablösungs- und Theilungswerks außer Wirksamkeit getretenen Spezialkommissionen sowie die gegenwärtig noch bestehende, seit der Finanzperiode 1876/77 indessen nicht mehr eine selbstständige Behörde bildende, sondern mit der Kreishauptmannschaft

---

[1] Gesetz, die Aufhebung des Bier- und Mahlzwanges betr., v. 27. März 1838 §§ 3 flg., GVB 1838 S. 277, Gesetz, die Entschädigung für Wegfall gewisser mit dem städtischen Brauurbar verbundener Berechtigungen sowie des Bierverlagsrechts von Landbrauereien betr., v. 12. Mai 1873 §§ 1 flg., GVB 1873 S. 428, Gesetz, die Entschädigung für Wegfall des Mahlzwanges betr., v. 13. Mai 1873 § 1 flg., GVB 1873 S. 436.

[2] Gesetz, die Entschädigung für Wegfall gewisser Verbietungsrechte betr., v. 15. Oktbr. 1861 §§ 11, 12, GVB 1861 S. 219.

[3] Gesetz, das Jagdrecht auf fremdem Grund und Boden betr., v. 25. Novbr. 1858 § 2, GVB 1858 S. 323.

[4] Gesetz, die Aufbringung der Kosten bei Zusammenlegung der Grundstücke betr., v. 9. April 1888 § 1, GVB 1888 S. 108.

Dresden vereinigte Generalkommission für Ablösungen und Gemeinheitstheilungen, welche nur noch bei der Ausführung von Grundstückszusammenlegungen nach Maßgabe des an Stelle des Gesetzes vom 14. Juni 1834 getretenen Gesetzes vom 23. Juli 1861 (GVB 1861 S. 117 flg.) sowie solcher Ent- und Bewässerungsanlagen für landwirthschaftlich benutzte Grundstücke thätig wird, welche mit Hilfe von Kapitalien der Landeskultur-Rentenbank (vgl. den nächstfolgenden Abschnitt) ausgeführt werden, haben bis zum Ablaufe der Finanzperiode 1884/85 einen Gesammtzuschuß von 2 823 388 *M* erfordert.

43. Land-, Landeskultur- und Altersrentenbank.

(Vgl. Nr. 49 der Tabelle A.)

Das große Werk der Ablösungen und Gemeinheitstheilungen, wie es durch das Gesetz vom 17. März 1832 in Angriff genommen wurde, würde kaum erfolgreich durchzuführen gewesen sein, wenn nicht ein Mittel gefunden worden wäre, die erforderlichen Abfindungskapitale zu beschaffen, ohne dabei das Vermögen der Pflichtigen oder das allgemeine Staatsvermögen in Anspruch zu nehmen. Dieses Mittel bestand in der Errichtung der unter Verwaltung und Garantie des Staates gestellten Landrentenbank, welche die Bestimmung hatte, verzinsliche und einer allmäligen Tilgung im Wege der Auslosung oder des freihändigen Rückkaufs seiten der Verwaltung und der Kündigung seiten der Verpflichteten unterworfene Kreditpapiere — Landrentenbriefe — zu kreiren, um sie den Berechtigten auszuhändigen, welchen überlassen blieb, entweder die Zinsen davon als Gegenleistungen für die bisherigen Leistungen der Pflichtigen zu beziehen oder durch Veräußerung der Papiere selbst sich die erforderlichen baaren Betriebskapitale zu beschaffen.

Die Höhe der von den Pflichtigen an die Bank zu gewährenden Ablösungsrenten, deren Festsetzung den Spezialkommissionen und der denselben vorgesetzten Generalkommission für Ablösungen und Gemeinheitstheilungen oblag, ist unter Zugrundelegung eines jährlichen Zinsfußes von 4 Prozent berechnet worden, während der Zinsfuß der Landrentenbriefe nur $3^1/_3$ Prozent beträgt. Der hiernach sich ergebende Unterschied von $^2/_3$ Prozent dient zur allmäligen Tilgung der Rentenschuld dergestalt, daß nach Verlauf von $54^1/_4$ Jahren jede Rente erlischt.[1] Da die letzten Ablösungsrenten, welche der Landrentenbank überwiesen worden sind, seit dem Jahre 1859 laufen, wird sonach i. J. 1914 die gesammte Land-

---

[1] Gesetz, die Dauer der Landrenten-Entrichtung rc. betr., v. 25. Febr. 1888 § 1, GVB 1888 S. 63.

rentenbriefschuld getilgt sein, soweit nicht die Besitzer der mit Landrenten belegten Grundstücke von dem ihnen zustehenden Rechte Gebrauch machen, durch Zahlung des entsprechenden Kapitals an die Bank sich bereits vor Vollendung der planmäßigen Amortisation von ihren Renten zu befreien. In der Zeit von Eröffnung der Landrentenbank an, welche auf den 1. Januar 1834 fiel, bis zum Schlusse derselben, welcher am 31. März 1859 erfolgt ist, sind derselben überhaupt 454 716 Landrenten mit einem Rentenbetrage von jährlich 3 427 538,63 ℳ, entsprechend einem Kapitalbetrage von 85 688 465,86 ℳ, überwiesen worden. Dieser Kapitalbetrag ist den Berechtigten mit 2 102 540,86 ℳ baar und 83 585 925 ℳ in 91 558 Stück Landrentenbriefen gewährt worden. Diese Briefschuld ist aber durch allmälige Tilgung bis zum Termine Michaelis 1888 auf einen Betrag von 37 929 750 ℳ herabgemindert worden.

Seit dem 1. Januar 1859 hat die Landrentenbank in der durch Gesetz vom 6. November 1858 (GVB 1858 S. 274 flg.) begründeten, durch Gesetz vom 2. Januar 1879 (GVB 1879 S. 3 flg.) umgestalteten Altersrentenbank, welche der nämlichen Verwaltung untersteht wie die Landrentenbank und gleich dieser mit Staatsgarantie ausgestattet ist, eine Schwesteranstalt erhalten, deren Zweck darin besteht, den Theilnehmern gegen Kapitaleinlagen, die auf einmal oder allmälig zu beliebigen Zeiten (letzteren Falles bis zu 1 ℳ herab), und zwar mit Verzicht auf dieselben oder mit Vorbehalt späterer Rückzahlung, bewirkt werden können, feststehende Renten zu gewähren, welche nach Wahl des Einlegers entweder sofort nach der Einzahlung oder zu einem späteren Zeitpunkte beginnen und bis zum Lebensende des Versicherten oder nur bis zu einem vorher bestimmten Altersabschnitte laufen können. Seit der Zeit ihrer Eröffnung bis zum Schlusse des Rechnungsjahres 1888 sind der Altersrentenbank überhaupt 38 040 Einlagen im Gesammtbetrage von 15 569 880,28 ℳ zugeflossen, wofür 2 057 135,91 ℳ als Renten von ihr gewährt worden sind.

Eine zweite, in gleicher Weise wie die Altersrentenbank mit der Landrentenbank verbundene und ebenfalls unter Garantie des Staates gestellte Schwesteranstalt ist die durch Gesetz vom 26. November 1861 (GVB 1861 S. 507 flg.) begründete, am 1. Januar 1862 in Wirksamkeit getretene Landeskultur-Rentenbank, welche, nachdem ihr Wirkungskreis durch Gesetz vom 1. Juni 1872 (GVB 1872 S. 302 flg.) erweitert worden ist, die Leistung oder Zahlung solcher Geldbeträge ganz oder theilweise zu vermitteln und zu übernehmen hat, welche als antheiliges Anlagekapital zu genossenschaftlichen Wasserlaufsberichtigungen aufzubringen oder zu Ausführung von Ent- oder Bewässerungsanlagen für landwirthschaftlich benutzte Grundstücke zu verwenden oder als antheiliges Anlagekapital zur Ausführung oder zum Umbaue einer im öffentlichen Interesse nöthigen Anlage zu Entwässerung eines Ortes oder von Theilen eines Ortes oder zur ersten Herstellung einer bauplanmäßigen Straße innerhalb einer Ortschaft aufzubringen sind. In gleicher Weise wie die Landrentenbank giebt die Landeskultur-Rentenbank verzinsliche und allmäliger Tilgung unterworfene Kreditpapiere — Landeskultur-Rentenscheine — aus. Der Zinsfuß dieser Papiere beträgt zwar ebenso wie derjenige der Landrentenbriefe $3^1/_3$ Prozent; dagegen wird der Berechnung der von den Kreditnehmern an die Bank zu gewährenden Renten ein Zinssatz von $4^2/_3$ Prozent zu Grunde gelegt. Der hiernach überschießende Betrag von $1^1/_3$ Prozent wird zur Tilgung verwendet, welche sich deshalb bei den Landeskulturrenten bereits in 38 Jahren vollzieht.[1] Seit der Zeit ihres Bestehens bis zum Schlusse des Jahres 1888 hat die Landeskultur-Rentenbank an Anlagekapitalien überhaupt 12 824 193,60 *M* hinausgegeben, wovon 784 637,60 *M* auf genossenschaftliche Wasserlaufsberichtigungen, 9 039 175,20 *M* auf landwirtschaftliche Ent- und Bewässerungsanlagen und 3 000 380,80 *M* auf Orts-Entwässerungs- und Straßenanlagen entfallen.

Die Gesammtzuschüsse, welche der Staat zu den Verwaltungskosten aller drei Banken seit der Zeit ihres Bestehens geleistet hat, erreichen die Höhe von 3 533 355 *M*. Für die Kosten der Unterhaltung der Landrentenbank wird indessen der Staat zu einem guten Theile Deckung in einem freien Vermögen derselben finden, welches sich zu Folge der Tilgung von Landrentenbriefen aus freier Hand und anderer der Bank günstiger Finanzgeschäfte bis zur Höhe von 1 948 485,05 *M* angesammelt hat. Seit dem Jahre 1880 werden die Nutzungen dieses Vermögens und die außerordentlichen Zuflüsse der Landrentenbank bis zum Betrage von 100 000 *M* jährlich zur antheiligen Bestreitung des Verwaltungsaufwandes derselben und der mit ihr verbundenen beiden anderen Bankinstitute verwendet, so daß sich der Staatszuschuß für die drei Anstalten um diesen Betrag vermindert.[2] Die Garantie des Staates in der Weise, daß er für Verluste der Anstalten einzutreten gehabt hätte, ist seither noch nie in Anspruch genommen worden.

---

[1] Gesetz, die Herabsetzung des Zinsfußes bei der Landeskultur-Rentenbank betr., v. 1. Mai 1888, GVB 1888 S. 121.

[2] Vgl. Die Landrentenbank im Königreiche Sachsen. Festschrift zur Feier des 50jährigen Bestehens dieser Anstalt. Dresden 1883.

44. Hochbau.

(Vgl. Nr. 50 der Tabelle A.)

Bis zum Ablaufe der Finanzperiode 1861/63 wurden im Staatsbudget die Kosten für das gesammte Hochbauwesen unter einer gemeinschaftlichen Position dergestalt veranschlagt, daß darunter nicht blos der Aufwand für die Verwaltung des Hochbauwesens, sondern auch derjenige für die regelmäßige Unterhaltung der im Eigenthume des Staates befindlichen Gebäude inbegriffen war, soweit letztere nicht rein technischen Zwecken dienten. Seit der Finanzperiode 1864/66 werden dagegen die Kosten der baulichen Unterhaltung der Staatsgebäude soweit möglich unter dem Aufwande derjenigen Verwaltungszweige mit veranschlagt und verrechnet, deren Zwecken sie dienen, so daß seitdem im Staatsbudget unter selbstständigen Positionen (Kapiteln) Kosten für das Hochbauwesen nur noch insoweit erscheinen, als es sich um die technische und wirthschaftliche Verwaltung desselben sowie um Aufwand für die Unterhaltung von Gebäuden handelt, welche keinem bestimmten Ressort zugewiesen werden können, oder als Aufwendungen für sonstige Hochbauzwecke in Frage kommen, welche kein einzelnes Ressort betreffen, wie dies z. B. mit der Unterhaltung der Albrechtsburg in Meißen, der öffentlichen Denkmäler in Dresden und von Röhrwasserleitungen, welche nicht für einzelne Gebäude bestimmt sind, sowie mit Adjazenzbeiträgen zu Schleußenbauten ꝛc. der Fall ist, welche von Staatsgrundstücken gewährt werden müssen. Hauptsächlich aus dieser veränderten Art und Weise der Etatisirung erklärt es sich, daß der Aufwand für das Hochbauwesen seit der Finanzperiode 1864/66, bis wohin er bei einem Gesammtbedarfe von 13 414 051 ℳ durchschnittlich jährlich 447 135,03 ℳ betragen hatte, bei einem Gesammtbedarfe von 8 418 175 ℳ auf 382 644,31 ℳ durchschnittlich jährlich zurückgegangen ist. Der Aufwand für die Gesammtzeit von 1834 bis mit 1885 beziffert sich auf 21 832 226 ℳ, was einen jährlichen Durchschnitt von 419 850,50 ℳ ergiebt.

45. Straßen-, Wege-, Ufer- und Wasserbau.

(Vgl. Nr. 51 der Tabelle A.)

Der Staat als solcher ist zwar zum Baue und zur Unterhaltung öffentlicher Straßen sowie der dazu gehörigen Brücken und sonstigen Anlagen nur insoweit verpflichtet, als es sich um Heer- und Landstraßen sowie um sonstige Straßen handelt, welche den allgemeinen Verkehrsinteressen dienen,[1] während im Uebrigen der Bau und die Unterhaltung

[1] Die Gesammtlänge dieser Straßen betrug am Schlusse des Jahres 1885 3 703 107 m.

der öffentlichen Wege Sache der Gemeinden, beziehungsweise der Besitzer selbstständiger Gutsbezirke ist. Ebenso trifft den Staat eine Verbindlichkeit zur Ausführung von Ufer- und Wasserbauten an sich nur in dem Falle, wenn dieselben lediglich zum Besten der Schiffahrt gereichen, während im Uebrigen die Baupflicht den Besitzern der an den Flüssen gelegenen Grundstücke obliegt. Um indessen eine möglichst grundhafte Herstellung solcher Wege sicherzustellen, welche von Gemeinden und Privatpersonen zu bauen und zu unterhalten sind, gewährt der Staat bereits seit einer langen Reihe von Jahren zu derartigen Wegebauten Beihilfen, welche vom Jahre 1864 an, seit welchem sie im Budget und in den Rechenschaftsberichten besonders zur Ziffer gebracht werden, die Gesammthöhe von 3 586 271 *M* oder 163 012,31 *M* durchschnittlich jährlich erreicht haben. Ebenso erhalten namentlich mit Rücksicht darauf, daß die Last der Uferbauten die Adjazenten oft in einem zu dem Werthe ihrer angrenzenden Grundstücke außer Verhältniß stehenden Umfange trifft, Private seit der Finanzperiode 1882/83 in geeigneten Fällen Unterstützungen zur Ausführung von Ufer- und Wasserbauten, ohne daß es sich indessen hierbei seither um erheblichere Summen gehandelt hat, da in den beiden Finanzperioden 1882/83 und 1884/85 für diesen Zweck insgesammt nur 33 793 *M* oder 8448,25 *M* durchschnittlich jährlich verausgabt worden sind.

Auch die Berichtigung von Wasserläufen, welche die Interessen der Schiffahrt nicht berühren, wird vom Staate dadurch gefördert, daß er unter Umständen theils die Kosten der technischen Ausführung übernimmt, theils Beihilfen gewährt, im Uebrigen aber ständige und kommissarische Beamte unterhält, welche zur Mitwirkung bei der Vorbereitung und Ausführung derartiger Herstellungen berufen sind.

Die Gesammtsumme der regelmäßigen Aufwendungen des Staates für Straßen-, Wege-, Ufer- und Wasserbauten einschließlich der bedeutenden Kosten der Unterhaltung der für den Straßen- und Wasserbau bestellten Behörden und Beamten innerhalb des Zeitraums von 1834 bis mit 1885 beziffert sich auf 135 699 556 *M* oder 2 609 606,84 *M* durchschnittlich jährlich. Außerdem aber hat der Staat in dieser Zeit noch bedeutende Aufwendungen für den Straßen- und Wasserbau zu Lasten des außerordentlichen Staatsbudgets gemacht. Der Gesammtbetrag derselben beläuft sich auf 8 386 999 *M*, wovon 4 145 568 *M* allein auf Elbstromkorrektionen entfallen.

46. Brandversicherung der Staatsgebäude.

(Vgl. Nr. 52 der Tabelle A.)

In den alten Erblanden war zwar bereits seit dem Jahre 1784, in der Oberlausitz seit dem Jahre 1788 die Zwangsversicherung der vorhandenen Baulichkeiten gegen Brand eingeführt, und es war zu diesem Behufe für jeden der beiden Landestheile eine auf dem Grundsatze der Gegenseitigkeit beruhende Brandversicherungsanstalt ins Leben gerufen worden. Die landesherrlichen Gebäude blieben indessen von dem Versicherungszwange ausgenommen. Erst durch das Gesetz, die Einrichtung der alterbländischen Immobiliar-Brandversicherungsanstalt betreffend, vom 14. November 1835 (GVB 1835 S. 523 flg.) wurden auch die Staatsgebäude diesem Zwange unterworfen. Seit dem Inkrafttreten dieses Gesetzes, das i. J. 1848, in welchem die Brandversicherungsanstalt der Oberlausitz mit derjenigen der alten Erblande verschmolzen wurde, auch in der Oberlausitz zur Geltung kam, hat daher der Staat für die Brandversicherung seiner Gebäude, soweit dieselben nicht ihrer Art nach von der Versicherung überhaupt ausgeschlossen bleiben mußten, regelmäßige Jahresbeiträge zu leisten gehabt, welche sich theils nach dem katastrirten Werthe dieser Gebäude, theils nach der Höhe der Brandschäden richteten, welche die fortdauernd auf dem Grundsatze der Gegenseitigkeit beruhende, dabei aber mit den Rechten einer Staatsanstalt ausgestattete Landes-Brandversicherungsanstalt jeweilig zu vergüten hatte. Die Gesammtsumme dieser Leistungen beziffert sich für den Zeitraum von 1837 bis mit 1885 auf 3 938 153 ℳ oder im Durchschnitte auf 80 370,46 ℳ jährlich.

Die der Bemessung der Brandversicherungseinheiten, welche den Maßstab für die Höhe der Brandversicherungsbeiträge bilden, zu Grunde zu legenden Zeitwerthe der staatlichen Gebäude beliefen sich am 1. April 1886 auf 118 670 400 ℳ, wovon auf das Ressort des Gesammtministeriums 137 940 ℳ, des Justizministeriums 16 434 130 ℳ, des Finanzministeriums 70 336 020 ℳ, des Ministeriums des Innern 14 114 580 ℳ, des Ministeriums des Kultus und öffentlichen Unterrichts 9 828 840 ℳ, des Ministeriums des Königlichen Hauses 7 842 840 ℳ entfielen. Die Brandversicherungseinheiten, welche auf sämmtlichen Staatsgebäuden hafteten, betrugen zu demselben Zeitpunkte 5 325 959,50 ℳ, auf welche die Landes-Brandversicherungsanstalt an ordentlichen Beiträgen je 3 Pfennige, mithin zusammen 159 778,78 ℳ hätte erheben können, wenn bei der schon seit längerer Zeit andauernden günstigen Lage dieser Anstalt nicht eine wesentliche Herabsetzung der Beiträge möglich gewesen wäre.[1]

---

[1] Die gegenwärtig für die Gebäudeversicherung maßgebenden Grundsätze ent-

47. Kriegsheer.

(Vgl. Nr. 53 der Tabelle A.)

Als Mitglied des Deutschen Bundes hatte Sachsen anfänglich ein Truppenkontingent von 1 Prozent seiner fortdauernd zu 1 200 000 Köpfen angenommenen Bevölkerung und sonach in der Stärke von 12 000 Mann zu stellen. Durch die revidirte Kriegsverfassung des Bundes vom 4. Januar 1855 (GVB 1858 S. 156 flg.) wurde der Prozentsatz um $^2/_3$ erhöht, so daß die Stärke des Sächsischen Kriegsheeres von da an 20 000 Mann betrug. Weder in dieser noch in jener Stärke aber nahm die Armee zu ihrer Unterhaltung die Mittel des Staates besonders stark in Anspruch, was sich hauptsächlich durch den geringen Präsenzstand erklärt, welchen die Kriegsverfassung des Bundes nachließ, und der bei der Infanterie nur $^1/_6$, bei den übrigen Truppentheilen nur $^1/_3$ der Gemeinen betrug. In den Finanzperioden 1834 bis mit 1845, welche frei von kriegerischen und politischen Wirren blieben, beliefen sich die Kosten der Heeresunterhaltung auf nur 45 127 666 *M* oder 3 760 638,83 *M* durchschnittlich jährlich, und selbst in den 24 Jahren der Finanzperioden 1846/49 bis mit 1867/69, in welchen das Gegentheil der Fall, im Uebrigen aber eine erhebliche Verstärkung des Armeebestandes eingetreten war, erreichten sie bei einem Gesammtbedarfe von 146 237 943 *M* eine Höhe von nur 6 093 247,62 *M* durchschnittlich jährlich.

Nach der Errichtung des Norddeutschen Bundes schieden vom Jahre 1868 an die Kosten der Unterhaltung des Sächsischen Heeres aus dem Staatshaushalte Sachsens aus und gingen in den Haushalt des Norddeutschen Bundes, später des Deutschen Reichs über. Abgesehen von Restzahlungen für die Armee, wie sie in den Jahren 1868—1871 noch vorkamen, traten daher seit dem Jahre 1868 Ausgaben für die Heereseinrichtungen im Staatshaushalte Sachsens nur insoweit noch auf, als es sich um Angelegenheiten handelte, in welchen die Kosten aus Militärkassen nicht übertragbar sind. Hierher gehören insbesondere der Aufwand für die im Interesse der Heeresergänzung thätigen Zivilkommissare der Ersatzkommissionen und der Oberersatzkommission sowie der Kommissionen für Prüfung der einjährig Freiwilligen, die Kosten, welche bei den Amtshauptmannschaften in Folge Würderung der durch Truppenübungen entstandenen Flurschäden erwachsen, und die den Zivilkommissaren der Er-

hält das Gesetz über die Landes-Immobiliar-Brandversicherungsanstalt vom 15. Oktbr. 1868 in der auf das Abänderungsgesetz vom 13. Oktober 1886 sich gründenden Neuredaktion, welche unter dem 15. Oktober 1886 veröffentlicht worden ist (GVB 1886 S. 240 flg.).

satzkommissionen zu gewährenden Entschädigungen für die zeitweise von ihnen vorzunehmenden Vormusterungen von Pferden. Die Leistungen im Interesse des Heeres, welche demzufolge der Staatskasse noch obliegen, fallen zwar nicht sehr ins Gewicht, sind aber immerhin nicht ganz unerheblich, da sie in den Jahren 1872 bis mit 1885 zusammen 481 239 *M*, mithin 34 374 *M* durchschnittlich jährlich betragen haben.

Die regelmäßigen Gesammtausgaben der Staatskasse für das Kriegsheer haben innerhalb des Zeitraumes von 1834 bis mit 1885 die Höhe von 192 298 465 *M* erreicht, wozu noch 7 011 691 *M* an Aufwendungen zu Lasten des außerordentlichen Staatsbudgets kommen, so daß also eine Gesammtleistung von 199 310 156 *M* in Frage steht.

Außerdem hat der Staat seit der Finanzperiode 1874/75 wieder regelmäßige Leistungen zu Gunsten seines Armeekorps insofern übernommen, als er gewissen Militärpersonen aus dem Kriege vor 1870 und den Hinterlassenen von solchen zur Gleichstellung mit denjenigen Militärpersonen und deren Hinterlassenen, welche Pensionen aus der Reichskasse beziehen, entsprechende Pensionszulagen gewährt (vgl. S. 234).

Auch hat er in den Finanzperioden 1872/73 bis 1878/79 außerordentliche Aufwendungen in der Gesammthöhe von 21 022 373 *M* zur Herstellung neuer Militärgebäude für die Dresdner Garnison gemacht. Als Gegenwerth erhielt er indessen dafür vom Reiche die alten Militärgebäude wieder überwiesen, welche mit der Uebernahme der Kosten der Heeresverwaltung auf den Norddeutschen Bund in das Eigenthum des Bundes und nachmals des Deutschen Reichs übergegangen waren, und durch deren beabsichtigte, wennschon zur Zeit noch nicht erfolgte Verwerthung voraussichtlich wenigstens der größere Theil der Kosten jener Neubauten Deckung finden wird.

Außerdem erfolgen noch regelmäßige Aufwendungen im Interesse des Kgl. Sächsischen Armeekorps aus drei staatlichen Fonds, von welchen der erste der Erziehung von Soldatenkindern gewidmet ist (Bestand Ende 1885 64 350 *M*), der zweite zur Unterstützung hilfsbedürftiger Hinterlassener von Unteroffizieren und Soldaten dient (Bestand Ende 1885 60 088,90 *M*), der dritte zur Gewährung von Dienstalterszulagen an Unteroffiziere bestimmt ist. Aus letzterem Fonds, welcher Ende 1885 einen Bestand von 2 054 634,39 *M* hatte, erhielten zu derselben Zeit Dienstalterszulagen 6 Mann in Höhe von 6 *M*, 6 Mann in Höhe von 3 *M* monatlich, 782 Mann in Höhe von je 300 *M* auf 3 Jahre.

48. Auswärtige Vertretung Sachsens.

(Vgl. Nr. 54 der Tabelle A.)

Als die Verfassungsurkunde vom 4. September 1831 in Wirksamkeit trat, unterhielt Sachsen 10 Gesandtschaften und sonstige auswärtige diplomatische Vertretungen, und zwar bei dem Deutschen Bundestage in Frankfurt a/M., bei den Höfen von Wien, Berlin, München, Stuttgart, Paris, St. Petersburg, London und Kopenhagen mit Stockholm sowie bei dem päpstlichen Stuhle in Rom. Dazu kamen 19 konsularische Vertretungen, wovon 3 innerhalb des Deutschen Bundesgebietes, 16 außerhalb desselben ihren Sitz hatten.

Von den diplomatischen Vertretungen wurden zwar im Laufe der Zeit einige aufgehoben; theils wurden aber dafür neue Vertretungen begründet, theils die bereits bestehenden auf eine Mehrzahl von Höfen ausgedehnt. Im Jahre 1866 bestanden daher noch Gesandtschaften bei dem Bundestage in Frankfurt a./M. (zugleich für die Höfe von Karlsruhe, Kassel und Darmstadt), bei den Höfen von Wien, Berlin (zugleich für den Hof von Hannover), München (zugleich für den Hof von Stuttgart), Weimar (zugleich für die Höfe von Altenburg, Koburg, Meiningen, Gera, Greiz, Rudolstadt und Sondershausen), Paris (zugleich für den Hof von Turin), London (zugleich für den Hof von Lissabon), Brüssel (zugleich für den Hof im Haag) und St. Petersburg sowie bei dem päpstlichen Stuhle in Rom.

Die Zahl der konsularischen Vertretungen Sachsens war bis zum Jahre 1866 auf 70 gestiegen, wovon 13 im Deutschen Bundesgebiete, die übrigen außerhalb desselben ihren Sitz hatten.

Nach der Errichtung des Norddeutschen Bundes, beziehungsweise des Deutschen Reichs wurden im Hinblick auf die vom Bunde, beziehungsweise vom Reiche an den außerdeutschen Höfen beglaubigten diplomatischen Vertretungen, welche auch die Interessen der einzelnen Bundesstaaten zu wahren berufen waren und noch berufen sind, nach und nach die Sächsischen Gesandtschaften bis auf diejenigen an den Höfen von Berlin, München (zugleich für die Höfe von Stuttgart, Karlsruhe und Darmstadt), Weimar (zugleich für die Höfe von Altenburg, Gotha, Meiningen, Gera, Greiz, Rudolstadt und Sondershausen) und Wien allmälig aufgehoben. Von den Konsulaten aber blieben mit Rücksicht darauf, daß die Bestellung von Konsuln außerhalb des Gebietes des Norddeutschen Bundes, beziehungsweise des Deutschen Reichs Sache des Bundes war, beziehungsweise Sache des Reichs ist, nur noch 8 bestehen, welche ihren Sitz in Orten des Deutschen Reichsgebiets haben. Dagegen ist eine neue auswärtige Vertretung Sachsens in derjenigen zugewachsen, welche es bei dem Bundesrathe zunächst des Norddeutschen Bundes, nachmals des Deutschen Reichs unterhalten hat, beziehungsweise noch unterhält.

Schon in der Finanzperiode 1867/69 fingen daher die Kosten der auswärtigen Vertretung Sachsens, welche bis dahin durchschnittlich jährlich 245 336,57 *M* betragen hatten, zurückzugehen an, indem sich der jährliche Durchschnitt in dieser Finanzperiode auf nur noch 179 389 *M* stellte. Noch viel erheblicher aber war der Rückgang, welcher seit der Finanzperiode 1870/71 eintrat, indem von da an bis zum Schlusse des Jahres 1885 der jährliche Durchschnitt bis auf 109 776,37 *M* herabgesunken ist.

Der Gesammtaufwand für die auswärtige Vertretung Sachsens in dem Zeitraume von 1834 bis mit 1885 beziffert sich auf 9 390 696 *M* oder auf 180 590,30 *M* durchschnittlich jährlich, wozu noch 904 522 *M* für ein Gebäude kommen, welches in der Finanzperiode 1884/85 für die Gesandtschaft in Berlin und die Bevollmächtigten zum Bundesrathe zu Lasten des außerordentlichen Staatshaushalts-Etats erworben worden ist.

49. Wartegelder und Pensionen.

(Vgl. Nr. 55 der Tabelle A.)

Unter **Wartegeldern** versteht die Gesetzgebung Sachsens die Bezüge derjenigen Beamten, welche **zeitweise** in Ruhestand versetzt (quieszirt) sind, im Gegensatze zu **Pensionen**, worunter die Bezüge der **dauernd** in Ruhestand versetzten Beamten und der Hinterlassenen von Beamten verstanden werden.

So lange die Kosten der Sächsischen Armee aus der Staatskasse bestritten wurden, kam letztere in die Lage, Wartegelder und Pensionen nicht nur an Zivilbeamte und unter gewissen Voraussetzungen an Hofbeamte, sondern auch an Militärpersonen und, was Pensionen anlangt, auch an die Wittwen und Waisen von Zivilbeamten und Militärpersonen gewähren zu müssen. Als in dieser Beziehung für ihre Person, beziehungsweise für ihre Hinterlassenen berechtigte Zivilbeamte kommen aber nur solche in Betracht, welchen die Eigenschaft von **Staatsdienern** im Sinne des Gesetzes, die Verhältnisse der Zivilstaatsdiener betreffend, vom 7. März 1835 (GVB 1835 S. 169 flg.) entweder kraft eines Spezialgesetzes zusteht, wie dies beispielsweise richterlichen Beamten gegenüber zutrifft, oder bei der Anstellung ausdrücklich verliehen ist. Das Wesen des Staatsdienstes in diesem Sinne besteht hauptsächlich darin, daß er denjenigen, welche ihm angehören, der Regel nach ohne Entschädigung nicht entzogen werden kann, während diejenigen Beamten, welche der

Eigenschaft als Staatsdiener in diesem Sinne entbehren, wie dies zur Zeit insbesondere bei der großen Mehrzahl der im Betriebe der Staatseisenbahnen beschäftigten Beamten der Fall ist, zu jeder Zeit im Wege der Kündigung aus dem Dienste entlassen werden können, ohne daß ihnen oder für den Fall ihres Ablebens ihren Wittwen und Waisen dem Staate gegenüber ein gesetzlich begründeter Anspruch auf Versorgung zusteht. Von den Hofbeamten als solchen haben dem Staate gegenüber Anspruch auf den Bezug von Wartegeld und für ihre Person von Pension nach den für die Zivilstaatsdiener giltigen Bestimmungen nur diejenigen, welche einem Hofstaate angehören, der von einem Könige oder einer Königin-Wittwe oder von apanagirten Prinzen und Prinzessinnen hinterlassen worden oder sonst nach Maßgabe der hausgesetzlichen Bestimmungen zur Erledigung gekommen ist.

Die Höhe der Wartegelder war bei Staatsministern auf $^3/_5$, bei den übrigen Beamten, und zwar sowohl des Zivil- als des Militärstandes, auf $^7/_{10}$ des zum Bezuge einer Pension berechtigenden Diensteinkommens festgesetzt, vorausgesetzt daß der in Wartegeld zu versetzende Beamte nicht bereits Anspruch auf eine diesen Betrag übersteigende Pension hatte, in welchem Falle das Wartegeld bis zu diesem Betrage erhöht werden mußte. Diese Festsetzungen gelten auch gegenwärtig noch als Regel, von der eine Ausnahme nur zu Gunsten der richterlichen Beamten in dem Falle stattfindet, wenn dieselben in Folge von Organisationsveränderungen zeitweise in Ruhestand versetzt werden müssen, indem dies nach § 8 Abs. 3 des Gerichtsverfassungsgesetzes vom 27. Januar 1877 nur gegen Gewährung des vollen Gehaltes erfolgen darf.

Offiziere konnten nach § 16 des Gesetzes über die Pensionen der Kgl. Sächs. Militärpersonen und deren Hinterlassenen vom 17. Dezember 1837 (GVB 1838 S. 2 flg.) nach dem Gutbefinden des Königs zu jeder Zeit in Wartegeld versetzt werden. Bei den Zivilbeamten kann es von jeher nur unter ganz bestimmten, gesetzlich geregelten Voraussetzungen geschehen. Versetzungen in Wartegeld sind deshalb im Bereiche der Zivilbeamten niemals in erheblicherem Umfange, ja zumeist nur im eigenen Interesse der betheiligten Beamten in dem Falle vorgekommen, wenn dieselben längere Zeit erkrankt waren, ohne daß die Hoffnung auf Wiedergenesung als ausgeschlossen zu gelten hatte.

In Bezug auf die Gewährung von Pensionen hat sowohl den Zivilstaatsdienern als den Offizieren und den Militärärzten mit Offiziersrang gegenüber stets als Grundsatz gegolten, daß eine Berechtigung hierauf der Regel nach nur erst nach erfülltem 10. Dienstjahre eintritt. Dagegen ist die Höhe der Pensionssätze mehrfachem Wechsel unterworfen gewesen. Nach dem Zivilstaatsdienergesetze vom 7. März 1835 sowohl als nach dem Militärpensionsgesetze vom 17. Dezember 1837 betrug der niedrigste Pensionssatz $^{8}/_{24}$ des der Pensionsberechnung zu Grunde zu legenden Diensteinkommens, während der Höchstsatz, welcher nach vollendetem 50. Dienstjahre eintrat, dem vollen Diensteinkommen gleich war, mit der Maßgabe jedoch, daß keine Pension über 3000 Thaler betragen durfte. Innerhalb dieser Grenze waren unter Umständen Erhöhungen der regelmäßigen Pensionssätze bis um $^{2}/_{24}$ des früheren Diensteinkommens statthaft, vorausgesetzt daß letzteres dadurch nicht überschritten wurde. Für Zivilstaatsdiener wurde durch Gesetz vom 24. April 1851 (GVB 1851 S. 103 fl.), für Offiziere und Militärärzte mit Offiziersrang durch Gesetz vom 24. März 1852 (GVB 1852 S. 54 flg.) einerseits der regelmäßige Mindestsatz auf $^{3}/_{10}$ des Diensteinkommens erhöht, andererseits der regelmäßige Höchstsatz, welchen indessen beide Gesetze bereits nach vollendetem 44. Dienstjahre eintreten ließen, auf $^{8}/_{10}$ herabgesetzt, wobei Einkommenbeträge über 6000 ℳ nur zur Hälfte in Ansatz zu kommen hatten und eine höhere Pension als 6000 ℳ überhaupt nicht gewährt werden durfte. Erhöhungen der regelmäßigen Pensionssätze ließ dieses Gesetz zwar bis zu $^{8}/_{100}$ des Diensteinkommens, aber nur bei Pensionen unter 1500 ℳ zu. Durch Gesetz vom 3. Juni 1876 (GVB 1876 S. 239 flg.), welches noch gegenwärtig gilt, wurde die Vollendung des 39. Dienstjahres als derjenige Zeitpunkt festgesetzt, zu welchem Zivilstaatsdiener in den Genuß des höchsten Pensionssatzes eintreten, indem gleichzeitig die zum unbedingten Anspruche auf Ueberführung in den Pensionsstand berechtigende Altersgrenze vom vollendeten 70. Lebensjahre, wie sie durch das Gesetz vom 7. März 1835 eingeführt worden war, auf das vollendete 65. Lebensjahr verlegt wurde. Mit Rücksicht hierauf wurde eine veränderte Progressionsskala eingeführt, vermöge deren die innerhalb des regelmäßigen Mindestsatzes von $^{3}/_{10}$, welcher bis zum vollendeten 14. Dienstjahre gilt, und des regelmäßigen Höchstsatzes von $^{8}/_{10}$ sich bewegenden Zwischensätze um je $^{1}/_{100}$ für das 15. und 16., je $^{2}/_{100}$ für das 17. bis mit 24., je $^{3}/_{100}$ für das 25. bis mit 31., je $^{2}/_{100}$ für das 32. bis mit 34., je $^{1}/_{100}$ für das 35. bis mit 39. Dienstjahr sich erhöhen. Außerdem erweiterte dieses Gesetz die Grenze, nach deren Ueberschreitung ein Diensteinkommen bei der Pensionsberechnung nur zur Hälfte in Ansatz zu kommen hat, auf den Satz von 12 000 ℳ, ließ Pensionserhöhungen, und zwar ebenfalls bis zum Höchstsatze von $^{8}/_{100}$ des Diensteinkommens, bei im Dienste erlittenen Unfällen ohne Rücksicht auf die Höhe der Pension, in Fällen dringenden Bedürfnisses aber bei Pensionen zu, welche den Betrag von 2000 ℳ nicht überschreiten.

Im Militärstande hatten außer den Offizieren und Militärärzten mit Offiziersrang auch die Unteroffiziere und Mannschaften und die diesen im Range gleich stehenden Armeebeamten Anspruch auf Militärpension, dafern sie 35 Jahre gedient hatten oder im Dienste oder in Folge desselben dergestalt invalid geworden waren, daß ihre Erwerbsfähigkeit als mehr oder weniger beschränkt zu gelten hatte. Die Pensionssätze schwankten in ihren regelmäßigen Mindest- und Höchstsätzen zwischen $4^1/_2$ und 24 ℳ monatlich. Doch traten unter Umständen noch Zulagen und Erhöhungen von 3—9 ℳ monatlich hinzu. Durch Gesetz vom 24. März 1852 wurden die regelmäßigen Mindestsätze auf 6, die regelmäßigen Höchstsätze auf 36 ℳ monatlich erhöht.

Auch die den Wittwen und Waisen der Zivilstaatsdiener zu gewährenden Pensionen sind in ihren Sätzen nicht gleich geblieben. Das Gesetz vom 7. März 1835, welches insoweit auch auf die Wittwen und Waisen von Offizieren und Militärärzten mit Offiziersrang Anwendung fand, setzte die Pension für eine Wittwe auf $^1/_8$ des von ihrem verstorbenen Ehemann im Dienste zuletzt bezogenen Einkommens, für Halbwaisen auf $^1/_5$, für Ganzwaisen auf $^3/_{10}$ der Wittwenpension dergestalt fest, daß als niedrigster Satz der Pension einer Wittwe 12 Thaler, einer Halbwaise 6 Thaler, einer Ganzwaise 9 Thaler jährlich gewährt werden mußten. Durch Gesetz vom 9. April 1872 (GVB 1872 S. 91 flg.) wurde die Wittwenpension auf $^1/_5$ des von dem verstorbenen Ehemanne zuletzt bezogenen Diensteinkommens und der niedrigste Satz derselben auf 60 ℳ jährlich erhöht; ebenso erfuhren durch dasselbe die Mindestsätze der Pensionen für Waisen Erhöhung, und zwar für Halbwaisen auf 30 ℳ, für Ganzwaisen auf 45 ℳ jährlich. Diese Sätze wurden zugleich auf die Pensionen der Wittwen und Waisen derjenigen Staatsdiener ausgedehnt, welche bereits vor dem Inkrafttreten des Gesetzes vom 9. April 1872 gestorben waren.

Wittwen und Waisen von Unteroffizieren und Mannschaften der Armee hatten nur in dem Falle, wenn ihre Männer oder Väter vor dem Feinde geblieben oder im Laufe eines Feldzugs oder in Folge eines solchen gestorben waren, Anspruch auf fortlaufende Unterstützung, welche bei Wittwen 3 ℳ, bei Waisen 2 ℳ monatlich betrug, bis sie durch Gesetz vom 24. März 1852 für Wittwen von Unteroffizieren auf 6 ℳ, für Waisen allgemein auf 3 ℳ erhöht wurde.

Zufolge Gesetzes vom 15. Februar 1867 (GVB 1867 S. 17 flg.) wurden die Pensionen solcher Militärpersonen, welche im Kriege invalid oder vor dem Feinde verwundet und dadurch zur Fortsetzung des Dienstes unfähig geworden oder vor dem Feinde oder unmittelbar im Dienste verstümmelt worden oder erblindet waren, die Pensionen der Wittwen derselben sowie die Unterstützungen der Wittwen von Unteroffizieren und Mannschaften, welche im Dienste geblieben oder erwiesenermaßen in unmittelbarer Folge des Dienstes verstorben waren, wesentlich erhöht. Indessen kamen die Wirkungen dieses Gesetzes im Staatshaushalte Sachsens nur ganz vorübergehend zur Geltung, da mit der seit dem Jahre 1868 erfolgten Uebernahme der Unterhaltungskosten der Sächsischen Armee (des XII. Armeekorps) auf den Haushalt des Norddeutschen Bundes auch die bis dahin bestandenen Verpflichtungen der Sächsischen Staatskasse auf Gewährung von Pensionen an Militärpersonen und Hinterlassene von solchen auf den Norddeutschen Bund und von diesem nachmals auf das Deutsche Reich übergingen.

Seit der Finanzperiode 1874/75 sind aber Pensionen an Militärpersonen der Sächsischen Armee und an Hinterlassene von solchen im Sächsischen Staatshaushalte insofern wieder aufgetreten, als zufolge Gesetzes vom 24. Januar 1874 (GVB 1874 S. 6 flg.) Militärpersonen, welche vor dem Kriege 1870 nachweislich durch Dienstbeschädigung, sei es im Kriege oder im Frieden, verstümmelt oder erblindet oder sonst einer Verstümmelung gleich schwer und unheilbar beschädigt oder doch, ohne daß eine dieser Voraussetzungen ihnen gegenüber zutrifft, vor dem Kriege 1870 nachweislich durch Krieg invalid geworden sind, den hinterlassenen Wittwen und Kindern von solchen Militärpersonen, welche vor dem Jahre 1870 im Kriege geblieben oder an den erlittenen Verwundungen während des Kriegs oder später verstorben sind, den hinterlassenen Wittwen und Kindern von Militärpersonen, welche vor dem Jahre 1870 im Laufe eines Kriegs erkrankt oder beschädigt und in Folge dessen vor Ablauf eines Jahres nach dem Friedensschlusse verstorben sind, endlich den Frauen und Kindern von solchen in den Feldzügen der Jahre vor 1870 vermißten Militärpersonen, deren Ableben zwar nicht vollständig nachgewiesen, wohl aber nach dem Ergebnisse der darüber angestellten Erörterungen mit hoher Wahrscheinlichkeit anzunehmen ist, aus der Sächsischen Staatskasse so viel zuzulegen ist, beziehungsweise zugelegt werden kann, daß dieselben hinsichtlich der Gewährung von Pensionen, Pensionserhöhungen, Pensions- und Verstümmelungszulagen, besonderen Beihilfen und Bewilligungen denjenigen Militärpersonen und deren Familien gleich stehen, welche nach Maßgabe des Reichsgesetzes vom 27. Juni 1871 pensionirt, beziehungsweise unterstützt werden. Die Gesammtsumme dessen, was auf diese Weise vom Sächsischen Staate innerhalb der Jahre 1874 bis mit 1885 für Militärpersonen und deren Angehörige aufgewendet worden ist, beziffert sich auf 635 573,98 *M* oder 52 964,41 *M* durchschnittlich jährlich, wobei die Leistungen seit 1880 von Jahr zu Jahr dergestalt zurückgegangen sind, daß der durchschnittlichen Höchstleistung von 66 000 ℳ in der Finanzperiode 1878/79 eine Durchschnittsleistung von nur noch 39 345,50 ℳ in der Finanzperiode 1884/85 gegenübersteht.

Zufolge Gesetzes vom 15. Juni 1874 (GVB 1874 S. 69 flg.) erfolgte mit Rücksicht auf eine in diesem Jahre eingetretene allgemeine Erhöhung der Beamtengehalte auch eine allgemeine Erhöhung der zu jener Zeit bestehenden Wartegelder und Pensionen der Zivilstaatsdiener und der Wittwen und Waisen von solchen.

Zur Erleichterung der vom Staate für die Wittwen und Waisen von Staatsdienern übernommenen Pensionslast hat das Gesetz vom 7. März 1835 sowohl die aktiven als die in Wartegeld stehenden Staatsdiener, und zwar auch dann, wenn sie unverheirathet oder kinderlos sind, sowie die pensionirten Staatsdiener, so lange sie pensionsfähige Frauen oder Kinder haben oder nicht auf die Pensionen für ihre Hinterlassenen verzichten, zu jährlichen Beitragsleistungen verpflichtet, welche bei Gehalten, Wartegeldern und Pensionen von nicht mehr als 3000 ℳ 1 Prozent, von mehr als 3000, aber nicht über 6000 ℳ $1^1/_2$ Prozent, von mehr als 6000 ℳ 2 Prozent betragen. Außerdem hatte zufolge dieses Gesetzes von jedem Gehalte und jeder Gehaltserhöhung ein einmonatlicher Abzug zu Gunsten des Staatspensionsfonds stattzufinden. Diese Abzüge wurden indessen durch das Gesetz vom 9. April 1872 in Wegfall gebracht, so daß seitdem nur noch Jahresbeiträge zum Staatpensionsfonds zu leisten sind, deren Beseitigung aber lediglich eine Frage der Zeit ist, nachdem Preußen und das Deutsche Reich ebenfalls mit dem Wegfall derartiger Leistungen vorgegangen sind. Nach der jetzigen Zahl der mit Staatsdienereigenschaft versehenen Beamten und der Gesammthöhe der auf sie entfallenden Besoldungen würde sich dadurch die Leistung des Staates für die Wittwen und Waisen derselben um etwa 230 000 ℳ jährlich erhöhen.

Die vielfachen Umgestaltungen, welche hiernach das Pensionswesen theils durch die Gesetzgebung, theils durch politische Veränderungen im Laufe der Zeit erfahren hat, spiegeln sich auch in den Schwankungen wieder, welche die hierauf bezüglichen Ausgaben aufweisen, und welche besonders stark in den Finanzperioden 1849/51 (5 327 058 ℳ gegen 4 326 837 ℳ in der Finanzperiode 1846/48), 1867/69 (3 917 352 ℳ gegen 4 921 128 ℳ in der Finanzperiode 1864/66), 1874/75 (3 984 360 ℳ gegen 2 958 219 ℳ in der Finanzperiode 1872/73) und in den Finanzperioden von 1876/77 an (4 633 062 ℳ bis 6 297 904 ℳ gegen 3 984 360 ℳ in der Finanzperiode 1874/75) hervortreten.

Die Gesammtsumme, welche der Staat für Wartegelder, Pensionen und fortlaufende Unterstützungen an Zivilstaatsdiener — einschließlich der außerordentlichen Zuwendungen an solche, welche im Wege der Disziplinarbestrafung aus dem Dienste entlassen worden und daher an sich des Anspruchs auf Pension für sich und ihre Angehörigen verlustig gegangen sind, und an die Hinterlassenen derselben — sowie an Hofbeamte und Militärpersonen, ingleichen an Wittwen und Waisen von solchen vom Jahre 1834 an, für welches noch ältere landesherrliche Bestimmungen maßgebend waren, bis zum Schlusse des Jahres 1885 verausgabt hat, beziffert sich abzüglich der von den betheiligten Beamten geleisteten Pensionsbeiträge auf 94 567 929 *M* oder 1 818 614 *M* durchschnittlich jährlich.

Außerdem aber hat der Staat erhebliche Beiträge an solche nicht staatliche Kassen geleistet, welche Beamte ohne Staatsdienereigenschaft für Pensions- und Unterstützungszwecke unter sich begründet haben. Allein für die der Staatsdienereigenschaft entbehrenden Beamten der Staatseisenbahnverwaltung sind beispielsweise in den Finanzperioden 1882/83 und 1884/85, für welche die Rechenschaftsberichte insoweit zum ersten Male spezialisirte Nachweisungen enthalten, Pensionskassenbeiträge in der Gesammthöhe von 1 436 581,10 *M* oder 359 145,27 *M* durchschnittlich jährlich aus den Betriebseinkünften der Staatseisenbahnen gewährt worden.

50. Leistungen an den ehemaligen Deutschen Bund, den ehemaligen Norddeutschen Bund und das Deutsche Reich.

(Vgl. Nr. 56 der Tabelle A.)

Als Mitglied des ehemaligen Deutschen Bundes hatte Sachsen wie jedes andere Bundesglied Geldbeiträge theils zur Bestreitung der Kanzleibedürfnisse des Bundes, theils für die sonstigen Bedürfnisse desselben, einschließlich derjenigen für Kriegszwecke, zu leisten. Zu den Kanzleibedürfnissen hatte es jedesmal, so oft es die Bundesversammlung für nöthig erklärte, 2000 fl. im 24-Guldenfuße beizusteuern. Zu den sonstigen Bedürfnissen hatte es nach dem Maßstabe seiner Bevölkerung beizutragen, wie solche durch eine von Bundeswegen aufgestellte Matrikel festgesetzt war. Für die Bedürfnisse des Bundes im Friedensstande wurden diese Beiträge, welche Matrikularbeiträge oder Matrikularumlagen genannt wurden, für die Gesammtheit aller Bundesstaaten jedesmal in Höhe von 30 000 fl., wovon auf Sachsen bei Annahme einer Bevölkerungszahl von 1 200 000 Köpfen 1193 fl. 28 kr. entfielen, dergestalt bewilligt, daß, so oft diese Summe erschöpft war, Neubewilligungen erfolgen mußten.

Für außerordentliche Leistungen zu Bundeszwecken erfolgten außerordentliche matrikularmäßige Ausschreibungen nach Maßgabe des Bedürfnisses.

Die regelmäßigen baaren Geldleistungen Sachsens an den Deutschen Bund haben in dem Zeitraume von 1834 bis mit 1866 die Gesammthöhe von 4 339 715 ℳ oder durchschnittlich jährlich 131 506,51 ℳ erreicht. Außerdem aber hat Sachsen 741 576 ℳ zum Baue der Bundesfestungen Ulm und Rastatt und 679 539 ℳ zur Begründung einer Deutschen Marine beitragen müssen, welche Aufwendungen auf das außerordentliche Staatsbudget übernommen worden sind.

Auch die Verfassungen des Norddeutschen Bundes und des Deutschen Reichs haben das System der Matrikularbeiträge in sich aufgenommen, dergestalt jedoch, daß dieselben nur eine subsidiäre Einnahmequelle bilden, indem zur Bestreitung aller gemeinschaftlichen Ausgaben außer etwaigen Ueberschüssen der Vorjahre in erster Linie die eigenen Einnahmen des Bundes, beziehungsweise des Reichs an Zöllen, den gemeinschaftlichen Verbrauchssteuern, den Reichssteuern sowie dem Post- und Telegraphenbetriebe gedient haben und noch dienen. Gleichwohl haben die von Sachsen an den Norddeutschen Bund, beziehungsweise an das Deutsche Reich mit einem Gesammtbetrage von 86 080 729 ℳ oder 4 782 262,72 ℳ durchschnittlich jährlich in den Jahren 1868 bis mit 1885 abgeführten Matrikularbeiträge eine Höhe erreicht, mit welcher die Leistungen an den ehemaligen Bund nicht im entferntesten in Vergleichung gebracht werden können. Seit der Finanzperiode 1880/81 bis zum Schlusse der Finanzperiode 1884/85 sind indessen der Staatskasse in Gestalt von Ueberweisungen aus den Erträgnissen der Zölle, der Tabacksteuer und der Reichsstempelabgaben im Ganzen 30 982 542,51 ℳ und sonach eine Summe wieder zugeflossen, welche die in demselben Zeitraume mit insgesammt 31 013 470 ℳ gezahlten Matrikularbeiträge nahezu erreicht. Rechnet man jene 30 982 542,51 ℳ von der Gesammtleistung an Matrikularbeiträgen in den Jahren 1868 bis mit 1885 ab, so erübrigt eine wirkliche Leistung von nur noch 55 098 186,49 ℳ oder von 3 061 010,36 ℳ durchschnittlich jährlich.

51. Sonstige Ausgaben der laufenden Verwaltung.

(Vgl. Nr. 57 der Tabelle A.)

Zu den sonstigen Ausgaben der laufenden Verwaltung gehören insbesondere die Aufwendungen zur Ablösung von Lasten, welche auf dem nicht zum Domänengute (vgl. S. 65) gehörigen Theile des Staatsgrundbesitzes ruhen oder sonst dem Staate obliegen (StHE 1888/89 Kap. 28), die Kosten der Vertretung des Staatsfiskus in Rechtsstreitigkeiten (StHE 1888/89 Kap. 85), die Unterstützung von im Dienste verunglückten Mitgliedern der Feuerwehren sowie von Hinterlassenen derselben und die Beihilfen behufs der Errichtung und Unterhaltung der Feuerwehren (StHE 1888/89 Kap. 64),[1] die Ausgaben in Grenzregulirungsangelegenheiten (StHE 1888/89 Kap. 66) und wegen Beurkundung des Personenstandes und der Eheschließung (StHE 1888/89 Kap. 67), die Kosten der Unterhaltung des zum Domänengute gehörigen Großen Gartens in Dresden (StHE 1888/89 Kap. 75), der Aufwand für meteorologische Beobachtungen einschließlich des zu diesem Zwecke bestehenden meteorologischen Instituts (StHE 1888/89 Kap. 47), endlich die Zuwendungen an den verfassungsmäßig in den Staatshaushalts-Etat einzustellenden Reservefonds (StHE 1888/89 Kap. 111), wozu seit der Finanzperiode 1886/87 noch Dotationen gekommen sind, welche die Schulgemeinden insofern erhalten haben, als ihnen die Hälfte der staatlichen Grundsteuer überwiesen worden ist (vgl. S. 203).

Die Ausgaben der hier fraglichen Art haben sich in dem Zeitraume von 1834 bis mit 1885 auf insgesammt 13 741 081 *M* oder 264 251,55 *M* durchschnittlich jährlich belaufen, wobei innerhalb der einzelnen Finanzperioden Schwankungen in der Weise vorgekommen sind, daß einer Mindestleistung von rund 66 461 *M* durchschnittlich jährlich in der Finanzperiode 1867/69 eine Höchstleistung von 1 022 418 *M* durchschnittlich jährlich in der Finanzperiode 1861/63 gegenübersteht und auch in den Finanzperioden 1864/66 und 1870/71 Leistungen in Höhe von 731 130 *M*, beziehungsweise von 740 505 *M* durchschnittlich jährlich vorgekommen sind. Diese Schwankungen erklären sich hauptsächlich durch außergewöhnliche Aufwendungen für Ablösungszwecke und durch besonders starke Inanspruchnahme des Reservefonds, der sonst zeitweise überhaupt unangerührt bleibt.

Wie die Gesammtleistung auf die einzelnen dabei in Betracht kommenden Zwecke und Einrichtungen sich vertheilt, dafür möge ein ungefähres Anhalten die Angabe bieten, daß beispielsweise in der Finanzperiode 1884/85 verausgabt wurden für

die Ablösung der dem Domänenetat nicht angehörigen Lasten ꝛc. 4890,02 *M* oder durchschnittlich jährlich 2445,01 *M*,

die Vertretung des Staatsfiskus in Rechtsstreitigkeiten 8059,62 *M* oder durchschnittlich jährlich 4029,81 *M*,

Unterstützungen an verunglückte Mitglieder von Feuerwehren ꝛc. 60 000 *M* oder durchschnittlich jährlich 30 000 *M*,

---

[1] Vgl. Regulativ, den Feuerwehrfonds betr., v. 19. April 1873, GVB 1873 S. 417 flg.

Grenzregulirungsangelegenheiten 15 350 *M* oder durchschnittlich jährlich 7675 *M*,

Beurkundung des Personenstandes und der Eheschließung (durch unentgeltliche Lieferung von Registern und Formularen an die Standesämter[1]) 15 602,10 *M* oder durchschnittlich jährlich 7801,05 *M*,

den Großen Garten in Dresden 46 615,33 *M* oder durchschnittlich jährlich 23 307,66 *M*,

meteorologische Beobachtungen und das Meteorologische Institut 64 766,76 *M* oder durchschnittlich jährlich 32 383,38 *M*,

während eine Inanspruchnahme des mit 888 708 *M* für diese Finanzperiode im Staatshaushalts-Etat eingestellten Reservefonds nicht stattgefunden hat.

52. Einmalige außerordentliche Ausgaben zu Bau und Ausrüstung von Eisenbahnen.

(Vgl. Nr. 58 der Tabelle A.)

Wie schon S. 149 dargelegt worden, ist in Sachsen zwar bereits Ende des Jahres 1845 mit dem Baue der ersten Staatseisenbahn begonnen worden. Allein erst i. J. 1847 gelangte der Staat in den Besitz einer bereits betriebsfähigen Eisenbahnlinie durch den Ankauf einer 98,76 km langen Strecke, welche von einer Privatgesellschaft gebaut worden war, und seitdem ist keine Finanzperiode vorübergegangen, ohne daß das Staatsbahnnetz theils durch Bau und Ausrüstung neuer, theils durch Erwerb und Erweiterung bereits bestehender Eisenbahnlinien erweitert worden wäre.

In welcher Weise die einzelnen Finanzperioden an der Erweiterung des Staatseisenbahnnetzes betheiligt gewesen sind, zeigt nachfolgende Aufstellung, wonach betrugen:

im Jahre	der Anfangsbestand und jeweilige Zuwachs km	die jeweilige Gesammtlänge km
1847	98,76	98,76
1848	52,64	151,40
in der Finanzeriode		
1849/51	180,13	331,53
1852/54	43,19	374,72
1855/57	0,39	375,11
1858/60	102,48	477,59
1861/63	26,30	503,89
1864/66	157,29	661,18

[1] Ausführungsverordnung v. 6. Novbr. 1875 § 14, GVB 1875 S. 354.

1867/69	90,98	752,16
1870/71	68,99	821,15
1872/73	97,55	918,72
1874/75	79,78	998,50
1876/77	709,83	1708,33
1878/79	191,49	1899,82
1880/81	42,86	1942,68
1882/83	123,75	2066,43
1884/85	110,30	2176,73
1886/87	109,17	2285,90

Bis zur Finanzperiode 1880/81 bestand das Staatsbahnnetz nur aus normalspurigen Bahnen. Seitdem ist jedoch auch eine Anzahl schmalspuriger Eisenbahnen (Sekundärbahnen) hinzugetreten, deren Gesammtlänge am Schlusse des Jahres 1887 auf 157,12 km sich belief.

Die Gleise, welche für den Staatsbahnbetrieb angelegt worden sind, hatten bis zum Schlusse des Jahres 1887 eine Gesammtlänge von 4344,66 km (einschließlich von 79,33 km Gleisen der unter Staatsverwaltung stehenden Privatbahnen) erreicht. In der Gesammtheit dieser Gleise lagen 8 471 176 m Schienen (einschließlich 172 700 m der Privatbahnen) und 7764 Weichen (einschließlich 188 der Privatbahnen).

Neben demjenigen Areale, welches dem eigentlichen Bahnbetriebe dient, und auf welchem an Hochbauanlagen am Schlusse des Jahres 1887 u. a. 47 Verwaltungsgebäude, 374 Empfangsgebäude, 90 besondere bedeckte Warteräume, 828 Perrons, 577 Wagen-, Güter- und Lokomotivschuppen, 63 Werkstattsgebäude, 70 Materialiendepot- und Magazingebäude sowie 1435 Wirthschafts-, Stall-, Spritzen- und ähnliche Nebengebäude gezählt wurden, sind für die Staatsbahnverwaltung noch Ländereien im Gesammtumfange von 6 963,95 ha erworben worden, welche nicht zum eigentlichen Bahnbetriebe gehören, sondern, soweit sie nicht überhaupt unkultivirbar sind, wie dies von einer Gesammtfläche von 482,92 ha gilt, theils land- und forstwirthschaftlich, theils durch den Betrieb von Steinbrüchen, Sand- und Kiesgruben, theils in sonstiger Weise, namentlich als Lagerplätze, genutzt werden.

Die für den Bahnbetrieb erworbenen Transportmittel hatten eine Bestandshöhe von 791 Lokomotiven, 573 Tendern, 2250 Personenwagen mit 87 130 Plätzen, 21 336 Zugführer-, Gepäck- und Güterwagen mit einem Gesammtladegewichte von 188 486,50 Tonnen erreicht. Der Gesammtanschaffungswerth derselben betrug 100 024 535,05 *M*.

Die Kosten für den Bau, die Erwerbung und Ausrüstung der Staatseisenbahnen, ingleichen für die Erwerbung und Umgestaltung bereits bestehender Bahnanlagen sind bis auf 9 724 476 ℳ, welche seit dem Jahre 1864 mit 2 521 014 ℳ für Vervollständigung der Bahnanlagen und mit 7 203 462 ℳ für Vermehrung von Transportmitteln aus den Betriebseinkünften aufgewendet worden sind, aus Mitteln des außerordentlichen Staatsbudgets und sonach aus verfügbaren Kassenbeständen und Anleihen gedeckt worden. Die Gesammtsumme dessen, was auf letzterem Wege seit dem Beginne des Staatsbahnbetriebes bis zum Schlusse des Jahres 1887 aufgebracht worden ist, beziffert sich auf 621 758 136,69 ℳ. Ihren Höhepunkt erreichten die Aufwendungen für die Vervollständigung des Staatsbahnnetzes mit 180 354 990 ℳ in der Finanzperiode 1876/77, in welcher die wichtigsten der bis dahin noch bestandenen Privatbahnlinien, namentlich diejenigen der ehemaligen Leipzig-Dresdner Eisenbahnkompagnie, verstaatlicht wurden. Der Mindestbetrag für derartige Aufwendungen gehört mit 5 499 161 ℳ der Finanzperiode 1880/81 an.

53. Einmalige außerordentliche Ausgaben für sonstige Zwecke.

(Vgl. Nr. 59 der Tabelle A.)

Außer für Eisenbahnzwecke hat der Staat in dem Zeitraume von 1834 bis mit 1885 aus Beständen und Anleihen auch noch eine Gesammtsumme von 171 909 303 ℳ für andere einmalige außerordentliche Herstellungen, Anschaffungen und Unternehmungen aufgewendet, welche sich auf die verschiedenen Ressorts in folgender Weise vertheilen:

	ℳ
Porzellanfabrikation [1]	900 003
Steinkohlenwerk [2]	233 455
Erzbergbau [3]	2 191 150
Post- und Telegraphenbetrieb [4]	746 283
Lotteriebetrieb [5]	583 179
Direkte Abgaben [6]	2 397 792

[1] Neubau eines Manufakturgebäudes.

[2] Vollendung des tiefen Erbstollns.

[3] Stollnbau in der Freiberger Bergamtsrevier und Bau des Rotschönberger Stollns.

[4] Erbauung eines neuen Postgebäudes in Leipzig und Ergänzungen im Staatstelegraphenwesen.

[5] Abfindung der Stadt Leipzig wegen ihres weggefallenen Antheils am Lotterieüberschusse.

[6] Ausführung des neuen Grundsteuersystems (2 352 792 ℳ) und Ankauf eines Gebäudes für eine Bezirkssteuereinnahme (45 000 ℳ).

A.

Uebersicht

der im Staatshaushalte des Königreichs Sachsen in den Finanzperioden von 1834 bis mit 1885

aufgekommenen Ueberschüsse

und

aufgewendeten Zuschüsse.

Aufgestellt auf Grund der von der Staatsregierung erstatteten Rechenschaftsberichte.

Finanz-periode	1 Forsten (bis 1882/83 einschließlich des Floß- u. Holzhofbetriebes) u. Jagd		2 Domänen, Kalkwerke und Intraden		3 Weinberge und Kellerei	
	Ganze Finanzperiode ℳ	Mittlere Durchschnitte ℳ	Ganze Finanzperiode ℳ	Mittlere Durchschnitte ℳ	Ganze Finanzperiode ℳ	Mittlere Durchschnitte ℳ
1834/36	5 724 804	1 908 268	2 973 900	991 300	40 608	13 536
1837/39	4 814 127	1 604 709	2 596 638	865 546	46 251	15 417
1840/42	5 444 346	1 814 782	2 527 845	842 615	46 500	15 500
1843/45	5 693 739	1 897 913	2 405 961	801 987	45 000	15 000
1846/48	6 150 015	2 050 005	2 024 412	674 804	39 000	13 000
1849/51	7 766 094	2 588 698	2 049 276	683 092	51 000	17 000
1852/54	8 034 999	2 678 333	1 765 515	588 505	46 800	15 600
1855/57	10 099 482	3 366 494	1 212 363	404 121	48 900	16 300
1858/60	11 446 494	3 815 498	1 213 578	404 526	43 500	14 500
1861/63	13 732 824	4 577 608	1 563 984	521 328	70 965	23 655
1864/66	14 881 212	4 960 404	1 354 254	451 418	61 908	20 636
1867/69	14 373 477	4 791 159	1 362 771	454 257	51 804	17 268
1870/71	11 059 053	5 529 526	979 023	489 511	36 000	18 000
1872/73	14 862 873	7 431 436	1 001 418	500 709	70 230	35 115
1874/75	17 104 101	8 552 050	1 002 554	501 277	— 10 215	— 5 107
1876/77	12 085 444	6 042 722	1 007 604	503 802	6 598	3 299
1878/79	11 307 564	5 653 782	1 225 002	612 501	19 023	9 511
1880/81	13 670 324	6 835 162	1 208 710	604 355	38 604	19 302
1882/83	14 548 269	7 274 134	1 202 448	601 224	11 926	5 963
1884/85	14 934 597	7 467 298	1 196 475	598 237	— 23 790	— 11 895
Summe	217 733 838		31 873 731		740 612	

Finanz-periode	7 Münzbetrieb		8 Post- und Telegraphenbetrieb (letzterer von 1852/54 an)		9 Zeitungsnutzungen	
	Ganze Finanzperiode ℳ	Mittlere Durchschnitte ℳ	Ganze Finanzperiode ℳ	Mittlere Durchschnitte ℳ	Ganze Finanzperiode ℳ	Mittlere Durchschnitte ℳ
1834/36	— 143 781	— 47 927	2 288 336	762 779	303 365	101 122
1837/39	— 212 529	— 70 843	2 568 579	856 193	261 804	87 268
1840/42	— 448 638	— 149 546	2 377 449	792 483	256 191	85 397
1843/45	— 115 092	— 38 364	2 583 420	861 140	250 062	83 354
1846/48	11 685	3 895	2 094 243	698 081	189 420	63 140
1849/51	92 460	30 820	2 330 376	776 792	204 738	68 246
1852/54	— 14 289	— 4 763	2 661 300	887 100	264 324	88 108
1855/57	— 68 160	— 22 720	3 300 300	1 100 100	305 220	101 740
1858/60	— 260 217	86 739	3 510 000	1 170 000	273 966	91 322
1861/63	— 7 392	— 2 464	4 709 580	1 569 860	139 053	46 351
1864/66	— 5 508	— 1 836	3 165 816	1 055 272	126 561	42 187
1867/69	— 4 491	— 1 497	1 816 875	605 625	204 039	68 013
1870/71	— 580 077	— 290 038	5 367	2 683	81 153	40 576
1872/73	151 404	75 702	—	—	127 692	63 846
1874/75	1 374 885	687 442	—	—	48 905	24 452
1876/77	271 198	135 599	—	—	181	90
1878/79	34 195	17 097	—	—	10 948	5 474
1880/81	— 14 680	— 7 340	—	—	—	—
1882/83	— 25 942	— 12 971	—	—	— 20 836	— 10 418
1884/85	1 352	676	—	—	— 46 646	— 23 323
Summe	36 383		33 411 641		2 980 140	

4		5		6	
Porzellanfabrikation		Kohlenbergbau		Erzbergbau und Hüttenbetrieb	
Ganze Finanzperiode	Mittlere Durchschnitte	Ganze Finanzperiode	Mittlere Durchschnitte	Ganze Finanzperiode	Mittlere Durchschnitte
ℳ	ℳ	ℳ	ℳ	ℳ	ℳ
143 375	47 792	103 754	34 585	1 201 773	400 591
169 584	56 528	170 478	56 826	1 275 240	425 080
121 500	40 500	148 500	49 500	1 190 163	396 721
121 500	40 500	262 200	87 400	899 970	299 990
81 000	27 000	310 500	103 500	384 036	128 012
—	—	274 500	91 500	879 000	293 000
65 400	21 800	221 700	73 900	263 751	87 917
144 000	48 000	354 000	118 000	522 255	174 085
156 000	52 000	492 000	164 000	606 672	202 224
169 200	56 400	684 000	228 000	1 189 104	396 368
181 890	60 630	1 201 245	400 415	507 438	169 146
546 000	182 000	1 011 000	337 000	1 601 004	533 668
459 000	229 500	666 975	333 487	1 501 173	750 586
347 811	173 905	1 854 156	927 078	4 228 806	2 114 403
658 385	329 192	1 406 538	703 269	2 020 806	1 010 403
549 850	274 925	1 116 586	558 293	1 602 957	801 478
520 467	260 233	847 327	423 663	1 825 651	912 825
899 972	449 986	1 354 151	677 075	2 357 903	1 178 951
834 658	417 329	1 183 154	591 577	2 526 994	1 263 497
329 876	164 938	1 113 243	556 621	1 608 984	804 492
6 499 468		14 776 007		28 193 680	

10		11		12	
Eisenbahnbetrieb		Lotteriebetrieb		Nutzungen des beweglichen Staatsvermögens	
Ganze Finanzperiode	Mittlere Durchschnitte	Ganze Finanzperiode	Mittlere Durchschnitte	Ganze Finanzperiode	Mittlere Durchschnitte
ℳ	ℳ	ℳ	ℳ	ℳ	ℳ
—	—	485 115	161 705	2 166 305	722 102
—	—	714 174	238 058	566 028	188 676
—	—	1 341 246	447 082	788 433	262 811
—	—	1 323 105	441 035	1 123 458	374 486
1 342 623	447 541	1 298 964	432 988	1 536 708	512 236
2 948 082	982 694	1 760 205	586 735	2 807 310	935 770
9 425 985	3 141 995	2 075 544	691 848	3 175 395	1 058 465
12 325 212	4 108 404	2 633 025	877 675	5 250 234	1 750 078
12 890 460	4 296 820	4 985 679	1 661 893	4 375 104	1 458 368
29 847 390	9 949 130	4 703 166	1 567 722	5 706 906	1 902 302
23 983 662	7 994 554	5 663 448	1 887 816	5 926 701	1 975 567
34 670 982	11 556 994	5 732 190	1 910 730	8 481 714	2 827 238
20 903 274	10 451 637	4 499 706	2 249 853	7 562 952	3 781 476
36 924 198	18 462 099	6 524 493	3 262 246	8 648 013	4 324 006
35 471 922	17 735 961	5 728 906	2 864 453	6 701 722	3 350 861
40 724 759	20 362 379	6 129 626	3 064 813	4 247 573	2 123 786
48 450 711	24 225 355	6 155 804	3 077 902	4 311 943	2 155 971
55 433 135	27 716 567	7 174 748	3 587 374	2 539 869	1 269 934
57 709 176	28 854 588	9 271 404	4 635 702	3 847 709	1 923 854
55 434 622	27 717 311	9 355 556	4 677 778	3 978 158	1 989 079
478 486 193		87 556 104		83 742 235	

Finanz-periode	13 Direkte Abgaben		14 Indirekte Abgaben, einschließlich der früheren Salznutzungen		15 Sonstige Einnahmen der laufenden Verwaltung	
	Ganze Finanzperiode ℳ	Mittlere Durchschnitte ℳ	Ganze Finanzperiode ℳ	Mittlere Durchschnitte ℳ	Ganze Finanzperiode ℳ	Mittlere Durchschnitte ℳ
1834/36	15 065 806	5 021 935	21 741 254	7 247 085	1 003 844	334 615
1837/39	14 874 429	4 958 143	24 232 555	8 077 518	814 389	271 463
1840/42	12 551 424	4 183 808	25 049 670	8 349 890	1 150 611	383 537
1843/45	12 840 927	4 280 309	26 219 877	8 739 959	829 674	276 558
1846/48	15 808 344	5 269 448	23 566 002	7 855 334	867 117	289 039
1849/51	22 323 780	7 441 260	26 069 472	8 689 824	2 333 193	777 731
1852/54	23 034 573	7 678 191	27 855 411	9 285 137	2 433 207	811 069
1855/57	22 006 500	7 335 500	32 944 743	10 981 581	1 249 764	416 588
1858/60	20 113 233	6 704 411	34 687 011	11 562 337	1 893 708	631 236
1861/63	19 815 216	6 605 072	36 755 481	12 251 827	1 965 756	655 252
1864/66	21 545 148	7 181 716	37 585 986	12 528 662	1 810 095	603 365
1867/69	30 630 471	10 210 157	22 034 901	7 344 967	3 475 359	1 158 453
1870/71	16 722 054	8 361 027	11 415 150	5 707 575	891 603	445 801
1872/73	19 821 294	9 910 647	12 177 600	6 088 800	2 084 121	1 042 060
1874/75	22 357 789	11 178 894	9 623 052	4 811 526	1 284 659	642 329
1876/77	26 004 861	13 002 430	9 691 121	4 845 560	1 077 005	538 502
1878/79	36 833 066	18 416 533	8 996 817	4 498 408	1 130 367	565 183
1880/81	40 165 619	20 082 809	15 453 016	7 726 508	132 477	66 238
1882/83	36 053 562	18 026 781	22 740 469	11 370 234	202 336	101 168
1884/85	33 557 571	16 778 785	26 202 077	13 101 038	51 718	25 859
Summe	462 125 667		455 041 665		26 681 003	

Finanz-periode	19 Tilgung der Staatsschulden		20 Verwaltung der Staatsschulden		21 Renten aus fiskalischen Schuldverbindlichkeiten	
	Ganze Finanzperiode ℳ	Mittlere Durchschnitte ℳ	Ganze Finanzperiode ℳ	Mittlere Durchschnitte ℳ	Ganze Finanzperiode ℳ	Mittlere Durchschnitte ℳ
1834/36	1 313 500	437 833	53 528	17 843	—	—
1837/39	1 243 251	414 417	76 503	25 501	167 409	55 803
1840/42	2 694 402	898 134	75 727	25 242	217 383	72 461
1843/45	2 773 539	924 513	75 561	25 187	418 755	139 585
1846/48	2 443 311	814 437	82 311	27 437	419 661	139 887
1849/51	1 749 396	583 132	82 722	27 574	419 670	139 890
1852/54	2 422 080	807 360	79 746	26 582	427 797	142 599
1855/57	3 682 020	1 227 340	89 275	29 758	476 103	158 701
1858/60	5 112 450	1 704 150	103 697	34 566	468 780	156 260
1861/63	5 669 964	1 889 988	101 062	33 687	468 579	156 193
1864/66	7 284 630	2 428 210	120 951	40 317	1 115 154	371 718
1867/69	8 725 299	2 908 433	206 175	68 725	1 114 929	371 643
1870/71	6 968 622	3 484 311	114 243	57 121	736 311	368 155
1872/73	8 016 249	4 008 124	150 285	75 142	751 050	375 525
1874/75	9 065 420	4 532 710	158 779	79 389	743 512	371 756
1876/77	9 652 618	4 826 309	261 922	130 961	743 512	371 756
1878/79	11 747 783	5 873 891	321 644	160 822	743 512	371 756
1880/81	12 237 728	6 118 864	230 654	115 327	789 572	394 786
1882/83	16 367 601	8 183 800	257 640	128 820	812 772	406 386
1884/85	16 401 359	8 200 679	263 244	131 622	813 607	406 803
Summe	135 571 222		2 905 669		11 848 068	

16 Gesammtsumme der Ueberschüsse		17 Leistungen an den König und das Königl. Haus		18 Verzinsung der Staats- und Verwaltungsschulden	
Ganze Finanzperiode ℳ	Mittlere Durchschnitte ℳ	Ganze Finanzperiode ℳ	Mittlere Durchschnitte ℳ	Ganze Finanzperiode ℳ	Mittlere Durchschnitte ℳ
53 098 458	17 699 486	6 827 265	2 275 755	5 504 541	1 834 847
52 891 747	17 630 582	6 552 516	2 184 172	2 991 480	997 160
52 545 240	17 515 080	6 271 722	2 090 574	2 814 591	938 197
54 483 801	18 161 267	6 271 722	2 090 574	3 203 985	1 067 995
55 704 069	18 568 023	6 271 722	2 090 574	6 203 358	2 067 786
71 889 486	23 963 162	6 354 432	2 118 144	13 411 110	4 470 370
81 309 615	27 103 205	6 764 694	2 254 898	17 277 000	5 759 000
92 327 838	30 775 946	8 104 335	2 701 445	19 089 195	6 363 065
96 427 188	32 142 396	7 562 268	2 520 756	20 725 659	6 908 553
121 045 233	40 348 411	7 449 240	2 483 080	22 519 836	7 506 612
117 989 856	39 329 952	7 790 967	2 596 989	21 401 619	7 133 873
125 988 096	41 996 032	7 636 458	2 545 486	31 943 496	10 647 832
76 202 406	38 101 203	5 053 971	2 526 985	24 180 288	12 090 144
108 824 109	54 412 054	5 310 027	2 655 013	26 984 748	13 492 374
104 774 009	52 387 004	6 907 194	3 453 597	27 260 792	13 630 396
104 515 363	52 257 681	6 905 292	3 452 646	40 213 377	20 106 688
121 668 885	60 834 442	6 540 125	3 270 062	46 551 779	23 275 889
140 413 848	70 206 924	6 517 184	3 258 592	47 336 294	23 668 147
150 085 327	75 042 663	6 513 250	3 256 625	46 509 705	23 254 852
147 693 793	73 846 896	6 501 939	3 250 969	45 378 646	22 689 323
929 878 367		134 106 323		471 501 499	

22 Landtagskosten		23 Reichstagskosten		24 Landesstatistik	
Ganze Finanzperiode ℳ	Mittlere Durchschnitte ℳ	Ganze Finanzperiode ℳ	Mittlere Durchschnitte ℳ	Ganze Finanzperiode ℳ	Mittlere Durchschnitte ℳ
730 205	243 402	—	—	—	—
529 602	176 534	—	—	—	—
367 575	122 525	—	—	—	—
472 188	157 396	—	—	—	—
620 142	206 714	—	—	—	—
1 043 241	347 747	—	—	31 527	10 509
311 505	103 835	—	—	68 034	22 678
507 561	169 187	—	—	105 798	35 266
408 789	136 263	—	—	79 371	26 457
687 585	229 195	—	—	93 219	31 073
597 342	199 114	—	—	112 965	37 655
644 334	214 778	66 831	22 277	114 804	38 268
181 806	90 903	1 584	792	104 025	52 012
754 068	377 034	507	253	128 931	64 465
407 654	203 827	1 558	779	159 464	79 732
428 530	214 265	747	373	222 744	111 372
121 853	60 926	4 297	2 148	216 926	108 463
270 335	135 167	2 282	1 141	236 196	118 098
226 435	113 217	63	31	182 353	91 176
287 392	143 696	2 424	1 212	272 715	136 357
9 598 142		80 293		2 129 072	

Finanz-periode	25 Ausgaben für allgemeine Regierungszwecke		26 Allgemeine Ausgaben für das Departement der Justiz		27 Allgemeine Ausgaben für das Departement der Finanzen	
	Ganze Finanzperiode ℳ	Mittlere Durchschnitte ℳ	Ganze Finanzperiode ℳ	Mittlere Durchschnitte ℳ	Ganze Finanzperiode ℳ	Mittlere Durchschnitte ℳ
1834/36	371 251	123 750	407 991	135 997	1 453 629	484 543
1837/39	274 686	91 562	258 972	86 324	1 459 003	486 334
1840/42	289 017	96 339	269 364	89 788	1 351 307	450 436
1843/45	278 289	92 763	263 316	87 772	1 381 020	460 340
1846/48	286 950	95 650	289 572	96 524	1 435 689	478 563
1849/51	251 784	83 928	308 229	102 743	1 462 041	487 347
1852/54	257 967	85 989	306 879	102 293	1 501 260	500 420
1855/57	253 386	84 462	330 852	110 284	1 508 909	502 970
1858/60	259 320	86 440	420 171	140 057	1 526 338	508 779
1861/63	272 838	90 946	461 058	153 686	1 550 114	516 705
1864/66	335 751	111 917	511 845	170 615	1 897 203	632 401
1867/69	325 269	108 423	520 950	173 650	1 642 104	547 368
1870/71	338 322	169 161	335 451	167 725	1 007 850	503 925
1872/73	343 506	171 753	383 469	191 734	1 264 521	632 260
1874/75	477 927	238 963	447 624	223 812	2 478 050	1 239 025
1876/77	523 567	261 783	424 796	212 398	1 490 346	745 173
1878/79	557 370	278 685	441 914	220 957	1 453 297	726 648
1880/81	579 834	289 917	419 371	209 685	1 454 007	727 003
1882/83	619 722	309 861	387 290	193 645	1 446 311	723 155
1884/85	948 321	474 160	297 202	148 601	1 435 267	717 633
Summe	7 845 077		7 486 316		30 198 266	

Finanz-periode	31 Allgemeine Ausgaben für das Departement der auswärtigen Angelegenheiten		32 Gerichtspflege		33 Innere politische Verwaltung	
	Ganze Finanzperiode ℳ	Mittlere Durchschnitte ℳ	Ganze Finanzperiode ℳ	Mittlere Durchschnitte ℳ	Ganze Finanzperiode ℳ	Mittlere Durchschnitte ℳ
1834/36	150 251	50 084	1 396 104	465 368	662 310	220 770
1837/39	118 134	39 378	1 656 984	552 328	884 958	294 986
1840/42	120 702	40 234	1 858 317	619 439	907 845	302 615
1843/45	122 946	40 982	2 037 003	679 001	906 048	302 016
1846/48	121 887	40 629	2 338 044	779 348	918 756	306 252
1849/51	171 204	57 068	2 591 043	863 681	918 432	306 144
1852/54	187 818	62 606	2 623 191	874 397	961 623	320 541
1855/57	178 839	59 613	2 950 419	983 473	1 043 850	347 950
1858/60	179 832	59 944	3 378 267	1 126 089	1 155 147	385 049
1861/63	205 893	68 631	3 539 457	1 179 819	1 163 451	387 817
1864/66	240 600	80 200	4 695 480	1 565 160	1 365 432	455 144
1867/69	158 211	52 737	5 850 021	1 950 007	1 361 727	453 909
1870/71	77 184	38 592	4 389 741	2 194 870	933 207	466 603
1872/73	81 795	40 897	3 849 327	1 924 663	1 014 933	507 466
1874/75	89 575	44 787	6 418 921	3 209 460	1 743 966	871 983
1876/77	91 211	45 605	6 445 835	3 222 917	1 990 559	995 279
1878/79	90 027	45 013	6 043 027	3 021 513	1 983 780	991 890
1880/81	87 468	43 734	4 912 489	2 456 244	1 857 197	928 598
1882/83	85 346	42 673	5 595 851	2 797 925	1 947 262	973 631
1884/85	87 701	43 850	6 134 819	3 067 409	2 019 071	1 009 535
Summe	2 646 624		78 704 340		25 739 554	

28 Allgemeine Ausgaben für das Departement des Innern		29 Allgemeine Ausgaben für das Departement des Kriegs		30 Allgemeine Ausgaben für das Departement des Kultus und Unterrichts	
Ganze Finanzperiode ℳ	Mittlere Durchſchnitte ℳ	Ganze Finanzperiode ℳ	Mittlere Durchſchnitte ℳ	Ganze Finanzperiode ℳ	Mittlere Durchſchnitte ℳ
491 764	163 921	640 101	213 367	260 508	86 836
398 715	132 905	552 474	184 158	277 632	92 544
397 428	132 476	525 189	175 063	248 970	82 990
463 551	154 517	535 182	178 394	237 390	79 130
566 070	188 690	515 166	171 722	253 104	84 368
550 968	183 656	541 365	180 455	327 939	109 313
603 459	201 153	539 940	179 980	254 145	84 715
656 064	218 688	554 058	184 686	288 711	96 237
634 215	211 405	563 544	187 848	288 495	96 165
601 659	200 553	681 912	227 304	543 438	181 146
675 597	225 199	625 731	208 577	576 330	192 110
710 757	236 919	393 138	131 046	657 507	219 169
530 994	265 497	—	—	427 830	213 915
625 139	312 569	—	—	401 775	200 887
723 877	361 938	—	—	434 094	217 047
707 632	353 816	—	—	475 875	237 937
696 937	348 468	—	—	482 862	241 431
696 755	348 377	—	—	473 764	236 882
721 824	360 912	—	—	484 188	242 094
737 287	368 643	—	—	492 851	246 425
12 190 692		6 667 800		7 887 408	

34 Sicherheits-, Preß- und Wohlfahrtspolizei		35 Medizinal- und Veterinärweſen		36 Armenweſen	
Ganze Finanzperiode ℳ	Mittlere Durchſchnitte ℳ	Ganze Finanzperiode ℳ	Mittlere Durchſchnitte ℳ	Ganze Finanzperiode ℳ	Mittlere Durchſchnitte ℳ
590 314	196 771	286 534	95 511	75 725	25 242
597 639	199 213	285 432	95 144	27 792	9 264
636 456	212 152	321 930	107 310	47 961	15 987
629 520	209 840	357 288	119 096	40 905	13 635
683 169	227 723	352 728	117 576	158 796	52 932
651 189	217 063	366 834	122 278	66 309	22 103
754 527	251 509	371 337	123 779	67 101	22 367
1 088 466	362 822	420 867	140 289	67 176	22 392
1 075 827	358 609	476 163	158 721	67 182	22 394
1 269 609	423 203	483 651	161 217	67 482	22 494
1 528 713	509 571	707 403	235 801	67 698	22 566
1 607 130	535 710	1 044 396	348 132	67 842	22 614
1 167 513	583 756	547 734	273 867	46 011	23 005
1 416 273	708 136	777 033	388 516	109 273	54 636
2 296 254	1 148 127	848 413	424 206	252 063	126 031
2 454 291	1 227 145	792 721	396 360	460 319	230 159
2 505 571	1 252 785	838 697	419 348	631 982	315 991
2 532 922	1 266 461	830 865	415 432	854 502	427 251
2 687 207	1 343 603	840 355	420 177	940 886	470 443
2 689 216	1 344 608	923 052	461 526	1 018 898	509 449
28 861 806		11 873 433		5 135 903	

Finanz-periode	37 Leistungen für nichtstaatl. Krankenpfl. u. für sonstige milde u. wohlthät. Zwecke		38 Landes-Pfleg-, Straf- und Besserungsanstalten		39 Kirchen	
	Ganze Finanzperiode ℳ	Mittlere Durchschnitte ℳ	Ganze Finanzperiode ℳ	Mittlere Durchschnitte ℳ	Ganze Finanzperiode ℳ	Mittlere Durchschnitte ℳ
1834/36	110 091	36 697	962 497	320 832	522 484	174 161
1837/39	78 105	26 035	1 137 384	379 128	455 100	151 700
1840/42	116 439	38 813	1 243 521	414 507	511 746	170 582
1843/45	111 504	37 168	1 329 600	443 200	539 613	179 871
1846/48	256 293	85 431	1 334 079	444 693	537 675	179 225
1849/51	704 976	234 992	1 434 915	478 305	566 028	188 676
1852/54	145 386	48 462	1 633 500	544 500	550 695	183 565
1855/57	235 563	78 521	1 988 100	662 700	712 596	237 532
1858/60	752 328	250 776	2 064 150	688 050	768 996	256 332
1861/63	292 245	97 415	2 260 500	753 500	1 013 265	337 755
1864/66	995 742	331 914	3 129 900	1 043 300	993 174	331 058
1867/69	256 035	85 345	3 772 800	1 257 600	1 049 997	349 999
1870/71	152 307	76 153	2 578 500	1 289 250	857 127	428 563
1872/73	135 675	67 837	2 882 856	1 441 428	1 238 523	619 261
1874/75	143 828	71 914	3 803 970	1 901 985	2 106 311	1 053 155
1876/77	194 220	97 110	4 176 404	2 088 202	3 678 445	1 839 222
1878/79	124 097	62 048	3 938 565	1 969 282	3 642 644	1 821 322
1880/81	351 265	175 632	4 112 630	2 056 315	3 805 525	1 902 762
1882/83	121 300	60 650	4 052 161	2 026 080	3 845 723	1 922 861
1884/85	115 080	57 540	3 980 615	1 990 307	3 918 268	1 959 134
Summe	5 392 479		51 816 647		31 313 935	

Finanz-periode	43 Technische Hochschulen		44 Universität		45 Sammlungen für Kunst und Wissenschaft	
	Ganze Finanzperiode ℳ	Mittlere Durchschnitte ℳ	Ganze Finanzperiode ℳ	Mittlere Durchschnitte ℳ	Ganze Finanzperiode ℳ	Mittlere Durchschnitte ℳ
1834/36	167 644	55 881	484 571	161 524	198 088	66 029
1837/39	171 636	57 212	358 806	119 602	197 274	65 758
1840/42	174 855	58 285	332 607	110 869	195 258	65 086
1843/45	175 086	58 362	351 315	117 105	199 017	66 339
1846/48	175 086	58 362	359 103	119 701	206 187	68 729
1849/51	181 620	60 540	372 909	124 303	206 415	68 805
1852/54	186 969	62 323	445 668	148 556	234 159	78 053
1855/57	189 120	63 040	479 682	159 894	244 128	81 376
1858/60	206 520	68 840	486 108	162 036	258 339	86 113
1861/63	272 727	90 909	587 421	195 807	264 996	88 332
1864/66	231 801	77 267	1 106 148	368 716	337 077	112 359
1867/69	257 208	85 736	1 292 628	430 876	359 190	119 730
1870/71	330 654	165 327	906 051	453 025	272 670	136 335
1872/73	418 728	209 364	1 191 075	595 537	494 589	247 294
1874/75	571 678	285 839	1 420 207	710 103	588 966	294 483
1876/77	691 817	345 908	1 425 466	712 733	608 175	304 087
1878/79	714 815	357 407	1 371 462	685 731	582 603	291 301
1880/81	771 643	385 821	1 401 095	700 547	446 955	223 477
1882/83	766 221	383 110	1 527 642	763 821	437 572	218 786
1884/85	848 557	424 278	1 680 924	840 462	506 345	253 172
Summe	7 504 385		17 580 888		6 838 003	

40 Volksschulen, einschließlich der Taubstummenanstalten		41 Lehrerseminarien		42 Gymnasien, Realgymnasien und Realschulen	
Ganze Finanzperiode ℳ	Mittlere Durchschnitte ℳ	Ganze Finanzperiode ℳ	Mittlere Durchschnitte ℳ	Ganze Finanzperiode ℳ	Mittlere Durchschnitte ℳ
214 504	71 501	—	—	—	—
423 225	141 075	116 814	38 938	194 889	64 963
424 146	141 382	116 190	38 730	176 442	58 814
446 661	148 887	117 813	39 271	183 711	61 237
483 660	161 220	129 831	43 277	178 842	59 614
476 979	158 993	158 193	52 731	171 678	57 226
647 556	215 852	168 501	56 167	167 676	55 892
577 527	192 509	181 590	60 530	218 217	72 739
618 183	206 061	231 300	77 100	249 342	83 114
753 909	251 303	395 610	131 870	316 269	105 423
720 594	240 198	525 903	175 301	492 414	164 138
774 729	258 243	785 466	261 822	566 238	188 746
920 816	460 408	637 224	318 612	474 928	237 464
1 485 716	742 858	809 622	404 811	781 444	390 722
2 229 239	1 114 619	1 368 495	684 247	1 371 957	685 978
2 764 125	1 382 062	1 799 474	899 737	1 423 914	711 957
3 061 630	1 530 815	1 962 978	981 489	1 500 835	750 417
3 386 712	1 693 356	1 885 767	942 883	1 654 215	827 107
3 541 020	1 770 510	1 891 496	945 748	1 707 193	853 596
3 738 740	1 869 370	2 112 465	1 056 232	1 897 728	948 864
27 689 671		15 394 732		13 727 932	

46 Sonstige Kunstanstalten und Kunstzwecke		47 Handel, Industrie, Gewerbe, Landwirthschaft (einschl. Landespferdezucht), Gartenbau, Wein- u. Obstbau		48 Ablös. im Interesse Dritter, Gemeinheitstheilungen u. Grundstückszusammenlegungen	
Ganze Finanzperiode ℳ	Mittlere Durchschnitte ℳ	Ganze Finanzperiode ℳ	Mittlere Durchschnitte ℳ	Ganze Finanzperiode ℳ	Mittlere Durchschnitte ℳ
162 314	54 105	1 346 609	448 870	75 802	25 267
138 669	46 223	1 439 826	479 942	144 069	48 023
124 308	41 436	1 458 201	486 067	165 927	55 309
122 949	40 983	1 515 084	505 028	152 583	50 861
130 119	43 373	1 567 137	522 379	142 248	47 416
134 751	44 917	1 604 595	534 865	129 573	43 191
138 405	46 135	1 309 776	436 592	209 940	69 980
139 659	46 553	1 216 059	405 353	232 824	77 608
195 471	65 157	1 371 462	457 154	195 162	65 054
307 317	102 439	1 400 106	466 702	193 620	64 540
285 873	95 291	1 244 217	414 739	170 877	56 959
291 357	97 119	1 462 707	487 569	174 336	58 112
206 835	103 417	709 206	354 603	116 541	58 270
213 150	106 575	808 200	404 100	116 028	58 014
309 413	154 706	1 241 686	620 843	127 693	63 846
339 092	169 546	1 522 685	761 342	98 333	49 166
288 481	144 240	1 518 126	759 063	92 493	46 246
295 825	147 912	1 620 827	810 413	92 735	46 367
310 527	155 263	1 807 532	903 766	95 479	47 739
353 353	176 676	1 985 624	992 812	97 125	48 562
4 487 868		28 149 665		2 823 388	

Finanz-periode	49 Land-, Landeskultur- und Altersrentenbank		50 Hochbau		51 Straßen-, Wege-, Ufer- u. Wasserbau		52 Brandver- Staats-
	Ganze Finanzper. ℳ	Mittlere Durchschnitte ℳ	Ganze Finanzper. ℳ	Mittlere Durchschnitte ℳ	Ganze Finanzper. ℳ	Mittlere Durchschnitte ℳ	Ganze Finanzper. ℳ
1834/36	—	—	960 292	320 097	3 315 628	1 105 209	—
1837/39	—	—	1 225 731	408 577	4 420 680	1 473 560	55 500
1840/42	121 761	40 587	1 317 660	439 220	4 473 000	1 491 000	162 000
1843/45	137 406	45 802	1 153 410	384 470	5 278 227	1 759 409	49 890
1846/48	163 257	54 419	1 099 221	366 407	5 860 266	1 953 422	49 890
1849/51	169 197	56 399	1 113 858	371 286	5 414 328	1 804 776	49 890
1852/54	207 579	69 193	1 159 149	386 383	6 409 242	2 136 414	78 255
1855/57	279 870	93 290	1 892 052	630 684	6 357 261	2 119 087	139 647
1858/60	321 801	107 267	1 379 664	459 888	7 351 356	2 450 452	215 385
1861/63	291 318	97 106	2 113 014	704 338	7 725 321	2 575 107	281 520
1864/66	292 173	97 391	1 539 246	513 082	8 610 096	2 870 032	265 653
1867/69	286 860	95 620	1 173 303	391 101	9 699 645	3 233 215	265 671
1870/71	200 877	100 438	764 922	382 461	5 947 911	2 973 955	220 383
1872/73	207 954	103 977	899 466	449 733	6 822 348	3 411 174	246 012
1874/75	213 783	106 891	896 315	448 157	7 053 763	3 526 881	197 332
1876/77	213 937	106 968	904 266	452 133	8 584 980	4 292 490	348 988
1878/79	219 186	109 593	895 874	447 937	7 534 137	3 767 068	330 429
1880/81	45 984	22 992	447 707	223 853	8 282 739	4 141 369	335 424
1882/83	66 204	33 102	446 498	223 249	7 758 188	3 879 094	323 333
1884/85	94 208	47 104	450 578	225 289	8 800 440	4 400 220	322 951
Summe	3 533 355		21 832 226		135 699 556		3 938 153

Finanz-periode	56 Leistungen a. d. ehemal. Deutsch. Bund, d. Nordd. Bund u. d. Deutsche Reich		57 Sonstige Ausgaben d. laufend. Verwaltung		58 Einmalige außerord. Ausg. zu Ankauf, Bau und Ausrüstung von Eisenbahnen		59 Einmalige Ausgaben ...stigen
	Ganze Finanzper. ℳ	Mittlere Durchschnitte ℳ	Ganze Finanzper. ℳ	Mittlere Durchschn. ℳ	Ganze Finanzper. ℳ	Mittlere Durchschn. ℳ	Ganze Finanzper. ℳ
1834/36	81 209	27 070	809 183	269 728	—	—	—
1837/39	79 638	26 546	693 762	231 254	—	—	2 851 506
1840/42	185 616	61 872	823 935	274 645	—	—	3 082 533
1843/45	38 682	12 894	593 736	197 912	—	—	1 293 798
1846/48	148 005	49 335	382 506	127 502	44 035 548	14 678 516	2 730 663
1849/51	512 349	170 783	488 658	162 886	43 999 761	14 666 587	7 831 260
1852/54	283 038	94 346	319 362	106 454	6 524 436	2 174 812	3 605 925
1855/57	288 756	96 252	295 488	98 496	16 766 640	5 588 880	1 874 484
1858/60	784 998	261 666	568 260	189 420	13 030 143	4 343 381	1 773 990
1861/63	802 005	267 335	3 067 254	1 022 418	26 823 669	8 941 223	2 513 799
1864/66	1 135 419	378 473	2 193 390	731 130	30 886 299	10 295 433	49 224 456
1867/69	10 484 502	3 494 834	199 383	66 461	29 165 109	9 721 703	2 219 130
1870/71	11 531 211	5 765 605	1 481 010	740 505	43 660 542	21 830 271	12 211 398
1872/73	10 009 590	5 004 795	196 539	98 269	48 768 198	24 384 099	13 213 893
1874/75	6 334 448	3 167 224	389 238	194 619	57 866 532	28 933 266	33 492 217
1876/77	7 602 620	3 801 310	314 444	157 222	180 354 990	90 177 495	18 966 705
1878/79	9 104 888	4 552 444	202 224	101 112	38 390 085	19 195 042	11 387 308
1880/81	9 545 264	4 772 632	274 794	137 397	5 499 161	2 749 580	1 839 893
1882/83	10 699 674	5 349 837	232 630	116 315	6 872 826	3 436 413	765 655
1884/85	10 768 532	5 384 266	215 285	107 642	12 675 986	6 337 993	1 030 690
Summe	90 420 444		13 741 081		605 319 925		171 909 303

…herung der …bäude	53 Kriegsheer		54 Auswärtige Vertretung Sachsens		55 Wartegelder und Pensionen	
Mittlere Durchschnitte	Ganze Finanzper.	Mittlere Durchschnitte	Ganze Finanzper.	Mittlere Durchschnitte	Ganze Finanzper.	Mittlere Durchschnitte
ℳ	ℳ	ℳ	ℳ	ℳ	ℳ	ℳ
—	10 385 248	3 461 749	820 938	273 646	4 839 707	1 613 236
18 500	11 449 911	3 816 637	741 825	247 275	4 693 038	1 564 346
54 000	11 703 651	3 901 217	782 904	260 968	4 541 910	1 513 970
16 630	11 588 856	3 862 952	756 462	252 154	4 445 469	1 481 823
16 630	14 105 358	4 701 786	785 214	261 738	4 326 837	1 442 279
16 630	17 928 444	5 976 148	390 567	130 189	5 327 058	1 775 686
26 085	17 850 813	5 950 271	465 603	155 201	5 253 408	1 751 136
46 549	18 263 886	6 087 962	599 436	199 812	5 166 876	1 722 292
71 795	21 554 778	7 184 926	571 317	190 439	4 895 529	1 631 843
93 840	18 893 952	6 297 984	583 032	194 344	4 874 532	1 624 844
88 551	17 642 325	5 880 775	598 809	199 603	4 921 128	1 640 376
88 557	19 998 387	6 666 129	538 167	179 389	3 917 352	1 305 784
110 191	451 617	225 808	278 214	139 107	2 226 594	1 113 297
123 006	45 078	22 539	228 801	114 400	2 958 219	1 479 109
98 666	56 222	28 111	225 385	112 692	3 984 360	1 992 180
174 494	32 303	16 151	201 535	100 767	4 633 062	2 316 531
165 214	113 471	56 735	194 323	97 161	5 367 770	2 683 885
167 712	75 517	37 758	191 404	95 702	5 827 063	2 913 531
161 666	75 062	37 531	197 231	98 615	6 070 113	3 035 056
161 475	83 586	41 793	239 529	119 764	6 297 904	3 148 952
	192 298 465		9 390 696		94 567 929	

…überord. …son= …ecken	60 Gesammtsumme der Zuschüsse		61 Bei einer Vergleichung d. Gesammts. d. Uebersch. m. d. Gesammtsumme der Zuschüsse ergiebt sich mithin f. d. ganze Finanzperiode		im mittleren Durchschnitte	
Mittlere …urchschnitte	Ganze Finanzperiode	Mittlere Durchschnitte	ein Mehrbetr. d. Ueberschüsse von	ein Mehrbetr. d. Zuschüsse von	ein Mehrbetr. d. Ueberschüsse von	ein Mehrbetr. d. Zuschüsse von
ℳ	ℳ	ℳ	ℳ	ℳ	ℳ	ℳ
—	46 672 330	15 557 443	6 426 128	—	2 142 043	—
950 502	49 420 570	16 473 523	3 471 177	—	1 157 059	—
027 511	51 650 496	17 216 832	894 744	—	298 248	—
431 266	51 049 080	17 016 360	3 434 721	—	1 144 907	—
910 221	103 147 461	34 382 487	—	47 443 392	—	15 814 464
610 420	120 667 437	40 222 479	—	48 777 951	—	16 259 317
201 975	83 775 144	27 925 048	—	2 465 529	—	821 843
624 828	99 735 345	33 245 115	—	7 407 507	—	2 469 169
591 330	104 330 097	34 776 699	—	7 902 909	—	2 634 303
837 933	123 857 448	41 285 816	—	2 812 215	—	937 405
408 152	179 194 125	59 731 375	—	61 204 269	—	20 401 423
739 710	153 781 578	51 260 526	—	27 793 482	—	9 264 494
105 699	134 280 225	67 140 112	—	58 077 819	—	29 038 909
606 946	146 534 613	73 267 306	—	37 710 504	—	18 855 252
746 108	186 908 175	93 454 087	—	82 134 166	—	41 067 083
483 352	315 165 874	157 582 937	—	210 650 511	—	105 325 255
693 654	174 511 807	87 255 903	—	52 842 922	—	26 421 461
919 946	134 509 563	67 254 781	5 904 285	—	2 952 142	—
382 827	140 237 341	70 118 670	9 847 986	—	4 923 993	—
515 345	148 919 524	74 459 762	—	1 225 731	—	612 865
	2 548 348 233		29 979 041	648 448 907		

Mehrbetrag der Zuschüsse: 618 469 866

62
Auf den Kopf der Bevölkerung entfallen:

in der Finanz-periode	bei einer durchschnittl. Bevölkerung von	für ein Jahr der Finanzperiode			
		Ueberschüsse	Zuschüsse	Mehrbetrag an Ueberschüssen	Mehrbetrag an Zuschüssen
a.	b.	c.	d.	e.	f.
		ℳ	ℳ	ℳ	
1834/36	1 614 483	10,97	9,64	1,33	—
1837/39	1 670 168	10,55	9,86	0,69	—
1840/42	1 723 450	10,16	9,99	0,17	—
1843/45	1 784 011	10,18	9,54	0,64	—
1846/48	1 855 765	10,01	18,53	—	8,52
1849/51	1 925 646	12,45	20,89	—	8,44
1852/54	2 005 110	13,52	13,93	—	0,41
1855/57	2 067 084	14,89	16,09	—	1,20
1858/60	2 157 014	14,90	16,12	—	1,22
1861/63	2 262 557	17,84	18,25	—	0,41
1864/66	2 365 990	16,63	25,25	—	8,62
1867/69	2 456 750	17,09	20,86	—	3,77
1870/71	2 539 662	15,00	26,43	—	11,43
1872/73	2 632 872	20,67	27,83	—	7,16
1874/75	2 735 043	19,15	34,16	—	15,01
1876/77	2 824 251	18,50	55,79	—	37,29
1878/79	2 909 139	20,91	29,99	—	9,08
1880/81	2 993 725	23,45	22,46	0,99	—
1882/83	3 077 403	24,39	22,79	1,60	—
1884/85	3 161 083	23,36	23,55	—	0,19

B.

Entwickelung des staatlichen Vermögens
und
der staatlichen Schulden

in den Finanzperioden 1834 bis mit 1885.

Aufgestellt auf Grund der von der Staatsregierung erstatteten Rechenschaftsberichte.

1 Zu Anfang des Jahres	2 Bewegliches Vermögen an Kassenbeständen, Außenständen, Naturalvorräthen, Mobiliar und Inventar, einschl. der Fonds zu bestimmten Zwecken ℳ	3 Unbewegliches Vermögen, einschließl. der noch unverwendeten Gegenwerthe für veräußerte Grundstücke ℳ	4 Staats- und Verwaltungsschulden ℳ
1834	44 378 595	—	66 217 983
1837	33 287 280	—	47 584 038
1840	35 082 804	—	43 791 969
1843	35 613 636	—	41 669 703
1846	44 619 501	—	63 376 968
1849	57 483 888	—	117 811 536
1852	57 195 798	—	166 385 757
1855	69 731 649	—	164 381 586
1858	100 256 172	249 556 839	185 176 500
1861	108 933 930	278 043 042	190 561 272
1864	131 845 164	315 942 126	203 457 822
1867	151 935 522	348 354 135	253 873 524
1870	221 988 159	406 771 377	333 545 301
1872	194 122 284	439 300 542	338 727 276
1874	154 362 720	509 407 923	360 772 050
1876	145 038 227	552 786 938	368 167 583
1878	160 779 543	746 505 992	624 420 484
1880	161 317 466	775 189 795	694 343 210
1882	184 484 933	791 875 892	689 683 086
1884	204 431 483	790 432 777	676 702 312
1886	200 171 954	805 607 577	659 547 963

Es betrugen sonach auf den Kopf:

zu Anfang des Jahres a.	bei einer angenommenen Bevölkerung von b.	das bewegliche Vermögen c. ℳ	das unbewegl. Vermögen d. ℳ	die Schulden e. ℳ
1834	1 576 853	28,14	—	41,99
1837	1 633 298	20,38	—	29,13
1840	1 688 222	20,78	—	25,94
1843	1 740 625	20,46	—	23,94
1846	1 810 222	24,65	—	35,01
1849	1 875 098	30,66	—	62,83
1852	1 956 862	29,23	—	85,03
1855	2 022 143	34,48	—	81,29
1858	2 094 993	47,86	119,12	88,39
1861	2 191 127	49,72	126,90	86,97
1864	2 299 874	57,33	137,37	88,46
1867	2 394 788	63,44	145,46	106,01
1870	2 489 914	89,15	163,37	133,96
1872	2 556 244	75,94	171,85	132,51
1874	2 658 414	58,07	191,62	135,71
1876	2 760 586	52,54	200,24	133,37
1878	2 845 473	56,50	262,35	219,44
1880	2 930 361	55,05	264,54	236,95
1882	3 014 644	61,20	262,68	228,11
1884	3 098 323	65,98	255,12	218,41
1886	3 182 003	62,91	253,18	207,27

Sachregister.

FSC
www.fsc.org
MIX
Papier | Fördert gute Waldnutzung
FSC® C083411

Kolibri 360 GmbH
Ferdinand-Jühlke-Straße 7
99095 Erfurt, Deutschland
produktsicherheit@kolibri360.de